普通高等教育系列教材

经济学通识：

基础理论与研究方法

主　编　阚　双　杨童舒
副主编　李　静　兰　博　田树喜
参　编　侯泽敏　郭德仁　王　嵩
　　　　晏　雪　丁秀瑜　裴圣莹

机械工业出版社

本书是根据教育部 2020 年"新文科建设"指导意见及本科课程改革的建设成果编写而成的。本书集结了经济学史、微观经济学、宏观经济学、发展经济学、计量经济学、计算机数据审计方法等多门课程的内容，阐述了经典的研究范式和研究方法，以经济学发展史为主轴，以学科思维导图为统领，以经典理论方法和实证工具为架构，引导学生系统地了解经济学思想，构建和培养经管类专业学生的系统性学习思维。

本书适合经济学科大类招生的学生及非财经管理类专业平台课程的学生使用，也适合对经济学科基本理论和研究方法感兴趣的读者阅读参考。

图书在版编目（CIP）数据

经济学通识：基础理论与研究方法/阚双，杨童舒主编. —北京：机械工业出版社，2023.8

普通高等教育系列教材

ISBN 978-7-111-73535-9

Ⅰ.①经⋯ Ⅱ.①阚⋯ ②杨⋯ Ⅲ.①经济学-高等学校-教材 Ⅳ.①F0

中国国家版本馆 CIP 数据核字（2023）第 134029 号

机械工业出版社（北京市百万庄大街 22 号　邮政编码 100037）

策划编辑：裴　泱　　　　　　　　　责任编辑：裴　泱　马新娟

责任校对：郑　婕　贾立萍　陈立辉　封面设计：鞠　杨

责任印制：郜　敏

中煤（北京）印务有限公司印刷

2023 年 10 月第 1 版第 1 次印刷

184mm×260mm・15.5 印张・382 千字

标准书号：ISBN 978-7-111-73535-9

定价：49.80 元

电话服务　　　　　　　　　　　网络服务

客服电话：010-88361066　　　机 工 官 网：www.cmpbook.com

　　　　　010-88379833　　　机 工 官 博：weibo.com/cmp1952

　　　　　010-68326294　　　金 书 网：www.golden-book.com

封底无防伪标均为盗版　　　　　机工教育服务网：www.cmpedu.com

前言

经济学学科具有学科发展的完整理论脉络，经济学科下的各专业分科具有理论延展、脉络延伸的特征，结合目前经济学科的发展趋势，经济学科越来越具有系统化、网络化、综合性的特征。因此，对于经济学科的认识，本书选取了经济学史、微观经济学、宏观经济学、发展经济学、计量经济学、计算机数据审计方法等多门基础课程的内容，以经济学发展史为主轴，以学科思维导图为统领，以经典理论方法和实证工具为架构，引导学生系统地了解经济学思想，同时掌握基础的经济学研究方法，以更好地开展系统性学习。

对于经管类专业的学生来说，本书从学科方法论的角度概略性地介绍了经济学科的理论特征，引导学生在了解经济学科思想发展的过程中，掌握基础性和通识性的经济学原理、技术工具、学科研究范式。对于非经管类专业的（包括理工科等）学生来说，本书所讲解的经济思想和工具，可以为他们提供跨学科的理论认识，提升其人文社会科学素养及对社会经济系统的认识。对于当代大学生来说，对经济学科、经济系统的认识是认识和了解世界的基础。将经济学科的效率、公平等理念与不同学科学生的专业技术特长相融合，创造了学科交叉研究的可能性。

本书共包含五部分内容，在保留传统的经济学基础课程（经济学史、微观经济学、宏观经济学）的基础上，加入了经济学新思路——"发展经济学"的内容；同时，考虑到数量工具的应用普遍性，加入了"计量经济学"的内容；考虑到信息时代的特征，又加入了"数据处理技术"的内容。基础理论中，既包含经典的微观、宏观经济学原理，也包含前沿的发展经济学思想；应用理论中，既包含学科普遍应用的计量经济学，也包含新时代科研要求的数据处理技能。本书兼顾了理论性和应用性，对学生整体、系统地认识学科有一定的促进作用。

各章的主要内容如下：

一、经济学脉络化演进：经济学史

经济学史研究的是经济学说产生与发展的历史，人类社会在各个历史时期都产生过与之相适应的经济学说，每一种经济学说都代表了相对应的阶层，每一种经济学说又都是为了适应经济发展而产生的。本章介绍经济学史发展演变的脉络，大体划分为四个时期：前古典经济学时期（1776年以前）、古典经济学时期（1776年—1871年）、新古典经济学时期（1871年—1936年）和现代经济学时期（1936年至今）。前古典经济学时期学说主要介绍了重商主义和重农学派的经济思想，这是经济学知识的原始积累时期。古典经济学时期的学说涵盖了约一百年的经济思想，经历了古典经济学的建立、发展、完成与衰退，主要介绍了亚当·斯密、大卫·李嘉图等人的经济理论，加入了卡尔·马克思的代表思想。新古典经济学时期学说总结了边际学派的三位代表人物（威廉姆·斯坦利·杰文斯、卡尔·门格尔和里昂·瓦尔拉斯）的代表性理论，介绍了阿尔弗雷德·马歇尔最具代表性的均衡价格模型，以及托尔斯坦·凡勃仑的经济思想。现代经济学时期的学说围绕凯恩斯理论展开，并对他的继承者——新剑桥学派的代表性理论进行了概括，最后对货币主义代表人物米尔顿·弗里德曼的理论思想进行了总结。

二、经典经济学原理：微观经济学与宏观经济学

微观经济学与宏观经济学两个分支共同构成了经济学基本原理的主要内容。因此，本书分别对微观经济学与宏观经济学的基本理论思想进行了介绍。

微观经济学部分主要介绍市场机制的相关理论，既包括价格理论、消费者理论、生产者理论、市场理论，也包括市场失灵的现象解析（垄断、公共产品、外部性、信息不对称）。此外，考虑到本书系统性研究的宗旨，又将福利经济学作为微观、宏观研究之间的过渡和桥梁，简略介绍了福利经济学的基本框架思想。宏观经济学的内容主要是以约翰·梅纳德·凯恩斯学派为主流的多位经济学家的成果集成，围绕实现均衡国民收入，主要设计和编选了三部分内容：第一部分为宏观经济学的基本理论，包括国民经济运行模型、衡量国民收入的代表性指标、均衡国民收入决定理论、有效需求理论等；第二部分结合相关理论对经济中出现的失业、通货膨胀、经济周期、经济波动等长短期经济现象进行分析，并围绕潜在收入与均衡收入的背离，提供了基于理论的宏观经济对策；第三部分在分析长短期经济现象的基础上，以政府的财政政策、货币政策为工具，提供了对宏观运行进行监管、扶持、引导和调控的系统性方法。

三、现代经济学视角：发展经济学

发展经济学是一门专门研究发展中国家经济发展问题的经济学分支学科。第二次世界大战后，很多发展中国家不仅面临着应对落后经济状况的困境，还面临着如何扭转贫困、落后的不发达状态的挑战。然而，对于发展中国家来说，经济全球化既是实现加速发展的历史机遇，也因自身经济的脆弱性及国际经济规则的不利影响使国家经济安全问题凸显。本书的发展经济学部分共包括三部分内容：第一部分从发展中国家的基本特征、新发展理念与经济现状等方面进行了阐述；第二部分以经济全球化发展的原因作为分析起点，以经济全球化发展特征作为背景，分析了经济全球化发展对发展中国家的积极影响与消极影响；第三部分围绕国家经济安全的内涵与维度展开分析，重点从国家经济安全的四个维度（国际贸易、产业结构、金融监管和国家信息安全）阐述了发展中国家的经济安全战略。

四、重要研究方法：计量经济学

计量经济学是一门研究经济变量之间数量关系的一门学科，是经济计量的基础，也是应用于会计、金融、营销及管理等多学科领域的研究工具。本书的计量经济学部分共包括五部分内容：第一部分从计量经济学的产生、发展演进、研究步骤及经济应用等方面，阐述了计量经济学的学科思想；第二部分介绍了经典假设下的计量经济学方法，即在有限样本条件下，针对普通最小二乘法的假设，包括普通最小二乘法进行参数估计、拟合优度和显著性检验；第三部分介绍了违背经典假设的计量经济学方法，即当模型不满足经典假设时，会产生的多重共线性、异方差性、序列相关性和随机解释变量问题，以及这些问题的检验方法等；第四部分是基于传统计量经济学方法的拓展，主要从时间序列计量经济学方法、自回归条件异方差模型方法、面板数据模型方法、空间计量经济学方法、随机试验计量方法五个方面展

开介绍；第五部分为综合案例分析，借助案例详细介绍多种计量经济学模型和方法，从问题的提出、文献研究、模型设定、计量检验、结论与启示五个方面循序展开，目的是说明如何应用计量经济学方法对现实经济问题进行规范研究，如何应用计量经济学方法进行学术论文写作。

五、现代技术工具：大数据采集与挖掘技术

现代信息技术的发展已经将计算机应用到了经济学所涉及的所有领域，如经济分析、模型构建中的大数据采集与挖掘，金融系统中计算机网络的使用等，可以说信息技术的进步在经济增长过程中扮演着不可或缺的角色。随着计算机技术在经济领域的不断应用，经济理论的发展越来越融入了智能化、信息化等影响因素，人们也可以在更大程度上依靠信息技术对经济模型进行检验、分析和预测，提升实证研究的效率。本部分围绕计算机数据设计的逻辑范式（数据采集、数据整理和数据分析）展开介绍，沿着从理论到实践的逻辑框架，列举相关操作实例，以计算机数据审计为例，详细阐述了计算机技术在经济学中的应用。

本书的主要特色如下：

1) 在遵循经济学知识体系的基础上，避免重复罗列众多知识点，代之以思维导图强调学科要点之间的逻辑推进关系，在为读者展示学科基础知识的前提下，提供了拓展学术视野和学习新观点的可能。

2) 在经济学发展史的框架下，选取了经济学思想发展的新成果，并考虑大数据时代的数理应用技能，介绍了计量经济学和大数据处理相关方法，目的是提供经济研究的新思路和新方法，有利于提升读者的经济学素养，不断提高读者对经济实践的新认识。

3) 提供了多种学习辅助材料，包括思维导图、习题、模拟试卷和PPT等，设置了与每章知识点学习相关的延伸阅读等，有助于读者将理论学习与能力提升相结合，提高学习效率。

本书由阚双、杨童舒担任主编，具体编写情况如下：第一章由杨童舒编写，第二章、第三章由阚双编写，第四章由李静编写，第五章由田树喜编写，第六章由兰博编写。各章的配套课件、习题和答案要点由侯泽敏、郭德仁、王嵩、晏雪、丁秀瑜、裴圣莹共同完成。同时，感谢2021年东北大学"百种优质教材建设"和"PBL教学法研究与应用项目"（项目编号：PBL-JX2021yb005）的课程建设资金支持。

衷心希望本书能对读者了解和学习经济学、参与经济研究和社会经济活动有所帮助。

编 者

目　录

前言

第一章　经济学史 ··· 1
　　第一节　经济思想的发展脉络 ··· 2
　　第二节　经济学方法论的演化脉络 ··· 26
　　延伸阅读 ·· 30

第二章　微观经济学 ··· 32
　　第一节　微观经济学概述 ··· 33
　　第二节　市场机制的核心表征：价格机制 ································· 36
　　第三节　市场机制的需求视角：消费者理论 ······························ 44
　　第四节　市场机制的供给视角：生产者理论 ······························ 46
　　第五节　市场理论：市场机制与市场失灵 ································· 50
　　第六节　福利经济学 ·· 58
　　延伸阅读 ·· 70

第三章　宏观经济学 ··· 74
　　第一节　宏观经济学概述 ··· 74
　　第二节　均衡国民收入决定理论 ··· 78
　　第三节　凯恩斯革命及其理论思想 ··· 82
　　第四节　后凯恩斯学派对经济活动的解读 ································· 86
　　第五节　均衡国民收入无法实现时的长短期经济现象 ·················· 93
　　第六节　调控国民收入均衡的方法：经济政策 ··························· 100
　　延伸阅读 ··· 110

第四章　发展中国家的经济发展与经济安全 ··· 115
　　第一节　发展中国家的经济发展 ··· 116
　　第二节　经济全球化背景分析 ·· 129
　　第三节　发展中国家的经济安全 ··· 135
　　第四节　发展中国家的经济安全战略 ·· 149
　　延伸阅读 ··· 156

第五章　计量经济学通识方法 ··· 160
　　第一节　计量经济学的学科思想 ··· 161
　　第二节　经典假设下的计量经济学方法 ···································· 164

  第三节 违背经典假设的计量经济学方法……………………………………… 170
  第四节 计量经济学方法的拓展…………………………………………………… 181
  延伸阅读……………………………………………………………………………………… 197
第六章 经济学中计算机技术的应用：以计算机数据审计为例……………………… 202
  第一节 经济学中计算机技术应用概述…………………………………………… 203
  第二节 计算机数据审计的逻辑范式………………………………………………… 205
  第三节 计算机数据审计逻辑范式的基本理论…………………………………… 207
  第四节 计算机数据审计逻辑范式的应用…………………………………………… 210
  延伸阅读……………………………………………………………………………………… 227
参考文献………………………………………………………………………………………… 239

第一章 经济学史

学科思维导图

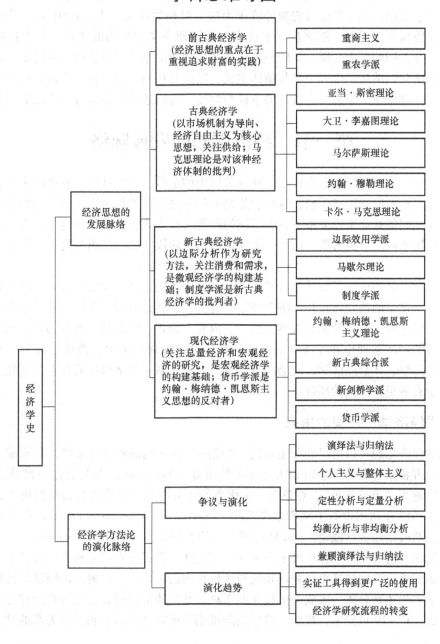

经济学史主要是以经济学的发展历史作为主要研究内容，本章的第一节介绍了经济思想的发展历程，按照时间顺序将其总结为四个时期：前古典经济学时期、古典经济学时期、新古典经济学时期和现代经济学时期。前古典经济学时期经济思想的重点在于重视追求财富的实践，这一部分主要介绍了重商主义和重农学派的经济学说。古典经济学时期的经济思想以市场机制为导向，将经济自由主义作为核心观点。这一时期也出现了古典学派的反对者与批评者。新古典经济学以边际分析作为研究方法，其中，以边际效用学派作为代表的经济思想更加关注需求和消费，有学者将强调供给的古典经济学派与注重需求的边际学派综合在一起。然而，这一时期的制度经济学派对资本主义现实持有一定的批判态度，是新古典经济学的批判者。1929 年经济危机的爆发与资本主义国家出现的经济大萧条滋生了现代经济学的出现，经济学家们将总量经济与宏观经济作为这一时期的研究重点。1960 年"滞胀"的出现撼动了凯恩斯主义思想，随之出现了许多与凯恩斯主义相抗衡的流派，其中包括货币学派。然而，在不同的历史时期，新的经济思想产生伴随的是研究方法的不断转变，因此，第二节从演绎法与归纳法、个人主义与整体主义、定性分析与定量分析、均衡分析与非均衡分析四个方面详细阐述了经济学方法论的争议与演变，并概述了经济学方法论的演化趋势。

第一节　经济思想的发展脉络

经济学史是一门研究经济学说产生和发展历史的学科，人类社会自发展以来的各个时期都产生了与之相对应的经济思想，这些思想是人们通过不同的行为方式所形成的特定生产关系的体现。不同的社会生产关系下有着不同的社会生产方式，每一种社会生产方式在发展的过程中会经历不同的发展阶段，而每一个特定的历史阶段又会造就出与之相适应的各种经济思想。

对经济学发展历史的了解是学习经济学学科所必备的。经济学史代表了经济思想的演化进程、经济学体系的构建历程和经济学理论研究范式的转化过程，是过去几千年时间里，众多哲学家、思想家、经济学家的观察、思考、内省、修正、继承与革新后的思想积淀，几乎涵盖了所有的经济学理论和经济学的主要学科，包括宏观经济学、微观经济学、发展经济学、制度经济学、计量经济学、政治经济学等。只有了解了经济思想的本源与演化，才能对现代经济学有着更为深入的理解。

一、"经济学"一词的由来

早期的经济思想可以追根溯源至古代，"经济"这一词语源自古希腊，公元前 5 世纪—前 4 世纪由古希腊著名的哲学家和历史学家色诺芬（Xenophon）在其著作《经济论》中首次使用，原意为"家庭管理"，意思为一个优秀的主人应该如何管理好自己的财产，使财富不断增加。1615 年法国重商主义者蒙克莱田（Antoine de Montchrétien）正式发表了《献给国王和王后的政治经济学概论》，最早使用"政治经济学"（political economy）一词，以上书的形式建议当时的路易王朝积极干预国家经济生活。到了重农主义和英国古典学派，政治经济学的研究重点转向包括生产领域和流通领域在内的再生产。古典政治经济学已经同政治思想、哲学思想逐渐分离，形成一个独立的学科，其论述范围包含了经济理论和经济政策的大部分领域。17~19 世纪末，政治经济学逐渐被用作研究经济活动和经济关系的理论科学的名称。19世纪末期，随着资产阶级经济学研究对象的演变，即更倾向于对经济现象的论证，而不注重国家政策的分析，有些经济学家改变了"政治经济学"这个名称。英国经济学家威廉·杰文斯（William Jevons）在《政治经济学理论》中明确提出应当用"经济学"代替"政治经济学"，认为单一词比双合词更为简单明确；去掉"政治"一词，也更符合于学科研究的对象和主旨。1890年，阿尔弗雷德·马歇尔（Alfred Marshall）出版了他的《经济学原理》，从书名上改变了长期使用的政治经济学这一学科名称。到20世纪，在西方国家，"经济学"这一名称就逐渐代替了"政治经济学"，既被用于理论经济学，也被用于应用经济学。

在中国古汉语中，早有"经济"一词，是"经邦"和"济民"、"经国"和"济世"及"经世济民""经国济世"等词的综合和简化，含有"治国平天下"的意思。内容不仅包括国家如何理财、如何管理其他各种经济活动，还包括国家如何处理政治、法律、教育、军事等方面的问题。经济学原著于19世纪传入中国和日本两国，中国的严复将其翻译为"生计学"，日本的神田孝平最先将其译为"经济学"。

二、经济思想发展历程综述

经济学史涵盖了从古希腊到20世纪直至今天共3000多年的经济思想演化历程。然而，说到真正意义上的经济学，其诞生至今也仅仅不到300年的时间而已。1776年，英国的一位大学教授亚当·斯密（Adam Smith）出版了他人生的第一本经济学著作《国民财富的性质和原因的研究》（简称《国富论》），震撼了整个世界。这本著作的出版标志着经济学学科的确立。1776年以前的经济思想也只是建立在人们对生存的体验、对财富的感悟基础上形成的零散的经济思想。没有一个经济学家能够将重商主义与重农主义的重要贡献综合成一个单独连贯的体系。1776年之后，出现了以亚当·斯密、大卫·李嘉图（David Ricardo）、约翰·穆勒（John Mill）等经济学家为代表的各经济学流派，他们的经济理论代表着一定历史时期里所呈现出的经济问题与经济现象，这也决定了经济学研究的历史性，标志着经济思想的不断继承、批判和发展的演进过程。

追溯过去，不同的时期有不同的社会背景、不同的社会问题、不同的阶级矛盾，造就了经济思想在发展的过程中所关注和涉猎的领域、重点与主题也有所不同。然而，无论各个时期的经济思想是零散的还是系统的，是个人的还是整体流派的，其研究的核心都脱离不开财富，即经济学的本质是一门研究财富的社会科学。在社会中的每一个个体可感知的需求通常是无限的，因为每个人总是渴望消费更多的产品与服务（需求），其数量超过了社会目前可提供的数量（供给），由此社会中便形成了一种相对稀缺的状况。这意味着在经济思想的演化进程中，人们总是试图解决这样一个简单而永恒的问题：如何通过一种社会机制在无限的选择中使得各方（生产者、消费者、个人、组织、企业、市场、政府等）和各领域（经济、政治、社会、文化、生态等）及彼此之间达到均衡，从而长期、稳定、协调地实现财富增长与经济发展。

经济学史的发展从萌芽到现在大体经历了四个时期：前古典经济学时期、古典经济学时期、新古典经济学时期和现代经济学时期。

（一）第一个时期——前古典经济学时期（1776年以前）

这一时期包括古代经济思想（古希腊、古罗马等）、欧洲中世纪经济思想、重商主义和重农学派,是经济学知识的原始积累时期,重商主义时期是西方经济学的萌芽阶段。

(二) 第二个时期——古典经济学时期（1776年—1871年）

这一时期涵盖了近一百年的经济思想,经历了古典经济学的建立、发展、完成与衰退,其中最具代表性的三部著作分别为:亚当·斯密的《国富论》、大卫·李嘉图的《政治经济学及赋税原理》和约翰·穆勒的《政治经济学原理》。三位经济学家几乎统治着这一时期的经济思想。另外,《政治经济学原理》是约翰·穆勒出版的第一本经济学教科书,他的大多数经济思想在这一书中都得到了充分体现,他对古典经济学进行了扩展和发展,将亚当·斯密的生产费用说、纳索·西尼尔（Nassau Senior）的节欲论、大卫·李嘉图的地租论等进行了一个混合折中,全面系统地吸收和综合了前人成果,融合了古典和反古典的众多因素,曾长期被看作大卫·李嘉图之后古典经济学的最大权威,长时间内在英国的经济学教育中占据统治地位。这一时期,卡尔·马克思（Karl Marx）从古典经济学中汲取了营养,更多加入了新的分析概念,得出了与古典理论及政策直接相对立的结论。他发现了古典经济学中的一些冲突,马克思的理论意在分析资本家与劳动者之间的经济冲突,改造了古典经济学派的劳动价值理论,坚持科学的劳动价值论,深刻剖析了资本家对于劳动者的剥削实质。

(三) 第三个时期——新古典经济学时期（1871年—1936年）

从19世纪70年代到20世纪30年代,是微观经济学的形成与建立时期,代表人物主要有卡尔·门格尔（Carl Menger）、莱昂·瓦尔拉斯（Léon Walras）、托尔斯坦·凡勃仑（Thorstein Veblen）等。

19世纪70年代初,门格尔、瓦尔拉斯等几乎在同一时间提出了具有相同倾向的价值理论——边际效用价值论,掀起了一场"边际革命"。1871年,威廉·杰文斯出版了《政治经济学理论》;同年,门格尔出版了《国民经济学原理》;1874年,瓦尔拉斯出版了《纯粹政治经济学要义》。三人都在经济理论中运用了边际分析,这场边际革命标志着新古典经济思想的开始。边际效用理论的提出既是价值理论上的革命,也是方法论上的革命。理论上,边际效用价值论的提出是建立在反对劳动价值论基础上的,认为商品的价值不是取决于商品中所包含的客观的劳动量,而是取决于人们对商品效用的主观评价,即商品对消费者的边际效用。这是一种与古典经济学对立的主观价值论,用主观价值论代替了古典经济学中所坚持的客观价值论,是对古典经济学中劳动价值论的一场革命。方法上,得益于数学微积分理论的发展,将边际效用表示为总效用的一阶导数,是消费量的函数。边际学派将数学方法在经济学研究中的巧妙运用,是以往的经济学家所没有的,这既是一种方法论上的革命,也是经济科学一个新阶段的开始。

1890年,马歇尔出版了具有里程碑意义的经济学教科书《经济学原理》,从而成为现代经济学中微观经济学的构建者。整个19世纪后期,新古典经济学派统治着经济学界,以凡勃仑为代表的美国制度学派作为新古典经济学的批判者,对现实资本主义持有一定的批评态度,并主张改良,其代表作为1899年出版的《有闲阶级论:关于制度的经济研究》。马歇尔在《经济学原理》中提出了具有首创意义的均衡价格论,将强调生产成本的古典学派与注重需求的边际学派完美地结合起来,形成了供求分析的基本框架,马歇尔也因此成为继约翰·穆勒之后经济学发展历史上第二位"综合大师"。一方面,马歇尔继承了古典学派中以生产费用论为基础的供给理论,将客观存在的劳动价值论归结为决定供给、生产、卖方的力量;另一方面,马歇尔吸收了边际学派以边际效用论为核心的需求理论,把主观的、心理的边际效用价值论归结为决定需求、消费、买方的力量；当供给与需求两者相等时，市场便达到了均衡状态，最终形成了均衡价格。马歇尔通过均衡价格论将一直处于争论状态中的古典经济学派和边际效用学派融为一体。

古典经济学经过了边际主义革命，又在马歇尔的助推下，形成了新古典经济学。之所以被称为"新古典经济学"，其一是因为它是古典经济学和边际学派思想的融合产物，古典经济学的基本指导原则"自由放任"依然是其最高准则；其二是因为它不同于古典经济学将生产和供给作为主要的研究对象，而是将消费和需求看作同样重要。所以，从这种意义上说，新古典经济学既是古典经济学的延续，但又有所不同，它所呈现出的新的理论和更为科学的研究方法使经济学更具有吸引力，新古典学派也因此成为继古典学派之后的新的主流学派。

（四）第四个时期——现代经济学时期（1936 年至今）

现代经济学始于 20 世纪 30 年代，在这个时期里，传统西方经济学完成了向现代西方经济学的转变。主要代表人物有约翰·梅纳德·凯恩斯（John Maynard Keynes）、保罗·萨缪尔森（Paul Samuelson）、琼·罗宾逊（Joan Robinson）、米尔顿·弗里德曼（Milton Friedman）、弗里德里希·奥古斯特（Friedrich August）、冯·哈耶克（von Hayek）、罗纳德·科斯（Ronald Coase）等。爱德华·哈斯丁·张伯伦（E. H. Chamberlin）提出的"垄断竞争"理论和琼·罗宾逊提出的"不完全竞争"假设、无差异曲线等研究成果丰富了微观经济学方面的需求理论。凯恩斯将研究重点转向了总量和宏观经济学的研究，构建了宏观经济理论体系，引发了"凯恩斯革命"。这些理论的发展改变了传统经济学的思想，将宏观经济理论和微观经济理论作为西方经济学体系中相互独立的两个部分，最终成为现代微观经济学和宏观经济学的基础。凯恩斯经济学出现以后，对凯恩斯理论的诠释发展出两个重要的学派：以罗宾逊为代表的新剑桥学派，代表作是 1956 年出版的《资本积累论》；以萨缪尔森为代表的新古典综合派，代表作是 1948 年出版的《经济学》。

20 世纪 70 年代，社会经济中高失业率、高通胀率并存，从理论上动摇了新古典综合的宏观经济学体系，标志着凯恩斯主义的失灵。此时，学者们争辩的焦点是，应该采取经济自由主义还是政府干预主义思想？随之产生了与凯恩斯主义相抗衡的、倡导自由主义的流派，包括以弗里德曼为代表的货币主义学派、以罗伯特·卢卡斯（Robert Lucas）为代表的理性预期学派、以阿瑟·贝茨·拉弗（Arthur Betz Laffer）为代表的供给学派、以冯·哈耶克为代表的新自由主义体系及以罗纳德·科斯等人为代表的新制度经济学派等。

1929 年—1933 年，全球资本主义世界大危机和大萧条爆发，一直在西方经济学中占据正统地位的新古典经济学受到了质疑。人们发现，通过市场机制这只"看不见的手"不仅没能通过自动调节达到充分就业的均衡，反而出现了震撼西方世界的生产过剩危机，对此新古典经济学家们无法从理论上解析，于是爆发了凯恩斯革命。《通论》的出版，标志着凯恩斯学说已发展成为一个独立的理论体系。一些经济学家认为，《通论》在经济学史上是可以与亚当·斯密的《国富论》和卡尔·马克思的《资本论》比肩的一本伟大的著作。

凯恩斯革命既是方法论上的革命，也是理论上的革命，还是政策上的革命。理论上，凯恩斯又重新回到对宏观经济问题的研究上，创立了总量研究方法，开创了宏观经济学分析方法。古典经济学家注重研究单个消费者和单个生产者的行为，以及这两类行为的相互关系。凯恩斯一方面关心的是经济中的总量研究，如总消费、总投资和总就业量等；另一方面关注的是总支出，如投资支出、消费支出、政府购买支出等所产生的收入效应。理论上。凯恩斯认为储蓄不会自动地转化为投资，相反，三大心理规律——边际消费倾向递减规律、资本边际效率递减规律和流动性偏好规律的作用会导致有效需求不足，进而必然产生大规模失业、生产过剩的经济危机。政策上，凯恩斯反对之前学者们所提出的"自由放任"原则，认为有效需求不足问题的解决需要通过国家的干预，在政策实施过程中，货币政策只是起辅助作用，强调财政政策在扩大总需求中所起的重要作用。

第二次世界大战以后，凯恩斯学派的继承者纷纷对他的经济理论进行阐释、补充和发展，1948年萨缪尔森出版了《经济学》，开始了经济学上的第三次综合。凯恩斯《通论》的出版将西方经济学分成了两种体系：一是传统经济学中以个体分析为主，主张实行自由放任、依靠市场自身的力量自行调节的经济政策；二是以凯恩斯经济学中提倡的总量研究为基础，认为资本市场的自由调节机制不能解决社会中的失业问题，并以此来主张国家干预经济的政策。此时，在经济学理论界，需要一种理论来对现存的既有联系又存在矛盾的两种理论体系进行调和。萨缪尔森的《经济学》正是将微观经济学（以马歇尔为代表的新古典经济学把单个消费者、单个厂商和单个行业作为分析单位）和宏观经济学（以凯恩斯理论为代表的凯恩斯主义经济学将总消费、总投资、总收入等总量概念作为研究对象）加以综合，形成了新古典综合派（后凯恩斯主流经济学），即新古典经济学与凯恩斯经济学的综合。新古典综合派出现后，一直处于新的正统地位。

20世纪六七十年代，西方世界出现了严重的"滞胀"现象，即生产停滞、失业率增加和通货膨胀并存，凯恩斯主义经济学无论在理论上还是实践上都没能解释滞涨的原因及解决滞胀问题，因此遭受到了他的对立派、反对派的批评，凯恩斯主义也因此陷入困境。从20世纪70年代初至今，围绕着凯恩斯主义经济学说的探讨出现了很多新的流派和思想。既有20世纪80年代出现的新的倡导政府干预经济的学派——新凯恩斯主义，新理论在保留了凯恩斯主义的研究方法和某些基本假设的基础上，又从非凯恩斯主义经济理论中汲取了新的观点和研究方法，弥补了凯恩斯主义经济学的一些缺陷，丰富和发展了现代宏观经济学；也有反对凯恩斯主义倡导经济自由主义的新自由主义流派，包括以弗里德曼为代表的货币主义学派、以卢卡斯为代表的理性预期学派、以哈耶克为代表的新自由主义学派和以科斯为代表的新制度经济学派等。

三、不同发展阶段的代表性流派及其思想特征

（一）前古典经济学时期

1. 重商主义经济学说

严格意义上来说，重商主义所代表的是15世纪至17世纪下半叶期间所出现的一些经济文献与经济实践，是一些零散的经济思想，并没有完整的理论体系。重商主义是西欧封建制度解体和资本主义制度产生时期出现的代表商业资产阶级利益的经济学说和经济政策。随着15世纪末16世纪初的"地理大发现"，国内市场统一，世界市场形成并不断扩张，很大程度上促进了商业、航海业和工业的发展，也推进了对外贸易的发展。商品经济的迅速发展增强了欧洲商人对黄金的渴望，封建国家统治阶级开支的不断增加也迫使整个欧洲都迫切需要大量的黄金。西欧各国纷纷陷入了"寻金热"的浪潮中，为资本主义的发展积累了大量资本。弗里德里希·恩格斯（Friedrich Engels）曾经指出："黄金这两个字变成了驱使西班牙

人远渡大西洋的符咒，黄金也是白种人刚踏上新发现的海岸时所追求的头一项重要的东西。"在这一时期产生的以金银为唯一财富，引导国家以追求金银为目标的经济学说，被人们称为重商主义。

重商主义的发展经历了两个阶段：早期重商主义（从15世纪到16世纪中叶）和晚期重商主义（从16世纪下半叶到17世纪中叶）。这两个发展阶段重商主义的基本思想是一致的，都将金银货币看作财富的唯一形态，认为各国在从事经济活动时首要目的便是获得金银，代表的都是资本原始积累时期商业资产阶级的意识形态。不同的是，由于两个阶段重商主义者对财富的认识水平不同，因此在通过何种手段能够增加货币财富的问题上，又持有不同的主张和看法。

早期重商主义和晚期重商主义的共同思想主要表现在四个方面：①认为金银即货币是财富的唯一形态，一国的财富多寡等同于其所拥有的金银数量。重商主义者反对古代思想家和哲学家维护自然经济和反对货币财富的观点，坚持认为一切经济活动都是为了获取更多的黄金白银。②认同财富一方面来源于金银矿藏的开采，另一方面来源于流通领域。由于西欧各国的矿藏资源有限甚至稀少，因此财富的源泉只能是流通领域。只有通过流通领域商品交换中的贱买贵卖才能获得利润，获取到更多的黄金白银。③认为国内贸易不能增加一国的财富，只有对外贸易才能带来利润。重商主义学说中的利润是一种"让渡利润"，是商品低买高卖的结果，而国内贸易中的低买高卖只是将金银从一个人手中转移到了另一个人手中，国家的总财富并没有发生改变。所以，对外贸易才是国家富裕的根本途径。而在对外贸易中必须遵循多卖少买的原则，即对外贸易的差额必须是顺差，只有这样才能使别国的金银流入本国，本国的财富才会随之增加。④强调国家应当干预经济生活。要想促进对外贸易的发展，通过对外贸易顺差来促进国家财富的增长，中央集权国家对经济的干预是必不可少的，也是国家致富的重要保障。重商主义者要求建立统一的民族国家，主张国家采取各种干预经济的措施和手段，颁布保护商业、工业的法令，实行货币输入和产品出口、限制或禁止货币输出和商品进口政策等。

早期重商主义与晚期重商主义的不同之处在于，对如何通过贸易顺差达到增加一国的货币财富有着不同的主张和看法，具体见表1-1。

表1-1 早期重商主义与晚期重商主义的差异

重商主义	早期重商主义	晚期重商主义
时间	15世纪—16世纪中叶	16世纪下半叶—17世纪中叶
代表人物	安徒安·孟克列钦 约翰·海尔斯 威廉·斯塔福德	让·巴蒂斯特·柯尔培尔 托马斯·孟
实质	货币差额论或货币平衡论	贸易差额论或贸易平衡论
不同的政策主张	重视"多卖少买"中的"少买" 不重视工场手工业和商品生产 重视行政立法手段	重视"多卖少买"中的"多卖" 重视工场手工业和商品生产 重视保护关税政策

2. 重农学派的经济学说

重农学派产生于18世纪50—70年代的法国，正值法国资产阶级大革命前夕。虽然只有短暂的 20 年时间，但其在经济学史上的影响力却是不容忽视的。此时，距离英国资产阶级革命已经过去了 1 个多世纪，英国也已经完成从农业国向工业国的转变。不同的是法国仍处在封建制度的统治下，农业部门仍然在国民经济中占据主要地位。法国大革命爆发之前，受到重商主义思想的影响，法国依靠牺牲农业来发展本国的商业，颁布了一系列如禁止农产品出口、压低农产品价格、加征农业税收等法令，通过压榨农业收入来补贴对外贸易和兴建"皇家手工工场"，种种重商抑农的政策使法国农业处于极度衰退、农民纷纷破产的窘境。与此同时，为了挽救处于严重财政危机的法国，当时的统治者路易十五采取了英国重商主义者约翰·罗的建议，以发行大量不能兑换的银行券来清偿债务、增加国家财富，希望以此摆脱法国的财政困境。然而，此举不但没能挽救封建制度所面临的危机，反而造成了严重的通货膨胀，使得法国的经济雪上加霜。为此，法国的新兴资产阶级代表提出通过恢复和重振农业的方式发展资本主义，重农主义以与重商主义对立的姿态应运而生。

重农学派思想理论的基础是自然法则，他们认为，客观世界存在一种永恒的、不以人的意志为转移的规律，这种自然规律支配着经济体的运作，独立于人类意志，却又能够被人类客观地发现，法国经济萧条的根本原因在于社会制度违反了自然规律，他们强调只有人们认识到客观存在的自然规律并将其作为行为准则，人类社会才可以实现协调有序的发展，这一观点促进了经济学的发展。重农学派明确提出，只有农业才是国家致富的源泉，从地里结出的果实、生长出来的农产品才是社会财富。农业的繁荣发展是一切其他物质财富的必要基础，国家所实施的一切措施成功与否都取决于农业部门的发展。

（二）古典经济学时期

1. 亚当·斯密的经济学说

亚当·斯密，是古典经济学的创建者。亚当·斯密时代的英国，资产阶级已经占据了统治地位，资本主义生产的主要形式仍然是工场手工业，但这个时期工场手工业无法适应资本主义经济迅速发展的局限性，技术的变革已为机器发明创造了条件，手工技术向机器生产过渡的端倪已日益显露。引擎、飞梭、改良纺织机、蒸汽机这一系列的机器发明，标志着英国有了较先进的工业，而且资本主义生产关系在英国也获得了迅猛发展，但是此时社会中面临的主要矛盾仍然是地主阶级和资产阶级的矛盾。英国资产阶级迫切需要有一种理论从根本上论证资本主义制度比封建制度更加优越，需要一种思想武器帮助他们扫清封建制度的残余和长达多年的重商主义思想的束缚。1776 年亚当·斯密出版的《国富论》正是在这一背景下顺应时代的要求而产生的。

《国富论》全书共有五篇三十二章，包含了亚当·斯密的全部经济理论，研究的主题是如何能够增加国民财富。对于什么是国民财富，《国富论》的第一句话就给出了明确的解释："每个国家每年的劳动是这样一种基金：它原始地供给这个国家每年消费的全部生活必需品和便利品，这些必需品和便利品总是由每年劳动的直接产物，或者是由用这些产物从其他国家购买的物品组成。"在亚当·斯密看来，所谓国民财富就是一国国民的全年劳动，增加财富的途径有两个：一是提高劳动生产率；二是增加劳动者人数。劳动生产率提高可以通过分工来实现，亚当·斯密在他的著作中以制针业的分工为例，说明了分工对劳动生产率的影响。通过分工，工人每日可成针四万八千枚，远远超过分工前的劳动生产率。他强调，分工是国民财富增长的一个重要原因，推动劳动生产力的提高，进而增加社会产出。产出的增加需要有商品的交换，交换要按照既定的标准和原则进行，这就需要有货币的存在，从而又引出了价值和价格。劳动生产物生产出来后应该按照什么样的方式在社会各阶层之间进行分配？亚当·斯密提出："构成一国全部劳动年产物的一切商品价格，必然由那三个部分构成，而且作为劳动工资、土地地租或资本利润，在国内不同居民间分配。不论是谁，只要自己的收入来自自己的资源，他的收入就一定来自他的劳动、资本或土地。来自劳动的收入称为工资，来自经营资本的收入称为利润，有资本不自用而转借给他人，借以取得的收入称为货币的利息或佣金（地租）。"由此，收入便被分配成工资、利润和地租。《国富论》第一篇就是围绕着这样的逻辑展开研究的。

亚当·斯密在《国富论》第二篇中论述了资本的性质、资本的积累、资本的作用和资本的划分，以及如何区分生产性劳动和非生产性劳动。亚当·斯密提出，"有一种劳动，加在物上，能增加物的价值；另一种劳动，却不能够。前者因可生产价值，可称为生产性劳动，后者可称为非生产性劳动。制造业工人的劳动，通常会把维持自身生活所需的价值与提供雇主利润的价值，加在所加工的原材料的价值上。反之，家仆的劳动，却不能增加什么价值"。他对于生产性劳动、非生产性劳动的划分，对后来理论的发展具有重大意义。《国富论》的第三篇论述了不同国家国民经济的发展路径，第四篇主要是批判重商主义的理论、政策和实践，他非常反对重商主义思想中所倡导的国家干预政策。第五篇属于财政学范畴，从财富发展的角度分析国家财政对财富发展的影响。亚当·斯密论述了国家的收入和支出，并提出了财政学中所遵循的四大税收原则：公平、确定、便利、经济。由此可见，《国富论》研究的内容不仅包括了政治经济学，还囊括了经济史和财政学等多个学科，所研究的经济理论包括了分工、交换、货币、资本、分配、价值等多个领域，亚当·斯密也因此建立了一个完整的经济学体系。

在亚当·斯密的经济体系中，亚当·斯密提出了"经济人"假设、"看不见的手"与经济自由主义思想。经济人是利己的，而非利他的。经济人在社会生活中的所有行为都是为了最大限度地满足自己的利益。经济人的利己行为，同时也增进了他人的利益，尽管他的本意并非如此。纪录片《大国崛起——工业先声》中提到过这样一段话，"如果说，牛顿为工业革命创造了一把科学的钥匙，瓦特拿着这把钥匙开启了工业革命的大门，那么，亚当·斯密则是挥动着一只看不见的手，为工业革命的推进缔造了一个新的经济秩序"。亚当·斯密的著作中也写道："每一个人都不断地竭力为他所能支配的资本找到最有利的使用方法。诚然，他所考虑的是他自己的利益，而不是社会的利益。但是研究他自己的利益自然地或者毋宁说必然地导致他去采取最有利于社会的使用方法。诚然，一般来说，他无意去促进公共利益，也不知道自己正在多大程度上促进公共利益。他宁愿支持本国产业而不支持外国产业，只是为了自己的安全；他管理产业使其发挥最大价值，也只是为了自己的收益；在这种场合，也像其他场合一样，他似乎被一只看不见的手引导着，去达到一个他无意追求的目标。虽然这并不是他本意想达到的目的，可是对社会来说并非有害。他追求自己的利益，却常常能促进社会的利益，比有意这样做更加有效。"从这只"看不见的手"出发，亚当·斯密提出了经济自由的主张，他认为政府完全没有必要干预经济活动，参与经济生活的人对自己的经济活动能做出比任何其他人更正确的决策。因此，亚当·斯密反对限制经济自由主义的重商主义政策，反对国家干预经济。他主张的不仅是国内经济的自由放任，也倡导对外经济活动的经济自由。卡尔·马克思后来指出，亚当·斯密的"看不见的手"就是价值规律，用现在的话来说，就是市场调节。在商品经济或市场经济下，都存在一只看不见的手在幕后调节参与经济生活的每个人的行为，调节着有限的社会资源合理地在各部门和各生产者之间的配置。这是一只只要有商品交换行为就存在的手，商品经济条件下无所不在的手。

2. 大卫·李嘉图的经济学说

大卫·李嘉图（1772—1823），英国古典经济学的完成者，大卫·李嘉图所处的时代正是英国工业革命开展得如火如荼的时期，机器大工业代替了工场手工业，英国出现了很多新的工业城市和工业中心。机器的使用大大提高了劳动生产率，为英国生产出大量的低成本的产品。工业革命推动英国成为"世界工厂"，并因此扩大了商品输出，英国将工业品输送到欧洲各国及美洲殖民地，再从这些国家和地区进口粮食与原材料，进一步促进英国工业的发展。工业革命不仅带来了生产力的极大发展，也滋生了一批工业无产阶级。但此时社会中的主要矛盾仍然体现在资产阶级与地主阶级之间，资产阶级与无产阶级之间的矛盾仍没有占据主要地位。站在资产阶级立场上代表着工业资产阶级利益的大卫·李嘉图的经济理论及经济思想就是在这一时期所产生的。

大卫·李嘉图早期涉猎经济学领域是从参与当时英国公众最关注的两个论战开始的。第一个是黄金论战。1797年，英格兰银行通过政府颁布的《银行限制法》宣布停止银行券兑现。英国反拿破仑战争中浩大的军事开支引起了财政失衡，国库亏空。政府不得不利用英格兰银行发行大量银行券来弥补赤字，此举随后引起了黄金价格和物价上涨，银行券贬值，英镑币值下降。英国资产阶级工业发展需要有一个稳定的通货作为支撑，因此，李嘉图代表工业资产阶级的要求，率先投入此次论战中。他于1809年发表《黄金的价格》《答银行纸币之友》《再答银行纸币之友》三篇文章，1810年发表《黄金的高价是银行纸币贬值的验证》，1811年发表《答博赞克特先生对金价委员会报告的实际观感》，1816年发表《一个既经济又安全的通货的建议》。通过这一系列文献，李嘉图指出，正是英格兰银行发行的纸币过多，才造成了通货贬值，他主张恢复银行券兑换黄金的制度，以保持通货稳定，有利于发展工业经济。第二个是关于是否废除《谷物法》的论战。1815年通过的《谷物法》规定：1夸特（1qr≈12.7kg）谷物价格低于80先令时，禁止外国谷物进口，以此维持国内谷物高价。高昂的谷物价格将引起工业经济中工资要素的上涨，进而影响英国工业的发展，受益的是地主阶级，而受损的是工业资产阶级。1815年，李嘉图发表了《论低谷物对资本利润的影响》，主张废除《谷物法》，反对以马尔萨斯为代表的限制谷物进口的观点，倡议谷物自由贸易，以促进资本主义发展。1817年，李嘉图出版了他的代表作《政治经济学及赋税原理》，探索提高劳动生产率、发展资本主义、增进资产阶级财富的路径，此书的出版也标志着英国古典经济学的最终完成。

至1815年，英国的工业品在世界贸易中占有绝对优势，并成为工业生产领域的垄断者。英国资产阶级需要在世界市场上占据更大的份额，一方面将本国生产的工业品大量出口到世界各地；另一方面可以从世界各地进口工业生产所需的原材料和粮食，以满足英国经济发展的需要。李嘉图从经济社会发展的整体利益出发，提出国际自由贸易："最能保障整体利益的莫过于把总资本做到有利的分配，也就是实行普遍的自由贸易。"针对国际自由贸易，亚当·斯密提出了绝对成本学说，国际分工和交换应遵循的原则是，每个国家都专注于生产本国拥有绝对成本优势的产品，这样一来，各国的劳动生产力都能够得到提高，也可以以更低廉的价格购买到外国的产品。但是，亚当·斯密的绝对成本学说将那些在任何产品生产上都处于劣势的国家排除在国际分工之外。李嘉图用比较成本学说解决了亚当·斯密的绝对成本学说中所未能解决的问题。虽然参与国际贸易的各个国家在发展水平、资源禀赋方面都存在着差异，但是各国都应该以相对成本优势去参与国际贸易。在任何产品生产上都具有绝对成本优势的国家，不同产品的优势程度不尽相同；而在任何产品生产上都具有绝对成本劣势的国家，不同产品的劣势程度也不尽相同。一国应该选择比较优势程度大或者比较劣势程度小的产品进行专业化生产，而后在国际分工格局下进行国际贸易，这样一来，交易双方都能实现利益最大化。

在论述比较成本学说时，李嘉图列举了一个经典的例子：有两个国家——葡萄牙和英国，生产两种商品——葡萄酒和毛呢。对于葡萄牙来说，生产一单位的葡萄酒需要 80 人/年的劳动，生产一单位毛呢需要 90 人/年的劳动。对于英国来说，生产一单位的葡萄酒需要 120 人/年的劳动，生产一单位毛呢需要 100 人/年的劳动。可以看出，葡萄牙在生产两种商品上都具有绝对的优势，而英国则具有绝对的劣势。但是如果进一步比较优劣程度可以发现，生产葡萄酒方面，英国的劳动人数是葡萄牙的 1.5 倍；生产毛呢方面，英国的劳动人数大约是葡萄牙的 1.1 倍。也就是说，葡萄牙在生产葡萄酒方面的优势更大，英国在生产毛呢方面的劣势更小。假设在分工前，英国和葡萄牙在一年的时间里分别生产一单位的葡萄酒和一单位的毛呢。按照李嘉图的比较成本理论分工之后，英国专门生产毛呢，葡萄牙专门生产葡萄酒，分工后两个国家的生产情况见表 1-2。如果从生产总量来看，分工后葡萄酒和毛呢的产量都高于分工前。

表 1-2　分工前后葡萄酒和毛呢的生产情况

	分工前		分工后	
	葡萄牙	英国	葡萄牙	英国
葡萄酒	1	1	2.125	—
毛呢	1	1	—	2.2
总计	2	2	2.125	2.2

李嘉图发展了亚当·斯密的国际分工理论，在绝对成本学说的基础上提出了比较成本学说。按照比较成本学说的思想，那些在生产所有商品上都不具备绝对优势的国家也可以按照该原理发展对外贸易，通过对外贸易的发展促进比较优势产品的生产。这一学说的提出为当时英国工业资产阶级开展自由贸易提供了强有力的理论武器。比较成本学说也为日后国际贸易理论的发展，提供了重要的借鉴意义。

3. 马尔萨斯的经济学说

马尔萨斯，英国经济学家，1766 年出生于一个富有的家庭，1798 年出版了其代表作《人口论》。马尔萨斯的人口理论产生于 18 世纪末，是英国社会阶级矛盾日趋尖锐化时期的产物。工业革命为英国开启了机器大工业生产的时代，机器的使用也造成了大批小生产者破产、工人失业，社会矛盾越发激烈。与此同时，法国爆发的资产阶级革命摧毁了法国的封建主义统治，法国人民的反抗活动也深深影响了英国，英国人民为了能够解决社会问题而进行了各种社会改革运动，希望以此来消灭私有制。马尔萨斯在同他的父亲就当时出现的社会问题进行争论时，便是以人口过剩作为论据来反对社会改革和法国革命。他在《人口论》中通过"人口过剩"替资本主义制度做了辩护，满足了英国统治阶级反对人民群众革命斗争的需要。

马尔萨斯人口理论的主要思想，可以用两个公理、两个级数和两种抑制来概括。人口理论的前提是两个公理。第一公理是：食物是人类生存的必需品。第二公理是：两性间的情欲是必然的，且几乎全然会保持现状。公理一是为了将人口和生活资料联系起来，人们生存需要有食物；公理二表明人类需要繁衍后代，生儿育女，也为了反驳戈德温所提出的"人类理性的完善使得人类可以对人口的增长进行自行调节"。马尔萨斯对人口理论提出了三个命题：一是人口必然为生活资料所限制；二是只要生活资料增长，人口一定会坚定不移地增长，除非受到某种非常有力而又显著的抑制；三是抑制人口，并使其保持与生活资料同一水平的抑制，可以归纳为道德的节制、罪恶和贫困。马尔萨斯也提出了两个增长极来阐述他的人口规律。假定人口可以以几何级速率增长，生活资料只以算术级速率增长。具有一定数学基础的人就会知道，与后一种相比，人口增长的数量是巨大的。以1亿为基数，人口将以1、2、4、8、16、32、64……的数量增长，而生活资料却以1、2、3、4、5、6……的数量增加。两个增长极的发展趋势意味着人口增长率将远远超过生活资料的增长率，两者之间无法维持平衡。如果要保持平衡，就必须对人口的增长进行抑制。马尔萨斯提出了积极抑制、预防性抑制的建议：人类考虑自己和后代未来的生存需求，应当根据自己的抚养能力决定生养孩子的数量以限制人口增长。"凡未能找到抚养资料的人不得生育子女。假如他没有抚养子女的把握，而去结婚，他就是犯了罪"。马尔萨斯的人口原理，试图证明工人的失业和贫困不是源自资本主义制度的不完善，而是由人类繁衍太快造成的，人口过剩是造成一切社会问题的根源。他也据此反对英国当时出台的《济贫法》。

马尔萨斯的人口理论自问世以来，争议从未间断。有人认为，马尔萨斯提出的生活资料按照算术级速率增长的理论，忽略了技术进步的存在。在现实世界中，由于技术进步的作用，生活资料是有可能赶上甚至超过人口的增长速度的；也有人认为，马尔萨斯提出的人口按照几何级速率增长的说法，忽略了社会制度在人类历史上发挥的作用。人类不同于动物的本质特征就在于人的社会性，在影响人口规律的各种因素中，社会制度在很多时候处于主导地位。还有人提出，马尔萨斯将战争、瘟疫、饥饿、贫困作为抑制人口的一种手段，是反人类的观点和行为。然而，人口理论存在的意义之一，是在经济学的框架下，分析人口现象和研究人口变化规律。因此，马尔萨斯的主要贡献也在于，他提出了人口增长受到生活资料增长限制、人口增长的前提是生活资料增长的论断。在现实社会中，每当人口增长超过了社会或自然环境承载能力的时候，马尔萨斯的人口理论便成为人们讨论的话题。

4. 约翰·穆勒

约翰·穆勒，1848年出版了代表作《政治经济学原理》。约翰·穆勒所处的时期，社会贫富两极进一步分化，资产阶级与无产阶级的矛盾日益尖锐化，工人运动不断高涨。此时，社会中也出现了一些新的思潮试图消除资本主义制度下资本与劳动的不平等交换，寻找一种新的和谐的制度。19世纪初，法国出现了以傅立叶和圣西门为首的空想社会主义家，英国的空想主义者欧文在批判资本主义的同时提出了社会改良的建议。在他们的影响下，英国工人开始组织生产合作社和工会活动，开始了社会改良活动。卡尔·马克思指出："资产阶级政治经济学的代表人物分成了两派。一派是精明的、贪利的实践家，他们聚集在庸俗经济学辩护论的最浅薄的因而也是最成功的代表巴师夏的旗帜下。另一派是以经济学教授资望自负的人，他们追随约翰·穆勒，企图调和不能调和的东西。"约翰·穆勒的经济思想是一种折中主义和调和主义的思想，他的理论体系囊括了亚当·斯密、大卫·李嘉图等众多经济学家的理论，总结了 19 世纪中叶以前出现的经济学理论，也成为整个西方经济学说史上第一次大综合。

在约翰·穆勒的经济学理论体系中，他不赞同亚当·斯密和大卫·李嘉图所认同的经济规律的普遍性和永恒性，认为经济规律应该分为生产规律和分配规律，二者分别具有不同的性质。在《政治经济学原理》一书中他写道："财富生产的法则和条件具有自然真理的性质，它们是不以人的意志为转移的，不论人类生产什么，都必须按照外界物品构成人类身心结构固有性质所决定的方式和条件来生产""财富的分配要取决于社会的法律和习惯，决定这种分配的规则是依照社会统治阶级的意见和感情而形成的，这在不同的年代和国家是很不相同的。"约翰·穆勒认为，"价值是一个相对的术语，一个商品的价值不是物品本身一个内在的、实体的本质，而只意味着在交换中所能获得的别种东西的数量"。可见，在他的理论体系中，价值即交换价值，价格是表示商品与货币相联系的价值，也就是商品的货币价值。在论述价值决定问题时，他将价值分为市场价值和自然价值，市场价值是由商品的供给和需求决定的，实质也就代表着价格。商品的自然价值由生产费用决定。随后他将商品分为三类：第一类商品供给有限、数量不能随意增加的商品，如古代的雕刻、名家书画、绝版书籍、稀有货币和邮票等。这类商品的价值取决于供求关系。第二类商品是在生产费用不变的条件下，供给数量可以随意增加的商品，如工业品。这类商品的价值取决于商品的一般生产费用。第三类商品是供给数量能够无限制增加、但单位生产费用也会随着数量增加而增加的商品，如农业品。这类商品的价值取决于在最不利条件下进行生产时的生产费用。由此可见，约翰·穆勒的价值学说是西方经济学中供求论和生产费用论的综合产物。

古典经济学中国际贸易理论的主要代表人物是亚当·斯密和大卫·李嘉图，亚当·斯密提出了绝对成本学说，即各国在国际贸易中专门生产本国具有绝对成本优势的商品。大卫·李嘉图继承和发展了亚当·斯密的绝对成本学说，并提出了比较成本学说。他认为，在国际贸易中，每个国家都应该按照各自的相对优势进行贸易交换，出口具有比较优势的产品，进口具有比较劣势的产品。约翰·穆勒认同大卫·李嘉图的比较成本学说，并进一步明确了决定国际商品价值的法则，提出了"国际需求方程式"。他认为，"一国的生产物总是按照该国的全部输出品适足抵偿该国的全部输入品所必需的价值，与其他国家的生产物相交换。这一国际价值法则只是更为一般的价值法则，即我们称之为供给和需求方程式的延伸"。在《政治经济学原理》一书中，他以同一单位时间内英国、德国两国生产两种商品毛呢和麻布为例。在国内贸易中，英国 10 码⊖毛呢交换 15 码麻布，德国 10 码毛呢交换 20 码麻布，即两种商品在两国的交换比例分别为 10∶15 和 10∶20。在国际贸易中，根据大卫·李嘉图的比较成本说，英国专门生产毛呢，德国专门生产麻布。英国用毛呢交换德国的麻布，而德国用麻布交换英国的毛呢。那么，这两种进出口商品的交换比例，即国际价值如何确定呢？假定这个交换比例在 10∶17 的时候，德国对英国毛呢的需求量与英国对德国麻布的需求量正好一致，则 10 码毛呢的国际价值是 17 码麻布；同样，17 码麻布的国际价值也就是 10 码毛呢。如果德国对英国毛呢的需求量大于英国对德国麻布的需求量，则英国毛呢的国际价值会由于供给小于需求而上升，这时 10 码毛呢将交换多于 17 码的麻布；反之，如果德国对英国毛呢的需求量小于英国对德国麻布的需求量，则英国毛呢的国际价值会由于供给大于需求而

⊖ 1 码（yd）≈0.914m。

下降，这时10码毛呢将交换到少于17码的麻布。国际价值的这种上升和下降的波动一直进行到两国对商品需求量一致时才会停止，这时的交换比例就决定了毛呢和麻布的国际价值。

5. 卡尔·马克思的经济学说

卡尔·马克思，1818年出生于德国，他所处的19世纪40年代，正是大机器生产取代了工场手工业、资本主义生产方式在西欧各国占据统治地位、资本主义所固有的基本矛盾日益爆发出来的时期。此时社会两极贫富差异加剧，资产阶级和无产阶级之间的矛盾成为社会中的主要矛盾，无产阶级为了争取自身利益而开始反对资产阶级的斗争，此时的斗争还处于不自觉、无组织的状态，为了改善窘迫处境的工人斗争往往简单粗暴地表现为捣毁机器和厂房。随着斗争的发展和工人觉悟的不断提高，斗争开始由无意识的转变为有意识的，从无组织的转变为有组织的，从希望提高工资水平进而改善生活状态发展到争取政治权利。无产阶级显然已经作为一支独立的政治力量登上历史的舞台，也迫切地需要创立一种为无产阶级革命提供科学依据的理论。正是在这种背景下，卡尔·马克思批判地继承了英国古典经济学、法国空想社会主义的思想，揭露了资本主义剥削的本质，科学地论证了无产阶级的历史地位和作用，创立了马克思主义即无产阶级的政治经济学。

卡尔·马克思的代表性著作是《资本论》，共四卷。其中，第一卷于1867年出版，第二卷、第三卷是在他逝世以后的1885年和1894年出版的，由他的挚友弗里德里希·恩格斯帮助他整理、编辑完成，第四卷于1904年由考茨基整理出版。《资本论》一书按照"资本的生产""资本的再生产""资本的分配"顺序，来阐述资本的生产、资本的运动和资本的分配全过程，以此说明资本主义生产过程的利益对立性质，以及被新的制度——社会主义制度所取代的必然性。马克思对经济学的贡献在于他创立了科学的劳动价值论、剩余价值理论、完整的资本理论、社会资本再生产和经济危机理论。

马克思首先阐述了劳动价值论，在实质上接受了大卫·李嘉图的价值理论，他的创新之处在于论证了劳动具有二重性，即具体劳动和抽象劳动。他明确指出，商品价值是由抽象劳动的社会必要劳动时间决定的。在马克思之前的古典经济学家们从来未能区分劳动和劳动力，不清楚资本家购买的是劳动力，劳动力也是一种特殊商品，它的特殊之处在于对劳动力的使用即为劳动，劳动创造的价值大于劳动力自身的价值，差额即为剩余价值，马克思就这样通过对劳动力和劳动的区分解决了古典经济学中未能解决的价值规律与资本和劳动交换之间的矛盾，并揭示了剩余价值的起源。剩余价值理论与劳动价值论一样，是在批判性继承古典经济学相关理论基础上建立的，是马克思主义经济学的核心理论。他指出，工人的劳动时间超过了生产自身价值的必要劳动时间，在剩余的时间里，工人为资本家所创造的价值便是剩余价值。也就是说，资本家对工人的压榨使其劳动时间超过必要劳动时间是剩余价值产生的基本前提。剩余价值理论明确地揭示了资本家与工人之间的剥削的本质，揭示了资本主义生产关系实质的独特范畴，深刻揭示了剩余价值中所蕴含的资本家对于工人的剥削，论证了资本主义制度下资本和土地私有制所暴露出的制度的不完善。

马克思揭露了资本主义内部矛盾的另一个重要方面是社会资本再生产理论的确立。从重农学派开始，到古典学派，他们的理论分析中由于排除掉了不变资本，也就堵塞了其分析社会资本再生产的道路，没有办法理解社会资本再生产的实现问题。萨伊定律认为资本主义制度不会出现普遍性的生产过剩危机，生产会创造自身的需求，试图论证资本主义制度的完美。马克思克服了古典学派的错误，将社会产品按价值形态分为不变资本、可变资本和剩余价值三部分，同时又按照实物形态将社会生产划分为生产资料和生活资料两大部类，从而第一次在政治经济学发展历史上阐明了资本主义再生产实现的基本条件和运行规律，创建了科学的社会资本再生产理论，是经济学史上的一次伟大革命。

（三）新古典经济学时期

1. 边际效用学派的经济学说

古典经济学派的理论思想主要针对的是生产领域，对劳动价值论、生产成本、分配和资本再生产等展开了深入研究，探讨更多的是与生产者相关的经济理论，忽视了消费者的存在，忽视了对需求方的分析。新古典经济学派弥补了古典经济学派的不足，将研究视角拓展到了需求领域，开始从消费者选择的角度分析经济现象和经济问题。19世纪70年代初，奥地利的卡尔·门格尔、英国的威廉·杰文斯、法国的莱昂·瓦尔拉斯几乎同时发表了有关边际主义分析的经济学著作（门格尔的《国民经济学原理》、杰文斯的《政治经济学原理》和瓦尔拉斯的《纯粹经济学要义》）。这三部著作的出版标志着以边际分析和心理分析作为研究价值和经济现象的新研究方法的诞生，也为之后兴起的边际效用学派奠定了坚实的基础，开启了新古典经济学时期。马克思的《资本论》出版后，工人运动发展得如火如荼，资产阶级和无产阶级之间的矛盾日益尖锐化，他的经济理论确立了无产阶级政治经济学，此时资产阶级也迫切地需要一种理论去反对马克思的劳动价值论，反对马克思所提出的价值来源于劳动——其隐含的思想意为工人生产出来的商品应当归工人所有，边际效用价值论正是在此背景下出现的资产阶级用于对抗马克思主义的思想武器。

边际学派的第一位代表人物是卡尔·门格尔，他是边际革命的发起者之一，也是奥地利学派的创始人。门格尔经济理论的核心建立在边际效用概念上，他认为边际效用即为各种需要满足中最不重要的需要满足。在门格尔的思想中，价值不是由劳动客观地决定的，而是主观存在的，是消费者的一种主观判断，也就是对于消费者来说，物品是否具有相当的效用能够满足他们的欲望。他提出，"价值，不只是它的本质是主观的，就是对它的尺度也具有主观的性质。任何财货都只对一定的经济主体才有价值，而且只对一定的经济主体才具有一定的价值"，"价值既不是附属于财货之物，也不是财货所应有的属性，更不是它自身可以独立存在的。经济人所支配的财货，对其生命与福利，必具有一定的意义。价值就是经济人对于财货所具有的意义所下的判断，因而它绝不存在于经济人的意识之外"。这种主观的价值理论即成为门格尔经济理论的核心，他的欲望分级表（见表1-3）就是解释价值量的方法。表1-3中的罗马数字表示不同的欲望种类，重要性逐渐递减。阿拉伯数字一方面表示每种欲望种类中不同的欲望满足程度，从10到0表示随着欲望的不断被满足效用是递减的；另一方面，随着欲望种类重要程度的递减，每一欲望种类的最高满足程度也呈现递减趋势。门格尔认为，物品的价值大小取决于各种财货对于消费者欲望的满足程度，不同财货可以满足不同种类的需求，只要消费者欲望满足的程度相等，那么这两种财货的价值就相等。当财货都用于满足同一欲望时，消费者的满足程度会随着消费数量的增加而减少，财货的价值也随之降低。那么，"一个具体财货的价值，或一经济主体所支配的该种财货总量中的一定部分量的价值，等于这个总量所保证的各种欲望满足中之最不重要的欲望满足所具有的意义"。也就是说，财货的价值是由其满足于最不重要的欲望时所具有的效用决定的。

表 1-3　卡尔·门格尔的欲望分级表

I	II	III	IV	V	VI	VII	VIII	IX	X
10	9	8	7	6	5	4	3	2	1
9	8	7	6	5	4	3	2	1	0
8	7	6	5	4	3	2	1	0	
7	6	5	4	3	2	1	0		
6	5	4	3	2	1	0			
5	4	3	2	1	0				
4	3	2	1	0					
3	2	1	0						
2	1	0							
1	0								
0									

关于生产财货的价值决定问题，门格尔提出了价值回归理论，认为高一级财货的价值取决于它所生产的低一级财货的价值，生产资料的价值取决于它所制造出的消费品的价值，这是价值的回归或者传递，是从消费品传递到生产资料的过程。对于财货的划分，门格尔指出，能直接满足人们欲望的财货是第一级财货（如面包），生产第一级财货所需要的东西（如面粉、工具和面包师劳动等）成为第二级财货，生产第二级财货所需要的东西为第三极财货，以此类推。前一级财货与后一级财货相比，前者是低级财货，后者是高级财货。问题是，如果低级财货例如面包是由几种高级财货（面粉、盐、油、糖等）共同合作生产出来的，那么如何计算这些高级财货各自的价值呢？他提出了"缺少法"，即假定生产要素组合中，损失了某一种要素，因而使产品价值减少，这减少的价值部分就是该生产要素的价值。例如，若一个由三种高级财货合作生产的低级财货价值为 10，缺少其中一种时所生产出来的低级财货价值为 6，则缺少的那种高级财货的价值就是 4。后来，这种理论被他的继承者维塞尔发展成为"归属论"。门格尔对经济学的影响是巨大的，后来的很多经济学家们不断地继承并扩大了他的理论思想，包括欧根·冯·庞巴维克（Eugen von Böhm-Bawerk）、冯·哈耶克、路德维希·冯·米塞斯（Ludwig von Mises）、约瑟夫·熊彼特（Joseph Schumpeter）等。

边际学派的第二位代表人物是威廉·杰文斯（William Jevons），他是英国边际效用学派的主要代表和奠基人之一，也是最初在英国用数理方法表述边际经济理论的人。杰文斯经济学说的特点是以主观心理为出发点，以效用论为基础，以数学分析为工具。他从边沁的追求快乐、避免痛苦的功利主义心理学出发，将消费者的主观效用应用于他的边际效用价值论中，认为商品是指能为人们提供快乐和避免痛苦的物品、行为和劳务等，然而效用不是物品本身固有的性质，而是与人们的需要有关系。他的价值论核心是"最后效用程度价值论"，他认为，随着商品数量的增加，物品的效用会减少。在物品的众多效用程度中，"最后效用程度"的意义最重要，表示最后一个增加量所提供的效用，即商品量中极小的或者无限小的最后增量的效用程度，用数学表达式可以表示为：设 X 代表某人拥有的商品量，U 为该商品所提供的效用，则 U 会随着 X 的变化而变化。再假设 ΔX 代表 X 的一个增量，ΔU 代表 ΔX 产生的效用，那么效用程度即为 $\Delta U/\Delta X$。如果 ΔX 趋于无穷小，即 $\Delta X \to 0$，则 $\Delta U/\Delta X$

的极限 dU/dX 就是商品 X 的最后效用程度。也就是说，最后效用程度用数学表达即为极小增量的效用与该极小增量之间的比率，也正是它最终决定了商品价值的大小。

杰文斯的交换理论是建立在最后效用程度理论基础上的，既然商品的最后效用程度决定了商品的价值，那么市场中的交易双方总是想用对自己效用较小的商品去交换对自己效用较大的商品，希望通过交换取得利益，便总是要比较相交换的两种商品的最后效用程度。他认为，"交换将进行到双方都获得一切可能的利益，继续交换将带来效用损失时为止。这时，双方都处于满足和均衡之中，各效用程度达到了均衡。这个均衡点可由这个标准求出，即商品的无限小量依照相同的比例继续交换，将既不会带来效用的增益，也不会带来效用的损失。换句话说，如果商品的增量依照既定的比例相交换，其效用对双方是相等的"。也就是说，两种商品的交换比率是交换后两种商品的最后效用程度的比例相等之点。他举例说，甲、乙两人各有一定数量的谷物和牛肉进行交换，甲以 x 谷物换回乙 y 数量的牛肉。对于甲来说，$\phi_1(a-x)\mathrm{d}x = \varphi_1(y)\mathrm{d}y$；对于乙来说，$\varphi_2(b-y)\mathrm{d}y = \phi_2(x)\mathrm{d}x$。由于同一市场、同一时间、同一商品只能有一个价格，即 $\mathrm{d}y/\mathrm{d}x = y/x$，于是可以得到：$\phi_1(a-x)/\varphi_1(y) = \phi_2(x)/\varphi_2(b-y)$。此式表明，两种商品的交换比率是交换后两种商品数量的最后效用程度的比例的倒数，这就是杰文斯交换方程式，此时，交换双方同时取得最大效用。该交换理论表明，在市场经济中，交换只有在能给双方带来更多效用时才会发生。

结合效用理论和交换理论，杰文斯又提出了劳动理论。他认为，劳动是心或身所忍受的任何含有痛苦的努力。一方面，劳动变化的法则是，劳动本身会给人们带来痛苦，在劳动的过程中，人们首先会经历一段不适应引起的痛苦，然后会有短暂的快乐，随着劳动时间的延长，快乐会逐渐下降，之后便会随着劳动量的增加而增加，他将劳动带来的痛苦称为负效用，劳动时间越长，边际负效用越大；另一方面，劳动者生产出的劳动生产物可以为他们带来效用，但效用会随着生产物数量的增加而减少，也就是说，劳动生产物的边际效用将越来越小。因此，当劳动者从劳动生产物中得到的边际效用，等于劳动给他们所带来的边际痛苦即边际负效用时，劳动便会终止，均衡的劳动时间就是由边际痛苦与边际效用相等的这一点所决定的。

边际学派的第三位代表人物是莱昂·瓦尔拉斯，他于1834年出生在法国，是数理学派中洛桑学派的创始人。瓦尔拉斯从社会财富的性质和稀缺性，引申出经济学的研究对象和研究范围，他认为，社会财富的有用性和稀缺性会带来三个后果：一是社会财富因为其有用且稀缺，才引发人们愿意拥有，有用是指能满足自身的需求，而只有有限的物品才会引起人们的竞争；二是社会财富因为其可交换性而具有交换价值；三是社会财富是通过产业生产出的，并可以随着生产的扩大而增加。因此，为了研究社会财富的三个后果，瓦尔拉斯将经济学的研究对象分为三部分：纯粹经济学、应用经济学和社会经济学。纯粹经济学研究的是在完全自由竞争机制下，价格决定的理论，属于自然的普遍的现象。应用经济学研究的是财富的生产和再生产，需要通过工业生产来实现。工作的作用就在于生产稀缺性物品，目的是使物品的意向服从人类的意向这一人与物之间关系的实现。社会经济学研究的是财富的分配，它要阐明的是财产所有权及社会公正原则，是伦理现象而非自然现象，涉及的是人与人之间的关系。由于经济学研究的三部分自身的性质及特点决定了纯粹经济学是应用经济学和社会经济学研究的基础。瓦尔拉斯关于经济学研究的三部分研究内容分别反映在《纯粹经济学要义》《应用政治经济学研究》和《社会经济学研究》中。

在瓦尔拉斯的价值理论中，他用"稀缺性"代替了门格尔和杰文斯提出的"边际效用"和"最后效用程度"，但从本质上来说，他的价值理论仍然是建立在物品数量供给的有限性和效用递减基础上的。他认为，"经济学家对价值起源问题提出了三种比较重要的解释。第一种解释是把价值的起源归之于劳动，这个解释过于偏狭，因为它对事实上确有价值的那些物质，没有能给予价值。第二种解释是把价值的起源归之于效用，这个解释过于广泛，因为它对事实上并没有价值的物质也给予了价值。第三种解释是把价值的起源归之于稀缺性。这才是正确的解释。"瓦尔拉斯将稀缺性解释为数量有限的物品对人们的有用性，即消费一定数量商品所满足的最后欲望程度。如果某个商品的供给数量过多，以至于无论消费多少都无法满足人们的欲望，也就是说，它最后欲望满足的程度为零，那么这种商品就不是稀缺的，因而便没有交换价值。从本质上看，瓦尔拉斯所提出的稀缺性和杰文斯的最后效用程度、门格尔的边际效用所表达的思想是相同的，因此三人都被称为边际学派的创始人。

瓦尔拉斯在稀缺性价值论的基础上，提出了一般均衡理论。该理论认为市场中一切商品的价格都是互相联系、互相影响和互相制约的。任何一种商品的供求，不仅是该商品价格的函数，也是所有其他商品价格的函数，因此，任何商品的价格必须同时和其他商品的价格联合决定。也就是说，由于市场中所存在的相互依存性，任何一个市场都不可能脱离其他市场而独立达到均衡，任何一个市场的不均衡都会影响到其他市场。因此，不仅要研究两种商品交换时的价格决定，更重要的是必须考察市场上所有商品供给和需求同时达到均衡状态时的价格决定，所以必须建立一般均衡价格理论模型。瓦尔拉斯认为，如果市场上一切商品的价格，恰好使得它们的需求量和供给量相等，市场就形成了一般均衡状态，这时的价格也就是均衡价格，即商品价格。由此，经济学史上第一次建立起一般均衡模型。瓦尔拉斯结合数学的求解条件，认为可以推算出商品价格的决定式：边际效用之比＝价格之比。然而，模型中所要求的用于解答一切商品价格的联立方程式所需要的数据并没有取得现实基础，因而一般均衡理论在某种程度上可以说是脱离现实的形式主义推理。即便如此，我们也不能忽视一般模型在经济学发展历史上的重要贡献及深远影响，它探讨了在竞争条件下，在市场上所有商品的供给需求相互作用下商品价格的决定，后来的很多经济学家也正是根据此理论来和之前所出现的只分析一种商品价格的局部均衡理论相区别。

2. 阿尔弗雷德·马歇尔的经济学说

阿尔弗雷德·马歇尔，1842年出生于英国，剑桥学派的创始人。马歇尔经济学理论体系的特点为在英国传统的经济学基础上综合了各个学派的学说，建立了一个折中的理论体系。他成功地综合了古典经济学派的供给理论和边际学派的需求理论，构建了微观经济学的理论分析框架。他在《经济学原理》第一版的序言中说道："借助于我们自己时代的新著作，并且关系到我们自己时代的新问题，本书打算对旧的学说加以新的解释。"这里所说的旧的学说是指以大卫·李嘉图为代表的古典经济学，也包括古典经济学派的其他代表人物，新著作主要是指以杰文斯、古诺等人为代表的边际效用学派和数理学派的著作。此外，在研究方法中，马歇尔运用了"连续原理"来分析社会经济现象。在《经济学原理》中，他提到："本书如有它自己的特点的话，那可说是在于注重对连续原理的各种应用。"所谓连续原理，是指社会中各种经济现象之间并没有明显的严格的区分，而是存在着连续的关系。马歇尔还运用边际增量分析方法来分析各种经济因素之间的关系，他认为，在考察经济现象本质时，相比较总量来说增量更为重要。不同于瓦尔拉斯的一般均衡和马尔萨斯的局部均衡，他在分析一种商品的价格如何由供给和需求相互作用而达到均衡状态时，总是假定其他条件不变，也就是认为该种商品的价格只取决于它自身的供求状况，并不会受到其他商品的价格和供求状况的影响。"我们要研究的力量为数是如此之多，以致最好一次研究几种力量，做出若干局部的解答，以辅助我们主要的研究。我们用'其他情况不变'这句话，把其他一切力量当作不起作用的；我们并非认为这些力量是无用的，不过是对它们的活动暂不过问而已。"

均衡价格是马歇尔理论体系的中心与基础，他认为供给和需求同样重要，将古典经济学的生产费用论和边际效用学派的边际效用论结合起来进行研究，提出均衡价格是在需求和供给两种相反力量的作用下形成的。马歇尔需求曲线的理论基础是边际效用论，他同其他边际效用学派的经济学家一样，认为需求代表着欲望的满足，而欲望是通过占有商品获得效用来满足的，因此需求取决于购买者买到商品所给予他的边际效用。然而，"愿望是不能直接衡量的，而只能通过它们所引起的外部现象加以间接地衡量，而且在经济学主要研究的那些事例上，这种衡量是以一个人为了实现或满足他的愿望而愿付出的价格来表现的"。也就是说，他认为需求的边际效用可以用购买者为了购买到某种商品而愿意支付的货币数量加以衡量，于是，需求便转换成了需求价格，用边际需求价格去衡量边际效用，由于边际效用是递减的，因此边际需求价格也是递减的。以一个消费者购买茶叶为例，他列出了一个茶叶需求表（见表1-4），并用图示法将它们依次连接起来，最终形成一条向右下方倾斜的曲线，即为需求曲线。其中，曲线的横轴表示需求数量，纵轴表示价格。由此，马歇尔说明了需求的一般规律：要出售的数量越大，为了找到购买者，这个数量的售价就必然越小；或者，换句话说，需要的数量随着价格的下跌而增大，并随着价格的上涨而减少。

表1-4 茶叶需求表

茶叶价格/(便士/lb[①])	需求数量/lb
28	9
24	10
21	11
19	12
17	13

① 1lb≈0.454kg。

马歇尔还提出了消费者剩余的概念。他提出，"我们已经知道，一个人对一物所支付的价格，绝不会超过而且也很少达到他宁愿支付而不愿得不到此物的价格。因此，他从购买此物所得的满足，通常超过他因付出此物的代价而放弃的满足；这样，他就从购买中得到了一种满足的剩余。他宁愿付出而不愿得不到此物的价格，超过他实际付出的价格的部分，是这种剩余满足的经济衡量。这个部分可称为消费者剩余。"

同需求转化为需求价格一样，马歇尔也将供给转化为供给价格。他提出，供给价格是生产者为了提供一定数量的商品所愿意接受的价格，由生产费用决定。茶叶供给表（见表1-5）表明在一定时间里茶叶的不同价格及相对应的茶叶供给数量，马歇尔从供给表和供给曲线中得出了供给的一般规律：生产者愿意供给的数量随着价格的提高而增加，随着价格的下跌而减少。

表 1-5 茶叶供给表

茶叶价格/(便士/lb)	供给数量/lb
17	6
19	7
21	8
24	9
28	10

根据马歇尔的理论，在有了供给价格和需求价格之后，就可以根据市场上供给和需求两种作用，将两者结合在一起，用以确定商品的均衡价格。他在著作中写道："当需求价格等于供给价格时，产量没有增加或减少的趋势，它处于均衡状态之中。当供求均衡时，一个单位时间内所产生的商品量为均衡产量，它的售价为均衡价格。这种均衡是稳定的均衡。这就是说，如价格与它稍有背离，将有恢复的趋势，像钟摆沿着它的最低点来回摇摆一样。"可见，马歇尔所谓的均衡价格，就是一种商品的需求价格和供给价格相等时的价格，也可以说是一种商品的供给量与需求量相等时的价格。当实际产量使得需求价格大于供给价格，那么对生产有利，生产者会扩大生产，增加产量。随着产量的增加，需求价格将会下降，供给价格将会提高，当产量到达均衡点时，需求价格刚好等于供给价格，位于供给曲线与需求曲线的交点处。反之，当实际产量使得需求价格小于供给价格时，那么对生产不利，生产者会缩小生产，减少产量。随着产量的减少，需求价格将会上升，供给价格将会下降，一直到均衡点，需求价格刚好等于供给价格。最终在均衡点，市场形成稳定的均衡，形成均衡产量与均衡价格。

马歇尔的均衡价格论总体来说是一种供求论，它的合理之处在于均衡价格论描述了商品的市场价格会随着供给与需求两种反作用力的关系而变动，最终趋于稳定，形成均衡价格。但是，用它来说明商品价值的决定是不科学的。

3. 制度学派的经济学说

美国制度学派产生于 19 世纪末，在西方经济史上是一个重要的经济学流派，其理论对古典经济学和新古典经济学持否定态度。不同于传统的资产阶级经济学，制度学派认为资本主义制度并不是天然合理、尽善尽美的，承认资本主义制度内在的矛盾，主张从制度上对资本主义制度进行改良。方法上，制度学派吸收了德国历史学派的研究方法，反对抽象演绎法，强调经济学的任务是研究和考察制度的历史进化过程，否定古典经济学的"自然秩序"观念，用"集体行为"代替奥地利学派中的"个人主义"。不同于传统经济学主张的自由放任原则，制度经济学主张国家干预经济活动，强调政府在政策实施和经济管理中的作用。主要代表人物有凡勃仑、康芒斯和米切尔。

凡勃仑，1857 年出生于美国，是制度学派的创始人，代表作为 1899 年出版的《有闲阶级论：关于制度的经济研究》。他坚决反对传统经济学以边沁的"苦乐主义"心理学作为基础，人们的行为不仅只是受到在追求自身利益最大化的前提下追求快乐而避免痛苦的影响，还要受到社会的和心理的多种因素的影响，因此，他引入"本能主义"心理学作为其经济学的哲学基础，用心理学和进化论分析制度的演进。他认为，制度就是广泛存在的社会习惯。"人类制度和人类性格已有的和正在取得的进展，可以概括地视作建立在最恰当的思维习惯上的一种自然选择过程和个人对环境的强制性适应过程,且这种环境曾随着社会的发展和人类生活制度的不断变化而逐渐变化。制度本身不仅是一个选择性和适应性过程的结果,更是精神态度等的形态,同时制度还是人类生活和人类关系的特别方式。因此,其本身也转而成为选择的有效因素。换言之,变化中的制度本身,也可反过来对拥有最合适气质的个人进行深一层的选择,并通过新制度的形成,令个人的气质和习惯进一步适应变化中的环境。"在凡勃仑看来,制度的演进过程是人类思想和习惯不断地适应外界环境的变化而逐渐淘汰、不断变迁的过程。"制度实质上就是对个人或社会对有关的某些关系或某些作用的一般思维习惯;而生活方式所构成的是在某一时期或社会发展的某一阶段通行的制度的综合,因此从心理学的方面来说,可以概括地把它说成一种流行的精神态度或生活理论,说到底,可以归纳为性格上的一种流行的类型。"可以看出,凡勃仑所谓的各种制度最终加总成为生活方式,而生活方式源自人类行为的目的和努力,这些又都取决于本能或者盛行的性格类型。他认为现代制度不是突然兴起的,而是经历了历史的演化不断演变成为各种不同的具体形态。现代制度今后的发展和演化前景是不能够预期的,所以不同社会形态的变更也不存在所谓的自然规律。

凡勃仑将资本主义制度下的一切矛盾归因于"机器利用"和"企业经营",由此他将制度进一步划分为生产技术制度和财产私有制度。"机器利用"表示资本主义生产是以机器使用作为主要特征的,"企业经营"表示企业家通过资本的投资来组合和控制商品的生产和流通过程。两者的不同之处在于它们的动机不同,企业的动机是追求利润最大化,通过买和卖获取更高的利润,增加资本积累;机器使用的目的是扩大商品生产。凡勃仑指出,在机器利用的初期,随着生产规模的扩大,产品价格较为低廉,促使了市场的扩大,利润也会随着产量的增加而增加。随着机器利用的继续发展,伴随着技术进步的产生,虽然产量进一步得到了增加,但是市场并没有随之扩大,于是利润与生产之间便产生了不可调和的矛盾并不断加剧。然而,资本主义的特征是企业经营统治着机器利用,为了获取更高的利润而将价格保持在较高的水平上,限制了生产的发展和技术的进步,出现了产量缩减、工人失业增加及经济萧条的现象。他认为,19世纪初期以后资本主义发生经济危机的一个主要原因便是企业经营对机器利用的统治。在他看来,机器利用和企业经营之间的对立关系实质上来说就是技术人员和企业家之间的矛盾。企业家经营企业,追求的是商业利润最大化,技术人员管理生产,追求的是技术进步与扩大生产,技术人员受控于企业家。随着现代工业的发展,在社会中技术人员的地位会大大提高,并逐渐变得有能力和企业家对抗,在技术人员和企业家这两大阶级的斗争中,最后获胜的一方一定是技术人员,因为企业经营是以机器利用为基础的。对此,他提出组织"技术人员苏维埃",即建立一个由工程师、科学家和技术专家组织起来的技术人员委员会,将管理的处置权和责任从企业家手中转移到该组织中,那么追求商业利益的"企业经营"将被抛弃,由此产生的资本主义矛盾也自然会消失。

(四) 现代经济学时期

1. 凯恩斯的经济学说

凯恩斯,1883年出生于英国,是20世纪最伟大的经济学家之一,代表作是1936年出版的《就业、利息和货币通论》(简称《通论》)。《通论》的出版标志着凯恩斯学说已发展成为一个独立的理论体系,并长期占据西方经济学界的主流地位。在凯恩斯之前的许多学者都意识到并提出经济活动的正常运行需要国家干预的思想,但正是凯恩斯将这些思想加以整合，并建立了独立的分析框架，引发了西方经济学的变革。因此，一些经济学家将其称为"凯恩斯革命"，并把它与亚当·斯密的《国富论》和卡尔·马克思的《资本论》并列为经济学说史上三本同样伟大的著作。凯恩斯的革命既是理论上的，也是方法上的，同时也是政策上的。理论上，凯恩斯不赞同萨伊定律的"供给会创造自身需求"，否定古典经济学中断定资本主义经济可以通过市场机制的自发调节，自动达到充分就业的均衡状态，因此资本主义制度是完美的，不会发生普遍性的生产过剩的危机。凯恩斯认为"需求会创造自身的供给"，供给是需求的函数。由于三大心理规律——边际消费倾向递减规律、资本边际效率递减规律和流动偏好规律作用的存在，资本主义社会中会出现有效需求不足，也会存在失业和生产过剩的经济危机。方法上，他创立了总量分析方法，用总量分析代替了传统经济学分析中的个体分析方法，用宏观经济分析代替了传统的微观经济分析。古典经济学家的研究对象是单个消费者的消费行为和单个厂商的生产行为，重点在于个体分析或微观分析。《通论》中提出了衡量国民收入的三种方法——成本法、支出法和收入法，关注的是经济中的总量。政策上，凯恩斯主张用"国家干预"替代古典经济学中的"自由放任"，他认为由于有效需求不足，因此会出现非自愿失业和生产过剩危机，提出国家应通过财政政策和货币政策进行管理和干预，解决失业和危机问题。

凯恩斯理论研究的中心问题是就业问题，目的是想通过国家干预政策解决当时社会所面临的严重的失业问题，以达到"充分就业"状态。凯恩斯理论的充分就业，不仅包括传统经济学中提到的摩擦性失业和自愿失业，还包括在资本主义社会中存在的非自愿失业，非自愿失业是指即便工人愿意接受当前的工资水平仍会失业的状态。凯恩斯认为，只要不存在非自愿失业，社会便实现了充分就业。有效需求理论是凯恩斯就业理论的中心，也是《通论》中的理论创新，他定义的有效需求是指商品总供给价格和总需求价格达到均衡时的总需求，包括消费需求和投资需求。有效需求不足造成了资本主义社会出现非自愿失业，也导致了社会总就业量低于充分就业时的就业量，即形成了非充分就业均衡。影响人们消费和投资的三大心理规律——边际消费倾向递减规律、资本边际效率递减规律和流动性偏好规律造成了消费需求和投资需求不足，最终导致了有效需求不足。①边际消费倾向递减规律。凯恩斯认为，消费与收入之间存在着函数关系，消费会随着收入的增加而增加，但消费的增加量少于收入的增加量，也就是说，消费在收入中所占的比重随着收入的增加而减少。在《通论》中凯恩斯提到，"根据现有的资料，无论从我们所知道的人类本性来看，还是从经验中的具体事实来看，我们可以具有很大的信心来使用一条基本心理规律。该规律为：在一般情况下，当人们收入增加时，他们的消费也会增加，但消费的增加不像收入增加得那样多"。由此可见，国民收入越高，消费倾向就越低，收入与消费之间的缺口就越大，便会导致消费需求不足。②资本边际效率递减规律。凯恩斯写道："资本之边际效率等于贴现率，用此贴现率将该资本资产之未来收益折为现值，则该现值恰等于该资本资产之供给价格。"他将资本边际效率定义为一种贴现率，即一项资本资产在预期时间内一系列年收入按照这一贴现率折成当前的价值，正好等于这项资本资产的供给价格或重置成本。他还提出影响资本边际效率的因素主要有两个——预期收益和供给价格，只有当资本资产的预期收益超过了该项资产的供给价格，投资才会带来利润，资本家们才会选择继续投资。随着投资的增加，资本资产的需求量会增加，从而引起供给价格的提高，增加生产成本，预期利润将会下降。另外，产品的供给量会随着资本投资的增加而增加，从而降低产品的价格，收益减少。因此，资本边际效率会随着投资的增加而减少，预期利润也会随着资本边际效率的下降而减少，最终导致投资需求不足。③流动性偏好规律。凯恩斯将流动性定义为人们愿意以现金形式持有自己的部分收入或财富的欲望。人们受到三种动机的影响：一是交易动机，即人们持有部分现金是为了应付日常的消费需要；二是预防动机，即人们为了预防不可预见的意外情况而保留一定的现金；三是投机动机，即人们为了抓住未来因利率上升或证券价格下降而出现的投资机会而持有现金的动机。因投机动机而产生的货币需求取决于当前利率的高低，货币需求量与利率成反比。然而，有两种特殊的情况存在，当利率水平非常高时，人们预期未来的利率水平会下降，当前会将手中全部的可用于投机的货币购买证券，此时投机性货币需求为零。相反，当利率降低到超出常规水平时，投机动机引起的货币需求量是无限的，此时，无论货币供给如何增加，都没有办法使利率进一步降低，增加的货币既不会转向投资也不会形成储蓄，这种情况被称为"流动性陷阱"。总之，凯恩斯认为，边际消费倾向递减造成了消费需求不足，资本边际效率递减和流动性偏好的存在造成了投资需求不足，在这三大心理规律的作用下，社会中会产生有效需求不足，导致"非自愿失业"的存在。

凯恩斯经济理论的思想在于资本主义经济危机和失业产生的主要原因是有效需求不足，只有提高消费需求和投资需求才能从根本上解决这个问题。因此，经济的平稳运行需要通过国家的干预来实现，干预的形式即为财政政策和货币政策。经济危机时期，社会中的总需求小于总供给，为了提高需求，政府应该采取扩张性的财政政策和扩张性的货币政策。两种手段中，解决经济危机和失业的最有效的手段是财政政策。可以说，第二次世界大战后，西方各个国家都将凯恩斯理论作为治理国家、解决失业和危机问题的首要手段，凯恩斯主义思想在一定程度上对资本主义社会的稳定发展产生了深远的影响。

2. 新古典综合派的经济学说

新古典综合派是第二次世界大战后作为凯恩斯理论的追随者发展起来的，为了适应第二次世界大战后垄断资本主义经济的发展，维护凯恩斯的经济学说，该学派对凯恩斯主义理论和政策进行了补充和发展，统治经济学界近 40 年的时间。希克斯和汉森修正和发展了凯恩斯经济理论，建立了 IS-LM 模型；萨缪尔森提出的乘数与加速数原理成为现代经济周期理论的基础之一。新古典综合派的学说特点是将以马歇尔为代表的新古典经济学和凯恩斯主义经济学进行折中成为一个大的综合体系。新古典经济学认为资本主义不会发生普遍的生产过剩的经济危机，研究的是在充分就业基础上资源配置问题，属于微观经济学研究范畴；相反，凯恩斯主义经济学研究的是在资源配置基础上充分就业的实现问题，属于宏观经济学范畴。这样，在西方经济学内部看似对立的学说在萨缪尔森的努力下最终被综合为一体。萨缪尔森认为，两种理论是相辅相成的，是适用于两种不同条件下的理论。然而，现代资本主义经济是由政府管理的公共经济部门和由市场机制发挥作用的私有经济部门共同组成的混合经济，在混合经济条件下，凯恩斯主义的政府管理与新古典经济学中市场机制的调节同样重要，于是，萨缪尔森将微观经济理论和宏观经济理论结合起来，首创了"新古典综合"一词来概括这种理论体系上的结合。直到 20 世纪六七十年代，西方国家出现了严重的"滞胀"问题，盛行已久的凯恩斯主义由于其无力在理论上解释和解决现实中的经济问题而遭到了他的对立方主张自由经济学思想学派的批判，最终陷入了困境。

萨缪尔森是新古典综合派的创始人，代表作为 1948 年出版的《经济学》。《经济学》自第一版问世后，随着世界经济的变化和经济理论的发展，不断得到修改和补充，截至 2022

年已有 19 个版本，该书被译成德文、西班牙文、意大利文、俄文、中文、阿拉伯文等多国文字，这本著作也被誉为世界上最实用和畅销的经济学教科书。萨缪尔森在他的著作中给经济学做出了明确的定义，他认为，经济学研究的是在资源稀缺的情况下，如何以最大化或最小化为目的进行选择的行为，它是一门研究资源配置的学问。《经济学》的内容不仅包括微观经济学、宏观经济学等核心的经济理论，还包括财政学、会计学、经济统计、货币银行、公司财务、劳动经济学、经济计量学、经济学史、比较经济制度、国际贸易与金融等方面，几乎涵盖了西方经济学所有的领域。

3. 新剑桥学派的经济学说

新剑桥学派是第二次世界大战后出现的另一个现代凯恩斯主义流派，以琼·罗宾逊为首，成员包括斯拉法、卡尔多、帕西内蒂等，由于他们都在英国剑桥大学任教，流派中的思想和分析方法又和以马歇尔为代表的新古典经济学的剑桥学派有所不同，因此被称作"新剑桥学派"。在对凯恩斯主义经济学的继承中，新剑桥学派在增长理论、资本理论和分配理论方面都提出了与新古典综合派对立的观点，他们试图恢复古典经济学中大卫·李嘉图的传统，建立一个以客观价值论为基础、收入分配理论为中心的理论体系，企图通过提出新的社会分配制度来解决资本主义制度中的矛盾。新剑桥学派在方法论上摒弃了新古典综合派倡导的均衡分析方法，反对他们用储蓄和投资的均衡来决定国民收入水平的观点，坚持恢复凯恩斯的历史分析法，打破均衡的束缚，用历史和时间的观点来分析现实经济问题。新剑桥学派的理论重点并不是凯恩斯的收入支出模型，而是凯恩斯在《通论》中提到的收入分配不均的问题，认为资本主义社会的根本问题在于收入分配的失调，应该通过改变现行的收入分配制度和收入分配不合理的格局来消除资本主义社会的种种弊端。

琼·罗宾逊，是新剑桥学派的主要代表人物，1933 年出版了代表作《不完全竞争经济学》，这是垄断竞争理论的奠基性著作。在该书中，罗宾逊放弃了传统经济学中关于完全竞争的假设，选择从不完全竞争的视角分析经济均衡的条件，这种新的价格分析方法为当代经济学提供了一种新的分析方法。罗宾逊发展了马歇尔曾经提到过的"边际收入"和"价格歧视"概念，在传统的供求关系决定价格理论的基础上，结合了在经济学界流行已久的"边际成本"概念，提出边际收入和边际成本决定价格的理论。关于"价格歧视"问题，她说："一旦市场存在某种程度的竞争不完全，商品价格就会出现某种程度差别，这是由于各个市场的需求弹性不同。"也就是说，她将价格歧视定义为同一个企业对于不同的购买人群提供不同的价格，而如果实现"价格歧视"，必须同时具备两个前提条件：一是企业必须清楚地知道各个市场的价格需求弹性；二是市场必须不是整体的而是分割的，这样便可以避免消费者有从一个市场转移到另一个市场的可能性。对于企业来说，实现利润最大化的途径是在价格歧视条件下企业总产出的边际成本等于总的边际收入。

第二次世界大战后，罗宾逊的研究重点集中在长期经济增长理论方面，在她的两本著作《资本积累论》和《经济增长论文集》中深有体现。在著作中，她提出了"黄金时代"一词，用来描述在充分就业状态下的经济增长状况。罗宾逊运用了两大部门分类和两大阶级收入的分析模型，将生产部门分为消费品和投资品两个部门，将总收入分为利润和工资两部分。假定工人将所有收入即所得工资全部用于消费，资本家将全部收入即所得利润全部用于投资，这样，工人的工资等于消费品的总价格，资本家的利润等于投资品的总价格，国民收入中工资和利润的分配比例，便等于消费品的总价格与投资品的总价格之比。也就是说，国民收入在工资和利润之间的分配，可以从生产在消费品和投资品之间的分配中反映出来。投资品在生产中的比率越高，利润相对于工资来说在国民收入中的份额也越高，即利润在国民收入中的份额是随着投资率的增长而增长的。假设资本家没有将其全部收入用于投资，而是利润中的一部分用来消费，将其余部分用作投资，资本家的利润大小及其在国民收入中所占的比例，取决于其投资支出和消费支出的大小。也就是说，在资本家边际消费倾向一定的条件下，资本积累率是取决于利润率的，利润率的增加会引起资本积累率的增加。只要资本家增加自己的支出，无论以投资的形式还是消费的形式，最终都会引起利润的增加。

4. 货币学派的经济学说

19世纪60年代末70年代初，资本主义国家的经济出现普遍"滞胀"的困扰，经济增长缓慢甚至停滞的同时通货膨胀率急剧提高，社会中失业情况严重，经济危机频发。很多学者认为，一直盛行的凯恩斯主义经济学已经失灵，于是出现了以制止通货膨胀和反对国家干预为主导思想的反凯恩斯学派，其中就包括以米尔顿·弗里德曼为代表的货币学派。他们抨击了凯恩斯主义给资本主义造成的损害，认为经济震荡加剧正是由于国家干预所带来的，经济危机不是资本主义制度的危机，而是货币政策的错误造成的。因此，他们以现代货币数量论为理论基础，坚决捍卫自由放任和自由主义的市场经济，认为只有采取货币主义政策才能使资本主义国家实现充分就业和经济增长，消除通货膨胀。货币学派的代表人物还有布鲁纳、安德逊等。

弗里德曼是美国货币学派的代表人之一，他的经济学说主要包括现代货币数量论、永久收入消费理论、通货膨胀和失业理论等。现代货币数量论是他在传统货币数量论基础上发展起来的，传统的货币数量论是以充分就业、假定总产量和货币流通速度不变为前提来研究货币数量的变动对物价水平的影响，而现代货币数量论认为物价水平会随着货币需求和货币供给的变动而产生波动。货币当局决定经济体中的货币供给，那么货币数量论首先便要考虑到货币需求。他建立了现代货币数量论的货币需求方程，认为影响货币需求的主要因素有三个：一是人们所持有的财富总量；二是各种财富的预期报酬率，包括货币、债券、股票和物质财富等有形资产的预期报酬率；三是财富拥有者的嗜好或偏好。他对经济学的一个重要贡献就在于他提出了"永久性收入"。所谓永久性收入，是指以不变价格计算的一个人过去、现在和未来预期的收入的平均数，也就是正常收入。他认为，人们为了积累财富，总是习惯将收入中的一定比例以货币的形式保存起来，所以收入是决定货币需求的一个重要因素。然而，这个收入不是现期收入，而是永久性收入。他认为，随着永久性收入或财富的增加，人们对货币的需求数量会相应增加。弗里德曼将凯恩斯主义的收入-支出理论和传统的货币数量论结合起来，推导出名义国民收入决定理论。他认为，在满足了四个假设的前提下（一是货币需求的实际收入弹性为1；二是名义市场利率等于预期实际利率加预期价格变动率；三是预期实际利率与其实际收入增长率之间的差额是固定不变的；四是货币需求量和货币供给量会得到理性调整），名义国民收入水平将取决于货币流通速度和货币供应量，货币流通速度受到利率的影响，而利率对货币需求的影响很小，因此货币流通速度从长期来看是稳定的，那么名义国民收入便由货币供给量直接决定。名义国民收入会随着货币供给量的增加而增加，同时物价水平也会随之提高，这就意味着实际收入并不会发生变化。

针对20世纪西方国家出现的通货膨胀问题，弗里德曼认为，物价水平的变化不是来源于货币需求，而是来自货币供给。从长期来看，货币供给量的增加会引起通货膨胀的加剧，但不会引起产量的增加；从短期来看，货币供给量的增加部分引起物价上涨，部分引起产量增加。因此，他认为通货膨胀是一种货币现象。现实社会中出现的通货膨胀与失业并存的现象使一向认为失业与通货膨胀具有替代关系的菲利普斯曲线理论陷入了尴尬的局面。针对通货膨胀和失业的关系，他提出了"自然率"假说，将劳动力市场上因为劳动工资低而选择失业的人数占劳动人口的比例称为自然失业率。自然失业率是在没有货币因素干扰的情况下，劳动力市场与商品市场之间供求关系的自发力量发挥作用时处于均衡状态下的失业率。他提出，在通货膨胀与失业之间始终存在一种暂时的权衡关系，并不存在持久的权衡关系。这种暂时的权衡并非来自通货膨胀本身，而是来自非预期的通货膨胀，这通常意味着它来自一个不断上升的通货膨胀率。一个广泛存在的信念是存在一种长期的权衡关系，这种信念是一种复杂版本中的"较高的"和"不断上升的"两个概念之间的混淆，在更为简单的形式中我们都能认识到这种混淆。一个不断上升的通货膨胀率可能会降低失业，但一个较高的通货膨胀率将不会降低失业。弗里德曼认为，菲利普斯曲线所表示的通货膨胀率与失业率的替代关系在短期内是存在的，因为此时人们还没有形成通货膨胀的预期，价格会随着货币供应量的扩大而上涨，就业机会也会随着企业雇佣工人的增加而增加，实际失业率便会低于自然失业率。然而，在长期中，人们最终会预期到通货膨胀率，一旦人们的预期调整到了货币增加所引起的新的、更高的通货膨胀率水平上，其结果是失业率又重新回到自然失业率水平。因此，长期内，通货膨胀和失业之间的交替关系是不存在的，试图通过货币政策来降低失业率的措施都是无效的，最终只会加剧通货膨胀。

第二节 经济学方法论的演化脉络

一、经济学方法论的争议与演化

在经济思想发展的历史进程中，不同流派的经济学家们在各自理论的分析中大多采用了不同的研究方法，这些研究方法大都是以对立的形式出现的，主要包括演绎法与归纳法、个人主义与整体主义、定量分析与定性分析、均衡分析与非均衡分析。

（一）演绎法与归纳法

在经济学理论发展过程中，经济学家们总是在演绎法与归纳法之间不断地选择并不断地针对两种方法产生争议。所谓归纳法，是以经验为基础，通过对事物的观察、试验和搜集材料等方式得出的经验事实中严格推导出的理论思想。演绎法的精髓在于推理，即从假定的条件中推导出新的结论，演绎法经常建造富有哲理的模型，在经验中找不到，它所借以推导的假设需要以经验为依据，但这种经验不是归纳法所要求的特定的具体的经验，而是人们的内省和观察，因此，假设不具有直接的事实依据。

古典经济学的创始人亚当·斯密在《国富论》中所采用的是同时包含演绎法和归纳法的二重方法论。一方面，他运用演绎法去研究资本主义生产关系的内部，揭示其本质和内在的联系；另一方面，他又运用归纳法来描述资本主义社会外部表现出来的生活形式和联系。大卫·李嘉图继承了亚当·斯密的演绎法，比亚当·斯密更彻底地探讨了资本主义生产方式的内在联系。马尔萨斯、萨伊等人则坚持归纳法的使用。边际革命发生以后，以卡尔·门格尔为代表的奥地利学派和以李斯特为代表的历史学派针对演绎法和归纳法的优劣展开了激烈的争论，卡尔·门格尔认为政治经济学研究应从特定的历史和社会中把个人抽象出来，经济学的研究应当采用抽象演绎方法。杰文斯也主张用演绎法来分析经济问题，他认为与其他学科相比，经济学的分析更离不开演绎法。李斯特则主张用历史方法代替抽象法，否认任何客观经济规律的存在，主张在经济研究中必须运用历史归纳法，要从历史的、民族的特点出发去建立政治经济学的国民体系。制度学派也强调经济学的任务是研究和考察制度的历史进化过程，反对演绎法。然而，在马歇尔和凯恩斯的著作中，我们能看到演绎法与归纳法的同时存在，他们认为，经济学既需要用归纳法，也需要用演绎法，但是为了不同的目的，采用这两种方法的比重会有所不同。马歇尔提到，"没有一种研究方法能够很恰当地成为经济学的方法；但是，每种方法必须用得适当，或是单独采用或是与别种方法合用。归纳法借助分析和演绎，汇集有关各类材料，整理它们，并从中推出一般原理或规律，然后演绎法一时又起着主要的作用。它把这些原理彼此联系起来，从中暂时求出新的更广泛的原理或规律，然后再用归纳法主要分担搜集、选择和整理这些材料的工作，以便核验和证实这个新规律"。也就是说，归纳法是一切科学的基础，其作用在于收集资料、提出假设，然后演绎法在此基础上推出一般性的原理、模型，最后通过归纳法对演绎法得出的理论进行检验。

（二）个人主义与整体主义

在经济学史上第一个提出"经济人"假设的是亚当·斯密，"经济人"是本性利己的个人，也是亚当·斯密经济思想中的经济活动主体。亚当·斯密认为通过追求个人利益，虽然没有刻意地去促进社会利益，但社会利益是个人利益的加总，最终的结果是会促进社会利益的增加。因此，亚当·斯密的研究方法是典型的个人主义方法论，个体主义从亚当·斯密开始便一直成为西方经济学主流的方法论。奥地利学派也将孤立的个人经济作为分析经济现象时的立足点，在他们看来，个人经济是社会经济的缩影，而社会则是个人的算数总和，发现了个人经济规律也就发现了社会经济规律。

直到历史学派出现，研究的方法论从个人主义转到了整体主义。其中，罗雪尔将政治经济学定义为国民经济学，并指出它是一门论述一个国家的经济发展诸规律的学科。国民经济学要研究的是各个国民的总体，因为现代各个国民是彼此紧密联系在一起的，要通过历史的分析方法对各国（地区）各文化阶段进行研究。制度学派起源于历史学派，他们批判奥地利学派的个人主义方法论，强调集体主义的重要性。凯恩斯开创了宏观经济的分析方法——总量分析方法，至此，整体主义的方法论逐渐开始被主流经济学所接受。经济学研究开始从传统经济学所关心的个别厂商、个别消费者、单个商品市场和单个生产要素市场，即个体分析或微观分析，转向了凯恩斯经济学所关心的总产量、国民收入总量、总消费、总投资、总就业量、总支出，即整体分析或宏观分析。

（三）定性分析与定量分析

在经济学中，定量分析相比定性分析的区别在于在研究方法中加入了数学方法的使用，使现代经济学更加数学化。追溯到古典经济学时期，威廉·配第在他的《政治算术》中就开始使用数学和统计学方法来对经济现象进行数量分析。奥古斯丹·古诺在1838年出版的《财富理论的数学原理的研究》一书中，注重使用数学方法来表述和论证政治经济学原理，因此成为经济学史上首次使用数学方法研究经济学理论的人，也被后人称为数理经济学的鼻祖。数学在真正意义上成为经济学的主要分析工具是从19世纪70年代，杰文斯、卡尔·门格尔和瓦尔拉斯三人同时发起的边际革命开始，经济学开启了数学化的全新研究方法。阿尔弗雷德·马歇尔在他的研究中也使用"边际增量"来说明人们对于物品的需求，然而，在著作《经济学原理》一书中，他还使用大量的数学符号和图表用以说明边际增量同产品的供求、生产和分配之间的函数关系，因此他也开创了用图表表述经济学的新方法。萨缪尔森将分析数学引入经济学，实现了数学对经济学的又一个突破。计量经济学从1930年世界计量经济学学会创立后开始盛行并得到了长足的发展。乔治·斯蒂格勒曾做过一个统计："20世纪20年代前，90%以上的文章用文字表述。20世纪90年代初，90%以上的文章使用代数、积分或者是关于计量经济学的内容。"由此可以看出，数学方法已经融入经济学研究的血液之中。

然而，20世纪60年代以来，制度分析越来越多地引起经济学家的重视，他们认为，经济学的研究对象不只是经济现象，还包括经济制度及与经济制度有关的其他一切事物。新制度学派的代表人物约翰·加尔布雷思认为，将经济学划分为宏观经济学和微观经济学面临的最大问题是经济学家只重视社会经济"量"的方面的分析，而忽视了社会经济"质"的方面的分析，本应该作为中心问题的经济制度常常被忽视。因此，新制度学派反对边际学派的抽象演绎法，反对他们所采用的数量分析方法，注重制度因素的分析，对各种社会"制度"的形式、演进、变迁、影响进行了广泛的研究。芝加哥学派的代表人物冯·哈耶克从伦理学角度探讨了自由与平等的含义，反对数学方法论，认为运用数学方法来决定和预测各种数值会导致空洞的研究，不可能对实际经济问题做出有益的解释。他认为，一个美好的社会是私有制条件下的自由市场经济、货币非国家化和机会平等的社会，人们会根据价值判断准则来支配个人行为，因此，对价值判断准则的探讨比数学演算要重要得多。

（四）均衡分析与非均衡分析

经济学中的均衡是指在市场上，各个参与主体的供给和需求达到均衡时的状态。按照划分的标准不同，均衡分析可以分为局部均衡分析与一般均衡分析、静态均衡分析与动态均衡分析。局部均衡分析研究的是假定市场中的其他各种条件不变的情况下，一种或部分商品或生产要素供求变化的情况与其均衡状态；一般均衡分析研究的是市场上所有各种商品与生产要素的供给和需求同时达到均衡时的状态。静态均衡分析研究的是特定因素（如人口、资本、技术等）不变的情况下的市场均衡状态；动态均衡分析研究的是当存在一定的扰乱因素或摩擦因素的条件下，社会的静态均衡被打破，市场如何从一个均衡状态过渡到另一个均衡状态。相应的，非均衡分析的侧重点在于研究非均衡价格下的经济活动，或者当某些经济要素发生变动，市场还尚未完全做出调整状态下的分析。

瓦尔拉斯在他的理论研究中，运用一般均衡分析方法提出了一般均衡理论。他认为，一种商品的需求和供给不仅取决于该商品的价格，还取决于市场中其他商品（替代品或互补品）的价格。也就是说，市场上所有各种商品的供给、需求和价格是相互影响的，任何一个市场都不可能脱离其他市场而独自达到均衡。瓦尔拉斯的一般均衡理论是相对于孤立地研究一种商品的价格如何通过供给和需求两种相反的作用力而达到均衡的"局部均衡论"而言的，是一种静态分析。马歇尔在他的《经济学原理》中也提出了"均衡"的概念，提出"本书的中心概念是静态的，而不是动态的"，因此他的均衡分析是静态的局部均衡分析。马歇尔的分析方法是假定市场中其他条件不变的情况下某一特定市场上某一种商品价格随供求关系的变动情况，动态均衡虽然是经济学研究的最终目标，但复杂程度要高于静态均衡，静态均衡的重要性在于它是经济学研究的起点和基础，马歇尔也因此被认为是局部均衡分析的奠基者。在此之前，古典经济学中所说的"自然""正常"的状态实际上指代的就是均衡状态，均衡分析主要是局部均衡分析。美国学派代表人物约翰·贝茨·克拉克认为在考察社会经济规律时，应当将静态分析和动态分析相结合，静态经济规律是一种均衡规律，均衡只有在静态中才能实现，静态社会虽然存在着一定的假设条件，但静态经济规律是真实的规律。他认为，要了解动态的规律，首先需要了解的便是静态规律，静态经济理论是动态经济理论的前提和基础。

20世纪30年代经济大萧条时期，非均衡分析开始出现并流行起来。凯恩斯否定萨伊定律中提出的"供给会自己创造自己的需求"并通过市场机制的自发调节自动达到充分就业的均衡状态，他认为现实社会中的大量数据表明市场中的供给与需求并不总是相等的。因此，在凯恩斯的经济理论中，他大量地使用了动态的、非均衡分析的研究方法。随着20世纪60年代经济滞胀的出现，学界涌现出了一些试图维护凯恩斯主义的追随者们，以萨缪尔森为代表的新古典综合派就是其中之一。新古典综合派在分析方法中又重新采用了均衡分析方法，运用局部均衡和一般均衡分析，通过阐明均衡的形成及变化来解释资本主义经济的运行。

二、经济学方法论的演化趋势

人工智能、大数据、物联网等信息技术的创新发展正在改变全球的经济结构和运行模式，也改变了人们在经济活动中的思维方式。乐观主义者认为人工智能等高科技的发展将助推国家的经济增长；悲观主义者认为人们持续对人工智能的依赖将丧失人类本身固有的理性和智能；中立主义者则将人工智能与大数据作为经济学分析工具的新变革，试图通过人工智能与大数据来检验经济理论的正确性，分析其对经济的影响。由此可见，以信息技术高速发展为标志的第四次产业革命将为经济学研究的方法论带来新思维、新工具。

（一）兼顾演绎法与归纳法

演绎法与归纳法在未来经济思想发展中是相互联系、密不可分的。人工智能与大数据时代的到来，提高了大批量数据的处理能力，增强了机器学习和处理的能力。这就使原来只将经济因素纳入经济理论分析中的研究，可以在对大量历史资料和统计资料高效处理的基础上将非经济因素也纳入经济理论的研究中。这样，经济学的推理方式可以容纳更多的因子、更复杂的关系、更广阔的角度、更多样的目标，归纳推理将重新作为经济学研究的中心。更深层次的归纳推理结论将为更有深度的演绎推理提供夯实的理论前提，从而使人们在经济学研究中兼顾归纳推理与演绎推理。

（二）实证工具得到更广泛的使用

经济学理论的研究与模型的构建长时间受到假设前提不真实、数据使用不全面的制约，而经常出现样本误差、模型缺陷等各种问题。经济学研究中实证工具的使用源自新古典经济学时期，随着大数据的发展，经济学在实证研究方法上将更多地使用人工智能技术，从而提高实证研究的效率。在强大且丰富的实证工具的支持下，经济学研究可以构建更加真实的假设环境，选择规模更大的样本数据，兼顾描述、解释及预测经济现象等多重目标，提升经济学理论的解释能力。

（三）经济学研究流程的转变

经济学以往的研究都是建立在理论模型的基础上的，通过提出假设、模型构建、实证检验这一研究流程来对经济问题进行分析。大数据时代可以通过全面而广泛的数据挖掘,对数据进行分析从而得出更具有实际意义的研究结果,而弱化对于模型假设的依赖。人工智能中的机器学习,能够让计算机通过数据所呈现的特征寻找规律,并根据所得到的规律进行分析和预测。人工智能与大数据时代经济学的研究方法将向着以数据分析为首要手段、以数据分析结果为研究结论、通过数据特征进行检验预测的新研究流程演进。随着这种演进的深入,经济学将受到更少的假设限制,将拥有更多的工具支持,从而走向更加开放、更加具有解释力的新时代。

延伸阅读

马尔萨斯理论与埃及人口困境

埃及的国土面积约为100万km^2,但境内绝大部分均为酷热少雨、黄沙无垠的热带沙漠,只有宽约16km的尼罗河谷及开罗以下的三角洲,才是一条绿洲带,其面积约为33 700km^2,仅为其总面积的1/30。在此狭窄的绿带上,居住了埃及90%的人口(其余居住在苏伊士运河两岸)。全国可耕地面积不过5500万亩⊖,实际耕地5000万亩,占国土总面积不到3%。人均耕地只有0.55亩;1981年,埃及人口只有3500万人左右,2011年人口达到8100万人,本国出产的粮食只能勉强养活一半的人口,因此埃及成为世界上最大的食品进口国之一,每年需进口小麦900万t。

2004年,埃及开始了大规模的自由主义经济改革,包括埃及镑自由浮动、将公司和个人的收入税减少一半、有限度地私有化等措施。2006年至2007年间,埃及经济增速达到7%,成为中东增长最快的国家。但随着国际金融危机的爆发、全球食品价格的上涨,埃及2010年的贸易逆差失控,从2006年的100亿美元猛增至250亿美元,预算赤字扩大至接近国内生产总值(GDP)的1/6。78%的农村人口生活在贫困线下,18%人口每日生活费不到2美元,15~29岁青年大面积失业。但革命后的埃及,经济状况仍然每况愈下:实际GDP增长率从2010年的5.1%下降为2011年的不到1%;360亿美元的外汇储备至2012年年底已缩水至135亿美元,仅够维持3个月的进口。同时,贸易逆差达创纪录的317亿美元。与此相伴,埃镑剧烈贬值,美元/埃镑的兑换率从革命初的5.1升至8.0;粮食、能源的进口成本进一步加大;CPI持续上涨(2012年平均上升4.5%,而平均工资却下跌了11%,2013年2月—4月CPI同比涨幅均超过8%,5月达9%),电力价格上涨16.2%,失业人口比2010年进一步增加了48%;大学毕业生月薪低廉,只有1200埃镑(约合1000元),起薪不足500埃镑;若无高等教育经历,更广大的底层劳动人民,月收入大多仅在200~400埃镑。此外,燃油配给不足、加油站与黑市勾结导致汽油短缺,引发交通瘫痪和民众不满。政府面对居高不下的财政赤字、通货膨胀率和失业率束手无策。例如,埃及人以黑面饼为主要粮食,革命前,埃及政府对每张面饼补贴后,价格一直保持在0.05埃镑,而无补贴的售价则为0.50~0.60埃镑,为受补贴面饼的10~12倍,占埃及人口一半左右的贫困人口都要依靠这种政府补贴的面包为生。从穆巴拉克执政时起,埃及政府每年巨额补贴大饼、水、电、天

⊖ 1亩≈666.6m^2。

然气和汽油的款项就达政府全年财政支出的1/4。正是这种穆巴拉克时代的补贴制度维系了埃及贫民的基本生活，维护了社会基本稳定，保证人们基本的生存需要。在革命之后，补贴大幅削减，粮食危机愈发严重，国家的粮食状况危急，埃及仅存2个月的进口小麦库存，但面对超过6个月的供给量缺口。

马尔萨斯在《人口论》中指出：不断增长的人口早晚会导致粮食供不应求，人口增长超越食物供应，会导致人均占有食物的减少。这也指出了2013年埃及所面临的最大、最根本的问题是急剧膨胀的人口增长与国家资源有限性之间的矛盾，因此埃及社会的基本生存总需求与可分配社会财富之间存在了不可调和的矛盾，有限的社会生产能力和埃及不断扩张的人口之间产生了巨大的矛盾。这也是埃及遭遇困境的一个主要、本质的原因。

第二章 微观经济学

学科思维导图

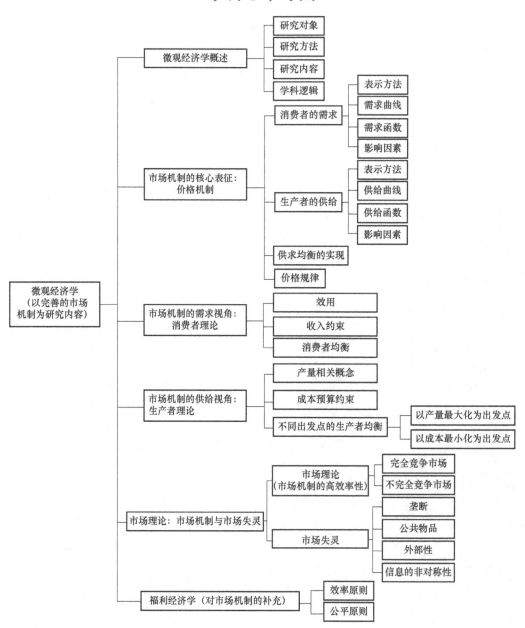

第一节 微观经济学概述

一、微观经济学的研究对象

经济学理论来源于社会经济活动的实践。生活中我们每天都在进行着经济活动,例如,学生在大学校园听课、一家人旅游、餐厅提供餐饮服务等。这些经济活动从所有权上看,只存在两种情况:自己所有和非自己所有。因此,从所有权让渡的视角看经济活动,简而言之就是"买卖"活动。经济学理论研究经济活动,首先要将连续的、动态的、彼此衔接的一连串活动切割成两种性质的经济活动:一种是买,经济学称为消费,进行购买活动的研究对象被称为消费者;另一种是卖,经济学称为生产,进行生产活动的研究对象被称为生产者。需要注意的是,经济学研究中的"消费"和"生产",聚焦于为了达到某种目的而消费(或生产)的商品选择、数量决定,在经济学的研究中,这些都需要以数理计量的方式进行比较、选择,以实现利益最大化。随着社会经济活动内容、形式的不断推进,经济活动、交易行为可能具体体现在一个场所(例如商场、夜市等),也可能发生在网络上,具体体现在通过一个网络节点形成一个购买契约(例如网络下单支付),经济学上将这样的交易场所或节点称为市场。因此,个体的买者、卖者、市场是微观经济学的研究对象。

微观经济学的上述研究对象具有以下几个特征:

一是从数量上,研究对象是单个的个体,例如某个人、某一个企业、某一市场等,而不是那些集合名词如"国民""区域"等。与此对比,宏观经济学的研究对象就是那些具有集合、整体特征的国家经济等。

二是从典型性上,微观经济学的研究对象并不能够完全表征现实经济活动中各具特点的各类主体,它代表的是在资源有限的环境下、具有自身消费偏好和收入特征、掌握全部与买卖活动相关信息的理性个体。

三是从决策过程上,无论消费者、生产者还是市场,都以自身利益最大化为决策准则,微观经济学通过对研究对象建立目的函数、对约束条件建立数理模型,依托数学、物理学的解法,得到的结论具有说服力,是从科学方法论角度为研究对象提供的一种理性决策方法。

二、微观经济学的研究方法

(一)微观经济学研究的三个基本假设

实际经济生活千差万别,在经济学的研究中,需要对经济活动形成一定的理论抽象,包括对经济社会的状态、对科学决策的标准、对参与者的特征等,从理论上界定其共性特征,进而深入分析,形成系统的科学方法论。微观经济学对于经济活动的描述和分析,是在以下三个假设下的分析。这些假设排除了无法实现资源高效配置的可能性,提供了有序、理性、科学实现经济效率提升的可能性,为科学研究提供了肥沃的土壤。

1. 资源的稀缺性假设

资源的稀缺性是经济学的研究起点,它包括两个层面的含义:一是相对于人的需求,自然资源、人力资源和人工制造的生产设备等本身是稀少的、缺乏的;二是人类需求的欲望是无限增长的，而资源自身的再生、增长都是有限的。资源的稀缺性是一种客观条件，因此人类需要将有限的资源更有效率地满足人类的需求。这个假设是对经济活动的所有标的物进行的高度抽象，现实生活中，空气、野外的小溪、阳光甚至陌生人的帮助，可能都存在不需要花费金钱的状况。在经济学的世界里，不将这种不花费金钱就可以获得的物品纳入研究范畴，换句话说，经济学的世界里，任何资源和物品都是商品，都需要考量其经济效率。

2. 经济人的理性假设

经济人的理性假设即经济活动的参与者都是追求自身利益最大化的。经济活动中的任何个体都是以利己为动机，总是力图以最小的经济代价去追逐和获取自身最大的经济利益，这样的假设回避了因为人类的复杂情感而带来的千差万别的行动结果，保证经济活动每一个参与者都不干扰最优配置的出现。

3. 信息的对称性假设

信息的对称性假设是指经济活动的参与者都具有相同的信息获取能力，所收集到的情报、信息双方都是了解的。例如，供求双方都充分了解对方的选择数量、价格、收入条件等信息，不存在一方信息更加充分的可能性。这种假设之上的契约研究，才存在将双方的经济福利都最大化、形成社会整体福利最大化的可能性，同时，所有形成的契约都是双方真正的认同，而不是带有欺骗性质的契约。这样的假设才能真正将资源配置引向高效。

（二）主要研究方法

微观经济学的主要研究方法包括静态分析、规范分析、数理分析与均衡分析。

静态分析方法是一种分析经济现象均衡状态及相关变量达到均衡状态所需要条件的分析方法。静态分析不需要考虑经济现象达到均衡状态的过程，它完全抽象掉了时间因素和具体的变化过程，是一种静止地、孤立地考察某种经济事物的方法。与之相接近的一个方法是比较静态分析，是指当已知条件变化后，将变化后的静态均衡结果与变化前的均衡结果进行比较分析的方法，其中还要涉及有关经济变量达到新的均衡状态时相应的变化。

规范分析方法研究的是经济活动"应该是什么"及社会经济问题应该如何解决。与之相对应的是实证分析方法，描述经济现象"是什么"及社会经济问题实际上是如何解决的。经济学原理的研究，大部分建立在规范分析的基础上，某些定律和规律（如奥肯定律等）建立在实证分析或统计数据分析的基础上，更多的是反映特定研究对象的经济现象规律。

数理分析是指运用数理符号和数理方法来表述、研究和论证经济现象及其相互依存关系的方法，而边际分析法是数理分析中最重要的工具。均衡分析是对经济活动中的契约双方通过数理求解，建立契约达成的条件分析，以瓦尔拉斯一般均衡理论为代表。

三、微观经济学的研究内容

微观经济学的研究内容可以概括为"5W"，即研究什么时间（when）、什么地点（where）、谁（who）、怎么（how）及为什么（why）形成经济活动或契约。"5W"是一个整体，从不同的角度回答了经济活动的状态。以地点为例，在卖家众多的完全竞争市场、在少数几个卖家的垄断市场上售卖同样的商品，因为市场环境不同，所以价格不同，就会影响买卖的数量、消费者的满足程度、生产者的获利空间等诸多内容。因此，微观经济学对经济活动的研究过程，首先是确定研究对象的角色，是消费者还是生产者，分析两者各自的理论体系。然后确立市场的特征，是完全竞争市场、垄断竞争市场、寡头市场还是垄断市场，明确各类市场不同的决策准则。最后，将经济活动角色和市场类型相结合，挖掘出对称的经济活动规律和准则。

至此，我们可以从理论的角度解释几个问题："谁"（who，即作为消费者或者生产者），"在哪里"（where，经济活动发生在四种市场类型的哪一种情境下），"什么时间"（when，即商品的不同成本阶段），"如何选择"（how，即消费者或生产者在一定的目的函数和约束函数的条件限制下选择的购买价格和数量等），以及"原因"（why，即不同情况下的决策依据）。这些内容就是微观经济学的研究内容。因此，简而言之，微观经济学是研究单个经济主体在既定的资源约束下实现最优配置的学科，并且是围绕市场机制展开的系统性研究。微观经济学的主要理论内容包括：①微观经济学研究市场机制的要素、表现、影响因素和最优状态，这部分内容主要对应本章第二节、第三节、第四节；②对比分析市场机制和市场失灵的效率性表现、特征、对策，这部分内容对应第五节；③进一步深入分析整个社会的经济效率状态和社会福利状态，即福利经济学的研究内容，这部分对应第六节。

因为微观经济学重在分析微观的经济活动，所以有些教材把福利经济学考虑为一个单独的学科。本书考虑将福利经济学作为微观、宏观研究之间的过渡和桥梁，选编了一部分内容，简略介绍福利经济学的基本思想。

四、微观经济学的学科逻辑

微观经济学的研究内容是围绕市场机制的实现而展开的，本章的内容也围绕"市场机制"而展开。第一节通过"微观经济学研究的三个基本假设"，介绍了市场机制能够完美实现的前提。第二节介绍了"市场机制的核心表征——价值机制"。市场机制的核心表征是交易或契约中的价格、数量，因此第二节分别从消费者、需求者的角度考虑了供求均衡实现的过程中，讨价还价、逐步接受最终价格及通过数理计算契约价格、契约数量的方法，最后归纳了价格规律的内涵。第三节、第四节分别从市场机制的需求视角（即消费者）、市场机制的供给视角（即生产者），介绍消费者理论、生产者理论。对于消费者和生产者来说，其理论研究逻辑是基本一致的。消费者决策的思路是在目的函数（效用函数）最大化的基础上考虑约束条件（收入一定），其消费者均衡是效用函数曲线和收入约束线的切点；而生产者是在目的函数（产量函数）最大化的基础上考虑约束条件（预算收入一定），或者在目的函数（成本函数）最小化的基础上考虑约束条件（产量一定），所形成的生产者均衡都是目的函数曲线与约束函数曲线的切点。上述理论内容主要是通过数理分析、均衡分析的研究方法实现的。消费者和生产者在不同的市场环境下会做出不同的决策，因此第五节重点分析了市场理论，包括两部分内容：对完美的市场机制和不完美的市场机制（即市场失灵）的研究。市场理论将市场分为完全竞争市场和不完全竞争市场，两大类市场的特征不同、均衡条件不同，所形成的市场机制决策也不同，这部分内容主要围绕生产者的利润最大化进行数理分析和均衡分析。市场失灵理论主要是基于管理者视角，讨论列举市场机制无法充分发挥机能的实践表现，分析垄断、公共商品、外部性和信息不对称的内涵，并以保证市场机制充分发挥的角度，提供经济原理和管理对策。上述五节，围绕市场机制，完整地分析了消费者、生产者和市场三个要素的相关理论。第六节是福利经济学的研究内容。福利经济学是在上述单个消费者、生产者、市场的理论分析基础上，将研究视角转为分析消费者整体、生产者整体，本章主要介绍了社会总体福利的最优化原则，即福利经济学的两个基本命题——效率与公平及其测度方法。

五、微观经济学与宏观经济学的比较

微观经济学与宏观经济学的比较见表2-1。

表2-1 微观经济学与宏观经济学的比较

项目	微观经济学	宏观经济学
研究对象	家庭、厂商、市场等经济个体单位	一国或地区的经济活动、国家（或地区）间的经济活动
基本假设	资源稀缺、市场出清和信息完全等	认为资源具有稀缺性、短期内有失业现象
主要目标	消费者追求其效用最大化，生产者追求其利润极大化、社会福利极大化	经济和谐、稳定增长、充分就业和国际收支平衡
主要内容	消费者的目的是最大限度地满足效用，生产者的目的是实现最大利润，在两者决策行为发生背离的情况下，需通过价格机制来实现均衡，因此又称为价格理论	由于所分析的变量，如国民收入、失业率、物价水平、收入分配、利率、汇率等都与国民收入有密切关系，故一般又称为收入理论

第二节　市场机制的核心表征：价格机制

微观经济学聚焦于市场机制规则，是研究单一的、个体的经济单位及其经济行为的运行规律。消费者的需求与生产者的供给之间的供求关系是市场机制的核心部分，供给与需求的数量关系通过价格来展示，并通过均衡价格的改变体现市场机制的资源配置效率。因此，价格机制是供求关系的晴雨表，是市场机制的核心表征。

一、消费者的需求

（一）需求的概念

需求（demand）是指在一定的时间、既定的价格水平下，消费者愿意并且能够购买的商品数量。从概念中可以看出，需求具备两个特点：一是意愿的存在；二是能力的存在。在意愿与能力同时满足的情况下，经济学才将之计入需求，否则，将不作为需求来考虑。例如，一个幼儿园的小朋友阅读了童话故事之后，产生了一种想拥有一座城堡的想法。这个小朋友的购买意愿因为没有经济能力的支持（此处不考虑其父母的经济能力），所以其购买城堡的想法不能计入"城堡需求量"。

需求表是指商品的各种价格和与各种价格相对应的该商品的需求量之间关系的数字序列表。从表2-2中看出，在不同价格水平上，某消费者夏季冰棒需求量与价格之间呈反方向变动的关系。例如，在价格为5元时，价格最高，需求量为80，是不同价格下需求量最少的；在较低价格时，需求量会增多。例如，在价格为4元时，需求量为90；如果价格更低，如在3元时，需求量更大，为100。

表 2-2　夏季冰棒的需求

情　况	价格 P/(元/支)	需求量 Q/支
A	5	80
B	4	90
C	3	100
D	2	110
E	1	120

将表 2-2 的数量关系用图表示出来，可以得到夏季冰棒的需求曲线图形（见图 2-1）。需求曲线是根据需求表中商品的不同价格与需求量的组合，假定其价格与需求量均可连续分割而拟合形成的一条曲线。

图 2-1 中，横轴为夏季冰棒的需求量 Q，纵轴为夏季冰棒的价格 P，将上述五种价格与需求量的关系标注为 A、B、C、D、E 五个点，再将其连线形成一条直线（或弧线），则得到一条从左上方向右下方倾斜的市场需求曲线 AE。这条曲线表明了夏季冰棒需求量与其价格之间呈反方向变动的关系：当价格下降时，需求量上升；当价格上升时，需求量下降。如果我们试验性地将一般商品的需求量与需求价格都以需求曲线的形式表示出来，那么我们会发现，一般商品的需求曲线都具有共同的特征，即需求曲线呈现从左上方向右下方倾斜的性质。

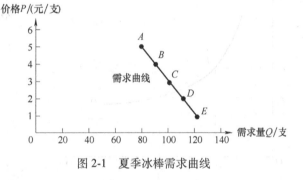

图 2-1　夏季冰棒需求曲线

（二）需求弹性

弹性（elasticity，以下简写为 E），是指一个变量变动的百分比相应于另一变量变动的百分比，反映的是变量之间对变动的敏感程度，其公式见式（2-1）。

$$E = \frac{一个变量变动的百分比}{另一变量变动的百分比} \tag{2-1}$$

需求弹性，是指需求量变动的百分比与价格变动的百分比之比，用来测度商品需求量变动对于商品自身价格变动反应的敏感性程度。在一般情况下，依据需求规律，需求量与价格呈反方向变化，因此所得到的弹性系数为负数。但为了分析和比较的方便，一般取需求弹性系数的绝对值，即在需求弹性系数的前面加一负号。

需求的点弹性，表示的是需求曲线上某一点的弹性。如果需求曲线是一条连续的平滑曲线，即可通过微分的方式计算点弹性，计算公式为

$$E_d = \frac{需求量变动的百分比}{价格变动的百分比} = -\frac{\Delta Q/Q}{\Delta P/P} = -\frac{\Delta Q}{\Delta P}\frac{P}{Q}$$

需求的弧弹性，表示某商品的需求曲线上，任意两点需求量的相对变动对其对应价格相对变动的反应程度，以图 2-2 的 AB 弧为例，其弧弹性计算公式为

$$E_d = -\frac{\Delta Q/Q}{\Delta P/P} = -\frac{(Q_2-Q_1)/Q_1}{(P_2-P_1)/P_1} = -\frac{Q_2-Q_1}{P_2-P_1}\frac{P_1}{Q_1}$$

需求弹性研究包括价格弹性、收入弹性和交叉弹性三种。

1. 需求的价格弹性

需求的价格弹性是指一种商品价格每变化1%将引起的需求量变化的百分比，衡量当一种商品的价格发生变化时其需求量变化的反应程度。需求的价格弹性越大，意味着需求量对价格变动的反应越敏感。其计算公式见式（2-2）。

$$E_d = \frac{需求量变动的百分比}{价格变动的百分比} = \frac{\Delta Q/Q}{\Delta P/P} \tag{2-2}$$

根据价格弹性系数的大小，可将其划分为五种类别（见图2-3）。

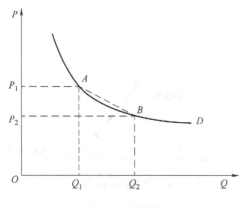

图2-2 弧弹性

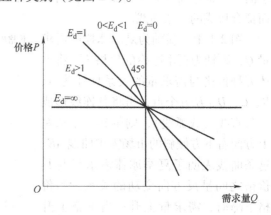

图2-3 需求价格弹性的五种表现

(1) $E_d = 0$

$E_d = 0$ 称为完全无弹性，即无论价格如何变动，需求量始终保持不变，需求曲线是与横轴垂直的一条直线。例如，食用盐就是需求量与价格不存在联动关系的一种特殊商品，完全缺乏弹性，其价格降低时会导致消费者在食用盐上的总支出直接减少，而价格提高则导致总支出增加。

(2) $0 < E_d < 1$

$0 < E_d < 1$ 称为缺乏弹性，即价格变动1%，引起需求量变动会不足1%。例如，食品、燃料、药品等生活必需品。因为它们是生活必需品，所以即使价格上涨，需求量变动也不太大。

(3) $E_d = 1$

$E_d = 1$ 称为单一弹性，是指需求量变动的百分比完全与价格变动的百分比同频共振、数量等同，即价格上涨1%，需求量下降1%；价格下降1%，需求量会上升1%。

(4) $E_d > 1$

$E_d > 1$ 称为富有弹性，即商品的价格变动1%，引起需求量的变动将超过1%。例如，某商品价格上升20%，其需求量下降40%，$E_d = |-40/20| = 2$，该商品富有弹性。一般拥有替代品的商品的价格弹性比较大。

(5) $E_d = \infty$

$E_d = \infty$ 称为无限弹性，是 $E_d > 1$ 的极端，表示某种商品在某一既定价格水平上，需求量无穷大，需求曲线是与横轴平行的水平线。例如，战争状态下的战争物资。由于这类商品属于特殊物资，受到管控，价格稳定于某一水平，但需求量无限增长，因此呈现一条水平线。

学习需求的价格弹性，有利于帮助我们对某些经济问题做出预判，还可以分析一些经济现象的形成原因，例如"丰收悖论"。丰收悖论又称谷贱伤农，是指年景好农业大丰收之后，与平常的年份相比，农民的收入反而会减少，从而形成了"丰收年收入少"的悖论。这个现象的根本原因就在于小麦、稻谷属于生活必需品，需求缺乏弹性，即 $0<E_d<1$。如图2-4所示，假定在平常的年份，粮食的价格为 P_0，供给处于 A 点；而丰收的年份，由于粮食供给增加，因此粮食价格下降为 P_1，供给为 B 点。农民的总体收入应为"价格×需求量"，因此在平常之年，农民的收入在图形上表现为长方形 OP_0AQ_0 的面积；而丰收之年，收入是长方形 OP_1BQ_1 的面积。从收入的图形面积比较上，P_0P_1EA 的面积比 EBQ_1Q_0 的面积更大一些。此外，粮食的价格弹性直线越陡峭，收入图形的面积大小越显著。应用价格弹性理论，验证了丰收之年农民收入降低的"丰收悖论"。

2. 需求的收入弹性

需求的收入弹性是指在一定时期内相对于消费者收入的变动商品需求量的相对变动的反应程度，记为 E_m。正常商品的收入弹性 $E_m>0$；如果 $E_m<0$，则表明随着收入增加，商品的需求会减少，该商品为劣等品；如果 $E_m>1$，则该商品为奢侈品；如果 $0<E_m<1$，则表明需求量增加幅度低于收入增加幅度，该商品为必需品。

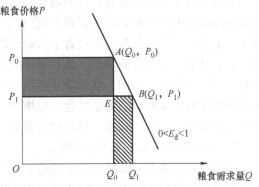

图2-4 基于价格弹性的"丰收悖论"分析

3. 需求的交叉弹性

需求的交叉弹性是指在一定时期内相关商品价格变动程度对需求量变动程度的影响，按照弹性的概念内涵，其公式见式（2-3）。如果两种商品 X、Y 的交叉弹性 $E_c>0$，则两种商品 X、Y 为替代品；如果 $E_c<0$，则两种商品为互补品；如果 $E_c=0$，则两种商品互不相干。

$$E_c = \frac{需求变动的百分比}{相关商品价格变动的百分比} \qquad (2-3)$$

（三）一般需求规律及需求的影响因素

当影响商品需求量的其他因素不变时，商品的需求量随着商品价格的上升而减少，随着商品价格的下降而增加。这个规律称为一般需求规律。在需求规律之外，还存在着一些影响需求的要素，主要包括消费者的收入水平、商品自身价格和相关商品价格、消费者的偏好、消费者对未来商品的价格预期等。

1. 消费者的收入水平

对于一般商品来说，当消费者的收入提高时，需求量会相应增加，而收入减少时，需求量会相应减少。但根据商品性质不同，其市场需求量对收入变化的反应也不同：生活必需品对收入变化的反应较小，不会因为收入增加或减少而大幅度地增加或减少（例如粮食）；耐用消费品和奢侈品对收入变化的反应却相当大，例如收入增加时，人们会增加对家用汽车、珠宝首饰的购买量等。值得注意的是，劣等品或低档品的需求量是同消费者收入的变化呈反方向的。

2. 商品自身价格和相关商品价格

一般而言，商品的自身价格与需求量存在直接关系，表现出来的规律是价格越高、需求越少。但有些商品的自身价格与其替代品、互补品的需求量也具有相关关系。替代品是指具有相同功能和用途的商品，如牛肉与羊肉、馒头与花卷。对于替代商品来说，当羊肉价格提高，而另一种替代品牛肉的价格保持不变时，消费者就会减少对羊肉的需求量而增加对牛肉的需求量。互补品是指功能相互补充才能使用的商品，如牙膏与牙刷、汽油与汽车。互补品之间存在着相互依存的关系，一种商品的价格上升，会导致另一种商品的需求量的变化。例如，牙刷的需求增大必然会带动牙膏的需求量上升，而汽油价格上升将会降低汽车的需求量。

3. 消费者的偏好

消费者偏好是指消费者自身的习惯性意愿，是在不考虑收入等其他约束条件的情况下，对各种商品和劳务喜欢和愿意消费的倾向性。这是消费者的主观原因，也是决定需求的重要因素。消费者的偏好反映出消费者个人的心理或生理需要，既受到地域传统或思想信仰的影响，也受到消费者个人的知识、修养等影响。在其他条件既定时，消费者偏好的改变，会影响到需求量的移动。例如，麻辣烫是四川地区的特色小吃，在东北地区广泛流行后，东北地区的辣椒等麻辣烫调料的需求量也大幅增加。当消费者对某种商品的偏好程度增强时，该商品的需求量就会增加；相反，偏好程度减弱，需求量就会减少。

4. 消费者对未来商品的价格预期

当消费者预期某种商品的价格即将上升时，就会增加对该商品的现期需求量；预期价格将会下跌时，就会减少当前的购买量。因为理性经济人为提高自己的消费满足程度，会在价格上升以前购买商品；反之，就会减少对该商品的预期需求量。

除上述四个因素之外，商品的需求量往往还受到一些特殊因素的影响。例如，河南地区多吃面，四川地区喜好麻辣口味；沿海多雨，对雨具的需求更大，而干旱的内陆对雨具的需求相对较小等。地域和传统共同影响消费者需求量的差别。

二、生产者的供给

(一) 供给的概念

供给（supply）是指在一定的时期、既定的价格水平下，生产者愿意并且能够生产的商品（或劳务）的数量。供给的概念同需求一样，包含两个不可分的条件：一是生产者出售的愿望，二是生产者具有的供给能力。例如，玉米的供给量表示的就是生产者在每一个价位上出售的玉米数量的集合。因此，供给量是指在每一种价格水平上各个不同的供给量，而不是某一个特定价格上的供给量。同需求相似，供给反映的是价格与其对应的供给量之间的关系。供给分为个别供给和市场供给。个别供给是指个别生产者在一定时期内、在每一价格水平上愿意并且能够出售的某种商品或劳务的数量，市场供给是指市场上所有生产者在一定时期内、在每一价格水平上愿意并且能够出售的某种商品或劳务的数量。可以看出，市场供给是个别供给的总和。

生产者生产商品（或劳务）面向市场出售时的价格，与生产量之间存在着一定的关系，体现这种关系的函数称为供给函数，供给曲线表现的是供给价格与供给数量之间的关系。绘制供给曲线时，我们通常假定商品可以无限制分割，因此可以形成一条圆滑的曲线。

以玉米为例，表2-3是某生产商对市场中玉米的供给情况，可以看出，当价格低于1元/kg时，该生产商没有出售玉米的愿望。随着价格的逐步上升，从2元/kg的价格开始，生产商的供给量开始出现并随之上升。随着价格的不断攀升，该生产商愿意为了获利而不断增加供给量。

表2-3 某生产商的玉米供给

情 况	价格/(元/kg)	供给量/(t/年)
A	6	90
B	5	75
C	3	45
D	2	30
E	1	0

将表2-3用图形表示，就是玉米供给曲线（见图2-5）。图中横轴为玉米供给量Q，纵轴为玉米价格P。将供给表中的价格和数量的组合点在坐标图中以点A、B、C、D、E表示，并在"供给量可以无限次分割"的假定下将这些点连接起来，就形成一条供给曲线（S）。

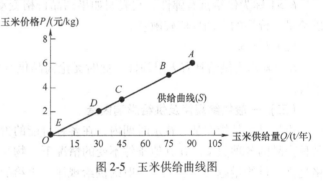

图2-5 玉米供给曲线图

如图2-6所示，假定一个社会中只有甲、乙、丙三个生产者，对某一物品而言，每个生产者均有其自己的供给曲线。在同一价格P_0下，将这三个生产者提供的供给量相加，即得到同一价格水平下的市场总供给Q_T。

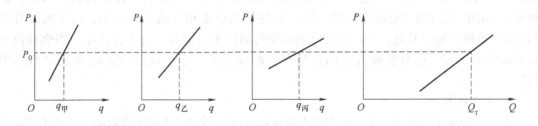

图2-6 市场供给曲线

（二）供给的价格弹性

1. 供给价格弹性的含义

供给价格弹性是指商品供给量变动的百分比与价格变动的百分比之比。根据供给规律，商品的价格与其供给量呈同方向变化，即供给弹性为正值。供给的价格弹性用来测定某商品价格的变动而引起供给量变动的敏感程度，公式表示为

$$E_s = \frac{供给量变动的百分比}{价格变动的百分比} = \frac{\Delta Q/Q}{\Delta P/P}$$

2. 分类

供给的价格弹性有以下几种分类：

（1）$E_s = 0$

$E_s = 0$ 称为供给完全无弹性。它表明无论价格如何变化，供给量都不会变化，其供给曲线是一条向下垂直的线。

（2）$0 < E_s < 1$

$0 < E_s < 1$ 称为供给缺乏弹性。它表示供给量的变动小于价格变动，即价格变动1%，供给量的变动小于1%，供给量对价格变动的反应不灵敏。

（3）$E_s = 1$

$E_s = 1$ 称为供给的单位弹性。此时，价格量变动1%，供给量随之变动1%，其供给曲线是一条45°线。

（4）$E_s > 1$

$E_s > 1$ 称为供给富有弹性。它表明如果商品价格变动1%，那么供给量的变动会大于1%，供给量对价格的变动反应较敏感。

（5）$E_s = \infty$

$E_s = \infty$ 称为供给具有无限弹性。此时无论商品供给量任意变动，其供给曲线都是一条水平线。

（三）一般供给规律及供给影响因素

市场供给是指在某一特定时期内，在各种可能的价格下所有生产者愿意而且能够提供的某种商品的各种数量。在其他条件不变的情况下，物品的供给量与其价格呈同方向变化，价格越高，供给量越大，这就是一般的供给规律。供给的影响因素主要包括以下几点：

1. 价格

一般而言，一种商品的价格越高，生产者提供的产量就会越大；相反，商品的价格越低，生产者提供的产量就会越小。当标的商品的价格不变，而其互补品价格上升时，消费者对标的商品的购买意愿会降低，生产商的供给就要相应减少。例如，汽车的互补品（汽油）价格不断攀升时，生产商就应该减少燃油汽车的供给。对于替代品，当燃油汽车的价格保持不变，而新能源汽车的价格在不断降低时，生产商就应该减少燃油汽车的供给。

2. 生产成本

在商品价格不变的条件下，生产成本的提高会减少利润，从而使得商品生产者不愿意生产，进而减少供给量。生产成本是决定供给的关键因素之一。当商品的生产成本较低，低于市场价格越多，生产者就会因为有利可图而愿意提供越多的商品。因此，商品的供给量与生产成本反向相关。

3. 生产技术水平

一般而言，技术水平的提高可以降低生产成本，会促进生产者提供更多的产量。技术进步主要是指生产工艺、制造技能的革新和改进，具体表现为对旧设备的改造和采用新设备改进旧工艺、采用新工艺，使用新的原材料和能源对原有商品进行改进，以及研究开发新商品提高工人的劳动技能等。例如，近年来，我国计算机、手机、家电行业的制造技术迅猛发展，带来了这些产品成本的大幅下降，生产商愿意在同样的价格水平上提供更多的商品。又如，流水线技术的发明，提高了很多行业的生产效率，带来了供给量的大幅提高。

4. 生产者对未来商品的价格预期

如果对商品价格的预期是认为价格会上升，则生产者会减少现在的供给、增加未来的供给；反之，如果生产者对未来的预期是悲观的，就会增大现在的产量供给，以获得更高的收益。例如，石油生产商预期未来石油价格会上升，他们将多储存石油，并减少当前的市场供给。

此外，还有一些传统的风俗习惯和商品发展趋势也会影响供给。例如，在泰国等国家，以大象为形象的工艺品具有吉祥的含义，供给量很大；随着环保理念越来越深入人心，高能耗的商品就会越来越被低能耗的商品所替代，不言而喻，高能耗的商品生产就需要减少供给量。

三、供求均衡的实现

以上我们分别从消费者和生产者的角度，研究了价格和产量之间的关系。对于市场来说，它是一个集合了消费者、生产者两方的空间场合或网络节点。因此，研究市场及市场价格，需要对需求、供给同时进行分析。本节研究的内容就是供求的均衡。

"均衡"（balance）原来是物理学的概念，经济学家马歇尔将其引入了经济学，借以说明经济中各种对立和变动着的力量在运动后处于的一种相对稳定状态。在经济体系中，一个经济事物处在各种经济力量的相互作用之中，如果有关该经济事物各方面的各种力量能够形成一个契约，此时称该经济事物处于均衡状态。需求和供给的均衡是指消费者、生产者在各自的经济规律下活动，如果能在某一价格水平上达成某一数量的交易契约，此时的状态称为"供求均衡"，此时的价格和数量分别称为"均衡价格"和"均衡数量"。在市场均衡状态下，买者（消费者）所愿意购买的数量正好等于卖者（生产者）所愿意出售的数量，交易价格是双方都愿意接受的价格。

（一）均衡价格的形成过程

市场均衡价格、均衡数量的形成，是市场供求双方力量自发作用的结果。任何脱离均衡的状况被称为失衡。图2-7描述了均衡价格形成的过程：当市场价格为 P_1 时，消费者按此价格愿意购买的数量为 Q_1，生产者按此价格能够提供的数量低于 Q_1，存在超额需求。因此，生产者愿意提供更多的产量。随着产量的逐步增加，当市场价格为 P_0 时，商品的需求量与供给量均为 Q_0，此时市场均衡。

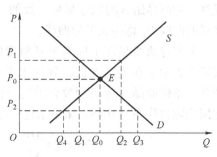

图2-7 均衡价格的形成

（二）均衡价格、均衡数量的求解方法

我们可以利用代数求解均衡价格和均衡数量。假定需求曲线和供给曲线均为线性，需求函数为 $Q_d=a-bP$、供给函数为 $Q_S=-c+dP$，均衡条件是 $Q_d=Q_S$。可以解得均衡价格为 $P_0=(a+c)/(b+d)$，均衡数量为 $Q_0=(ad-bc)/(b+d)$。

四、价格规律

价格规律表明了商品的供给数量、需求量与价格之间的关系。其基本内容是：需求水平的变动会引起均衡价格与均衡数量同方向变动，供给水平的变动会引起均衡价格反方向变动。按照价格规律的特点深入分析需求、供给对价格规律的影响，即可以得到价格机制。

需求对市场均衡的影响是：需求增加引起均衡价格上升，需求减少引起均衡价格下降；需求增加引起均衡产量增加，需求减少引起均衡产量减少。需求的变动将引起均衡价格与均衡产量同方向变动，即需求曲线右移将使均衡价格提高、均衡数量增加；需求曲线左移将使均衡价格降低、均衡数量减少。

供给对市场均衡的影响是：供给增加引起均衡价格下降，供给减少引起均衡价格上升；供给增加引起均衡产量增加，供给减少引起均衡产量减少。供给的变动会引起均衡价格与均衡产量的反方向变动，即供给曲线左移将使均衡数量减少、均衡价格上升；供给曲线右移将使均衡数量增加、均衡价格下降。

第三节 市场机制的需求视角：消费者理论

一、效用

研究效用的前提是研究消费者偏好。消费者偏好是指消费者根据自己的意愿，对其所有消费可能的商品组合进行排列。每一种商品组合带来的消费者满足程度就是效用。我们可通过排列的方式将给消费者带来相同满足程度的商品组合连接成线，形成无差异曲线。

如图 2-8 所示，如果对于两种商品 X 和 Y 存在以下三种组合：B 点（10,50）、A 点（20,30）、C 点（40,20）。这三种组合都可以使某消费者得到 1000 的效用，则可以经过 B、A、C 三个点，平滑地连成一条曲线 U_1。该曲线上的点都可以表示该消费者获得的 1000 效用值。此时，在这条 U_1 曲线上，消费者对任意一种商品组合的偏好都是一致的、无差异的。因此，这样的曲线 U_1 称为无差异曲线。

无差异曲线呈左上向右下平滑弯曲的形状，该形状实际上表示了在消费者保持效用水平不变的条件下，得到某一单位商品 A 所必须放弃的另一商品 B 的数量，通常用边际替代率（MRS）来表示这一数量关系。即

$$\mathrm{MRS}_{AB} = \frac{\Delta B}{\Delta A}$$

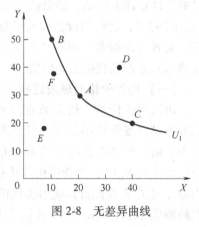

图 2-8 无差异曲线

边际替代率是消费者效用保持不变时，增加消费的一种商品的数量与减少消费的另一种商品的数量的比值。MRS_{AB} 表示用商品 A 代替商品 B 时的边际替代率，其中，ΔA 为商品 A 的增加量，ΔB 为商品 B 的减少量。结合数学和心理学，经济学家总结出一个边际效用递减规律——随着消费者对某种商品消费数量的不断增加，他从中获得的边际效用是下降的。这种现象被证明是普遍存在的。因此，无差异曲线斜率必为负，若是以曲线表示，无差异曲线

的形状凸向原点。同时，无差异曲线具有几个特点：任何两条无差异曲线不能相交，离原点越远的无差异曲线代表的满足程度越高。无差异曲线的这些特征，使得理性经济人的消费者效用最大化研究可以采用效用比较的方式，让科学决策成为可能。

二、收入约束

（一）收入约束（或称预算约束）

收入约束是指消费者在消费时，要受到自身收入水平的约束，只能在一定的收入水平下按照偏好进行商品数量和价格的选择，而不能超越收入的上限进行消费者选择。在消费者理论中，收入约束线表示在消费者偏好既定的前提下，在消费者收入和商品价格既定的条件下，消费者的全部收入所能购买到的两种商品的全部组合可能的点的轨迹。

假定消费者的收入为 I，商品 A 的单位价格为 P_1，消费数量为 X；商品 B 的单位价格为 P_2，消费数量为 Y，则收入约束条件用最简单的线性函数可表示为式（2-4）。

$$I = P_1 X + P_2 Y \qquad (2\text{-}4)$$

在消费者理论研究中，因为消费者是理性经济人，所以其消费目的是满足自己的最大效用。因此，消费者会选择在将收入全部消费掉的收入约束线上进行消费，而不是在比较低的消费水平上消费。这也解释了收入约束线通常只是一条线，而不是一个收入可能区域。在收入约束下，低收入的消费所获得的效用会明显低于高收入的消费效用。

（二）收入约束线的变化

1. 总预算发生改变

如果商品 A 的价格和商品 B 的价格不发生变化，而消费者的总预算变化，则预算约束线平行移动。收入增加，平移的方向是远离原点；反之，移向原点。

2. 一种商品价格变化，而另外一种商品价格不变时

以图 2-9 为例，如果 P_A 增大且商品 B 价格不变，则收入约束线的斜率 $-P_A/P_B$ 减小，收入约束线会以 B 商品与纵轴的交点为支点旋转，斜率变得更加陡峭（如图 2-9 中 L_1 所示）。如果 P_A 减小，则收入约束线变得更加平缓（如图 2-9 中 L_2 所示）。

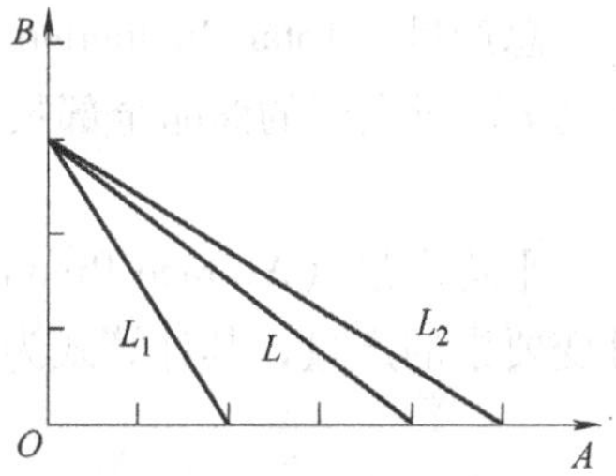

三、消费者均衡

图 2-9 商品 A 价格变化时的收入约束线

消费者均衡是指在消费者偏好和商品价格既定的情况下，考虑收入条件的消费者能够获得最大效用的商品组合，此时称消费者处于均衡状态。寻找均衡的过程如下：

首先，将某消费者的效用曲线（无差异曲线）与收入约束条件（预算线）在同一个坐标系中表示出来，表现为二者有两个交点（B、C 点）、一个切点（A 点）和无交点的三种情况（见图 2-10）。

其次，通过分析图形发现均衡点。图 2-10 中，消费者的预算约束线为 L_1，有若干条无差异曲线与其相交（图中画出与其有两个交点 B、C 的 U_1，以及只有一个切点 A 的 U_2），效用高于 U_2 的无差异曲线均与 L_1 不存在交点，本图仅以一条 U_3 曲线代表这类无差异曲线。那么，消费者均衡点在无差异曲线和预算线的什么位置上呢？下面，我们分别分析。

当预算约束线为 L_1 时，A 点处于无差异曲线 U_2 与预算线 L_1 相切处，A 点处消费者均衡的状况是：①商品组合点在消费者的预算约束线上，意味着消费者花光所有的预算，没有任何预算剩余；②无差异曲线 U_2 是所有与预算线有交点的无差异曲线中效用最大的线，即消费者效用达到了最大。上述 A 点与 C、B 点相比较，C、B 点所在的效用值更低，而 A 点所在的效用值虽高，但预算收入无法购买该商品组合。因此，A 点的消费者达到均衡状态。

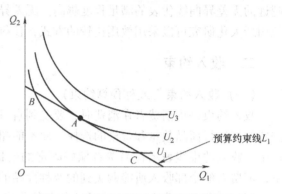

图 2-10　消费者效用曲线与预算线的交点

A 点处的边际替代率可用曲线的斜率来表示，即 $MRS_{AB}=\Delta B/\Delta A=MU_A/MU_B$，同时因为 A 点为无差异曲线 U_2 与预算约束线 L_1 的切点，则消费者均衡可以理解为无差异曲线、预算线二者的斜率相等。因此，消费者均衡的条件是：消费者用总预算购买各种商品所带来的边际效用与其对应的商品价格之比相等。

第四节　市场机制的供给视角：生产者理论

一、产量相关概念

（一）总产量、平均产量与边际产量

总产量（Total Production，TP）是指在某生产规模下利用一定数量的某种生产要素（如劳动 L）所生产的商品全部数量，其表达式为

$$Q=TP_L=f(L)$$

平均产量（Average Production，AP）是指总产量除以某要素投入量，即平均每一单位可变要素的产量，其计算式为

$$AP_L=\frac{TP_L}{L}$$

边际产量（Marginal Product，MP）是指每增加一单位可变要素投入所引起的产出的增量，其计算式为

$$MP_L=\frac{\Delta TP_L}{\Delta L} \text{ 或 } MP_L=\lim_{\Delta L\to 0}\frac{\Delta TP_L}{\Delta L}=\frac{dTP_L}{dL}$$

图 2-11 表示了总产量（TP）与所投入的劳动要素（L）之间的产量关系。从原点开始，随着劳动投入量的逐步增加，产量迅速增加，这反映在总产量曲线 TP_L 上，当劳动量从 0 增至 L_0 时，TP_L 线不断向上；同时，该线上每一个点的斜率不断增大，说明产量提升的速度越来越快。但是，当劳动投入量增加到某一数量后，产

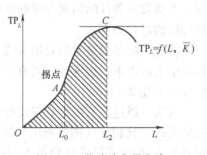

图 2-11　劳动总产量曲线

量增加的速度会渐渐慢下来，如图中接近 L_2 的曲线部分，这段 TP_L 线的斜率有递减的趋势。当劳动投入量超过某饱和点（如 C 点）后，此时无论怎样继续增加劳动投入，产量也不会继续增多。

图 2-12 展示了 TP_L 与 AP_L、MP_L 的对比关系。平均产量定义为 $AP_L=TP_L/L$，因此连接总产量曲线上任何一点和坐标原点的线段的斜率就表示该点的平均产量；TP_L 曲线上在 L_1 之前的各点与原点连线的斜率（即 AP_L）随着 L 的增大而变大，这在图中表现为 AP_L 处于上升阶段；到了 L_1，AP_L 达到最高点；在 L_1 之后，TP_L 上各点与原点连线的斜率变小，相应的，AP_L 处于下降阶段。

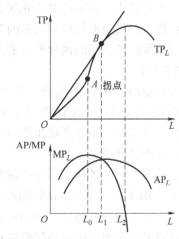

图 2-12 TP_L 与 AP_L、MP_L 的对比关系

从图 2-12 中还可以看出 MP_L 与 AP_L 之间的关系。在 L_1 之前，AP_L 会永远小于 MP_L，且此时的 AP_L 呈递增的趋势；而在 L_1 之后，AP_L 会大于 MP_L，且此时的 AP_L 呈递减的趋势。因此，AP_L 在 $L=L_1$ 处达到最大，此时 MP_L 恰好等于 AP_L。

因此，我们可将 AP_L 与 MP_L 的关系综合如下：当 $MP_L>AP_L$ 时，则 AP_L 递增；当 $MP_L<AP_L$ 时，则 AP_L 递减；当 AP_L 达到最高点时，$MP_L=AP_L$。

三条生产曲线存在上述变动规律的原因在于边际报酬递减规律。所谓边际报酬递减规律，是指在其他条件不变的情况下，如果一种生产要素的投入量不断增加，在达到某一点后，总产量的增加额将越来越小。但该规律只有在下述条件具备时才会发生作用：一是生产技术水平既定不变；二是除一种投入要素可变外，其他投入要素均固定不变。

（二）产量函数

对于生产的要素投入，我们首先考虑仅存在两种生产要素——劳动（L）和资本（K），对生产函数可一般性表示为

$$Q=f(L,K)$$

常见的生产函数有线性生产函数，具有完全替代技术的生产函数表达式见式（2-5）。

$$Q=f(L,K)=aL+bK \quad (a>0,b>0) \tag{2-5}$$

还有一种固定投入比例生产函数（完全互补技术的生产函数），其表达式见式（2-6）。

$$Q=f(L,K)=\min\left\{\frac{L}{a},\frac{K}{b}\right\} \quad (a>0,b>0) \tag{2-6}$$

式中，a、b 常被看作劳动和资本的技术系数，分别表示生产一单位产量所需要的固定的劳动投入量和资本投入量。该生产函数的经济含义是：要使生产有效率地进行，就需要按照 L 和 K 之间的固定比例 a/b 进行生产要素投入，当一种要素采用定量投入时，另一种生产要素无论怎样增加投入，也不能增加产量。固定比例生产函数的两种投入要素缺一不可。

柯布-道格拉斯生产函数是一种考虑科学技术作用的常用生产函数，其表达式见式（2-7）。

$$Q=f(L,K)=AL^{\alpha}K^{\beta} \quad (A>0, 0<\alpha<1, 0<\beta<1, \alpha+\beta=1) \tag{2-7}$$

式中，α、β 分别表示劳动和资本在生产过程中的相对重要性，或者说表示劳动所得和资本所得在总产量中所占的份额；A 表示科学技术因素，可以看出，科学技术对产量具有成倍的

增长能力。这一生产函数常被人们称为性状良好的生产函数,因为利用它可以较好地研究生产过程中的投入和产出问题。

(三) 等产量曲线

生产者采用不同生产要素也可以形成同一产量水平,这就是等产量曲线。对生产者来说,存在一组代表不同产量水平的等产量曲线。等产量曲线是指在技术不变的条件下,生产同一产量所必须使用的两种投入要素的不同组合的点的轨迹(见图2-13)。

等产量曲线的特征包括:等产量曲线的斜率为负,即 $dK/dL<0$;等产量曲线凸向原点;任两条等产量曲线不可相交;任一点必有一条等产量曲线通过;越远离原点的等产量曲线,其产量就越大。

在技术不变的条件下,等产量曲线的斜率就是边际技术替代率(MRTS),即为维持相同的产量时,放弃一单位的一种要素后所必须弥补的另一种要素数量。等产量曲线凸向原点,其原因在于边际技术替代率递减规律。

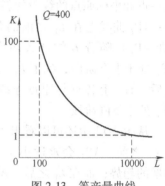

图2-13 等产量曲线

二、成本预算约束

与消费者理论一样,对生产者来说,其产量大小要受到资金成本的约束。所谓成本约束线,是指在某一特定的时期,在既定的要素价格条件下,厂商在一定的资金成本下所能够购买的两种要素使用量的所有可能组合的点的轨迹(见图2-14)。如图2-14所示,若以 w、r 分别表示两种生产要素的价格,而以 L、K 分别表示两种生产要素的数量,C 表示生产总成本,则在要素价格不变的条件下,成本约束线可写成:$wL+rK=C$。

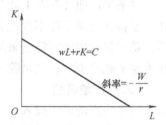

图2-14 成本约束线

三、以产量最大化为出发点的生产者均衡

考虑到投入要素通常会发生变化,我们可以从时间上把生产函数分为以下两种类型:一是短期生产函数,即至少有一个生产要素无法随产量的变化而调整的生产函数,对应的是只有一种可变要素的生产函数,其表达式为 $Q=f(L,\bar{K})=f(L)$($\bar{K}$ 表示资本固定);二是长期生产函数,即所有生产要素皆会随着产量的变动而进行调整的生产函数,对应的是长期生产函数,其表达式为 $Q=f(L,K)$。下面分别研究这两种生产函数的生产者均衡。

(一) 短期生产函数的生产者均衡

生产的三个阶段及生产的合理区域如图2-15所示。以AP曲线的最高点及 $MP=0$ 为界,将要素投入量 L 的范围划分为三个阶段。

第Ⅰ阶段:$O \sim L_1$,此时,$MP_L > AP_L$,AP_L 呈递增趋势。

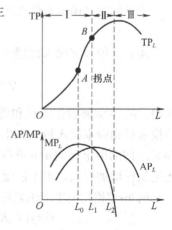

图2-15 生产的三个阶段及生产的合理区域

第Ⅱ阶段：$L_1 \sim L_2$，此时，$AP_L > MP_L > 0$，AP_L 呈递减趋势。

第Ⅲ阶段：$L_2 \sim \infty$，此时，$MP_L < 0$，TP_L 呈递减趋势。

对于厂商来说，为了达到经济效率，生产的合理区域是阶段Ⅱ。由图 2-15 可知，阶段Ⅰ中要素的配置比例尚未实现最优，产量仍然处于不断边际增长的生产阶段。而阶段Ⅲ中生产要素的边际产量已经为负，总产量开始下降，此种情形说明新的要素投入已经不能带来产量增加，反而产量在减少，因此也不是有利的生产阶段。

（二）长期生产函数的生产者均衡

长期生产函数的生产者均衡，是指在其他条件（如技术）不变的情况下，满足成本预算约束的产量最大化的生产要素组合的点的轨迹，如图 2-16a 中 A 点所示，即等产量曲线与等成本线的切点。A 点的均衡条件是等产量线斜率与成本约束线斜率相等，见式（2-8）。

$$\frac{MP_L}{w} = \frac{MP_K}{r} \tag{2-8}$$

对于生产者均衡，本章分两种情况讨论。上述讨论的是成本既定情况下的产量最大化，对于产量既定情况下的成本最小，将在下文继续讨论，图 2-16b 所示即为此种情况。这两种情况下，生产者均衡的等式均为式（2-8）。

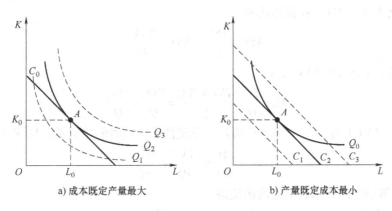

a) 成本既定产量最大　　　　b) 产量既定成本最小

图 2-16　要素的最佳组合

四、以成本最小化为出发点的生产者均衡

（一）成本理论相关概念

经济生活中的成本主要包括以下内容：①会计成本。它是指厂商从市场上购买、租赁生产要素的支出，一般可以从会计账簿中发现。②经济成本。它是指厂商所使用的全部资源的成本，有些资源的价值无法进行会计核算。③机会成本。它是指人们获得某种收入时，所放弃的将此收入用于其他用途所能获取的最大收入。④显性成本。它是指财务上的会计成本，即厂商在要素市场上购买或租用其所需的生产要素的实际支出，包括工薪、原材料、折旧、动力、运输、广告和保险等方面的费用。⑤隐性成本。它是指应支付给厂商自有的且被用于生产过程中的那些生产要素，但实际上并没有支付的报酬。

短期生产函数只有一个投入要素可变，其成本可分解为固定成本和可变成本。

1. 固定成本

固定成本即表示为常数的成本。在经济活动实践中，固定成本通常包括职能管理人员的工资、机器的折旧、厂房折旧和维修费用、土地保养和折旧费用等。由于固定成本与短期与产量的变化无关，因此厂商无论采取何种决策，固定成本的数值都是一个定值，即使企业停产，产量为零，固定成本仍然存在。

2. 可变成本

可变成本是指随着可变生产要素的数量不同而耗费的不同成本，通常包括购买原材料的费用、直接劳动的费用、固定资本的日常修理和保养费用等。在短期内，如果企业暂时停产，产量为0，可变成本也为0。

总成本为固定成本和可变成本之和，总成本曲线（TC）、可变成本曲线（TVC）和固定成本曲线（TFC）如图2-17所示。它们有以下几个特点：TC和TVC均为产量的递增函数；TFC为常数；对于任一产量水平Q，均有TC-TVC=TFC，即TC曲线和TVC曲线的距离等于TFC；当$Q=0$时，TVC=0，TC=TFC。

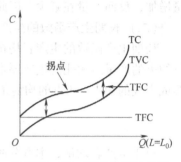

图2-17　TC、TVC和TFC曲线

在经济生活中，成本被产品数量分摊后会形成平均成本（AC）、平均固定成本（AFC）和平均可变成本（AVC），其表达式为

$$AFC = \frac{TFC}{Q}, \quad AVC = \frac{TVC}{Q}$$

可以看出，AC=AFC+AVC，即

$$AC = \frac{TC}{Q} = \frac{TVC+TFC}{Q} = \frac{TVC}{Q} + \frac{TFC}{Q}$$

边际成本（MC）是指厂商为生产最后一单位商品所耗费的净成本，见式（2-9）。

$$MC = \frac{dTC}{dQ} = \frac{dTVC}{dQ} + \frac{dTFC}{dQ} \tag{2-9}$$

（二）产量固定的成本最小化均衡模型

产量固定的约束条件可表示为$Q^0=f(L,K)$。如果厂商在一定的产量下追求成本最小化，则该厂商的生产要素最优组合问题要对式（2-10）求解。

$$\min_{L,K} wL+rK \\ s.t. \quad Q^0=f(L,K) \tag{2-10}$$

经数学推导求解可知，固定产量下的生产者均衡条件见式（2-11）。

$$\frac{MP_L}{w} = \frac{MP_K}{r} = \frac{1}{\lambda} \tag{2-11}$$

第五节　市场理论：市场机制与市场失灵

通常情况下，西方经济学中按照竞争的程度将市场结构分为两种类型：完全竞争市场和不完全竞争市场。其中，不完全竞争市场又可以分为垄断竞争市场、寡头垄断市场和完全垄断市场。四种不同的市场结构在厂商数目、产品差异程度、厂商对价格的控制程度及厂商进入市场的难易程度等方面有不同的特征。四种市场的特征见表2-4。

表 2-4　四种市场的特征

市场结构	厂商数目	产品差别程度	对价格控制程度	进入/退出行业难易程度	举例
完全竞争市场	很多	同质、无差别	没有	完全自由	农产品
垄断竞争市场	很多	有差别	有一些	比较容易	餐饮
寡头垄断市场	几个	有差别或无差别	比较大	比较困难	钢铁、汽车
完全垄断市场	一个	唯一、无可替代	很大	不可能	自来水

一、市场理论

(一) 完全竞争市场

完全竞争市场又称纯粹竞争市场，是指不存在任何阻碍和垄断因素，且完全非个性化的市场结构。其特点是：首先，完全竞争市场上有无数个卖者和买者，每个买者与卖者皆为市场价格的接受者，说明由于数量之多，每个买者或卖者都无法单独采取行动来影响市场价格，而仅能成为市场价格（由供求决定）的接受者。其次，完全竞争市场上商品是同质的、无差别的。所谓同质、无差别，是指商品在原料、包装、服务等因素上完全相同。再次，市场的信息完全畅通。买卖双方皆拥有完整的市场情报，对称性了解该商品的特性、市场的价格、销售相关信息等。最后，完全竞争市场上不存在任何障碍，厂商及其选择的各种生产要素能够完全自由地、毫无摩擦地在行业间或企业间流动，这就带来了完全竞争市场上对商品利润空间不断挤压，直至毫无利润的最终趋势。

1. 厂商的需求曲线和收益曲线

由于市场上厂商成千上万，单个厂商的产量占整个市场供应量很小，以至于无法影响市场价格的形成，因此，产量的大小与价格无关。也就是说，完全竞争市场厂商面临的都是一条具有完全弹性的水平的边际收益曲线，如图 2-18b 所示，MR、AR 均为一条水平直线。完全竞争市场的需求曲线 D 如图 2-18a 所示，D 为一条斜率为负的曲线，即 $dD/dP<0$；而市场供给曲线 S 为一条斜率为正的曲线，即 $dS/dP<0$，相应的，市场均衡价格为 P_0。

完全竞争市场是在市场机制的作用下形成的市场结构，完全竞争市场下厂商的决策主要是成本决策。因为市场竞争激烈，如果厂商的成本高于市场成本，则必然遭到竞争淘汰。换一个角度考虑，即必须保证生产的收益。下面我们研究关于收益的衡量指标。

平均收益 (AR) 是指厂商在出售一定数量的商品后，从每一单位商品中得到的货币收入，即平均每个单位商品的卖价。其表达式为

$$AR = \frac{TR}{q} = \frac{Pq}{q} = P$$

边际收益 (MR) 是指厂商每多销售一单位商品能够带来的总收益增加量。它等于总收益的增量与销售量增量之比，表达式为

$$MR = \frac{dTR}{dq}$$

总收益 (TR) 是指厂商出售商品后所获得的总销售收入。它是单位商品的销售价格与销售数量的乘积，即 $TR = Pq$，如图 2-18c 所示。

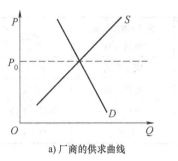 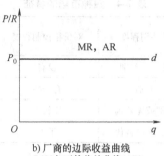 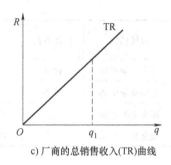

a) 厂商的供求曲线　　b) 厂商的边际收益曲线(MR)与平均收益曲线(AR)　　c) 厂商的总销售收入(TR)曲线

图 2-18　完全竞争厂商的需求曲线和收益曲线

2. 厂商均衡及特征

完全竞争市场发展初期，因为存在利润空间，会有厂商源源不断地进入该市场。在信息对称和理性经济人的假设下，消费者会更明智地选择价格低的同质产品，通过竞争使得产品价格不断下降，最后会形成平均收益曲线、边际收益曲线和需求曲线是完全重合的，平均收益、边际收益都与商品的价格完全相同。这就意味着，任何一个厂商都没有利润空间，商品的出售完全是为了收回全部成本。因此，对厂商来说，其利润最大化也就是其全部成本能恰好分摊到选择的合适产量上。下面我们用数学的方式证明，厂商应该选择的最优产量是使得生产最后一单位商品所带来的边际收益等于所付出的边际成本的产量，即厂商所有的成本都得到了回收且毫无利润的产量。

因为厂商的收益函数可表示为 $TR(q)=P(q)q$，π（利润）$=TR(q)-TC(q)$，所以厂商实现利润最大化的一阶条件（必要条件）为 $d\pi/dq=0$，推导过程见式 (2-12)。

$$\frac{d\pi}{dq}=\frac{dTR(q)}{dq}-\frac{dTC(q)}{dq}=MR(q)-MC(q)=0$$

所以　$MR=MC$ 　　　　　　　(2-12)

下面我们研究厂商的长期均衡（见图 2-19）。如图 2-19 所示，市场价格为 dd_1，这时厂商根据 $LMC=MR$ 要求，确定 dd_1 曲线与 LMC 曲线的交点处的产量，导致平均收益大于平均成本（$AR>LAC$），厂商获得超额利润。这样会导致潜在的厂商进入该行业或者厂商扩大生产规模，从而使供给增加，市场价格从 dd_1 向 dd 方向下移。反之，如果市场上的供给大于需求，市场价格为 dd_2，这时厂商根据 $LMC=MR$ 要求，确定 dd_2 曲线与 LMC 曲线的交点处的产量，导致平均收益小于平均成本（$AR<LAC$），厂商亏损。这样会导致部分厂商退出该行业或者厂商缩小生产规模，从而使供给减少，市场价格从 dd_2 向 dd 方向上移。最

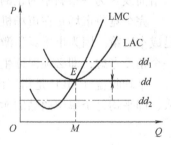

图 2-19　厂商的长期均衡

终，当市场价格为 dd 时，厂商获得的经济利润为零，既无亏损也无超额利润，厂商不再调整产量，从而达到长期均衡。厂商长期均衡条件为

$$P=MC=MR=AC=AR \qquad (2-13)$$

我们可以得到结论：完全竞争市场的经济效率是所有市场类型中的最高效率。这是因为完全竞争市场的厂商长期均衡时，平均成本处于最低点，这说明完全竞争市场使资源得到充

分利用，资源利用效率最高。此外，完全竞争市场上的商品供给数量在价格的调节下，与需求实现了均衡；产品价格与最高效率厂商带来的最低成本等同，实现了最低价格；消费者获得了最高的福利，实现了社会总福利的最大化。虽然完全竞争市场结构在实践中的实例非常少，但是它为我们分析其他的市场结构提供了理论基础和比较基准。

（二）不完全竞争市场

1. 垄断竞争市场

垄断竞争市场在现实生活中较常见，这种市场结构普遍存在于零售业中，例如餐饮、化妆品等行业。垄断竞争市场的特征主要包括以下三点：一是厂商生产的产品存在差异，每个厂商对自己的产品的价格都有一定的垄断力量，从而使得市场中带有垄断的因素；二是厂商生产的不同产品之间存在替代性，每一种产品都会遇到大量的其他厂商的相似产品的竞争等；三是存在很多生产同类产品的厂商，厂商进入或退出行业比较容易，不存在与竞争对手共同谋划市场的可能性。

垄断竞争市场中厂商的长期均衡与完全竞争市场是同样的动态趋势，但在均衡产量上稍有减少。垄断竞争市场具有一定的竞争活力，单个厂商可以调整所有生产要素的投入数量、生产规模，厂商个体也可以选择进入或者退出该行业。因此，当垄断竞争厂商在短期内有超额利润时，会有新厂商进入该行业参与竞争，使其产品价格不断下降、厂商利润不断减少。当厂商短期内出现亏损时，部分厂商会选择退出该行业，竞争的减弱会使产品价格上升、厂商亏损不断减少。从长期看，垄断竞争市场中，厂商的利润必然为零，这与完全竞争市场中厂商长期均衡的利润情况相同。这也就要求，在长期内，平均收益等于平均成本，即 AR 曲线与 AC 曲线相切。垄断竞争市场中厂商的长期均衡如图 2-20 所示。完全竞争市场的长期均衡点价格更低、产量更大，应处于 F 点右侧。长期平均成本曲线（LAC）与厂商平均收益曲线（AR）相切于 F 点，使得在长期内，垄断竞争市场中厂商不会存在超额利润。因此，垄断竞争市场中，厂商的长期均衡条件为

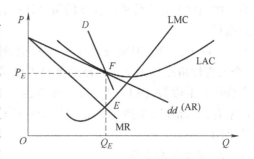

图 2-20　垄断竞争市场中厂商的长期均衡

$$MC = LMC \text{ 且 } LAC = AR \tag{2-14}$$

2. 寡头垄断市场

寡头垄断市场形成的原因与完全垄断市场相似，只是在程度上有所差别而已。寡头垄断市场主要是由行业进入障碍导致的。寡头垄断市场的特征可以归结为以下几点：一是寡头垄断市场中只存在少数几个厂商，每个厂商在市场中都有很重要的地位，对其产品价格有一定的影响力。二是寡头垄断市场中，厂商生产的产品可能是同质的，也可能是有差异的同类产品。例如，钢铁行业是无差别产品，而汽车行业中，厂商生产的是有差别产品，每个厂商的汽车品牌、内外饰、发动机及油耗等都不相同。三是厂商之间具有相互依赖性及行为不确定性，这是寡头垄断市场的最重要特征。寡头垄断市场中的每个厂商在决策时都必须考虑其他厂商对其决策的反应，厂商之间可能存在激烈的竞争，也可能存在串谋等行为。

考虑到寡头垄断市场中厂商之间的相互依赖性和行为不确定性特征，一般使用博弈论中经典的"囚徒困境"模型来分析寡头垄断市场的长期均衡问题。

假定有两个犯罪嫌疑人是同伙，警方把这两个人关入不同牢室，并对他们解释说明不同行为带来的后果：如果两个人都不坦白，将均被判为轻度犯罪，入狱1个月；如果双方都坦白，都将被判入狱6个月；如果一方坦白，坦白的一方将被释放，而另一人将被重判1年。囚徒困境的标准式表述见表2-5。囚徒困境中存在四种可能，分别是：

1) 囚徒1和囚徒2都选择沉默，情况都是-1。
2) 囚徒1和囚徒2分别选择沉默和坦白，情况分别为-12和0。
3) 囚徒1和囚徒2分别选择坦白和沉默，情况分别为0和-12。
4) 囚徒1和囚徒2都选择坦白，情况都是-6。

表2-5 囚徒困境的标准式表述

		囚徒2	
		沉默	坦白
囚徒1	沉默	-1, -1	-12, 0
	坦白	0, -12	-6, -6

囚徒1和囚徒2的博弈过程是：囚徒1先考虑囚徒2的选择，再决定自己的策略，在囚徒2选择坦白的前提下，囚徒1应该选择坦白；如果囚徒2选择了沉默，囚徒1应该选择坦白。所以，无论囚徒2选择的策略是坦白还是沉默，囚徒1都会选择坦白这个策略。同样的，按照以上方法分析囚徒2的策略选择，我们也会得到类似结论，坦白才是最有利于自己的选择。

实际上，囚徒困境反映了一个社会现象，博弈中的参与人从自身利益最大化的角度（个人理性角度）出发所选择的严格占优策略均衡的收益（-6,-6），却不如串谋（或者称为合作）的收益（-1,-1）多。或者说，从个人理性角度出发所选择的最优的结果，从整体来看，却是最差的结果。囚徒困境的严格占优策略均衡反映了个人理性和团队理性是存在冲突的。

3. 完全垄断市场

完全垄断市场是与完全竞争市场完全不同的市场结构。完全垄断市场中只存在一个厂商，厂商的供给就是整个行业的供给，厂商的需求也是整个行业的需求。所以厂商和行业是一致的，厂商就是行业；完全垄断厂商的产品没有替代品，不存在潜在的竞争威胁；完全垄断市场中，生产要素难以自由流动，其他任何厂商进入该行业都极为困难或者不可能；厂商是市场价格的制定者，决定着供给量，厂商可以通过价格歧视等定价策略，获取更多的利润。

通常情况下，厂商对市场形成完全垄断的原因有以下几种：一是厂商控制了生产所必需的某种关键性资源，使潜在的进入者无法获取相关资源来生产产品，该厂商就成为行业的垄断者。二是对专利权的控制。专利权保护专利所有者，禁止其他厂商使用，因此拥有专利的厂商可以成为某种产品的垄断者。此种情况下，垄断是短暂性的，因为专利权是有法律时效的。专利保护到期后，潜在的进入者就可以进入该行业。三是政府某个阶段会以颁发执照的方式限制进入某一行业的企业数量，形成排他性，这种由政府特许而形成的垄断称为行政垄断。通常情况下，这些行业是与公共福利或者政府财政收入密切相关的，例如邮政等。四是自然垄断。有些行业需要大量的固定资产投入才有规模经济，并且在产能上也可以满足整个行业的需求,这样就形成自然垄断。例如,公共事业相关的铁路运输、自来水等产业。

我们通过图 2-21 来分析完全垄断市场的长期均衡。

短期的生产时间内,厂商的短期边际成本曲线和短期平均成本曲线分别为 SMC_1 和 SAC_1。在短期内,垄断厂商只能根据利润最大化原则 $SMC_1 = MR$ 来确定产量,短期内的产量为 Q_1,此时,垄断厂商的平均收益(P_1)大于短期平均成本(P_3),厂商获得短期超额利润(矩形 P_1ABP_3 的面积)。

长期的生产时间内,厂商可以调整生产规模,仍然按照利润最大化的原则 $LMC = MR$ 来确定产量,长期产量为 Q_2,此时,垄断厂商所选择的相应的

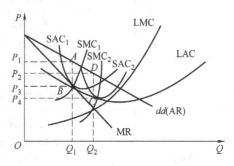

图 2-21 完全垄断市场的长期均衡

最优生产规模由短期平均成本曲线(SAC_2)和短期边际成本曲线(SMC_2)来表示。而垄断厂商的平均收益(P_2)大于平均成本(P_4),垄断厂商仍然获得超额利润(矩形 P_2DCP_4 的面积)。从图 2-21 中可以发现,垄断厂商长期均衡时,由 $LMC = MR$ 确定产量,表示垄断厂商所选择的相应的最优生产规模的 SAC_2 曲线和厂商的长期平均成本曲线 LAC 相切于 C 点,而相应的 SMC_2 曲线和 LMC 曲线及 MR 曲线相交于一点。因此,完全垄断市场中,厂商的长期均衡条件为

$$LMC = MR = SMC \tag{2-15}$$

长期内垄断厂商可以获得更大的超额利润,其中主要原因是完全垄断市场中,长期内垄断厂商可以调整生产规模,以及潜在的行业进入者无法进入该行业参与竞争。

二、市场失灵

(一)垄断

对于不完全竞争市场,从市场结构角度分析,它是非完全竞争市场;从市场机制的角度看,它本身也是市场机制不健全,即市场失灵的表现。

垄断有狭义和广义之分。狭义的垄断是指一家厂商控制一个行业的全部销售量,即只存在唯一卖者。广义的垄断是指一个或几个厂商控制一个行业的全部或大部分供给的情况。垄断对经济效率的影响很大。垄断者在定价时要高出边际成本($P>MC$),会出现消费者福利损失,因此垄断市场在配置生产资源时是缺乏效率的。为了解决垄断导致市场失灵的问题,需要采取市场机制以外的手段,例如制定反垄断法、政府征税、价格管制等措施。

(二)公共物品

我们先界定不同物品的特征。首先是非排他性,即对公共物品的消费来说,即使你没付费,也不会被排除在该物品的消费范围之外,如国防、蚊虫控制计划和疾病预防接种计划。其次是非竞争性,是指某人消费这种物品不一定就会减少其他人对它的消费,如灯塔、广播、电视信号等。以竞争性和排他性为划分标准,经济社会商品的分类见表 2-6。既有排他性又有竞争性的物品通常称为私人物品,既无排他性又无竞争性的商品通常称为公共物品,有竞争性但无排他性的通常称为公共资源,有排他性但无竞争性的通常称为自然垄断物品。

表 2-6 经济社会商品的分类

	竞争性	非竞争性
排他性	私人物品 面包 衣服 汽车和住房 拥挤的收费道路	自然垄断物品 消防 有线电视 不拥挤的收费道路 没有坐满的剧院
非排他性	公共资源 公共海洋里的鱼 环境 拥挤的集体牧场 拥挤的不收费道路	公共物品 国防 知识 不拥挤的不收费道路 消除贫困计划

公共物品具有非排他性，当某消费者使用它以后，并不影响其他消费者的使用，因此公共物品的消费中容易出现"搭便车"行为，典型的例子如"公共地的悲剧"，其分析过程如下：某村庄有若干个农户，该村有一片大家都可以自由放牧的公共草地，由于这片公共草地的面积有限，因此只能让一定数量的羊吃饱。因此，如果没有任何规则介入，每个农户会只考虑自己的利益，不会顾及被限制的牧羊数量，最后的结果就是实际放牧数量超过正常限度，每只羊都无法吃饱，每只羊的价值产出都会减少。

"公共地的悲剧"是指每个人在做出自己的公共资源利用决策时，并不考虑自己的行为对他人的影响，在一定条件下就会导致资源的过度利用。每个可以利用公共资源的人都相当于面临着一种囚徒困境：在总体上有加大利用资源可能（至少加大利用者自身还能增加得益）时，若自己加大利用而他人不加大利用则自己得利，若自己加大利用而其他人也加大利用则自己不至于吃亏，最终是所有人都加大利用资源直至再加大只会减少利益的纳什均衡水平，而这个水平肯定比实现资源最佳利用效率的水平（同时也是个人最佳效率的水平）要高。

（三）外部性

外部性又称溢出效应、外部影响或外差效应，是指一个人或一群人的行动和决策使另一个人或一群人受损或受益，使其他人受益的情况称为"正外部性"（或称为"外部经济"），相反则称为"负外部性"（又称为"外部不经济"）。对于正外部性，例如某地新建了地铁，该地区居民会更好地享受到生活的便捷性。对于负外部性，最典型的例子是：一段河流，上游是造纸厂，下游是养鱼场，造纸厂的生产废水直接排放到河流里，对下游养鱼场来说，成本增加、效益下降就是负的外部性。对于这种现象，市场机制不能完全解决问题，因此一般采用政府介入、采取经济或政策调控措施的方式。

1）通过征税来治理环境污染。如前所述，造纸厂排放过量的污水，其原因就在于社会成本和私人成本之间的差异。要让造纸厂承担污染成本，具体来讲就是对其征税。对于负外部性的对策可以通过图 2-22 来解释。假如政府的征税计划恰好是根据社会成本曲线 MC_S 来制定的，造纸厂所承担的总成本就是企业边际成本 $MC_P(S)$+外部不经济成本 MEC，正好等于社会成本 MC_S。

2）根据科斯定理，用赋予财产权的方式防止外部性产生。科斯定理指出，只要财产权是明确的，并且其交易成本为零或者很小，则无论在开始时将财产权赋予任何对象，市场均衡的最终结果都是有效率的。在上述案例中，如果我们将财产权赋予养鱼场，则造纸厂排放污水属于侵犯养鱼场财产权，需要向养鱼场缴纳一定费用。当费用总额等于排污治水的费用总额时，则市场均衡。另一种方法是进行财产权合并，也就是将外部性内部化，通过企业间的兼并重组等方式将与外部性有关联的各当事方合并成一个企业，这种思路也是希望通过引入市场机制来纠正外部性。上述案例中，如果将养鱼场与造纸厂合并为一个企业，则污水排放影响的是该企业的整体效益，只会带来该企业鱼类成本的上升，进而影响其在市场上的竞争力，因此会促使企业内部采取措施纠正。由于该企业的任何经济行为都不会降低整个社会的福利状态，因此也解决了外部性对社会资源的干扰。

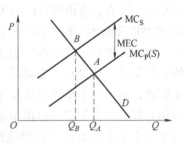

图 2-22　养鱼场与造纸厂的外部性分析

（四）信息的非对称性

信息的非对称性是指市场上买卖双方中一方掌握商品或服务的信息多一些，另一方掌握的信息少一些的情况。在实际经济活动中，非对称性信息可能发生在当事人签约之前，也可能发生在签约之后，即事前非对称和事后非对称。事前非对称信息带来"逆向选择"问题，事后非对称信息会带来"道德风险"问题。

1. 事前非对称信息带来的"逆向选择"问题

信息的事前非对称是指买卖双方在签约前所发生的一方掌握优势信息、另一方不掌握这些信息的情况。在这种情况下，具有信息优势的一方依据他所掌握的私人信息进行决策时就可能出现逆向选择行为。逆向选择有两个比较典型的表现。一个是"劣币驱逐良币"现象。这个现象是1558年由英国人托马斯·格雷欣（Thomas Gresham）揭示的，他发现：如果有两种面值相等但却不等值的金属材料制成的硬币，同时被投放到市场上，较便宜的材料制成的硬币会把另一种硬币驱逐出货币流通市场，这一现象又被称为格雷欣定律。另一个典型例子是旧车市场模型（又称柠檬市场模型），1970年由美国经济学家阿克洛夫在其论文《柠檬市场：质量的不确定性与市场机制》中提出。他在该论文中指出，在二手车市场的价格给定后，好车因价格较高失去竞争力而逐渐退出市场，买主意识到这一问题后出价越来越低，导致质量相对好的车又进一步退出市场，以此方式循环，买主的出价更低，以至于二手车平均质量更低，极端的情况形成的均衡状态是销售价格为零、销售量为零，即没有交易，市场彻底萎缩。

下面我们来分析二手车市场的信息不对称问题。

假设某二手车市场上，二手车的质量只有两种可能：质量好（简写为θ）和质量劣（简写为η），两种类型的车各占一半，买卖双方了解这种情况并且对两种类型二手车的价值评估完全一致，货币价值上等于二手车质量对应的价格。假设买卖双方对好质量车定价为60 000元，对劣质量车的定价为20 000元。如果成交价格为P，买卖双方获得的效用值是其出价与实际价格的差。如果信息是不对称的，那么买方会无法分辨二手车的质量，买到好车、劣车的可能性各占50%，购买预期应为40 000元，即买方所能出的最高价格只有40 000元，这个价格当然是好质量二手车的车主不能接受的，因而他不会出售，而劣质量二手车的车主愿意出售。这在图 2-23 中对应的是 B 点（卖方价格高于买方价格）。如果达成了交易，买方会意识到自己购买到了劣质车，因此买方理性计算后，他只肯按照劣质车的价格 20 000 元购买。按这样的价格达成市场交易后，二手车市场的交易对象就只有劣质量车了，即劣车将好车"驱逐"出了二手车市场。这个买卖双方议价的过程，在图 2-23 中对应的是均衡点会从 B 点不断降低，直到 A 点才能达成均衡价格 20 000 元。如果将此模型进一步扩展，假设二手车的质量在 (θ, η) 的范围内是连续且均匀分布的，则慢慢市场上所有质量相对好的二手车都会退出市场，因而无车成交，整个二手车市场消失（价格连续分布的二手车市场均衡过程如图 2-23 所示）。

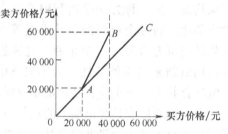

图 2-23 价格连续分布的二手车市场均衡过程

在以上分析中，将其二手车质量，即使进行质量分布连续的假设，所得出的结论也是相同的：交易量会逐步萎缩直至为零，最终市场价格机制将完全失灵。对于这类的"逆向选择"问题，解决方法主要有：一是提高声誉对市场长期的影响力度。当交易双方的行为不是一次性的时，那么卖方建立好的声誉会为自己赢得持续的交易。同时，为了让声誉发挥作用，就必须使买方能够识别或记住特定的卖方，例如品牌、固定的卖场。二是政府干预措施。通过政府或制度强制性的措施来阻止逆向选择行为的发生。例如，要求所有二手车买方都购买保险，若遇到卖方欺诈，可以依据保险条款要求赔付。

2. 事后非对称信息带来的"道德风险"问题

在交易合同签订后，拥有信息优势的一方会对不掌握同等信息的另一方造成不利影响，这种现象主要是由个体道德标准和行事准则引起的。例如，员工受雇后是否按所签的劳动合同进行工作，个人购买房屋财产保险以后是否对房屋的安全足够重视等。其解决对策是从根本上排除依赖不可控的个人道德水准，用价格调节实现责任与义务的对称。一种解决方式是设计区别对待的制度，对于不同情况的投保人收取不同的保费，以避免出现道德风险。例如，对于防火、灭火设施不完备的单位，让其缴纳更多保险费；在人寿保险中，让吸烟者缴纳更高的保险费；在汽车保险中，一定时期内违反交通规则的人缴纳更高的保险费，没有违反过交通规则的人则缴纳较低的保险费；等等。另一种解决方式是风险共担，即保险公司不提供全额保险，事故发生以后，保险公司只对损失提供部分赔偿，使投保人承担一定的损失。在风险共担的模式下，投保人为减少自己的费用，会提升事故防控能力。这样也就将对道德的依赖转化为通过机制对安全管理的保证。

第六节 福利经济学

福利经济学是从福利最大化原则出发，对整个国家的经济体系运行予以社会评价的经济学。福利经济学的比较和价值判断标准主要有两个：效率和公平。效率的概念与资源的最优配置状态、社会福利的最大化直接相对应，帕累托最优是社会资源配置的最高标准，帕累托改进是实现帕累托最优的路径和方法。对于公平的测度和评价，洛伦兹曲线和基尼系数是我们日常经济生活中用来衡量收入分配的公平程度的。

福利经济学属于规范经济学，它提出了一定的理论标准来检验社会经济效果的效率性、公平性，以量化的结果评价整个社会经济行为与政策的运行"好"与"坏"。同时，福利经济学也提供了一定的改进和提高社会经济运行的方式方法，其理论目标是实现社会经济运行目标所需的生产、交换、分配的福利最大化。英国经济学家阿瑟·庇古（Arthur Pigou）在1920年出版了代表作《福利经济学》，他还在《产业变动论》《财政学研究》中均提出了"经济福利"的概念，且建立了基数效用论，这标志着福利经济学的正式建立和思想体系的形成，庇古被后人称为"福利经济学之父"。后来，在庇古的"基数效用论"的基础上，经济学家们发展形成了新福利经济学，代表人物有意大利的维尔弗雷多·帕累托（Vilfredo Pareto）、美国的保罗·萨缪尔森（Paul A. Samuelson）等。他们在福利经济学领域提出的"序数效用论""社会福利函数"等思想，构建成为社会福利最大化研究的完整理论体系。尤其是意大利经济学家帕累托，他提出的"帕累托均衡"一系列思想对以后的福利经济学研究产生了较大影响，他因此也被称为新福利经济学的先驱。

福利经济学主要是西方经济学家从福利观点或最大化原则出发，以边际效用基数论或边际效用序数论为基础，确立测度、优化福利的方法，并以社会总体目标和社会福利最大化为目标，制订经济政策方案。

一、福利经济学的基本命题：效率与公平

福利经济学重点关注两个基本研究问题：效率问题与公平问题。

对于效率，福利经济学与微观经济学的关注焦点不一样。微观经济学中，效率的内涵主要是基于投入产出的比值——对生产者来说，效率是指生产过程中的要素产出与投入的比值，在投入不变的情况下，产出越多，效率则越高；对消费者来说，效率是消费决策中消费支出获得的效用与消费支出的比值，在消费支出一定的情况下，所获得效用越高，效率则越高。

福利经济学也看重效率，但对效率的衡量主要聚焦于总量的增加，也就是说，当经济运行时，最高效率就是宏观整体达到了福利最大化；反之，如果资源配置是相对低效率的，就意味着尚未达到社会福利最大化，通过改变资源的配置方法，至少还可以继续提高一部分人的福利水平，而没有任何人利益恶化，即宏观整体的社会福利仍然处于提升的通道中。这一标准也称帕累托最优状态标准，所对应的社会资源分配方式就是资源配置的最优状态。福利经济学的研究中，是以宏观经济社会整体福利最高为追求目标，研究的落脚点是社会福利的最大化，也就是我们通常所说的国民福利。

对于公平，微观经济学研究中涉及较少。但对于一个集合性经济单元（例如一个国家、地区）来说，在静态性考虑资源的配置效率之外，存在着动态性考量资源的高效率配置是否可持续发展的问题，包括资源的分配方式、方法、机制等，这成为福利经济学的另一个焦点问题。公平，即公正、平等、不偏袒，属于社会制度的范畴，是体现人与人在社会生产关系中的地位。在经济学的范畴里，公平是指社会成员在社会经济活动中的关系及其地位，主要包括三个层面的含义：一是公共资源的占有公平；二是社会规范的公平；三是社会分配的公平。福利经济学更侧重于第三个层面的含义，着重研究基于同一个经济运行原则、标准的收入分配是否合理的问题。例如，按劳分配是按同一个劳动标准来分配收入，按资分配是按投入资本份额分配收入，这属于不同的分配原则，但如果能够保证全社会的收入分配结果都

执行了同一标准，收入分配结果与生产要素投入（如劳动、技术、资本等）份额是对称的，便是公平的。关于公平的四种观点见表2-7。

表2-7　关于公平的四种观点

平均主义	社会的所有成员得到等量报酬
罗尔斯主义	使境况最糟的人的效用最大化
功利主义	使社会所有成员的总效用最大化
市场主导	市场结果是最公平的

二、效率与公平的社会发展阶段

关于效率与公平的关系，针对不同的社会现状，学者们提出了不同的公平效率观，形成了不同的流派。效率与公平大致经历了三个发展阶段。

1. 第一阶段——公平优先阶段

19世纪末20世纪初，西方发达国家普遍开始出现社会财富的两极分化现象，社会矛盾日益严重和突出。对此，当时的主流经济学家认为，贫富悬殊和两极分化是单纯追求效率的市场导向所致，所形成的资源配置的直接结果就是财产和收入的不平等，副作用就是"看不见的手"的资源配置功能完全失去，垄断不断扩大，对于国家的政治安定和继续发展具有不稳定影响。因此，他们主张通过国家干预来实现收入的二次分配，如采取征收累进所得税、遗产税、失业补助及其他社会福利事业等，促进社会收入分配平等化。他们指出，市场机制中按照收入、财富、才干和能力进行的效率分配并非正义，公平的正义应"合乎最少受惠者的最大利益"，在不侵犯个人的自由、平等这些基本权利的条件下，照顾社会中处于弱势的少数人，缓和贫富者之间的冲突，使社会趋于安定团结。这一时期的代表人物有约翰·罗尔斯（John Rawls）等。

2. 第二阶段——效率优先阶段

第二次世界大战之后，一些国家开始推行完备的社会福利制度、政策和措施，但长期发展中，高福利、高税收的导向导致了这些国家处于长时期的、明显的低增长。以瑞典为例，其国民经济增长速度在1960年—1965年平均为5.7%，1965年—1970年降至3.8%；1973年—1979年进一步降至1.9%。这类国家普遍出现了"效率危机"现象：公共开支的增长速度大大高于国民生产总值的增长速度，工资增长、私人消费增长大体与GDP增长速度相同，而第二产业中的工业投资总额自20世纪60年代末期以来一直处于相对萎缩状态，与消费迅速膨胀形成鲜明对照。在此经济发展趋势下，西方经济自由主义各学派开始强调市场机制的作用，主张给经济活动以充分的自由，抵制行政干预二次分配等福利经济思想，认为经济效率的提升是国家经济发展的重要目标，应该以立法等手段确保公平竞争等。这一时期的代表人物包括冯·哈耶克、米尔顿·弗里德曼等。

3. 第三阶段——公平与效率交替理论的形成

从20世纪70年代初开始，一些经济学家对第二次世界大战后经济的发展进行了反思，得出了"平等与效率存在内在的价值冲突"的结论，二者的矛盾和对经济效率的不同作用引发了平等与效率交替的理论，其基本内容是：在市场经济条件下，收入分配的基本依据只能是市场对生产要素贡献的评价，建立与之相对称的付酬制度才是合理的，市场机制的完备性会提升经济效率。另外，对于收入差距等问题，政府再分配等干预手段力度越大，市场机制的效率性就越低。因此，对于社会经济来说，平等与效率是两个相互抵触、相互冲突的政策目标，二者互为代价——收入均等化的实现必须以牺牲效率为代价，争取和维持高效率又必须以牺牲平等为代价。所以，经济的健康长久发展，只能是维持公平、效率两个政策目标的同等重要性，社会经济运行必须在公平与效率、结果均等与机会均等之间达成妥协。这一时期的代表人物是阿瑟·奥肯（Arthur Okun）。

三、经济效率的判断标准——帕累托最优状态

（一）帕累托最优状态及其标准

意大利经济学家帕累托在继承了洛桑学派瓦尔拉斯的"一般均衡"理论，并在严密的数理推演下，提出了"帕累托最优""帕累托改进"等一系列相关概念。

帕累托最优的研究存在三个基本假定：①个人福利以个人的偏好为基准；②社会福利是全体社会成员的福利总和，不考虑其他因素；③社会福利的改善不能违背个人福利的改善。

帕累托发现，在这三个基本假定的基础上，当任何一个人在不损害他人福利的前提下无法再进一步改善自己的福利时，即社会成员总体效用达到了最大值，这种分配方式是效率最高的，即帕累托最优状态。此时，无论经济活动进行何种调整，都不可能帮助一部分人受益而同时其余的人利益并不受损。利用帕累托最优状态标准，可以对静态的资源配置状态进行"是"和"否"的评判。

对于社会资源分配状态在动态上是否有所改变，帕累托提出了一个与此相衔接的概念——帕累托改进（或帕累托增进）。帕累托改进是指经济活动调整后，能够帮助社会中的至少一个人受益而同时其余的人利益并不受损的经济效率提升状态。帕累托最优是达到社会福利的极大值状态，帕累托改进则是达到这种极大值状态的过程、路径，即从初期的资源配置状态调整到最优的帕累托状态的进程。帕累托改进是通过持续改善，不断提高社会的公平与效率，从而使社会和事物发展达到"理想王国"。简而言之，对各方都有利的事情或制度安排就是帕累托改进。如果一种资源分配方式剥夺了一部分人的既得利益，不管是否能带来更大的整体利益，都不是帕累托改进。

在经济社会中，帕累托最优状态是评价和判断经济行为的效率标准。从福利经济学的这个标准，我们衡量和评价资源配置状态时，可以将实际社会效用（或产出）与理论最优状态相比较，如果存在帕累托改进的余地，就不是帕累托最优。帕累托最优和帕累托改进，在计量学、博弈论和社会科学中有着广泛的应用。

（二）实现帕累托最优状态的条件

福利经济学的研究中，一般是从消费、生产、消费和生产的交换三个角度分别考查，社会要达到整体帕累托最优状态时，要同时满足以下三个条件：

首先，在消费领域实现了帕累托最优。无论如何改变交易方式，消费者的个人福利都不能继续有所增长时，就是达到了消费的帕累托最优状态。此时，对于任意两个消费者来说，任意两种商品的边际替代率是相同的，任意两个消费者的效用同时实现了最大化，推及社会全体消费者，即消费领域的帕累托最优状态。

其次，在生产领域实现了帕累托最优。宏观经济主体处于自己的生产可能性边界上，意味着实现了产出的最优配置。此时对任意两个生产不同商品的生产者，任意两种生产投入要

素的边际技术替代率都相等,即这两个生产者的产量同时实现了最大化,推及社会生产领域,即实现了生产的帕累托最优状态。

最后,消费和生产的交换实现了帕累托最优。宏观经济单元由消费者、生产者共同组成,如果消费者对商品的消费、生产者对商品的生产组合同时实现了帕累托最优状态,且任意两种商品之间的边际替代率与任何两种商品的边际商品转换率相同,此时整个社会实现了消费和生产的交换均衡,即消费和生产的交换的帕累托最优状态。

关于上述三个结论的论证过程,爱尔兰经济学家弗朗西斯·埃奇沃思(Francis Edgeworth)首创采用埃奇沃思盒分析帕累托均衡的分析方法。埃奇沃思盒是一个长方形盒子,它的邻边长度可以根据需要分别表示社会中任意两种资源禀赋的最大数量。以消费的帕累托最优状态分析为例,埃奇沃思盒的两条邻边分别表示消费者组合中两种商品的最大数量;两个顶点分别表示任意两个消费者,每一个顶点和邻边组合在一起,就代表了任意一个消费者所面临的、任意两种商品的所有消费组合。结合消费者均衡理论,两个消费者的无差异曲线相切的点,即表明了消费的帕累托最优状态。将这种思路扩展到生产领域、交换领域任意一个埃奇沃思盒,从图形上可以看作两个坐标平面图旋转180°啮合而成,因此埃奇沃思盒具有了一般性的研究意义:它既可以反映两个消费者之间也可以反映两个生产者之间(或生产者与消费者之间)对两种资源的分配关系。其中,两个消费者的无差异曲线或两个生产者的等产量曲线相切的点表明了帕累托最优状况。

1. 交换的帕累托条件分析

在分析交换的帕累托条件之前,我们先对相关分析环境进行假定。

1)整个社会只有两个消费者 A 和 B,他们只消费两种商品 X 和 Y。

2)只有两种生产要素 L 和 K。

3)X 和 Y 由两个生产部门生产,一个部门专门生产 X,另一个部门专门生产 Y,均使用两种要素进行生产。

4)经济中劳动和资本的总量是固定的,但是每一部门可投入的生产要素是可变的。

5)生产要素是同一可分的,生产技术是既定的。

根据上述假定,我们可以画出关于两个消费者、两种商品的埃奇沃思盒状图(见图2-24)。在埃奇沃思盒状图中,矩形内的每一点都可能是一种分配状态。为了确定哪一点是最优状态,我们还要在埃奇沃思盒状图中加入消费者的效用信息(此处用无差异曲线来表示)。消费者 A 的三条无差异曲线 U_{A_1}、U_{A_2}、U_{A_3} 以 O_A 为原点,远离 O_A 的 U_{A_3} 代表较高的效用,三条无差异曲线的值分别为10、20、30;消费者 B 的三条无差异曲线 U_{B_1}、U_{B_2}、U_{B_3} 以 O_B 为原点,同理,远离 O_B 的 U_{B_3} 代表较高的效用,三条无差异曲线的值分别为15、25、35。

如果在图2-24中任意指定一点(例如 E 点)作为两个消费者的初始分配点,从图上可以看出 E 点处于两条无差异曲线 U_{A_2} 和 U_{B_1} 的交点,我们来分析 E 点的交换状态是不是最优的。因为 E 点是消费者 A 的无差异曲线 U_{A_2} 上的一点,所以,沿着该无差异曲线移动,对消费者 A 所带来的消费者满足程度是一样。而对于 E 点来说,因为它是两条无差异曲线 U_{A_2} 和 U_{B_1} 的交点,所以这个原始分配点 E 的资源分配情况形成的是消费者 A 得到20(因为 $U_{A_2}=20$)的效用,同时消费者 B 得到15(因为 $U_{B_1}=15$)的效用。根据帕累托改进的定义,我们想知道是否存在能比这种分配方法更优的分配方法?现在我们把目光投向 E_2 点。在图中,我们看

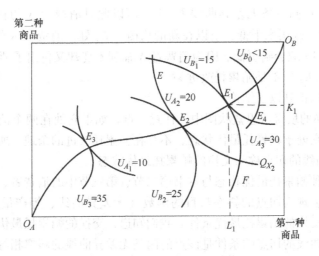

图 2-24 消费的埃奇沃思盒状图

到 E_2 点是无差异曲线 U_{B_2} 和 U_{A_2} 的切点,也就是说,E_2 点代表着消费者 A 得到了 20($U_{A_2}=20$)的效用,同时消费者 B 得到了 25($U_{B_2}=25$)的效用。对比着看,当然 E_2 点的分配效果比 E_1 点更优,因为在这个点上消费者 A 的效用($U_{A_2}=20$)没有减少,而消费者 B 的效用却增多了($U_{B_1}=15 \to U_{B_2}=25$)。这说明,$E$ 点存在着帕累托改进的可能。因此,我们可以得到以下结论:

结论 1:在交换的埃奇沃思盒状图中,任意一点,如果它处在两个消费者的两条无差异曲线的交点处,则它就不是帕累托最优状态,存在着帕累托改进的余地。

我们再探讨如果初始分配点恰好在两条无差异曲线的切点的情况。以 E_1 点为例,E_1 点是两个消费者和两种商品的无差异曲线的切点,则此时消费者 A 和 B 的效用分别是 30 和 15($U_{A_3}=30$,$U_{B_1}=15$),对于该点是否是帕累托最优状态,我们运用定义来检查。根据定义,如果想改善某些人(例如消费者 B)的境况,能够使其他人(此处为消费者 A)福利保持不变(或增多),即能够保证消费者 A 的福利不受损的情况若存在,就说明 E_1 点存在帕累托改进的可能,否则就可以证明 E_1 点是帕累托最优。我们尝试增加消费者 B 的福利(即消费者 B 的效用),将均衡点分别向右上方、右下方、左下方移动,看是否存在帕累托改进的可能。

情况(1):向左下方移动。从图上我们可以看到将交换点从 E_1 点移动到 E_2 点,因为 E_2 点是无差异曲线 U_{A_2}、U_{B_2} 的交点,U_{B_2} 更远离原点 O_B,U_{A_2} 更靠近原点 O_A,所以此时消费者 B 的福利增加,从 15 增加为 25;而消费者 A 的效用减少,从 30 减少到 20。因为消费者 B 的福利改善以消费者 A 的福利受损为代价,所以从 E_1 到 E_2 不是帕累托改进。

情况(2):向右下方移动。从图上我们可以看到将交换点沿着无差异曲线 U_{B_1} 从 E_1 点移动到 F 点,因为在同一条无差异曲线上,所以在 F 点上消费者 B 的福利未变,仍是 15;因为 U_{A_2} 与 U_{A_3} 相比,效用水平低,所以在新的均衡点 F 处,消费者 A 的效用减少,从 30 减少到 20,而消费者 B 的福利不变。因为此时消费者 B 的福利不变是以消费者 A 的福利受损为代价的,所以从 E_1 到 F 也不是帕累托改进。

情况(3):向右下方移动。从图上我们可以看到将交换点沿着无差异曲线 U_{A_3} 从 E_1 点

移动到 E_4 点,因为在同一条无差异曲线 U_{A_3} 上,所以此时消费者 A 的福利未变,仍为 30;因为 U_{B_0} 与 U_{B_1} 相比,效用水平低,所以在新的均衡点 E_4 处,消费者 A 的效用不变仍为 30,消费者 B 的效用从 15 减少到更低。因为消费者 A 福利不变却又付出了消费者 B 福利损失的代价,所以从 E_1 到 E_4 也不是帕累托改进。

综上所述,可以得到以下结论:

结论 2:在交换的埃奇沃思盒状图中,任意一点,如果它处在两个消费者的两条无差异曲线的切点处,则它处于帕累托最优状态,不存在帕累托改进的余地。所以,我们把消费者 A、B 两条无差异曲线的切点称为交换的帕累托最优状态。

上述分析的三种帕累托最优状态与本书第二节、第三节中的消费者、生产者均衡公式存在关联,在图形上表现为切点的斜率与目的函数(无差异曲线、等产量曲线)的斜率是相等的,则可以得到交换的帕累托最优条件。我们知道,交换的帕累托最优状态是无差异曲线的切点,而无差异曲线的切点的条件是该点的两条无差异曲线的斜率相等。无差异曲线斜率的绝对值即两种商品的边际替代率。因此,交换的帕累托最优状态的条件可以表示为

$$MRS_{XY}^A = MRS_{XY}^B$$

要使两种商品 X 和 Y 在两个消费者 A 和 B 之间的分配达到帕累托最优状态,则对于这两个消费者来说,当 $MRS_{XY}^A = MRS_{XY}^B$ 这个条件满足时,消费者已经不可能通过改变商品的分配使一部分人的效用增加,同时又不使其他人的效用减少,这正是帕累托最优的判断标准。

为了说明上面的边际条件,可以举一个具体数值的例子来帮助加深理解。假定在初始的分配中,消费者 A 的边际替代率 MRS 等于 3,消费者 B 的边际替代率 MRS 等于 5。这意味着消费者 A 愿意放弃 1 单位的 X 商品来交换不少于 3 单位的 Y 商品,消费者 A 若能用 1 单位的 X 商品交换到 3 单位以上的 Y 商品就增加了自己的福利;另外,消费者 B 愿意放弃不多于 5 单位的 Y 商品来交换 1 单位的 X 商品。因此,消费者 B 若能用 5 单位以下的 Y 商品交换到 1 单位的 X 商品就增进了自己的福利。由此可见,如果消费者 A 用 1 单位的 X 商品交换 4 单位的 Y 商品,而消费者 B 用 4 单位的 Y 商品交换 1 单位的 X 商品,则他们两个人的福利都得到了提高。因此,在初次分配中,只要两个消费者的边际替代率不相等,就总有帕累托改进的余地,即当边际替代率不相等时,商品的分配未达到帕累托最优。

无差异曲线的切点不止一个。在图 2-24 中,我们可以看到 E_1 点、E_2 点、E_3 点都是切点,都代表着交换的各种帕累托最优状态。我们将所有交换的帕累托最优状态,即所有无差异曲线的切点的轨迹连接而成的曲线 $O_A O_B$,称为交换的契约曲线。它表示所有的两个消费者之间交换的最优分配方案(即交换的帕累托最优状态)的集合。如果将契约线上各点所表示的效用水平组合描绘在坐标为效用的空间上,就可得到效用可能性边界。

2. 生产的帕累托条件分析

在分析生产的帕累托条件之前,我们也对分析环境进行假定。

1)整个社会只有两个生产者 A 和 B,他们只生产两种商品 X 和 Y。

2)只有两种生产要素 L 和 K。

3)X 和 Y 由两个生产部门生产,一个部门专门生产 X,另一个部门专门生产 Y,均使用两种要素进行生产。

4)经济中劳动和资本的总量是固定的,但是每一部门可投入的生产要素是可变的。

5)生产要素是同一可分的,生产技术是既定的。

本节的讨论与上节非常相似。交换的帕累托最优研究了两个消费者、两种既定数量的商品的分配情况，本节则要研究两种既定数量的要素在两个生产者之间的分配情况。要素 L 和 K 在生产者 A 和 B 之间的分配也可以用埃奇沃思盒状图来表示（见图2-25）。盒子的水平长度表示第一种生产要素 L 的数量，盒子的垂直高度表示第二种生产要素 K 的数量。O_A 为第一个生产者 A 的原点，O_B 为第二个生产者 B 的原点。从 O_A 水平向右的长度表示生产者 A 对第一种要素的生产消费量 L_A，垂直向上的长度表示它对第二种要素的生产消费量 K_A；同理，从 O_B 水平向左表示生产者 B 对第一种要素 L 的生产消费量 L_B，垂直向下表示它对第二种要素 K 的生产消费量 K_B。为进行福利水平的比较，我们在埃奇沃思盒中加入每个生产者的生产函数的信息，即其等产量线。由于 O_A 是生产者 A 的原点，远离 O_A 点的等产量线标志着生产者的产量增加。同样的，远离 O_B 点的等产量线标志着生产者 B 的产量增加。

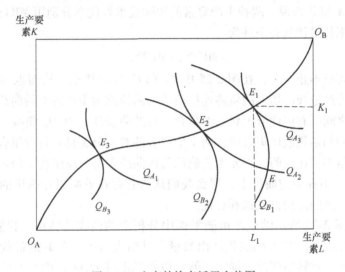

图 2-25　生产的埃奇沃思盒状图

现在在埃奇沃思盒状图中任选一点（E 点），我们来讨论该点是否是帕累托最优状态。首先，我们尝试着改变该初始分配状态，例如让 E 点变动到 E_1 点，则生产者 A 的产量水平从等产量线 Q_{A_2} 提高到 Q_{A_3}，而生产者 B 的产量水平并未变化，仍然停留在等产量线 Q_{B_1} 上。因此，从 E 点变动到 E_1 点是一个帕累托改进的过程。与初始状态相比，生产者 B 的产量未提高，但生产者 A 的产量却提高了，同样我们将初始分配状态的 E 点变动到 E_2 点也可以证明上述观点。通过观察我们发现，在生产的埃奇沃思盒状图中，任意一点，如果它处在两个生产者的两条等产量线的交点上，则它就不是帕累托最优状态。而如果初始的要素分配状态处于两条等产量线的切点上，则此时不存在帕累托改进的余地，即切点就是帕累托最优状态的分配方法。我们也可以通过由切点向交点的移动，将切点对应的产量状态与交点对应的产量状态进行对比，得到同样的结论——两条等产量线的切点对应的是帕累托最优状态的分配方法。例如，E_1 点是两个生产者和两种生产要素的等产量线的切点，则此时生产者 A 和 B 的产量分别是 Q_{A_3}、Q_{B_1}，对于该点是否是帕累托最优状态，根据定义，如果想改善某些生产者（例如 B）的境况，同时能够使其他生产者（此处为 A）的福利保持不变（或增多），即能够保证 A 的福利不受损的情况若存在，就说明 E_1 点存在帕累托改进的可能性，否则就可以证明 E_1 点是帕累托最优。

从图 2-25 中我们可以看到，如果将交换点从 E_1 点移动到 E_2 点，此时 B 的福利（即产量）增加，而 A 的福利减少。因为 B 福利的改善以 A 福利的受损为代价，所以从 E_1 到 E_2 不是帕累托改进。另一种情况，将交换点沿着等产量曲线 Q_{B_1} 从 E_1 点移动到 E 点，因为在同一条无差异曲线上，所以 E 点的 B 福利未变，因为 Q_{A_2} 与 Q_{A_3} 相比，福利（产量）水平低，所以在新的均衡点 E 处，生产者 A 的产量减少，而 B 的福利不变。因为此时 B 的福利不变是以 A 的福利受损为代价，所以从 E_1 到 E 也不是帕累托改进。

因此，生产的帕累托最优状态是等产量线的切点，换用数学表达就是：帕累托最优状态点上，两条等产量线的斜率相等。在经济学中，等产量线斜率的绝对值也被称为两要素的边际技术替代率。因此，生产的帕累托最优状态的条件可以表述为：当两个生产者的两种生产要素的边际技术替代率相等时，这两种要素在两个生产者中的分配达到帕累托最优状态。例如，对于生产者 A 和 B 来说，两种生产要素的边际技术替代率分别用 $MRTS_A$ 和 $MRTS_B$ 来表示，则生产的帕累托最优状态条件为

$$MRTS_A = MRTS_B$$

等产量线的切点不止一个，在图 2-25 中 E_1 和 E_2 都是切点，从而也都是帕累托最优状态。我们把所有等产量线的切点的轨迹连接而成的曲线称为生产的契约曲线，它表示两种要素在两个生产者之间所有最优分配状态的集合。契约曲线就是 $O_A O_B$ 曲线。在生产的契约曲线上，即在生产的帕累托最优集合中，两个生产者的要素分配具有各种组合可能性，但这些不同的情况之间是不可比较的，因此无法确认契约曲线上哪一点最优。但如果存在一种分配方式（例如 E 点）不在契约曲线上，那么我们认为它存在着帕累托改进的余地，即存在一种分配方式比这一点的分配方式福利更优。

下面我们在图 2-26 所示的生产可能平面中分析契约曲线的特点。我们建立一个坐标，横轴表示契约曲线中生产者 A 的最优产出数量，纵轴表示生产者 B 的最优产出数量。将生产契约曲线上的每一点转换到此坐标中，就可以得到曲线 $O_A O_B$，曲线上的每一点对应着相应的所有最优产出量。例如，图 2-25 中的 E_1 点转换到图 2-26 中就是 E_1 点，它对应的两个生产者 A 和 B 的产量分别是 Q_{A_3} 和 Q_{B_1}。我们将这条由市场契约曲线而得到的曲线称为生产可能性边界曲线（或商品转换曲线）。因为生产契约曲线上的每一点都对应着生产可能性曲线上的每一点，所以我们可以认为生产契约曲线的特点与生产可能性曲线的特点相同，其实这也是在研究生产的最优产出量集合的特点。

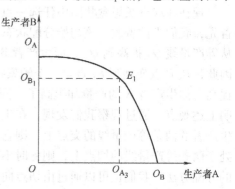

图 2-26　生产可能平面

生产可能性曲线表示社会使用既定生产资源所能生产的各种商品的最大数量组合。生产可能性边界的斜率就是生产可能性曲线的斜率的绝对值，称为商品的边际转换率（缩写为 $RPT_{1,2}$）。它的经济含义是：在社会资源既定的条件下，生产者增加一单位商品 1 而必须放弃的商品 2 的产量。生产可能性边界具有以下特点：①斜率为负；②斜率等于两种商品的边际成本之比；③曲线的形状是凹向原点的，即曲线自上而下变得越来越陡峭。

如果两种商品的两种生产要素的边际替代率相等，即 $RPT_{1,2} = RPT_{2,1}$。这时的状态就应该存在于生产可能性曲线上，也就是说，此时的分配状态是帕累托最优状态。因此，我们的结论是：对于生产要素的分配而言，如果两种商品的两种生产要素的边际替代率相等，则生产要素在生产者之间的分配就达到了帕累托最优状态。这意味着不可能通过生产要素的重新配置使某些生产者的产量增加，同时又不使其他生产者的产量减少。根据这个结论我们可以想象：对于有多个个人、多种商品、多种生产要素的经济，要想实现全体的均衡，就要求任何两个生产要素之间的边际技术替代率都相等，此时全社会就达到了帕累托最优状态，从而实现了生产的效率。当然，此时也就实现了生产的一般均衡。

3. 生产与交换共存状态的帕累托条件分析

交换的帕累托最优说明的是消费的最有效率状态，生产的最优说明的是生产的最有效率状态，两者讨论的都是进行单一的消费或生产时，如何取得各自最大的福利，是在一种不存在其他经济活动的理想状态下进行的讨论。但经济生活中，交换和生产总是综合存在、互相作用，并且在并存中彼此影响又改变了自己和对方的福利。下面我们研究这种经济生活的普遍现象。

为了把交换和生产结合在一起加以论述，我们假定如下：

1) 整个经济只包括两个消费者 A 和 B，以及两个生产者 C 和 D。

2) 社会上只有两种商品 X 和 Y，它们在两种要素 L 和 K 之间进行选择以生产商品，为了简便，假定厂商 C 生产 X，厂商 D 生产 Y。

3) 消费者的偏好保持不变。

4) 生产者的生产函数（或等产量线）也保持不变。

前面我们通过学习掌握了关于交换的帕累托最优的条件：①消费者 A 和 B 关于两种商品的帕累托最优条件是边际替代率必须相等，用公式表示为 $MRS_A = MRS_B$，它使得消费者的福利最大化；②生产者 A 和 B 关于两种商品的帕累托最优条件是两种商品的边际技术替代率相等，用公式表示为 $MRTS_A = MRTS_B$，它使得生产者的福利最大化。在交换和生产的一般均衡中，我们要保证以下几种情况同时成立：

1) 消费者和生产者各自福利的最大化，即保证他们各自存在于消费或生产契约曲线上。

2) 消费者（或生产者）一方的福利变化时，自身的变化路径必须要在契约曲线上移动，即福利仍然保持帕累托最优状态。

3) 消费者（或生产者）一方的福利变化时，另一方的福利状态可以不变，仍然要在契约曲线上，即福利仍然保持帕累托最优状态。

4) 消费者（或生产者）一方的福利不变时，另一方的福利状态可以变化，但仍然必须在契约曲线上移动，即福利仍然保持帕累托最优状态。

在考虑上述 4 种情况同时存在的可能性时，我们发现，当两种商品的边际效用替代率等于这两种商品的边际技术替代率时，即消费者无差异曲线斜率与生产者的商品转换率相等时，消费和生产实现了均衡，因此其帕累托条件为

$$MRS_{XY}^A = MRS_{XY}^B = MRTS_X = MRTS_Y$$

因为 $MRTS_X = MRTS_Y$，所以选用一个进行计算就可以了，也可以写作 $MRTS_{XY}$。这个过程的思考方式是求生产可能性曲线与交换契约曲线在平面坐标内的交点解，如图 2-27 所示。

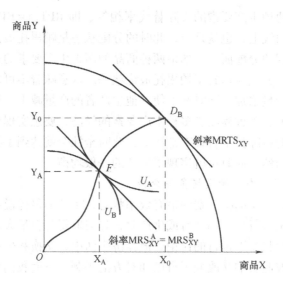

图 2-27 消费和生产的均衡状态

四、福利经济学的基本定律

古典经济学认为,在完全竞争市场情况下,市场竞争机制会促使社会自动达到帕累托最优状态,即当完全竞争市场达到长期均衡时,帕累托最优的三个条件都会被自动满足。这一结论便是福利经济学第一定律,即竞争性的均衡是帕累托有效的。

福利经济学的第二定律是:每一种帕累托最优的资源配置方式都可以通过适当在消费者之间分配禀赋后的完全竞争的一般均衡来达到,即任何帕累托有效配置都能得到市场机制的支持。福利经济学第二定律的意义在于它指出了分配与效率问题可分开来考虑。

五、收入分配公平与社会福利函数

在社会实践中,通常用洛伦兹曲线来衡量一个国家的收入分配不均等程度,用基尼系数来反映一个国家的生活贫富状态,用社会福利函数来反映一个国家的社会福利水平。

(一)洛伦兹曲线

洛伦兹曲线是一种直观衡量收入分配不均等程度的二维图示方法。其中,横轴表示按收入水平从低到高排序的个体或劳动者数量的累计百分比,纵轴表示与个体或劳动者数量相对应的总收入的累计百分比。将每一百分比的个体或劳动者所对应的收入百分比描绘成点并连线,即为洛伦兹曲线。收入分配越均等,洛伦兹曲线越往上,靠近45°的绝对平均线;收入分配越不均等,洛伦兹曲线越往下,远离45°的绝对平均线。

如图 2-28 所示,若 F 点代表某国 60% 的人口拥有该国 40% 的收入(或财富),而 G 点表示 20% 的人口拥有全国 80% 的收入(或财富),则由原点出

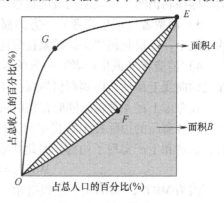

图 2-28 洛伦兹曲线

发到 E 点的直线代表该国收入分配绝对平均的情况，从原点出发的横坐标线、纵坐标线代表绝对不平均的情况。由原点出发经过 F 点到达 E 点或者经过 G 点到 E 点的弧线，称为洛伦兹曲线，代表该国收入分配的实际情况，其量化测量可用基尼系数表示。

（二）基尼系数

意大利经济学家科尔多·基尼（Corrado Gini）提出了一个测定社会中收入分配差异程度的指标，即基尼系数。基尼系数是一个介于 0~1 的比例数值，是国际上用来综合考察居民内部收入分配差异状况的重要分析指标。以图 2-28 中的 E 点为例，如果将 E 点对应的洛伦兹曲线与对角线之间的阴影面积定义为 A，而将洛伦兹曲线与矩形边围成的三角形面积定义为 B，则基尼系数的公式就是用不平等面积（A）和（$A+B$）的比值来表示。

$$基尼系数 = \frac{A}{A+B}$$

当 $A=0$ 时，基尼系数等于 0，这时收入分配绝对平均；当 $B=0$ 时，基尼系数等于 1，这时收入分配绝对不平均。一般情况下，基尼系数总是大于 0 而小于 1。从图形上直观地观察就是，收入分配越趋向平等，洛伦兹曲线的弧度越小，基尼系数也越小；反之，收入分配越趋向不平等，洛伦兹曲线的弧度越大，基尼系数也越大。

在对许多国家实践经验进行抽象与概括的基础上，基尼系数的不同数值具有不同的经济评价意义（见表2-8）。国际上通常以 0.4 的基尼系数作为国际警戒标准，同时建议基尼系数应保持在 0.2~0.4，低于 0.2 会造成社会动力不足，而高于 0.4 说明社会的贫富差距已经突破了合理的限度，容易引发社会不安定。

表 2-8 基尼系数的经济评价意义

基尼系数	经济评价意义
0~0.2	收入绝对平均
0.2~0.3	收入比较平均
0.3~0.4	收入相对合理
0.4~0.5	收入差距较大
0.5 以上	收入差距悬殊

用基尼系数衡量社会公平存在一定的局限性。基尼系数反映的是一个静态的结果，针对指标分配的结果，而不考虑分配的初始条件和分配中各群体投入的劳动。因此，它是一个单纯指示结果公正的工具，而不反映过程的公正与否，即它只看不同人群的收入产出状态，而不看其投入的力度和数量等。所以，使用基尼系数时，要配合考察社会公平和规则公平。此外，该指标尚没有准确的度量准则，测量过程中对于除税项、公共援助受益者、非本地居民是否应该予以剔除，以及如何在测算中体现政府提供的福利，目前并没有规范一致的准则，因此可能会对不同国家间的公平性比较产生一定程度的偏差。

（三）社会福利函数

一般来说，帕累托最优状态不止一个，而是有很多个，有些经济学家因此提出了社会福利函数的概念，以期解决帕累托最优状态不能解决的唯一最优条件。

经济学家艾伯拉姆·伯格森（Abram Bergson）最先提出"社会福利函数"概念，后来保罗·萨缪尔森（Paul Samuelson）等人对此概念进行了进一步完善，形成了社会福利函数。

它是指社会所有个人效用水平的函数,它可以代表政策制定者或经济学家本人的价值判断,也可以代表一般人们的价值判断。在判断政策的效率性时,可以根据该项政策能否使社会福利移动到社会福利函数上的较高一点进行判断。伯格森和萨缪尔森编制的社会福利函数为

$$W = \frac{1}{1-a} \sum_{h=i}^{r} \left[(V^h)^{1-a} \right]$$

该函数的含义是:社会上个人的效用指标互相作用构成了社会福利函数,根据社会福利函数可以得到社会福利函数曲线、效用可能性曲线及效用可能性边界,从而得到了同时考虑国民收入数量和国民收入分配状况的社会福利最大值,考虑受到既定的生产资源、生产技术等条件的限制,存在一个能实现社会福利最高效率的资源配置点。

延伸阅读

我国社会保障体系

我国人口众多,地区之间、城乡之间经济发展不平衡,完善社会保障体系的任务十分艰巨和繁重。《中华人民共和国宪法》明确规定,国家建立健全同经济发展水平相适应的社会保障制度。我国政府把发展经济作为改善民生和实现社会保障的基本前提。我国的社会保障体系包括社会保险、社会福利、优抚安置、社会救助和住房保障等。

1. 社会保险

社会保险是社会保障体系的核心部分,包括养老保险、医疗保险、失业保险、工伤保险和生育保险。

(1) 养老保险

1997年,我国政府统一了全国城镇企业职工基本养老保险制度,实行社会统筹与个人账户相结合。企业职工达到法定退休年龄,且个人缴费满15年的,退休后可以按月领取基本养老金。基本养老金主要由基础养老金和个人账户养老金构成,基础养老金月标准相当于当地上年度职工月平均工资的20%左右,个人账户养老金月标准为本人个人账户(比例为本人工资的11%)累计储存额的1/120。国家参照城市居民生活费用价格指数和职工工资增长情况,对基本养老金水平进行调整。2000年,我国政府决定建立全国社会保障基金。全国社会保障基金的来源包括国有股减持划入资金及股权资产、中央财政拨入资金、经国务院批准以其他方式筹集的资金及投资收益。全国社会保障基金由全国社会保障基金理事会负责管理,按照《全国社会保障基金投资管理暂行办法》规定的程序和条件实行市场化运营。2003年,全国基本养老保险参保人数达15 506万人①,2020年12月养老保险覆盖人数已经超过9.25亿人,基本实现全民参保②。

(2) 医疗保险

在先行试点的基础上,我国政府于1998年颁布《国务院关于建立城镇职工基本医疗保险制度的决定》,在全国推进城镇职工基本医疗保险制度改革。基本医疗保险覆盖城镇所有

---

① 中华人民共和国国务院新闻办公室.《中国的社会保障状况和政策》,2004年9月.
② 夏波光. 工伤保险覆盖面再扩大的三个"瓶颈"[J]. 劳动保护,2007(1):14-15.

用人单位和职工，基本医疗保险资金来源主要为用人单位和个人共同缴纳医疗保险费，个人缴费全部划入个人账户，单位缴费部分按30%左右划入个人账户，其余70%左右建立统筹基金。参保人员医疗费由医疗保险基金和个人共同分担：门诊（小额）医疗费用主要由个人账户支付，住院（大额）医疗费用主要由统筹基金支付。2003年底，全国参加基本医疗保险人数达10 902万人，截至2020年12月，基本医疗保险覆盖人数已经超过13.5亿人，基本实现全民参保[1]。

(3) 失业保险

城镇企业事业单位及其职工按照法律规定，必须参加失业保险。用人单位按照本单位工资总额的2%、职工按照本人工资的1%缴纳失业保险费，统筹地区的失业保险基金不敷使用时，由失业保险调剂金调剂、地方财政补贴。符合失业保险金领取条件者，省、自治区、直辖市人民政府按照低于当地最低工资标准、高于城市居民最低生活保障标准的水平，确定本地区失业保险金标准。1998年以来，我国政府建立了以国有企业下岗职工基本生活保障、失业保险和城市居民最低生活保障为内容的"三条保障线"制度。下岗职工领取基本生活费的期限最长为三年；期满后未实现再就业的，可以按规定享受失业保险待遇；家庭人均收入低于当地城市居民最低生活保障标准的，可以按规定申请享受城市居民最低生活保障待遇。

(4) 工伤保险和生育保险

2004年1月，国家颁布的《工伤保险条例》实施后，工伤保险的覆盖范围迅速扩大，截至2004年6月底，参加工伤保险的职工人数达4996万人；2019年底，全国工伤保险参保人数已经达到2.39亿人，其中农民工参保人数超过了8000万人[2]。国家规定，各类企业和有雇工的个体工商户均应参加工伤保险，为本单位全部职工或者雇工缴纳工伤保险费，劳动者个人不缴费。工伤保险实行以支定收、收支平衡的基金筹集模式，由地级以上城市建立统筹基金。政府根据不同行业的工伤风险程度确定行业差别费率，并根据工伤保险费使用、工伤发生率等情况在每个行业内确定若干费率档次。

1988年，国家开始在部分地区推行生育保险制度改革。生育保险制度主要覆盖国家机关、事业单位、社会团体、企业单位的女职工。生育保险费由参保单位按照不超过职工工资总额1%的比例缴纳，职工个人不缴费；职工生育依法享受生育津贴，女职工生育或流产后，其工资、劳动关系保留不变，按规定报销医疗费用。2020年，参保生育保险的女性超过23 546万人[1]。

2. 社会福利

按享受对象类别来划分，我国的社会福利可分为以下几种类型：①为全体社会成员提供的公共福利；②为本单位、本行业从业人员及其家属提供的职业福利；③专为老年人提供的老年福利；④为婴幼儿、少年儿童提供的儿童福利；⑤为妇女提供的妇女福利；⑥为残疾人提供的残疾人福利。其执行原则主要是以选择性为基础，体现特殊人群的社会关照。社会福利一般包括现金援助（社会救助和收入补贴等）、直接服务（兴办各类社会福利机构、医疗卫生服务、文化教育服务、军人安置、孤老残幼服务、残疾康复服务、犯罪矫治及感化服

---

[1] 中华人民共和国国务院新闻办公室. 《中国的社会保障状况和政策》, 2004年9月.
[2] 夏波光. 工伤保险覆盖面再扩大的三个"瓶颈"[J]. 劳动保护, 2007 (1)：14-15.

务、心理卫生服务、公共福利服务等），主要以国家、集体兴办的社会福利机构的个案服务、群体服务等为载体。例如，国家大范围实施的"全国社区老年福利服务星光计划"，2004年—2007年开展的"残疾孤儿手术康复明天计划"，以及残疾人事业费和社会福利资金等。

3. 优抚安置

优抚安置是指国家对从事特殊工作者及其家属，如军人及其亲属予以优待、抚恤、安置的一项社会保障制度。在我国，优抚安置的对象主要是烈士军属、复员退伍军人、残疾军人及其家属；优抚安置的内容主要包括提供抚恤金、优待金、补助金，举办军人疗养院、光荣院，安置复员退伍军人等。我国优抚安置机构有：为特等、一等残疾军人康复、医疗和休养服务的革命残疾军人康复医院；为带病回乡的复员军人治疗、休养服务的复员军人慢性病疗养院；为复员、退伍军人中精神病患者治疗服务的复员退伍军人精神病院；为孤老优抚对象和烈士遗孤服务的光荣院，以及在敬老院、社会福利院中设立光荣间。2003年，享受国家抚恤补助的优抚对象为465万人，国家各级财政投入抚恤资金87.9亿元[1]。2017年，党的十九大做出组建退役军人管理保障机构的重大决定，国家成立退役军人事务部，各省、自治区、直辖市成立退役军人事务厅（局），市县成立退役军人事务局，形成覆盖全国、上下贯通的退役军人事务部门体系，为新时代加强退役军人优抚安置工作提供了组织保证。

4. 社会救助

1999年，我国政府颁布的《城市居民最低生活保障条例》规定：持有非农业户口的城市居民，凡共同生活的家庭成员人均收入低于当地城市居民最低生活标准的，均可从当地政府获得基本生活物质帮助；对无生活来源、无劳动能力又无法定赡养人、扶养人或者抚养人的城市居民，可按当地城市居民最低生活保障标准全额救助。保障标准的制定主要依据城市居民的人均收入和人均生活消费水平、上年物价水平、生活消费物价指数、当地最低生活费用、需要衔接的其他社会保障标准及维持吃穿住等基本生存所需物品和未成年人义务教育费用等，同时还考虑当地经济社会发展水平、本地符合最低生活保障条件人数及财政承受能力等情况。城市居民最低生活保障资金由地方政府列入财政预算。对财政确有困难的地区，中央财政给予支持。截至2003年底，全国领取城市居民最低生活保障金的人数为2247万人，当年全国各级政府财政支出最低生活保障资金156亿元，其中中央政府对中西部困难地区补助92亿元；2015年以来，上海、北京、南京等多地相继调整城乡居民最低生活保障标准，并实现了城乡低保标准的"并轨"；截至2018年9月，全国城乡低保标准同比增长7.6%、12.9%，低保对象4620万人，全国供养城乡特困人员483万人。

2003年8月1日，国家正式实施《城市生活无着的流浪乞讨人员救助管理办法》。该办法按照"自愿受助、无偿援助"的原则，对在城市生活无着的流浪乞讨人员给予关爱性的救助管理，根据受助人员的不同情况和需求，给予食宿、医疗、通信、返乡及接送等方面的救助服务。

国家鼓励并支持社会成员自愿组织和参与扶弱济困活动，推动社会捐赠制度建设，建立健全经常性的捐助工作机构、工作网点和仓储设施，随时接受各种社会捐赠。1996年—2003年，社会各界累计捐款捐物折合人民币230多亿元，得到援助的灾民、贫困群众达4亿

---

[1] 李菲. 国家提高部分优抚对象等人员抚恤补助标准 [J]. 中国社会导刊，2008（35）：1.

多人次；2019 年，全国社会捐赠总额达到 1330 亿元；2020 年，全国慈善捐赠总额达到 5500 亿元[1]。

5. 住房保障

我国政府积极推进以住房公积金制度、经济适用住房制度、廉租住房制度为主要内容的城镇住房保障制度建设，不断改善城镇居民的住房条件。到 2003 年底，城镇居民人均住房建筑面积达到 23.7m^2[1]。

住房公积金制度是我国政府为解决职工家庭住房问题的政策性融资渠道。住房公积金由国家机关、事业单位、各种类型企业、社会团体和民办非企业单位及其在职职工各按职工工资的一定比例逐月缴存，归职工个人所有。住房公积金专户存储，专项用于职工购买、建造、大修自住住房，并可以向职工个人住房贷款，具有义务性、互助性和保障性特点。1994 年，住房公积金制度在城镇全面推行。1999 年，国家颁布《住房公积金管理条例》，并于 2002 年修订，使住房公积金制度逐步纳入法制化和规范化轨道。目前，已基本建立起住房公积金管理委员会决策、住房公积金管理中心运作、银行专户存储、财政监督的管理体制。住房公积金按规定可以享受列入企业成本、免缴个人所得税等税收政策，存贷款利率实行低进低出原则，体现政策优惠。截至 2021 年底，全国住房公积金实缴人数超过 1.5 亿人，累计支持 2200 多万人提取用于租房，发放贷款帮助 6000 多万人购房，为改善居民家庭住房条件发挥了重要作用[2]。

住房公积金政策以外，经济适用住房、廉租住房等也是保障性住房的有机组成部分。一是 1998 年国务院出台的《国务院关于进一步深化城镇住房制度改革加快住房建设的通知》提出停止住房实物分配，逐步实行住房分配货币化，建立以廉租住房、经济适用住房和商品住房的多层次城镇住房供应体系。经济适用住房是由政府提供政策优惠，限定建设标准、供应对象和销售价格，具有保障性质的政策性商品住房。经济适用住房的租售价格以保本微利为原则，购买经济适用住房满一定年限后，方可上市出售。二是各地政府在国家统一政策指导下，结合当地经济社会发展的实际情况，建立城镇最低收入家庭廉租住房制度。廉租住房制度以财政预算安排为主、多渠道筹措廉租住房资金，实行以住房租赁补贴为主，以实物配租、租金核减为辅的多种保障方式。对住房面积和家庭收入在当地政府规定标准之下的家庭，当地政府按申请、登记、轮候程序给予安排，保障其基本需求。

---

[1] 丁建定. 构建我国新型城市社会救助制度的原则与途径 [J]. 东岳论丛, 2009 (2): 7.
[2] 中华人民共和国住房和城乡建设部、财政部、中国人民银行.《全国住房公积金 2021 年年度报告》.

第三章 宏观经济学

学科思维导图

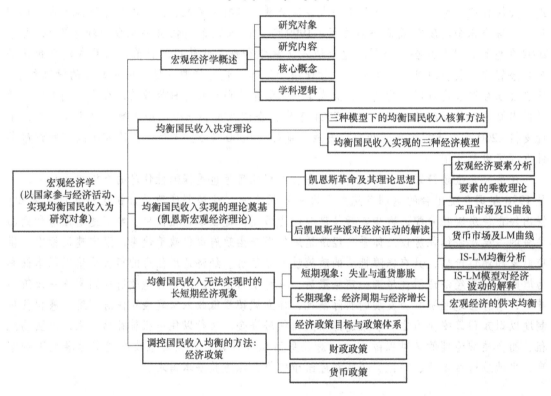

第一节 宏观经济学概述

在微观经济学的学习中，我们掌握了个体的消费者、生产者在不同情境之下的经济行为，对以价值规律为核心的市场机制有了一定的理论认识。同时，也明确了当市场机制不能完全发挥作用时，如何采取措施推进资源的配置效率。这些学习从理论上为进入宏观经济学的学习做好了准备。

微观经济学研究的经济活动的主体是个体的单元，是基于经济活动的微观视角和局部分析，当无数的微观个体聚集在一起，就会形成具有集合性、整体性的经济活动。国际经济中，通常以国家、区域为代表进行宏观经济活动，例如中国、APEC、欧盟等，对于这类具有一定宏观的、集合性的对象的经济活动研究，就是宏观经济学的研究内容。宏观经济学的研究对象与微观经济学的研究对象有很大不同，其理论脉络、研究内容与分析方法都有新的特质。

一、宏观经济学的研究对象

宏观经济学和微观经济学都是经济学的重要组成部分。微观经济学的研究对象是个体的消费者、生产者和单个市场，宏观经济学的研究对象是微观经济个体的集合，总体来说是整个宏观经济运行，如家庭、厂商、产品市场和货币市场。

家庭（family）是个体消费者的集合，厂商（manufactory）是个体生产者的集合，宏观经济学以家庭和厂商为研究对象，主要是研究消费者角度的家庭和生产者角度的厂商在经济活动中的科学决策。宏观经济的两部门运行模型指出，消费和投资决定整个经济的总需求。影响消费的主要因素是家庭的消费需求和消费能力，二者取决于物价水平、家庭对市场的预期、家庭的收入水平等；影响投资的主要因素是厂商对市场的预期、资金的借贷成本和厂商本身的生产计划等。对这些因素的研究构成了宏观经济学的重要理论内容。

微观经济学里对货币这种特殊的商品关注很少，而在宏观经济学里，对产品（product）市场和货币（monetary）市场分别进行了深入分析。在研究产品市场和货币市场这两个市场经济活动决策过程的基础上，宏观经济学从宏观层面研究了这两个市场交互的状态，即宏观经济的运行结果。因为宏观经济的运行状态主要体现在"国民收入"这样的指标上，所以宏观经济学理论又经常被称为"收入理论"。

二、宏观经济学的研究内容

宏观经济学的研究内容主要包括两个方面：一是对宏观经济活动的理论分析。分别从宏观经济的三类运行模式、两种市场构成及宏观经济整体的角度，分析要素间、市场间、总供给与总需求之间的关系，从理论上明确均衡状态的条件与特征。二是对宏观经济调控功能分析。从宏观经济管理角度，阐述和分析宏观经济政策的目的、工具和应用方法，以实现宏观经济的资源最优配置。

一是理论分析宏观经济活动。首先，以国家为代表的宏观经济单元，从经济形态上可以分为封闭经济和开放经济，前者对应两部门和三部门宏观经济运行模型，后者对应四部门宏观经济运行模型，宏观经济学首先分析了三种模型中的七种经济要素（消费、投资、储蓄、政府支出、税收、进口、出口）的内涵、相关关系，以及每种要素对均衡国民收入的影响。其次，宏观经济活动是两个市场（产品市场、货币市场）互相作用和影响的结果，宏观经济理论分别剖析了两个市场的特征，并分析了两个市场的均衡对国民收入的影响。最后，宏观经济活动可以从总供给与总需求的关系来分析，宏观经济学从理论角度明确了总供给、总需求的影响要素及其影响路径。上述三部分理论共同构成了宏观经济学的理论基础，其理论奠基人是"宏观经济学之父"凯恩斯，相关理论是由凯恩斯学派和其他经济学派的经济学家提出和完善的。这部分研究内容对应本章第二节、第三节和第四节。

二是理论分析宏观经济现象和分析宏观经济调控政策。一方面，从经济运行的短期状态看，失业、通货膨胀经常性、高频率存在；从经济运行的长期发展角度看，始终存在经济周期性变动、经济增长不稳定的问题。宏观经济学从理论上解释了上述经济现象的特征、产生原因、影响因素与对策。另一方面，凯恩斯提出，在市场机制失灵的时候，需要运用"看得见的手"来矫正和弥补"看不见的手"的不足,即国家需要运用经济政策调控宏观经济。宏观经济学理论分析了经济政策目的、政策分类和政策工具,确定了宏观经济政策的应用性。这两部分研究内容,分别对应本章第五节、第六节。

宏观经济学的理论内容是不同经济学家基于理论研究问题的不同视角、不同研究方法形成的成果,因此,宏观经济学既包括静态、动态研究方法,也包括规范经济学、实证经济学的研究范式,具有高度的理论抽象性。同时,宏观经济学是在实践中受到检验的一门科学,既是在浩如烟海的大量经济学成果中确立的主流经济学思想,也是在指导实践的进程中不断提升对经济实践指导的学科,因此具有特别重要的实践意义。学习宏观经济学,能够推动我们深入了解日常经济活动、提升对经济要素的认识、解读国家的大计方针和世界经济趋势,进而做出科学决策。

三、宏观经济学的核心概念

(一) 总需求与总供给

总需求(aggregate demand,AD)是在一定的时期内、在既定的价格水平下,社会愿意并且能够购买的所有最终产品和劳务的总量,包括消费需求、投资需求、政府购买需求、出口需求,包括家庭、厂商、政府等经济主体的总支出。因此,我们可以看出,家庭和厂商的经济活动决策决定了消费和投资的数量,从而决定了整个经济的总需求。总需求曲线表明物价水平与需求量之间的关系,它是每一价格水平及其对应的均衡收入的点的轨迹,是一条向右下方倾斜的曲线。总需求曲线可以从产品市场和货币市场的均衡模型中推导出来,其核心理论提供了国民收入与物价水平之间的反向变动关系,这种关系为我们在宏观经济调控中提供了理论依据,扩张性的经济调控措施可以使得同样价格水平下的社会总需求增加,反之,紧缩性的经济调控措施将带来社会总需求的下降。

总供给(aggregate supply,AS)是在一定的时期内、在既定的价格水平下,厂商生产并销售的物品与劳务总量。总供给曲线表明物价水平与总供给量之间的关系,短期总供给曲线是一条向右上方倾斜的曲线,表明社会总供给与物价水平的同向变动关系;当物价水平超越了一定的价格水平之后,长期供给曲线呈一条垂直于横轴的直线。

(二) 均衡产出与潜在产出

宏观经济理论是围绕"国民收入"这个核心概念而展开的。本章第二节分析了三种宏观经济运行模型中国民收入的构成情况;第四节分析了产品市场、货币市场均衡状态下的国民收入与利息率的组合情况;第六节分析了国民收入、物价总水平的组合情况。均衡状态下的国民收入,是从家庭视角分析宏观经济的成果;如果从厂商视角分析宏观经济的成果,就可以称为均衡产出值。

通过对宏观经济活动的理论分析和测算,可以得到一个理想发展状态下的产出值,我们通常称为潜在产出;但同时,实践经济活动也会形成一个真实的产出值,我们称为均衡产出。从数值上比较,这二者可能不等。分析其原因,如果经济活动实践既实现了资源的最高效率,又在技术上实现了突飞猛进,就存在潜在产出低于均衡产出的可能性。如果经济活动实践未实现资源的合理配置,则必然会出现潜在产出高于均衡产出的情况。因此,以潜在产出为中心,均衡产出的趋势就是围绕潜在产出不断上下波动的一条曲线。

（三）市场机制与政府宏观调控职能

经济活动中，如果采取完全的市场机制运行，家庭和厂商会形成某种均衡结果。但由于"看不见的手"的存在，出现市场失灵的现象，因此宏观经济运行不能完全依赖市场机制。所以，宏观经济客观上需要除家庭、厂商外的一个第三方参与到经济活动中来，以"裁判员"的角度纠正家庭、厂商的资源配置低效率行为，以提高宏观经济整体的资源配置效率。目前，各国政府都在担任这一角色，行使着宏观经济的调控职能。

政府发挥宏观经济调控职能的方式，不是直接参与生产性经营活动，而是主要通过转移性支付（如各种社会保障基金、临时救济金等）、税收、进出口等多方面的政策管理来实现。政府的功能可以大致归纳为以下三个方面：

1）营造并维持一个良好的市场经济环境，保证市场运行公正合理。从这个意义上来说，市场经济运作好比体育比赛，而政府相当于裁判员。

2）对社会财富进行二次分配。目前各国政府设置失业金、医疗保险等，目的就是扶助弱势群体（如失业者、孤老伤残者等），保证全体国民的基本生活水平。

3）向社会提供"公共产品"。所谓公共产品，是指存在一些产品和服务，但依靠供求关系和价值规律无法解决的产品。政府提供的公共产品主要是国民都需要但又无人愿意承担费用的，包括社会安全需要的国防安全、司法服务、道路桥梁、地震和气象服务等，以及提高国民素质的公益事业等，如环境保护、基础科学研究、教育等，此外还有出现"滞胀"等经济现象时，政府经济部门的财政政策、货币政策引导。政府的这些举措都是为国家经济的协调、发展服务，也都需要大量的财政投入，是政府重要的宏观经济管理功能。

四、宏观经济学的学科逻辑

宏观经济活动的研究内容复杂，宏观经济学的研究成果是众多经济学家成果的集成，因此，需要进一步梳理其学科逻辑，下面就本章理论内容的逻辑关联进行说明。

宏观经济学以"均衡国民收入"为核心概念，相关概念与内容介绍在第一节。围绕"均衡国民收入"，本章通过两个部分进行了介绍。

第一部分是第二、第三、第四节，主要是构建宏观经济学科的要素理论基础，三节之间是逐步深入的关系。首先阐述了国民经济三种经济运行模型，进而明确了三种模型各自对应的均衡国民收入的理论恒等式。其次，三种均衡国民收入运行模式中，分别从总量指标、组成要素指标的角度，对均衡国民收入的核算方法、要素关联进行了阐述，以凯恩斯为代表的凯恩斯学派，对于均衡国民收入决定理论中的每一个要素指标进行了深入分析和理论解读，奠定了均衡国民收入量化分析的理论基础。最后，分析产品市场、货币市场各自均衡与同时均衡的理论内容，进而获取国民收入的总需求、总供给曲线。这一部分内容，从国民收入要素参数、国民收入两个集合性市场，到国民收入均衡的整体状态，形成了分层级、逐步推进的完整理论脉络。

第二部分是从理论视角转向实践视角。具体对应本章的第五节。第四节以前是从理论体系上分析了宏观经济运行中的最高效率——国民收入均衡状态与不同变量、参数、市场的关系，这是最高的资源配置效率，也是最理想的经济运行状态。这一部分首先分析了经济实践中的一些典型经济现象，即以失业、通货膨胀、经济周期、经济波动为代表的影响均衡国民收入实现但又无法避免的长短期经济现象，从理论的高度深刻剖析了这些经济现象存在的要素原因、市场原因和总供求原因，并围绕潜在收入与均衡收入的背离提供了基于理论的宏观经济对策。其次，考虑政府的宏观经济调控职能，宏观经济学从理论体系的高度提供了对宏观经济运行进行监管、扶持、引导和调控的系统性方法。

综上所述，这两部分的内容围绕"均衡国民收入"，首先明确了均衡状态下的要素、市场、经济整体理论，接着从实践现象分析入手，提供了政府实施宏观经济调控的经济政策系统理论，构成了一个完整而严密的宏观经济学理论体系。

第二节 均衡国民收入决定理论

宏观经济的两部门运行模型是指一个经济体系中仅仅存在厂商、家庭两个主体，家庭和厂商彼此依存，共同完成一个完整的循环。厂商组织产品生产时，需要劳动力、资金两种要素，这两种要素都由家庭提供。家庭中，有劳动能力的家庭成员在市场上寻找工作以换取收入，就形成了劳动力市场；家庭的收入中，消费支出流入厂商，补偿其生产成本及用于扩大再生产的利润；未消费的家庭收入通过借贷等方式也流入厂商，成为厂商投资的资金供给。厂商使用劳动力和资金，生产各种产品并提供给家庭，形成一个经济循环的闭环。以此类推，无限循环。可以看出，这是一个封闭的自给自足的经济体，其封闭性在于与其他国家和经济体完全没有经济往来。这样的经济体在目前的经济社会中几乎是不存在的。宏观经济学研究这样的模型假设是为了从最简单的经济运行状态开始，分析其背后的总需求、总供给原理，然后逐步放宽假设，陆续加入政府要素，接着考虑开放经济，加入国际贸易因素，经济运行模型就逐步从两部门模型过渡到了四部门模型，形成了接近于经济实践的经济运行体系的理论研究。

一、宏观经济中几个重要的国民收入指标

（一）国内生产总值

国内生产总值（GDP）是一个国家或地区在一定时期内（一般为一年）所生产的全部最终产品和劳务的价值总和，可以表明一个国家在一定时期内经济活动的总规模，是最常用来表征国民收入状况的指标。对于这个概念，其内涵及核算中需要注意以下几点：

1) GDP 的核算范围是所有经济部门。在计划经济时代，采用的国民经济核算体系是物质产品平衡体系（MPS），只核算物质生产部门的产品，对于非物质生产部门的产品则不计入核算范围。随着社会经济的发展，第三产业的劳务、服务等各种非物质产品迅速增加，国民经济核算方法采用了国民账户体系（SNA），统计口径中包括一定时期内（通常是一年）一国所有经济部门的最终产品和劳务。

2) GDP 是所有经济部门当年生产的最终产品、劳务的货币价值。这个货币价值是以市场价值为标准进行衡量的。所谓市场价值，是指以产品在市场交换的过程中确定的价格，因此必须是一定时期内"新"增加的最终产品和提供的劳务。GDP 是一个流量的概念，而非存量的概念，因此当年的二手车、二手房交易都不算当年的国内生产总值。对于没有经过市场交换的"最终产品"，市场的非法不合规交易，也是不会被计入 GDP 的。例如，农民自用的粮食、家庭成员的家务劳动，都没有计入 GDP。经济中存在的这类产品和劳务，使得 GDP 可能低估了经济的实际生产能力；走私、赌博等非法经济活动，也不属于 GDP 的核算

范畴。

3) GDP 是以市场价格为标注进行衡量的。市场价格一方面具有"刚性"，呈现长期、持续提升；另一方面因为市场供求关系，会处于经常性波动。因此，以市场价值为标准统计计算的 GDP，对实际生产能力、经济增长状态的反映，可能会因为价格变动的因素而产生偏误。因此，为了清晰地区分 GDP 的变动是由于产量还是价格的变化，就要明确名义 GDP 和实际 GDP。名义 GDP 是指按当年价格计算的全部最终产品及劳务的市场价格，而实际 GDP 则是指按基期价格计算的全部最终产品及劳务的市场价格。实际 GDP 扣除了价格变动的因素，所体现的完全是由产量变化带来的 GDP 变化。GDP 折算指数（也称 GDP 平减指数），反映的是名义 GDP 和实际 GDP 之间的换算关系，具体表示为式 (3-1)。

$$\text{GDP 折算指数} = \frac{\text{名义 GDP}}{\text{实际 GDP}} \tag{3-1}$$

下面介绍国家 GDP 的核算流程，主要包括初步估计过程、初步核实过程和最终核实过程。初步估计过程一般在每年年终和次年年初进行。它得到的年度 GDP 数据只是一个初步数据，这个数据有待于获得较充分的资料后进行核实。初步核实过程一般在次年的第二季度进行。初步核实所获得的 GDP 数据更准确些，但因仍缺少 GDP 核算所需要的许多重要资料，所以相应的数据尚需要进一步核实。最终核实过程一般在次年的第四季度进行。这时，GDP 核算所需要的和所能搜集到的各种统计资料、会计决算资料和行政管理资料基本齐备。与前一个步骤相比，它运用了更全面、更细致的资料，所以此时得到的 GDP 数据就显得更准确些。

此外，GDP 数据还需要经过一个历史数据调整过程，即当发现或产生新的资料来源、新的分类法，或更合理的核算原则时，要进行历史数据调整，以使每年的 GDP 具有可比性，这是国际惯例。例如，美国在 1929 年—1999 年就进行过 11 次历史数据调整。

（二）国内生产净值

国内生产净值（NDP）是指一个国家或地区在一段时间内（通常是一年）新增价值的总和。根据定义可以看出，国内生产净值是从国内生产总值中扣除折旧（一定时期内固定资产因为经济活动而发生的损耗）的剩余部分，即 NDP=GDP-折旧。

（三）国民收入

国民收入（NI）是指一个国家或地区在一段时间内（通常是一年）以货币计算的用于生产的各种生产要素所得的全部收入。参与生产的生产要素一般包括劳动力、资金和土地，劳动者提供劳动力获得薪资，资金所有者借出资金获得利息，土地所有者出租土地获得地租，国民收入也就是这些生产要素所有者的收入之和。除此之外，不受他人雇佣的独立生产者也会获得一部分自主劳动的收入，既包含劳动力收入，又包含利息收入，但考虑这些独立生产者并不是单纯地出卖劳动力或出借资金，因而单独归类。

（四）个人收入

个人收入（PI）是指一个国家或地区在一定时期内（通常为一年）个人所得到的全部收入。个人收入除了包括国民收入中的生产要素所有者收入外，还要加上政府的转移性支付。转移性支付只是政府调节居民收入的手段，并不能产生新的价值，因此是不计入 GDP 的。个人可支配收入（PDI）是指一个国家或地区在一定时期内（通常是1年）个人所得到的收入中扣除个人纳税部分，剩下的这部分才是个人可以自由支配的收入，即 DPI=PI-个人所得税。我们平时所提到的个人消费和储蓄都来自个人可支配收入。

二、国民收入核算方法

（一）支出法

支出法是在测算 GDP 时，将一国或地区在一定时期内所有经济单位用于最终产品和劳务的支出加总。从支出角度测算 GDP，事实上是把实际经济生活中的最终产品和服务的需求进行加总，反映在数值上就是居民对这些最终产品和服务的支出，主要包括四个概念：消费支出、投资支出、政府支出和净出口。在用支出法计算 GDP 时，为避免重复，支出法计算中有些支出项目不应计入，这些项目包括：对过去时期生产产品的支出（如购买旧设备）；非产品和劳务支出（如购买股票、债券的支出）；对进口产品和劳务的支出；政府支出中的转移支付。

（二）收入法

收入法的计算原则是使用最终产品及劳务的最终收入。因为最终产品市场价值除了包含生产要素参加生产所产生的成本外，还有间接税、折旧、公司未分配利润等中间收入，因此，用收入法核算 GDP 要对生产要素收入、中间收入都详细梳理，具体计算公式为 GDP = 个人收入+租金+利息+利润+间接税+折旧。①个人收入，包括工资收入、津贴和福利费及各种补贴和转移性收入。②租金，包括出租土地、房屋等租赁收入及专利版权等收入，知识经济时代尤其要注重将版权、专利权体现的技术性获益纳入计算。③利息，是指提供货币资金所得的收入，例如银行存款利息、企业债券利息等。但政府公债利息、消费信贷利息是不能计入 GDP 的。因为前者的性质是转移性支付，后者是个人从银行借的消费款项后向银行支付的，并没有参与生产活动，不符合 GDP 的核算范围。④利润，包括公司税前利润和非公司企业主使用自我资金、自我雇佣所获得的利润。⑤间接税，是指纳税义务人不是税收的实际负担人，而由他人承担税收的税种，间接税可以看作产品的成本。⑥折旧，不计入要素收入而计入投资成本。

三、三种经济运行模型及其国民收入决定

按照上述国民收入的核算方法，目前大多采用收入法，可以从总供给和总需求两个角度来进行分析。均衡时，存在总供给等于总需求。

从总供给的角度看，一国的国民收入是一定时期内各种生产要素供给的总和，即劳动、资本、土地、企业家才能供给的总和，可以用各种生产要素相应得到的收入的总和（包括工资、利息、地租、利润等）来表示，即国民收入等于各种生产要素的供给总和。从总需求的角度看，一国的国民收入是一定时期内消费需求、投资需求等需求的总和，在信息对称、理性经济人的假设下，所有的消费需求、投资需求、净进口需求等都可以用各自的支出总额来表示。

国民收入的大小是由总供给和总需求决定的。第一种情况是总需求<总供给，表明社会上需求不足、产品供大于求，会带来价格下跌、生产收缩，从而总供给减少，国民收入相应减少；第二种情况是总需求>总供给，需求拉动国民收入增长；第三种情况是总需求＝总供给，意味着供求相等，所有的经济要素投入都实现了回收，所有的需求都得到满足，从而国民收入处于均衡状态。

（一）两部门模型及均衡国民收入

两部门的经济均衡状态可用式（3-2）的核算恒等式来表示。它表明，一段时间内生产的全部最终产品，除了一部分用于消费，其余的都用于投资，以进行再生产；而国内生产总值中，没有被消费掉的，就是储蓄。全部消费需求得到满足时，即式两端都消去消费 C，就得到了经济运行中，投资等于储蓄。这说明，均衡时，储蓄量保证了投资的顺利进行。

$$C+I=C+S \tag{3-2}$$

式中，C 是消费；I 是投资；S 是储蓄。

（二）三部门模型及均衡国民收入

家庭和厂商在经济循环中，可能存在生产过剩或生产不足的情况，此时，经济运行需要增加新的要素参与循环，以实现均衡。经济活动中，能够中立于家庭、厂商利益之外的第三方，只能是以提高资源配置效率、实现均衡和发展为目的的政府部门。因此，三部门运行模型是在两部门模型的基础上，加入了"政府"这一经济参与要素。

三部门模型中，家庭、厂商的循环依旧进行，但当这两者无法实现均衡时，政府通过政府购买、税收发挥作用。政府支出分为对产品和劳务的购买与转移支付两部分：政府购买包括政府对当期生产的产品和服务、国外生产的产品和服务的购买，用字母 G 表示，它构成宏观经济学总需求中第三类大的支出项目，主要包括政府在国防上的支出、基础设施建设（如修路、建桥等）上的支出；转移支付主要是政府在对社会保险、医疗、事业救济及福利方面的开支和向政府工作人员支付的薪金等。政府购买来自政府的消费需求，是总需求的一部分。政府支出越多，总需求会扩大；政府税收是政府向社会供给"公共产品"的收入，与厂商向社会提供产品一样，属于总供给。

政府经常运用政府支出、税收等工具调整总需求或总供给，例如：增加政府购买能够缓解生产过剩，反之减少政府购买则可以缓解生产不足；增加转移支付（补助金、救济金等）会增加家庭收入、提高消费需求，反之则是减少消费需求；增加税收是减少总供给，等等。政府支出在整个国民经济活动中所占的比重是相当大的，它包括国防安全、公共教育、科学研究等开支。

总需求角度的国民收入＝消费需求＋投资需求＋政府的需求＝消费＋投资＋政府购买，即三部门总需求＝$C+I+G$。

总供给角度的国民收入＝各种生产要素的供给＋政府的供给＝消费＋储蓄＋税收，即三部门总供给＝$C+S+T$。

三部门模型均衡的条件为

$$C+I+G=C+S+T \tag{3-3}$$

式中，G 是政府支出；T 是税收。如果关注投资，式（3-3）也可以转化为以下表达式：

$$I=S+(T-G)$$

（三）四部门模型及均衡国民收入

目前，世界经济一体化的趋势已经非常明显，不参与国际贸易的国家很少。进口是本国居民对外国产品的需求，而出口是外国居民对本国产品的需求。随着世界经济的快速发展，国民收入水平不断提高，人们对商品的需求也逐步突破地域性、季节性的限制，对产品的多样性、质量也会越来越挑剔，这种无法在本国市场满足所有需求的想法，带动了对外国产品和服务的进口，加快了国际贸易对一国宏观经济运行状态的影响。因此，在三部门经济运行模型的基础上，考虑国内市场无法实现的需求和供给，加入"国际贸易"要素（X：出口，M：进口），形成式（3-4）的四部门均衡时的核算恒等式。

$$C+I+G+X=C+S+T+M \tag{3-4}$$

我们在国民经济核算中，经常使用 $X-M$ 表示净出口，这可以看作一国对外国的投资。因此，使用支出法计算 GDP 时，应该把这部分支出减掉，从而保证所有的支出严格对应国内生产总值（GDP），即

$$GDP=C+I+G+(X-M)$$

第三节 凯恩斯革命及其理论思想

一、凯恩斯理论对新古典经济学派的修正

以"萨伊定律"为代表的古典经济学派认为，供给自动创造需求，总需求会自动匹配总供给，二者之间存在恒等关系，因此整个社会不可能出现生产过剩的经济危机和大量失业，供求失衡是暂时的、局部的现象，通过供求机制的调节，整个社会最终一定会实现供求均衡。1936 年，凯恩斯发表了《就业、利息和货币通论》一书，奠定了宏观经济学理论的基础，他所提出的一系列理论被称为"凯恩斯理论"。

有效需求理论是凯恩斯理论的核心，该理论对传统的经济学思想进行了修正和完善。凯恩斯认为，有效需求不足或总需求不足会引起非自愿失业，导致经济运行出现经济危机。因此，宏观经济运行仅仅依靠"看不见的手"（即市场机制的自发调节），经济活动不可能消除经济危机和失业，需要依靠"看得见的手"（即国家对社会经济的干预），宏观经济运行才能摆脱经济危机和失业。这个理论成为解决 1929 年—1933 年资本主义国家大范围经济危机的理论依据，凯恩斯成为西方宏观经济学的创始人，被称为"宏观经济学之父"。

二、凯恩斯对经济活动要素的解读

国民收入决定理论中，存在三种类型的经济运行模型，前面我们已经分析过，两部门模型是重要的国民经济运行基础，三部门模型中的政府和四部门模型中的国际贸易都是在两部门模型运行、平衡基础上的进一步发展。三类运行模型共包括七个经济活动要素：消费、投资、储蓄、政府支出、税收、进口与出口。对于政府支出（包括政府购买、转移性支付）、税收、进口、出口这四个要素，在经济学原理的初级计量分析中，我们通常将这四个变量暂时作为外生变量来看待，以简化理论的复杂性。在中级微（宏）观经济学和高级微（宏）观经济学中，会学习到借助更多的计量工具和方法，将这四个变量考虑为内生变量纳入国民经济的总体运行系统深入分析。

本节我们学习凯恩斯理论中关于消费、投资与储蓄这三个变量的理论分析。

（一）消费函数

宏观经济学中，消费（consume）是指经济活动中的消费支出与决定消费支出的各种因素之间的依存关系。消费支出包括消费者对全部最终产品、服务的购买。

宏观经济中的消费影响因素众多，但是收入指标是主要因素。经济活动实践表明，即使收入为 0，人们为了生存，也会存在衣、食、住、用、行的最低消费，因此消费函数的起点

可以看作一个常数；同时，消费与收入的增减并不一定按同一比例变动。随着收入的不断增长，消费倾向的增长会呈现不断下降的状态。我们因此可以得到式（3-5）的消费函数形式。

$$C=a+bY \tag{3-5}$$

式中，a 是自主消费；b 是边际消费倾向（MPC），$b=\Delta C/\Delta Y$。

自主消费 $a>0$，是指无论收入高低都要进行的初始消费，是为了满足生存的最低需要。边际消费倾向 b，是指家庭每增加一单位收入中的消费支出增长的比率。消费理论中存在边际消费递减规律——边际消费会随收入的不断增加而呈现递减的趋势。边际消费倾向从整体上看是一个具有变量性质的系数，其数值在（0,1］，始终保持正值但会不断减小。因为人们消费习惯和偏好的相对稳定性，边际消费倾向可能在一段时间内保持相对稳定的数值，因此在初期的经济学学习中，我们采用静态经济学方法时，也经常将边际消费倾向看作一个常数系数。

当假定边际消费函数是一个常数时，我们可以画出线性消费函数（见图 3-1）。

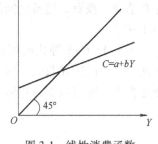

图 3-1 线性消费函数

（二）投资函数

投资是国民收入中重要的变量，是厂商增加资本的行为，表现为一定时期内购买和增加设备等的新增固定资产的支出、用来补偿损耗资本设备的重置投资支出，以及增加存货的支出。与投资密切相关的概念还有净投资，是指扩大资本存量进行的固定资本和存货投资。将未到期的收入变换为现期收入的过程，称为贴现。贴现是与投资相反的资金进出方向，投资是家庭、厂商向外界支出资金，贴现是资金由外界返回厂商、家庭。

经济活动中，投资需要决策，凯恩斯提出来的决策准则被称为"资本边际效率准则"：当一项投资的资本预期收益率大于或等于投资现值时，则可以进行投资。资本预期收益率的计算方法是，将预期未来收益用一定的贴现率折合为现值，使得该现值恰好等于该项资本品的供给价格，所求得的贴现率就是资本边际收益（或预期利润率）。如果该贴现率大于经济运行中的利息率，则可以进行投资。举例如下：假设已知投资资本为 C_R，并预期第 n 年的收益分别为 R_1，R_2，R_3，…，R_n，若用 r_m 表示资本的预期收益率（也称预期利息率，或者资本的边际效率），则使用数学方法可以解得 r_m 的数值，见式（3-6）。

$$C_R = \frac{R_1}{1+r_m} + \frac{R_2}{(1+r_m)^2} + \frac{R_3}{(1+r_m)^3} + \cdots + \frac{R_n}{(1+r_m)^n} \tag{3-6}$$

投资函数是指投资支出和投资支出变量之间的关系，如凯恩斯理论所述，影响投资 I 的最重要变量是利息率 r，则反映投资和利息率数量关系的函数见式（3-7）。

$$I=I_0-dr \tag{3-7}$$

式中，I 为计划投资量，简称投资；I_0 为自发投资，即宏观经济活动中，为满足国民对经济发展提升的客观要求，就要实现扩大再生产。这是一个客观的、不依赖利率变化的量；r 代表利息率，利息率越高，投资代价越大，计划投资量越少；为反映利息率对投资变化的这种反向影响，我们定义一个投资对利率变化的敏感程度系数 d，定义 $d>0$，则 dr 与 I 之间的反向变动关系表现为投资函数中 I_0 与投资变动量 dr 之间的减号。投资函数如图 3-2 所示。如果 d 比较小，即投资支出对利率的反应比较迟钝，投资曲线就会较陡峭，更接近于垂直；

反之，则投资曲线比较平坦。对于自发投资 I_0，当它增加时，投资曲线会向右平移，意味着在同一利息率水平下，厂商所需要的自主投资量更大；反之，当 I_0 减少时，则厂商所需要的自主投资量更小。

（三）储蓄函数

两部门模型中，均衡状态下投资、消费和储蓄三者之间有着密不可分的关系：$Y=C+I=C+S$，则存在消费、投资、储蓄之间的恒等关系式 $C=Y-S$，$S=Y-C$。

如果 $Y=C+S$ 等式两侧同时对 Y 微分，考察每增加一单位的国民收入 Y 时，增加的消费、储蓄的变化程度，则可以获得边际消费倾向（MPC）、边际储蓄倾向（MPS）的等式：

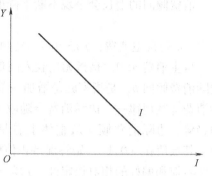

图 3-2 投资函数

$$Y=C+S \Rightarrow \frac{\Delta C}{\Delta Y}+\frac{\Delta S}{\Delta Y}=1 \Rightarrow \text{MPC}+\text{MPS}=1 \tag{3-8}$$

我们可以看出，当了解了国民收入状况和消费状况时，就可以得到储蓄函数的变化状况。例如，在经济计量的理论模型中，如果已知 MPS 为 0.3，则可以知道 MPC 为 0.7。储蓄函数与消费函数的对应关系如图 3-3 所示：当收入为 0 时，消费为自发消费 a，这时，储蓄为自发储蓄 $-a$；当收入等于 Y_0 时，储蓄为 0；当收入为 Y_1 时，消费为 C_1，储蓄为 S_1，且有 $Y_1=C_1+S_1$。

三、乘数理论

宏观经济学中的乘数，是指因变量的变动量与因其因变量变动的自变量的成倍数的比率关系。在国民收入乘数的研究中，度量的目的是看一些因素变动会引起国民收入怎样的变化，因此，因变量都是国民收入，自变量则主要包括投资、税收、转移支付、国际收支等。下面一一分析。

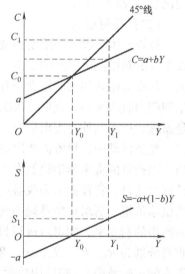

图 3-3 储蓄函数与消费函数的对应关系

（一）投资乘数

投资乘数是指国民收入的变动量与投资的增减变动量之间的比率关系。投资的乘数效应，是指改变投资量后，除了投资收入的改变，还会在国民经济运行中引起连锁反应，最终使国民收入形成倍数的变动。以表 3-1 为例，我们来分析投资乘数效应。

表 3-1 国民收入增长中的投资乘数扩张过程　　　　　　　　（单位：万元）

轮　数	投资增加	$\Delta Y=\Delta C+\Delta I$	计　算
1	10	10	$\Delta I=10$
2	0	8	$\Delta C=10\times 0.8=8$
3	0	6.4	$\Delta C=8\times 0.8=6.4$

(续)

轮 数	投资增加	$\Delta Y = \Delta C + \Delta I$	计 算
4	0	5.12	$\Delta C = 6.4 \times 0.8 = 5.12$
5	0	4.096	$\Delta C = 5.12 \times 0.8 = 4.096$
⋮	⋮	⋮	⋮
合计	—	—	应用等比数列式 $\sum = a_1(1-q^n)/(1-q) = 50$

第1轮，投资增加10万元，直接引起国民收入增加10万元；第2轮，如果边际消费倾向（MPC）为0.8，则有8万元用于消费，在第1轮增加10万元国民收入的基础上，会再增加8万元国民收入；第3轮，增加的8万元国民收入又带来了6.4万元的国民收入增加量……如此这样下去，无数个轮次后，按照等比数列求和公式，最终国民收入共增加50万元。

下面我们推导投资乘数。根据定义，投资乘数 $K_I = \Delta Y / \Delta I$，式中，$\Delta Y$ 为国民收入增量，ΔI 为投资增量。由于 $\Delta Y = \Delta I + \Delta C$，则 $K_I = \Delta Y / (\Delta Y - \Delta C) = 1/(1-\text{MPC})$，因为 $\Delta C / \Delta Y$ 是边际消费倾向 MPC，所以投资乘数 K_I 是"1−MPC"的倒数，也就是边际储蓄倾向 MPS 的倒数，见式（3-9）。

$$K_I = \frac{1}{1-\text{MPC}} = \frac{1}{\text{MPS}} \tag{3-9}$$

可见，投资乘数的大小取决于 MPC 的大小，MPC 越大，在每一轮增加的国民收入中，用于消费的比例就越大，乘数的值就越大，对宏观经济的影响效应就越大。例如，两部门模型下均衡国民收入为3500万元，要增加100万元投资且 MPC = 0.8，那么新的均衡国民收入是多少？基于投资乘数效应我们可以计算得到新的均衡国民收入，其过程可用图3-4表示：图中 E_0 点对应的 $C+I$、Y_0 分别表示初始的总支出和总收入（3500万元），$C+I'$ 和 Y' 分别表示投资增加后的总支出、总收入。投资增加100万元后，因为投资乘数 $K_I = 1/(1-0.8) = 5$，

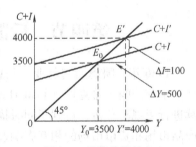

图 3-4 投资乘数效应

则100万元的投资增加会带来500万元的国民收入增量，$C+I'$ 因此向右上方移动到 E' 点，此时 $\Delta I = 100$，$\Delta Y = 500$，$Y' = Y_0 + \Delta Y = 3500 + 500 = 4000$ 万元。

当然，投资乘数是一把双刃剑：投资增加时，会引起国民收入成倍增加；投资减少时，会引起国民收入成倍减少。使用时要考虑它对国民经济的连环效应。同时，投资乘数发挥作用的前提是生产能力必须被充分利用。

（二）其他乘数

国民经济管理中，常用的乘数还包括政府购买乘数、政府转移支付乘数、税收乘数、平衡预算乘数等。

政府购买乘数是指政府购买变动引起的收入改变量与支出的改变量之间的比率，可以表示为

$$K_G = \frac{1}{1-b} \tag{3-10}$$

政府转移支付乘数是指国民收入的增量与引起该改变的政府转移支付增量之间的比率，可以表示为

$$K_{tr} = \frac{b}{1-b}$$

定量税的税收乘数（K_{t0}）是指国民收入增量与税收增量之间的比率，如果税收增加，带动可支配收入和消费减少，引起国民收入降低。因此，税收乘数数值代表的是税收增加（或减少）对国民收入减少（或增加）的效果，可表示为

$$K_{t0} = \frac{b}{1-b}$$

平衡预算乘数（K_b）是指在政府预算保持平衡时（即政府购买支出与税收保持同等数量增减），国民收入的变化增量。如果其数值等于1，说明政府购买支出（或税收）的减少带来了国民收入同等数量的增加，具体表示为

$$K_b = K_g K_t = 1$$

从上述乘数可以看出，边际消费倾向直接影响各个乘数的数值。边际消费倾向越大，消费变动的反应强度就越大，带动国民经济循环中的影响也越大；反之，边际消费倾向越小，消费变动和国民经济收入的反应程度也越小。但同时，无法仅仅通过乘数效应对宏观经济进行调控。因为发挥乘数效应的前提是资源的充分利用，乘数才能在国民经济各部门的连锁反应中实现不断扩展的效应，所以如果经济中存在没有被充分利用的资源，就会限制各部门之间的关联性，影响各部门之间的连锁反应，从而限制乘数效应的发挥。

第四节 后凯恩斯学派对经济活动的解读

1936年，凯恩斯《就业、利息和货币通论》一书的出版引起了西方经济学界的轰动，经济学家约翰·希克斯（John Hicks）和阿文·汉森（Alvin Hansen）遵循凯恩斯的研究继续进行了规范分析，得到了同时描述产品市场、货币市场均衡的 IS-LM 模型，进一步阐释了产品市场和货币市场的相互影响、相互作用，以及实现均衡的过程。

一、产品市场均衡的 IS 曲线

（一）IS 曲线的推导

IS 曲线描述的是投资（invest，简写为 I）等于储蓄（saving，简写为 S）时，产品市场的均衡利息率及其相对应的均衡产出的组合。

宏观经济存在三种均衡：两部门、三部门、四部门的均衡模型。这三种均衡都是在描述产品市场的需求与供给，产品市场的均衡研究以此为切入点。在上述三种模型的国民收入核算恒等式中，两部门 $C+I=C+S$，三部门 $C+I+G=C+S+T$，四部门 $C+I+G+X=C+S+T+M$，等式左侧是总需求，右侧是总供给，均是宏观经济中产品市场均衡时，其总需求与总供给的均衡状态。

下面以两部门为例，推导两部门模型的产品市场均衡式。

两部门模型的总需求为 $C+I$，此处 $C=C(Y)=a+bY(0<b<1)$，即消费 C 是自变量国民产出的因变量；投资函数 $I=e-dr$，e 为常数，则可以看作投资 I 是自变量利息率 r 的因变量。

同时，两部门模型的总供给为 $C+S$，S 可以变形为 $S=-a+(1-b)Y(0<b<1)$，可以看出，S 是自变量国民产出 Y 的因变量。因此，两部门模型下总需求、总供给均衡等式可以形成式（3-11），变量 r 和 Y 呈现反向变化的状态。

$$\text{IS}: Y=\frac{a+e}{1-b}-\frac{d}{1-b}r \tag{3-11}$$

上述两部门模型下，产品市场的总需求与总供给均衡的状态，也表示了投资与储蓄相等的状态，即两部门均衡状态下的产品市场均衡 IS 曲线。将其扩展到三部门、四部门模型中，也呈现出同样的自变量 r 与因变量 Y 之间反向相关的图像性质，产品市场均衡的 IS 曲线如图 3-5 所示。

三部门模型里，消费函数为 $C=a+b(Y-T)$，投资函数为 $I=c-dr$。其中，a、b、c、d 四个参数均为大于 0 的数，参数 b 代表边际消费倾向（MPC），参数 d 代表投资对利率的敏感程度（表示利率每上升一个或下降一个百分点，投

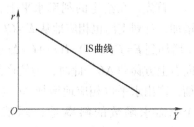

图 3-5 产品市场均衡的 IS 曲线

资支出相应减少或增加的数量）。将消费函数和投资函数带入支出方程，可以得到式（3-12）。

$$E=[a+b(Y-T)]+(c-dr)+G \tag{3-12}$$

可以看出，在既定的产出收入水平下，利率增加则支出降低；在既定的利率水平下，如果可支配产出增加，消费支出增加，则计划支出会相应增加。应用于所有的利率水平，从而我们会得到一系列相关的均衡产出水平，从而产生 IS 曲线的点的轨迹，它们均代表了产品市场处于均衡状态的利率与产出的各个组合。

（二）IS 曲线的特征

对 IS 曲线的特征，我们主要探讨两个问题：IS 曲线的图形特征和它的移动方式。

1. IS 曲线的图形特征

按照两部门模型的产品市场均衡推导，我们可以推导出三部门 IS 曲线表达式为式（3-13）。

$$r=\frac{a+c-bT+G}{d}-\frac{1-b}{d} \tag{3-13}$$

首先，在 IS 曲线的图形中，横轴为产出，纵轴为利率，所以由此可以得到 IS 曲线的斜率是 $-(1-b)/d$，由于参数 d、b 均大于 0 且小于 1，因此 IS 曲线的斜率为负。

其次，IS 曲线的图形陡峭或平坦与 d 的关系。d 代表投资支出对利率的敏感程度。d 越大，表示企业的投资支出对利率越敏感，此时利率一个很小的变动都会带来投资的巨大改变，从而引起均衡产出的较大变化，此时 IS 曲线的图形会比较平坦；d 越小，表示企业的投资支出对利率越不敏感，即使利率有一个很大的变动，投资的改变也很小，无法引起均衡产出的较大变化，此时 IS 曲线比较陡峭。

最后，IS 曲线的图形陡峭或平坦与边际消费倾向（b）的关系。b 表示产出增加一个单位时，计划支出增加多少。当边际消费倾向越大（b 越大）时，表明一个较小的产出增加会引起消费的较大增长，从而带来计划支出的较大增长，均衡产出也会相应有较大幅度的增长，此时 IS 曲线相对平坦；当边际消费倾向越小（b 越小）时，表明一个较大的产出增加会引起极小的消费增长，因此计划支出的增长幅度也较小，均衡产出会相应有较小幅度的增长，此时 IS 曲线相对陡峭。

2. IS 曲线的移动方式

IS 曲线是在给定税收 T、政府支出 G 的条件下推导得出的。如果改变这个假定,即 T 或 G 是变量,那么在一定的利率水平下,变量的大小将会引起 IS 曲线形状的不同。政府购买增加带来的 IS 曲线移动如图 3-6 所示。

政府购买增加,IS 曲线向右上方移动;反之,向左下方移动。

首先,在给定的利率水平上,当政府购买增加,计划支出也相应地从 $E=C(Y-T)+I(r)+G$ 增加到 $E=C(Y-T)+I(r)+G+\Delta G$,总需求曲线向右上方移动 ΔG。此时,为使产品市场达到均衡,产出水平也相应地增加 $\Delta G/(1-MPC)$。这个总需求函数的斜率是边际消费倾向 MPC(见图 3-6a)。其次,根据给定的利率水平 r 和既定的计划投资水平,政府购买的增加带来了产品市场上计划支出的增大,为使产品市场均衡、产品出清,需要计划支出等于收入或实际产出($E=Y$),此时收入将由 Y_1 增加到 Y_2。因

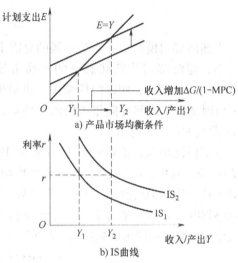

图 3-6 政府购买增加带来的 IS 曲线移动

此,政府购买支出的增加使 IS 曲线向右上方移动,移动的幅度为 $\Delta G/(1-MPC)$ 或 $\Delta G/(1-b)$ (见图 3-6b)。相反,根据一个给定的利率水平 r 和一个既定的计划投资水平,政府购买的减少带来了总需求的减少,从而为使产品达到均衡,计划支出等于实际产出($E=Y$),所以,产出将减少,IS 曲线向左下方移动。

另外,税收的改变也会相应带来 IS 曲线的移动。由于减税扩大了支出和收入,因此它也使 IS 曲线向右上方移动。同理,政府减少购买或者税收增加,都会减少计划支出水平,从而使产品市场均衡的收入水平在不变的利率水平上有所减少,IS 曲线向左下方移动。

二、货币市场均衡的 LM 曲线

考虑产品市场后,再看一下宏观经济中的另一个重要市场——货币市场。LM 曲线是使得货币市场处于均衡的收入与均衡利息率的不同组合描述出来的一条曲线。货币的存在是因为经济活动的需求。所谓货币的需求(又称流动偏好),是指人们在手边保存一定数量货币的愿望。因此,货币市场上,中央银行需要根据人们对货币的流动性需求提供供给。下面我们从理论上分析人们对货币的需求动机。

(一)货币的三种需求动机

人们对货币需求的动机有三种:交易动机、预防动机、投机动机。

1. 交易动机

交易动机是指人们为了使用货币进行日常支付所引起的货币需求,消费者必须持有一定数量的货币来应付日常开支。个人和企业处于这种交易动机时,所持有的货币量决定于收入水平及商业制度、惯例等,而商业制度和惯例在短期内一般不会发生重大变化,所以交易需求主要取决于国民收入水平。

2. 预防动机

预防动机是指为应付无法预见的意外事故而产生的货币需求。个人（或者企业）为应付事故、失业、疾病等意外事件而需要提前持有一定数量的货币，这是因为人们无法确定他们的支付数量而引起的货币需求。实际上，一个人不能确定他未来所得到的报酬，也不知道未来将进行何种支付。如果他在未来遭遇到疾病，却没有钱支付医药费，那么他就会遭受损失。因此，个人持有的货币越多，他遭受的非流动性（即不能马上获得所需货币）损失的可能性就越小。这一货币需求大体上和收入成正比，是收入的增函数。

3. 投机动机

投机动机是指人们为了能够及时把握投机机会而在手边留有货币的动机。货币的交易需求和预防需求强调了货币的交换媒介的功能，它们所涉及的都是手头持有货币进行支付的需要。投机需求强调的是货币的贮藏价值职能。拥有财富的个人必须以具体的资产形式持有这些财富，可以是货币形式、债券形式，也可以是一种组合。人们可以通过利用利率水平或有价证券价格水平的变化进行投机，所以对货币有一定量的投机需求。

我们将上述人们对货币三种需求的总和称为货币的总需求。货币的交易需求、预防需求取决于收入水平，而货币的投机需求取决于利率，因此，用 L_1 表示由交易动机和预防动机而引起的货币需求，用 L_2 表示由投机动机而引起的货币需求，则人们对货币的总需求函数可描述为式（3-14）。

$$L = L_1(Y) + L_2(r) \quad (3\text{-}14)$$

货币供给是指一个国家在某一特定时点上、由家庭和厂商持有的政府和银行系统以外的货币总和。这个概念有狭义和广义之分。狭义的货币供给是指现金、活期存款、旅行支票及其他支票存款，一般用 M_1 表示。M_1 包括那些能直接、立即并且无限制地进行支付的要求权。这些要求权即流动性，如果一种资产能够立即、方便而又便宜地被用于支付，它就是具有流动性的。M_1 最贴切地符合货币作为支付手段的传统定义；M_2 在 M_1 的基础上，加入非直接流动的要求权，即在狭义货币供给上加上小额定期存款、储蓄存款和散户货币市场共同基金，称为广义货币供给。在此基础上，如果再加上个人和企业所持有的政府债券等其他金融资产或"货币近似物"，便是意义更广泛的货币供给，一般用 M_3 表示。

一国的货币供给由其中央银行控制。中央银行直接控制现存的现金量，并间接控制由私人银行发行的支票存款。货币供给的数量主要取决于国家的货币政策。

（二）LM 曲线的推导与特征

1. 货币市场总需求的函数形式

首先，交易动机 $L_1 = L_1(Y)$、谨慎动机 $L_2 = L_2(Y)$，这两种货币需求量都是随着国民收入的上升而上升。

其次，投机动机中，其货币需求量与利息率 r 呈负相关关系。因此，为简单阐述逻辑关系，我们构造影响系数 h，则投机动机的货币需求量与利息率之间的反向变动关系可以表示为 $L_3 = -hr$。

如前所述，货币需求总量 $m = \Sigma(L_1 + L_2 + L_3)$，结合上述分析可得到货币总需求的新表达式（3-15）。

$$m = \Sigma(L_1 + L_2 + L_3) = L_1(Y) + L_2(Y) + kY - hr \quad (3\text{-}15)$$

2. 货币需求量与货币供给量的均衡

货币市场的需求量见式（3-14）。货币市场均衡时，存在货币需求量等于货币供给量，因此，货币供给量也应该是 m。但在实践中，货币的供给量要考虑物价的影响，存在等式式（3-16），整理后，由式（3-14）~式（3-16）可以得到货币市场自变量 r 与因变量 Y 的函数关系式（3-17），自变量和因变量呈负相关关系，画出的图形是一条反比例直线。

$$m = \frac{M}{P} \tag{3-16}$$

$$r = \frac{e}{f}Y - \frac{M}{fP} \tag{3-17}$$

当货币市场处于均衡时，收入与均衡利息率的组合的点的轨迹即为 LM 曲线。LM 曲线上的每一点都表示货币市场收入与利息率的组合，这些组合点描述了货币市场均衡的 LM 曲线，如图 3-7 所示。

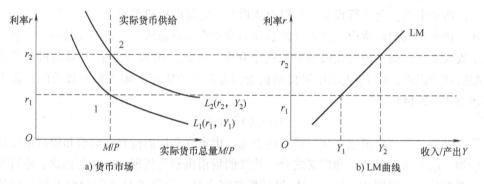

图 3-7 货币市场均衡的 LM 曲线

货币总需求或总供给变动，LM 曲线的位置会发生变动，其规律是：
1）货币需求增加，既定的产出下均衡利息率升高，LM 曲线向左上方移动。
2）货币需求减少，既定产出下的均衡利息率下降，LM 曲线向右下方移动。
3）货币供给增加，既定产出的均衡利息率下降，LM 曲线向右下方移动。
4）货币供给减少，LM 曲线向左上方移动。

三、IS-LM 均衡分析

宏观经济管理的目的是实现使现有资源充分利用所能够达成的最大国民收入（或国民产出）。在宏观经济学理论上，表现为包括产品市场和货币市场在内的总供给、总需求同时实现均衡，即人们对货币市场的总需求量与国家提供的货币供给量正好对等；人们的消费需求、预防需求与投机需求恰好能够得到满足；与此同时，宏观经济的产品和服务需求与其供给也恰好对等。这三种状态的同时满足，即产品市场的均衡利息率、国民收入与货币市场的利息率、国民收入是相等的，我们称为 IS-LM 均衡。从图形上看，该均衡是 IS 曲线与 LM 曲线的交点，如图 3-8 中的 E 点所示。

同时，均衡意味着利率水平与收入水平必须满足：既能使产品市场得到出清，又能使货币需求等于货币供给。IS 曲线对应产品市场的均衡，LM 曲线对应货币市场的均衡，二者的交点使产品市场和货币市场的利率与国民收入同时均衡。

从前面的分析中得到，在 IS 曲线上，有一系列 (Y,r) 可使产品市场得到均衡，IS 曲线函数表达式为式（3-14）；在 LM 曲线上，又有一系列 (Y,r) 可使货币市场均衡，LM 曲线函数表达式为式（3-15）。那么，IS-LM 的均衡就是求这两个函数方程的解，即图 3-8 中的 E 点。由于货币 M 和物价 P 是外生的，因此这个二元方程组中，变量只有利率（r）和收入（Y），解出这个方程组，就可得到利率 r 和收入 Y 的一般解，即为货币市场和产品市场同时处于均衡的利率水平和收入水平。在图 3-9 中，产品市场的 IS 曲线、货币市场的 LM 曲线的均衡点 A 的横纵坐标（Y_1, r_1），就是均衡的利率水平和收入水平。

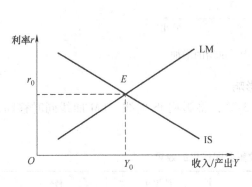

图 3-8　IS-LM 曲线的均衡

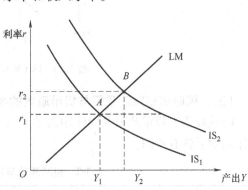

图 3-9　IS-LM 模型中政府购买的增加

四、IS-LM 模型对经济波动的解释

IS 曲线与 LM 曲线的交点决定了均衡的国民收入对应的利率水平和收入水平，但这种均衡的状态不是绝对的，一旦其中一条曲线的影响因素发生了变化，经济的短期均衡就被打破。

（一）财政政策对经济波动的影响

在产品市场中，财政政策对经济的影响主要有两种途径：一是通过政府购买改变，这将直接影响需求；二是通过政府税收改变，这将间接影响需求。

在前面的分析中，我们已经了解了财政政策的变动效应。例如，当政府购买增加 ΔG 时，总收入 Y 增加，此时，IS_1 曲线向右上方平行移动到 IS_2，均衡点从 A 点移动到 B 点（见图 3-9），均衡利率上升（r_1 上升到 r_2），均衡产出增加（Y_1 上升到 Y_2）。而在货币市场上，由于政府支出不影响其均衡条件，因此影响不到 LM 曲线，政府购买增加只引起 IS_1 曲线的移动，LM 曲线不动。这是静态经济学的思考方式。

政府财政政策的一个重要工具是税收。当政府提高税收，计划支出减少会刺激产品与服务生产也缩减，将引起总产出的减少，此时，IS 曲线左移，与初始状态相比，经济均衡点的利率下降、产出减少。

（二）货币政策对经济波动的影响

货币供给减少可称为货币紧缩（monetary contraction）。在货币扩张时，由于中央银行增加货币供给，货币市场的均衡指标是利息率，此时利息率下降，人们购买有价证券、债券的需求增大，债券价格上升，造成新一轮利率水平的下降。另外，较低的利率反过来会刺激产品市场，投资增加，带动产出 Y 提高。综合以上影响，扩张性的货币政策将使 LM_1 曲线向右下方移动到 LM_2，均衡点从 C 点移动到 D 点，移动后产出增加、利率降低（见图 3-10）。

反之，紧缩性货币政策将引起 LM_1 曲线向左上方移动，形成利率上升、产出减少。

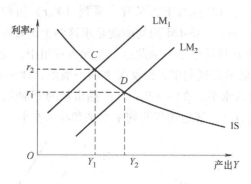

图 3-10　IS-LM 模型中货币供给的增加

（三）同时实施财政政策与货币政策的经济影响

财政政策与货币政策共同作用的效果（见表 3-2），将影响 IS 曲线、LM 曲线同时移动，但作用效果各有不同。

表 3-2　财政政策与货币政策共同作用的效果

情　况	政策混合	产出 Y	利率 r
1	扩张性的财政政策和扩张性的货币政策	增加	不确定
2	紧缩性的财政政策和紧缩性的货币政策	减少	不确定
3	扩张性的财政政策和紧缩性的货币政策	不确定	上升
4	紧缩性的财政政策和扩张性的货币政策	不确定	下降

五、宏观经济的供求均衡

（一）总需求曲线

宏观经济总需求 AD 是指在产品与货币市场同时均衡的一定价格水平下，整个宏观经济对全部产品和劳务的需求总量，用总需求曲线表示为一系列价格总水平及其对应的均衡总产出的点的轨迹。关于价格总水平，理论研究上用价格 p 或利息率 r 表示，实践中通常使用的指标是 CPI 等。关于全部产品和劳务的需求总量，在理论上可以具体恒等于两部门、三部门、四部门运行的总支出之和。

总需求理论是宏观经济学凯恩斯理论的重要组成部分，总需求曲线可以由 IS 曲线、LM 曲线联立后推导得到，此处不再赘述。总需求函数可以表示为一般价格水平的函数：$Y=AD(P)$，总需求曲线呈现出的曲线形状是向右下方倾斜的，表明宏观经济的总需求量与一般价格水平之间呈反方向变化。这主要有两个原因：①价格总水平对消费支出的影响。在既定的收入条件下，价格总水平提高使得个人持有的财富可以购买到的消费品数量下降，人们持有的实际可支配收入有所减少，人们变得比较贫穷，从而消费减少；反之，当价格总水平下降时，人们所持有财富的实际价值升高，人们的可支配收入会增多，从而增加消费。②价格总水平对投资支出的影响。随着价格总水平的提高，实际货币供给量有所减少，人们持有货币的偏好增加，从而出售有价证券。因为有价证券供过于求，价格下降，从而带来利息率上升，进而使得企业削减投资，即价格水平提高造成投资减少。此时，为了维持产品市场上的均衡，产出也会相应减少；反之，当价格总水平下降时，实际货币供给量增加，人们持有货币的偏好降低，对有价证券的购买意愿增强，证券价格上升带来利息率下降，引起厂商的计划投资增加，即价格总水平下降使得经济中的投资支出增加。因此，价格总水平与投资支出呈反方向变动。

在经济实践活动中，总需求曲线会受到很多宏观经济要素的影响。首先，在其他条件不变的情况下，如果消费需求增加，则价格总水平对应的总支出会增加，从而总需求曲线向右上方移动。其次，如果投资增加，也将带来总支出的增加，从而使得总需求曲线向右上方移动。最后，如果政府购买增加，总需求曲线将向右上方移动。总需求理论带来的启示是：当经济实践活动中总需求与总供给不均衡时，可以通过对需求侧的调控政策带动总需求曲线向右移动，带动宏观产出水平上升。如图3-11所示，如果政府采取增加社会保障支出、政府购买等财政政策，则会扩大总需求。

（二）总供给曲线

总供给曲线是表示一系列价格总水平下宏观经济提供的产出量，总供给函数是 $AS = AS(P)$。总供给曲线以价格总水平为纵轴、以总支出为横轴，总产出随着价格总水平的提高而平缓上升。它是一条向右上方倾斜的曲线。值得注意的是，从长期经济发展看，在一定的价格水平下，宏观经济发展存在潜在产出的上限，因此长期总供给曲线可能是一条垂直的直线。

总供给曲线与总需求曲线一样，会有所移动。其主要影响因素包括科学技术改变、工资率等要素价格的变动等。技术改进、科技创新会带来社会总供给的跨越式发展，带动总供给曲线向右下方移动，在同样的价格总水平下会带来更多的国民产出。而进口商品价格下降时，总供给曲线会向左上方移动，均衡点由 G 点移动到 G'，如图3-12所示。

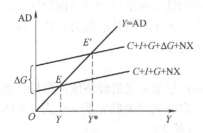

图3-11 通过财政政策扩大总需求

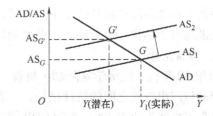

图3-12 进口商品价格下降带来的总供给曲线移动

第五节 均衡国民收入无法实现时的长短期经济现象

一、失业

（一）失业的内涵

按照所在国家的法律法规规定，对于达到就业年龄、具有劳动能力的劳动者，若其处于无法就业的状态，则称为失业。失业人员包括自愿离职者和非自愿离职者。失业率是失业人数占全部适龄劳动力人口的百分比（失业率=失业人数/适龄劳动力人数）。

失业与就业是一组相对概念。充分就业是指社会提供了充分的劳动岗位供给，消除了由需求不足造成的无法就业。但充分就业并不是全员就业和无人失业。可以想象，经济活动的频繁性和变化性，以及适龄劳动力对就业岗位的不同要求，必然会造成市场经济中自然失业的存在。如果一个社会只存在这类自然失业，这种就业状态就是充分就业。

根据失业的原因，经济学家将失业主要分为以下三种类型：

一是随着经济的循环规律而出现的失业，称为周期性失业。经济的循环规律通常是指经济周期带来的繁荣、衰退、萧条、复苏状态。经济衰退、萧条的状态下，对劳动力的需求就会下降，从而造成的失业称为周期性失业。周期性失业不能归因于产业的需求与供给，其根本原因在于经济发展的周期性波动规律的影响，一般以短期失业为特征。

二是从一个工作到另一个工作过渡之中的失业，称为摩擦性失业。摩擦性失业是指经济中由正常的劳动力流动引起的失业。在一个动态的经济环境中，各行业、各部门与各地区间劳动力的需求是经常发生变动的，这种变动必然导致劳动力的流动，而在劳动力流动过程中，在工人和工作岗位匹配过程中所形成的短期性失业，就是摩擦性失业。

三是由经济供求结构变动所引起的失业，称为结构性失业。由于劳动力市场结构的特点，劳动力的流动不能适应劳动力需求变动所引起的失业。

宏观经济发展的过程中，经济结构始终在变动，如有些产业是朝阳产业、发展迅速，而有些产业处于收缩状态。宏观经济结构的调整必然要求劳动力随之变动。但由于劳动力有其一时难以改变的技术能力、服务产业、服务区域等原因，很难快速适应经济结构的变动，从而就会出现失业。这时往往是失业与"空位"并存。

结构性失业与摩擦性失业不同，摩擦性失业是短期的，而结构性失业则可能历经很长时间，因为对于产业结构的调整，劳动者需要较多时间来学习、掌握和适应新的产业技能要求。摩擦性失业、结构性失业情况下，劳动者不需要依赖政策环境，通过自身技能的迅速更新换代就可以缩短失业时间；而周期性失业与此不同，周期性失业是受到经济周期性衰退的影响，使整个宏观经济产出都处于下降通道，因此，与劳动者个人的技能提升相比，国家的宏观调控措施对于尽快缩短劳动者失业时间具有更大的推进作用。

（二）奥肯定律

20世纪60年代，经济学家阿瑟·奥肯（Arthur Okun）根据大量的经济统计数据，获得了失业变动与产出变动之间的统计结论，二者之间存在一定的数量关联关系——式（3-18）：失业率每高于自然失业率1%，实际GDP便比潜在GDP降低3%。

$$\frac{y-y^*}{y}=-\frac{\alpha}{\mu-\mu^*} \tag{3-18}$$

式中，y是实际产出；y^*是潜在产出；μ是实际失业率；μ^*是自然失业率；α是大于0的参数。

奥肯定理表明失业率与实际国民生产总值之间存在高度负相关的变动关系，可以通过失业率的变动推测GDP的变动，也可以通过GDP的变动推测失业率的变动。由奥肯定律得出的结论就是，实际GDP必须保持与潜在GDP同样快的增长，才能防止失业率的上升。

（三）应对失业的社会保障制度

各国对失业者有不同的帮扶机制和方法。以我国为例，失业补助金需要满足以下申请条件：按照规定参加失业保险，所在单位和本人已按照规定履行缴费义务满1年的；非因本人意愿中断就业的；已依法定程序办理失业登记的；有求职要求，愿意接受职业培训、职业介绍的。失业金的领取标准可参见《失业保险条例》第十七条规定：失业人员失业前所在单位和本人按照规定累计缴费时间满1年不足5年的，领取失业保险金的期限最长为12个月；累计缴费时间满5年不足10年的，领取失业保险金的期限最长为18个月；累计缴费时间10年以上的，领取失业保险金的期限最长为24个月。重新就业后，再次失业的，缴费时间重新计算，领取失业保险金的期限可以与前次失业应领取而尚未领取的失业保险金的期限合并计算，但是最长不得超过24个月。

二、通货膨胀

（一）通货膨胀的内涵及其经济效应

大多数经济学家把通货膨胀定义为一般价格水平普遍的、显著性的上涨。值得注意的是，价格上升不是指一种商品或几种商品的价格上涨，而是指价格的普遍上涨，即价格总水平的上涨；价格水平的上升要持续一定时期，而不是一时的上升。一般价格总水平通常以物价指数加以衡量，表示某些商品价格由一个时期到另一时期的变动程度。因此，通货膨胀率通常被考虑为一般价格总水平在一定时期内（通常是一年）的上涨率，实践经济活动中经常以消费者物价指数CPI作为测度指标。

关于通货膨胀的类型，按价格上涨幅度，可分为温和式、奔腾式、超级通货膨胀；按不同商品的价格变动，可分为平衡的通货膨胀、不平衡的通货膨胀（平衡是指所有商品的价格按同样比例上升）；按人们的预期，可分为未预知通胀、预知通胀（预期是指基于过去通货膨胀的经验，对未来经济形势的判断）。

通货膨胀的经济效应有两方面表现。一是通货膨胀对于产品市场的影响。对于产品的消费者，通货膨胀有利于名义收入增长速度高于价格水平上涨速度的人，不利于名义收入增长速度低于价格水平上涨速度的人。通货膨胀降低了固定收入阶层的实际收入水平，当通货膨胀率大于名义利率，债权人的利益受损。相反，非固定收入者及债务人都是受益者。对于产品的供给者，由于物价水平的上升速度快于货币工资的上升速度，从而厂商的实际利润增加，这会刺激企业扩大再生产，从而减少失业、增加国民产出。二是通货膨胀对货币市场造成非效率影响。通货膨胀是一种价格信号的紊乱扭曲，增加了成本，同时，相对价格变动的加剧会增加经济的不确定性，影响资源的合理配置，抑制投资，鼓励投机，形成资源浪费。由于通货膨胀侵蚀着货币购买力，任何以固定货币数量计算的资产的真实价值受到影响。对于持有不变价值财产的人来说，其资产价值将随物价的上涨而下降；对于持有可变价值财产的人来说，他们会因通货膨胀而受益。从政府角度看，在累进所得税下，通货膨胀带来收入的增加，使人们进入更高的纳税等级，政府从这种通货膨胀中会获得更高的税收，也被称为"通货膨胀税"。

通货膨胀会影响本国的对外贸易和国际收支。固定汇率情况下，本国币值持续下跌，物价上升，造成出口产品成本提高，这会削弱出口产品在国际市场上的竞争力。出口减少，进口增加，外贸收入减少，造成国际收支赤字增加。

（二）通货膨胀的原因

1. 需求拉动的通货膨胀

需求拉动的通货膨胀是指总需求过度增长所引起的通货膨胀，即"太多的货币追逐太少的商品"。按照凯恩斯的解释,如果总需求上升到大于总供给的地步,此时,由于劳动和设备已经充分利用,因而继续增加产量已经不可能,只能是在既有的产品产出水平下,需求大于供给,按照价值规律必然引起物价水平的普遍上升,形成通货膨胀。

2. 供给推进的通货膨胀

一是工资推进的通货膨胀。在现实经济环境中,劳动力市场往往是不完全的,不能完全通过劳动力的供给决定工资水平,工会、劳动力的缺乏等往往可以使工资快速增加,如果工资上涨幅度超过了劳动生产率的提高幅度,则会导致成本增加,从而导致一般价格总水平上涨,而且这种通胀一旦开始,还会引起"工资—物价—工资"的螺旋式上升,工资与物价互相推动,形成严重的通货膨胀。二是进口成本推进的通货膨胀。如果生产所需要的原材料依赖进口,那么,进口商品的价格上升就会造成成本上升,其形成的过程与工资推进的通货膨胀是一样的。例如,20世纪70年代的石油危机期间,石油价格急剧上涨,而以进口石油为原料的西方国家的生产成本也大幅上升,从而引起通货膨胀。三是利润推进的通货膨胀等。当市场处于寡头垄断状态,厂商可以通过提高其产品的价格而获得更高的利润,该产品如果是中间产品,将引起产品链条的价格连环增长;如果是最终产品,其替代品、互补品的价格都会因供求变化而上涨,因而导致价格总水平上涨。

3. 预期通货膨胀

在实际中一旦形成通货膨胀,便会持续一段时期,这种现象称为通货膨胀惯性。因此,人们在经济活动中会对已经出现的通货膨胀做出相应的预期,并按照预期进行经济活动,导致对商品价格预期、工资预期的不断提高,必然形成通货膨胀惯性。

(三)菲利普斯曲线

1958年,新西兰经济学家菲利普斯对英国1861年—1957年的失业率与货币工资增长率的数据进行统计分析发现,失业率和货币工资增长率之间存在交替关系和此消彼长的现象,并提出了用以表示货币工资增长率和失业率之间关联关系的菲利普斯曲线(见图3-13)。这条曲线表明,当失业率较低时,货币工资增长率变得较高;反之,当失业率较高时,货币工资增长率就变得较低。因为工资是成本的重要组成部分,从而也是价格的重要组成部分,因此菲利普斯曲线描述的"失业率-货币工资增长率"之间的此消彼长关系可以用来表示"失业率-通货膨胀率"之间的交替关系,即失业率高,通货膨胀率低;失业率低,通货膨胀率高。

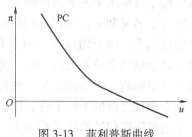

图3-13 菲利普斯曲线

在菲利普斯曲线中,通货膨胀率与失业率之间出现交替关系的原因是:失业率较低时,就业较为充分,经济活动比较频繁,从而工资上涨速度加快,引起通货膨胀加剧,通货膨胀率增加;反之,失业率较高时,就业不够充分,失业的压力增加,工人增加工资的压力受到限制,从而货币工资增加放慢,甚至下降,从而导致价格总水平增长下降,通货膨胀率降低。

菲利普斯曲线对经济政策具有指导意义:当政府希望失业率降到某水平之下,可以运用扩张性的经济政策来实现,但要以一定的通货膨胀率为代价;反之,如果政府试图降低通货膨胀率,则可以通过增加失业率来实现。

(四)通货膨胀的对策

1)减少总需求。对于通货膨胀,按照菲利普斯曲线,可以以一定的失业率为代价,换取较低的通货膨胀率,这种方法主要针对需求拉动的通货膨胀。通过采取财政政策或货币政策手段,尤其是乘数的扩大作用,可以尽快减少总需求,进而降低通货膨胀率。

2)采用收入政策或工资和物价管理政策。收入政策是指通过限制工资收入增长率从而限制物价上涨率的政策,它针对的是成本(工资)推进型通胀。收入政策一般有两种形式:①确定工资与物价指导线,主要是规定工资增长率;②工资物价的冻结,即政府采用法律和行政手段禁止在一定时期内提高工资与物价,这些措施一般是在特殊时期采用。

三、经济周期

(一)经济周期的含义及特征

经济周期是指一个国家总体经济活动中经济扩张和收缩的交替,是国民收入及经济活动的周期性波动。这一概念的内涵是:①经济周期的中心是国民收入的波动,由于这种波动引起了失业率、物价水平、利率、对外贸易等的波动,因此研究经济周期的关键是研究国民收入波动的规律与根源。②经济周期是经济中不可避免的波动。③虽然每次经济周期并不完全相同,但它们有共同之处,即每个周期都是繁荣与萧条的交替。

经济周期可以分为两个大的阶段:扩张阶段和收缩阶段。收缩阶段常常短于扩张阶段,其振幅可能是收敛性的、发散性的或稳定性的。如果更细一些,则可以把经济周期分为四个阶段:繁荣、衰退、萧条、复苏。其中,繁荣与萧条是两个主要阶段,衰退与复苏是两个过渡性阶段。

经济周期的四个阶段具有各自不同的特点,具体如下:

1)繁荣阶段是国民收入和经济活动高于正常水平的一个阶段。它表现为生产迅速增加、投资活跃、信用扩张、物价水平上涨、就业增加,经济活动呈现出欣欣向荣的景象。繁荣的最高点称为顶峰,是繁荣的极盛时期,也是繁荣转向衰退的开始,顶峰一般为1~2个月。

2)衰退阶段是从繁荣到萧条的过渡阶段。在这一阶段,经济从顶峰开始下降,但仍处于正常水平之上。

3)萧条阶段是国民收入和经济活动低于正常水平的一个阶段。它表现为生产急剧萎缩、投资减少、信用紧缩、物价水平下跌、失业严重。萧条的最低点称为谷底,这时就业与产量跌落到最低,但公众的情绪开始从悲观转向乐观。这是萧条最严重的时期,也是由萧条转向复苏的开始。谷底一般为1~2个月。

4)复苏阶段是从萧条到繁荣的过渡阶段。在这一阶段,经济从最低谷开始回升,但仍未达到正常水平。

下面,我们通过图3-14进一步阐述经济周期四个阶段的特点。

图3-14中,纵轴Y代表国民收入,横轴X代表时间(年份),向右上方倾斜的直线N代表正常的经济活动水平。A为顶峰,A~B为衰退,B~C为萧条,C为谷底,C~D为复苏,D~E为繁荣,E为顶峰。A~E为

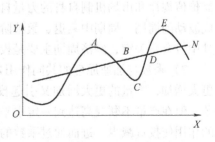

图3-14 经济周期四个阶段

一个周期，$A\sim C$为衰退与萧条的收缩阶段，$C\sim E$为复苏与繁荣的扩张阶段。收缩阶段总的经济趋势是下降，扩张阶段总的经济趋势是上升。

在经济分析中，根据经济周期不同阶段的特点和经济统计资料，就可以确定经济处于周期的哪一个阶段，以便采用相应的政策来进行调节。

关于经济周期的类型，存在朱格拉周期（中周期或中波）、基钦周期（短周期或短波）、康德拉季耶夫周期（长周期或长波）、库兹涅茨周期、熊彼特周期等说法，与各种经济周期相对应的解释也是众说纷纭，目前还没有形成比较主流的解释。下面介绍现代经济周期理论，主要分析加速原理和乘数-加速模型。

（二）现代经济周期理论

现代经济周期理论在解释经济活动和经济变动时，首先，它强调内生因素，即经济因素引起经济周期的关键作用。即使是外生因素给经济带来冲击，这些外生因素也要通过内生因素才能起作用。从这种意义上说，现代经济周期理论是内生经济周期理论。其次，它强调市场经济中，经济周期存在的必然性，并且以加速原理和乘数-加速模型解释现代经济周期的特点。

1. 加速原理

加速原理的研究前提是：首先，假定国民经济中的投资区分为净投资、重置投资两部分；其次，国民经济的加速是指国民收入（产出）会持续增加，而产量增加需要净投资量增加。加速系数的定义为净投资量与产量增加量之比，反映了投资增加带来的产出效率和一个国家国民经济的生产技术水平。此外，加速原理的研究中还确定了另一个系数——资本-产量比率（即资本量与产量之比）。

加速原理的结论如下：①在技术不变的条件下，加速系数与资本-产量比率的数值是相同的。在对国民经济活动进行动态分析的过程中，加速原理说明了产量水平的变动是影响投资水平变动的重要因素，并且自因变量间的加速方向是一致的，即当年产量或收入增加时，投资也是加速增加的，但产量或收入减少或停止增长时，投资的减少也是加速的。②影响投资的因素不仅有产量，还有众多诸如预期、资金成本、技术进步等。加速原理对这些因素并没有深入分析，只是假定其不变，后来学者们通过乘数-加速模型进行了进一步研究。

2. 乘数-加速模型

乘数-加速模型，主要是通过分析投资、消费等变量对国民收入的影响，以及经济活动中乘数与加速原理的互相作用，解释经济波动的原因。该模型的理论内涵主要包括以下两个方面的内容：

1）国民收入的高低是投资、消费等变量的共同作用结果。如果政府不干预经济，只依靠价值规律和市场机制自身的力量自发调节，那么，投资、消费这些变量变化的结果就会形成波动的周期。周期中衰退、繁荣阶段的出现，正是上述因素与加速原理相互作用的结果，其中投资是关键，经济周期主要是投资引起的。

2）乘数与加速原理的共同作用是引起经济周期变动的直接原因。投资增加引起产量的更大增加，产量的更大增加又引起投资的更大增加。乘数的功能是带领经济从低谷走向繁荣。但在产量不断提高达到一定水平后，由于社会需求与资源的限制无法再增加，加速原理的作用使投资减少，进而通过乘数的作用使产量继续减少，此时，乘数的倍数放大功能与加速原理的推进功能共同作用，又使经济进入萧条。萧条持续一定时期后由于产量回升又使投资增加、产量再增加,从而经济进入另一次繁荣。正是由于乘数与加速原理的共同作用,经济中才形成了由繁荣到萧条,又由萧条到繁荣的周期性运动。

由上述研究结论可以推论得到:如果政府在宏观调控中注重管理消费、投资等要素,尤其是加强管理投资增量,就可以对国民收入的增减发挥效果。这种理论思想也成为现代宏观经济调控政策的重要基石。

四、经济增长

(一)经济增长的含义

经济增长就是宏观经济单位在一定时期内所实现的产品或劳务的增加,通常用国内生产总值或国民收入供给量的增长来表示。其时间周期通常为一年,其衡量指标通常有国内生产总值或国民收入变动率,经济增长率通常用"现期国民收入/上一年国民收入"来定义。

经济增长理论及其发展经历了三个主要时期:第一个时期是20世纪50年代,这一时期的研究主要是建立各种经济增长模型;第二个时期是20世纪60年代,这一时期的研究主要是对影响经济增长的各种因素进行定量分析,寻求促进经济增长的途径;第三个时期是20世纪70年代之后,这一时期研究侧重点是经济增长的极限。20世纪80年代中期以来,经济增长研究的典型特征是把科学技术进步因素看作经济增长的重要原因。技术进步是经济增长的源泉,其作用主要是提高劳动生产率。实践证明,科学技术进步对经济增长的贡献是巨大而有潜力的,劳动、资金是经济增长的重要基础。人口的绝对增加、人力资本质量的提高、人口就业率的提升、工作时间的增加,都是经济增长创造财富的重要基础;资金投入的直接作用是扩大再生产、规模效益的出现等,对经济增长有重要提升作用。

(二)经济增长研究的基础模型:哈罗德-多马模型

1939年—1946年形成了分析经济增长问题的哈罗德-多马模型。该模型的基本假设条件包括:①全社会只生产一种产品,生产过程中只使用两种生产要素(劳动和资本);②不存在技术进步,也不存在资本折旧问题,生产规模收益不变;③储蓄在国民收入中所占的份额保持不变;④劳动力按照一个固定不变的比率增长。

在此假设条件下,哈罗德-多马模型认为实现长期经济增长的条件是

$$G = G_W = G_n$$

式中,G是经济的实际增长率,是实际储蓄率和资本-产量率的乘积;G_W是合意增长率,即有保证的增长率,是储蓄率和资本-产量率的乘积;G_n是经济的自然增长率,即人口增长和科技进步所允许达到的最大增长率。

该模型分析中得到的相关结论包括:实际增长率>合意增长率,会加速经济扩张;实际增长率<合意增长率,会引起累积性收缩;合意增长率>自然增长率,经济会长期停滞不前;合意增长率<自然增长率,经济发展尚未实现资源的最优配置,会出现经济繁荣。这些结论解释了长期经济波动的原因,是现代经济增长研究的基础模型。但由于该模型提出的"经济增长必须实现充分就业"条件过于严格,因此经济学家形象地把这一稳定增长路径称为"刃锋"。

(三)新古典增长模型

新古典增长模型的基本假定是在哈罗德-多马模型的基础上,加入了一个关键性假定(即生产要素之间存在替代性特征)。

新古典增长模型对于经济增长稳定性的理论解释是：当人均储蓄量恰好等于新增人口所需增加的资本量时，经济将处于稳定增长状态。因此，该理论为宏观调控提供了新的切入点：如果一种生产要素处于停滞或困难的境况，那么可以通过提升其他生产要素的效率促进经济增长，例如可以通过促进技术进步、提高储蓄率和降低人口增长率等手段，提高人均收入，促进经济增长。

上述两个模型均提供了经济增长的理论分析和调控思路，即经济增长可概括为生产要素投入量的增加，以及投入要素生产率的提高。实践中，影响人均劳动生产率的决定因素，既包括人力资本、实物资本、土地和自然资源、技术的生产要素投入量的硬性要求，也包括企业家精神和理念，以及政策弹性、政治与法律环境等促进生产率提升的软科学因素。因此，为促进经济增长，应该因地制宜、支持科学研究与开发、建立稳定的政策环境等。

第六节　调控国民收入均衡的方法：经济政策

一、经济政策目标与政策体系

宏观经济政策是指一定的经济主体，有意识、有计划地运用一定的政策措施、手段和工具，干预、影响和控制经济运行，使宏观经济运行达到一定的效果。运用宏观经济政策，政府可以有意识、有目的地改变宏观经济运行中的一些变量，进而影响宏观经济的运行，达到预期目的。其中，宏观经济政策是宏观经济管理极其重要的工具。

宏观经济政策通常具有四大目标：充分就业、物价稳定、经济增长、国际收支平衡。

1. 充分就业

充分就业被列为四大经济目标之首，充分体现了经济发展中"以人为本"的重要指导思想。在西方经济学家的眼里，劳动力是经济运行中最活跃的因素，也是宏观经济学思想中最重要的组成部分。劳动力与其他资源相比，既能够创造巨大财富推进社会快速发展，也可能因为个人情绪的失控、个人生活的贫困而引发一连串的后果，造成社会发展停滞等恶果。因此，尊重劳动力、考虑劳动力的自然需求并为之服务，应该成为宏观经济调控政策的首要目标。所谓充分就业，是指包含劳动力在内的一切生产要素都以愿意接受的价格参与生产活动的状态。值得注意的是，这里充分就业的概念排除了由经济周期造成的非自愿失业。失业使有劳动能力的社会成员得不到劳动和创造财富的机会，这不仅形成社会劳动力资源的极大浪费，进而引发生产资料的大量闲置，更重要的是，失业人员因缺少劳动报酬而陷入生活困境，将引发更大范围的消费量缩减、价格波动，当供求机制出现大的信息不对称时，有序的经济循环无法实现，经济的稳定发展就无从谈起了。

充分就业并非人人都有工作，这是由于在市场经济中，劳动力的供给与需求双方都有自由选择的权力。例如，有人对其工作不满意而辞掉工作，一般需要一段时间才能找到工作；学生毕业后也需要一段时间才能找到合适的工作。所以，从整个经济环境来看，总会有一些正在找工作的人，经济学家把这种情况下的失业称为自然失业，其对劳动人口的比率称为自然失业率。所以，自然失业率有时被称作"充分就业状态下的失业率"。

2. 物价稳定

物价稳定不是指每种商品价格固定不变，也不是指价格总水平固定不变，而是指价格总水平的相对稳定，即价格指数的相对稳定。稳定物价就要抑制住通货膨胀、避免通货紧缩、维持币值的稳定，因此又常把这一目标称为"稳定币值"。稳定物价具有保障民生和稳定经济全局的双重意义。一方面，价格是晴雨表，是风向标，是民生问题的直接体现，尤其是以农产品为主的生活必需品及住房价格，它们是公众关注的焦点；另一方面，物价走势是影响诸多经济政策目标能否完成的最大悬念。因为通胀的压力会加剧资源不合理配置，导致市场失灵的非效率性、非公平性加剧，冲击中低收入群体的福利水平，继而影响经济规律的作用发挥，形成经济的恶性循环。物价稳定的关键指标通常可以表现为币值的稳定和进出口贸易的顺差与逆差状况。

3. 经济增长

经济增长通常是指在一个较长的时间跨度上，一个国家人均产出（或人均收入）水平的持续增加。对一国经济增长速度的度量，通常用经济增长率来表示。经济增长率的高低体现了一个国家或地区在一定时期内经济总量的增长速度，也是衡量一个国家或地区总体经济实力增长速度的标志。设 ΔY_t 为本年度经济总量的增量，Y_{t-1} 为上年所实现的经济总量，则经济增长率就可以用 $\Delta Y_t/Y_{t-1}$ 来表示。经济增长是经济学家常用的衡量一个经济区域整体状况的指标表达方式，因为经济增长通常可以增加财富并且增加就业机会，所以经济的正增长一般被认为是整体经济景气的表现。当国内生产总值连续两个季度持续减少时，称为经济衰退。经济增长是社会财富增加、人民生活改善、国家经济实力增强的基本体现，因此，稳定的经济增长是充分就业的必然要求和社会稳定最有力的保证。

4. 国际收支平衡

国际收支平衡是指一国国际收入等于国际支出，一国国际收支的状况主要取决于该国进出口贸易和资本流入流出状况。在开放的经济模型中，一国的对外贸易和资本在国内外的流动直接影响国内总需求和投资，长期的国际收支赤字，容易造成通货膨胀；而长期的国际收支盈余，会减少国内社会总需求，不利于实现充分就业和经济增长。因此，相对于稳定发展的经济目标来说，稳定而平衡的国际收支能对一国经济的发展创造健康而富有弹性的发展环境。严格意义上讲，绝对的国际收支平衡是没有的，一般来说，收略大于支，即国际收支所产生的储备额保持在该国年进口额的25%左右。但由于发展中国家国际收支平衡能力较弱，应对紧急的国际经济变化能力较弱，要求的盈余额可以稍高一些。

保持国际收支平衡对一个国家经济具有重要的意义。一是国际收支平衡与否，反映了一个国家宏观经济总体情况。总体顺差或逆差，是从本国视角观察国内经常项目和资本项目的总体状况，如果他国的经常项目或资本项目差额迅速增大，则会增加本国外汇储备的压力，这对国内经济的稳定性都会产生一定影响。二是国际收支总体失衡，不论是总体逆差还是总体顺差，都有可能引起国内货币供应量的变化。若顺差，意味着外汇流入多，可能迫使货币扩大供应；若逆差，意味着外汇支出过多，国内外汇供给相应下降，外汇可能升值，要使本币币值稳定，就必须考虑减少供给。以上仅仅是多种情况中的两种可能，但已表明，国际收支差额影响货币供应量变化，进而对国内经济稳定性产生影响。三是国际收支失衡，在浮动汇率制度下，对汇率直接产生影响。总体顺差，外汇供给量增大，本币汇价相应升值；总体逆差，外汇供给量减少，本币汇价相应贬值。国际收支失衡对国内经济的进一步影响，可从汇率变动的影响得知。四是国际收支总体失衡的原因还在于具体项目的失衡，表明某些具体经济领域中还需要改革或改善工作。例如，经常项目逆差过大，表明出口能力受挫，创汇能力下降；资本项目逆差过大，表明吸引外资不足，国内资本外流过多；等等。

宏观经济政策四个最终目标之间既有一致性又有矛盾性。物价稳定和充分就业之间存在矛盾。通货膨胀率与失业率存在此消彼长的关系：菲利普斯曲线表明失业率与通货膨胀率之间存在交替关系，具体表现为通货膨胀率高时，失业率低；通货膨胀率低时，失业率高。因此，要维持实现充分就业目标，就要牺牲一定的物价稳定；而要维持物价稳定，又必须以提高若干程度的失业率为代价。有时两个目标之间既存在一致又存在矛盾。例如，物价稳定与经济增长两者在根本上是统一的，如果以通货膨胀政策刺激经济，暂时可能会实现经济增长，但也可能会导致物价体系的失衡，最终使经济增长受到负面影响。

宏观经济政策从体系上由财政政策、货币政策、收入资本政策等组成；在使用中，应考虑到政策实施力度与达成目标的关系，要酌情使用、适度搭配。

二、财政政策

（一）财政政策组成及实施部门

财政政策是指根据稳定经济的需要，通过财政支出与税收政策来调节总需求。增加政府支出，可以刺激总需求，从而增加国民收入；反之则压抑总需求，减少国民收入。

财政政策是在一定的财政体制所设定的规则条件下，通过运用这些规则及与其相联系的经济机制实现宏观管理目标。财政体制是财政政策得以贯彻的基本环境。为了理解财政政策的作用原理和作用机制，必须首先了解财政体制。

当今世界上各个国家都有自己的财政税收制度，各国的具体制度也不同，但在基本的结构、运行方式和规则上都呈现出一定的共性。财政政策体制原则上可以分为财政收入、财政支出两个方面。

1. 政府税收是财政收入的主要来源

国家财政收入在很大程度上源自税收收入。根据征收对象的不同，税收分为财产税、所得税、货物税；根据征税方式的不同，税收分为从价税和从量税；根据纳税的方式不同，税收分为直接税和间接税；根据收入与税率的关系，税收可分为三类：累退税、累进税、比例税。税率的高低对政府的收入有着直接的影响，是国家财政收入的主要来源之一，它与政府的购买性支出、政府的转移支付一样，是国家实施其财政政策的一个重要手段。作为财政政策的组成，税率的变化、税收绝对量的变动都对国民收入具有重要影响。

公债是政府财政收入的另一个组成部分。公债是以国家或政府信用为基础向公众筹集财政资金的特殊形式。从公债发行的主体看，有中央政府公债和地方各级政府公债，通常将中央政府发行的内债称为国债。公债是相对于私债而言的，其最大的区别就在于公债的债务人是拥有政治权力的政府。根据期限的长短，公债可分为短期（1年以下）、中期（1～5年）和长期（5年以上）。在市场经济中，政府发行公债，一方面能增加政府的财政收入，弥补财政赤字，筹措建设资金，影响财政收支；另一方面能对货币市场和资本市场在内的金融市场产生扩张和收缩的作用，通过公债的发行在金融市场上影响货币的供求，促使利率发生变动，进而影响消费和投资，调节社会总需求。因此，从这一点上来看，公债既具有财政政策的功能，也因其对货币市场和资本市场的影响而具有货币政策工具的特点。

2. 财政支出的具体内容

财政支出的具体内容包括国防与安全支出、社会福利支出、卫生教育支出、建设与环保支出、科研支出、农业补贴支出、债务利息支出、国际事务支出。对以上具体内容按性质分类，可以将财政支出分为政府购买和转移支付。

政府购买是指政府对商品和劳务的购买，涉及各种项目，包括购买军需品、警察装备用品、政府机关办公用品、付给政府雇员的酬金、各种公共工程项目的支出等。它是以取得本年被生产出来的产品和劳务为补偿的支出。由于政府购买发生了商品和劳务的实际交换，直接形成了社会总需求和实际购买力，是国民收入的一个重要组成部分，因此是一种实质性的支出。它的大小是决定国民收入水平的主要因素之一，直接关系到社会总需求的规模。

转移支付与政府购买不同，转移支付是指政府的社会福利等支出，如卫生保健支出、社会保障支出、退伍军人福利、失业救济和各种补贴等方面的支出。转移支付的增减对整个社会总支出同样具有重要的调节作用。

3. 我国现行的财政体制结构特点

目前世界上各国的财政体制一般分为中央财政和地方财政，如美国和德国的政府财政受其行政体制影响，分为联邦、州、地方政府的收入与支出。我国的财政体制经历了多次改革与调整，自1994年实行分税制以来，已经形成了我国分税分级财政的框架，各级财政的支出范围按照中央与地方政府的事权划分。中央财政主要承担国家安全、外资和中央各个国家机关所需经费，调整国民经济结构、协调地区发展、宏观调控所需的支出及直接管理的事业发展支出。财政部是中华人民共和国国务院的组成部门，是国家主管财政收支、财税政策、国有资本金基础工作的宏观调控部门。地方财政主要承担本地区政权机关运转及本地区经济和社会事业发展所需支出。在分级财政体制中，地方财政具有征税、发债等自主权，但要保证中央财政宏观调控体制的主导地位。

（二）财政政策的内在稳定器作用

由于财政政策本身的特点，某些财政支出和税收具有某种自动调整的灵活性，这些灵活性有助于经济稳定对需求管理起着自动配合的作用，这些能自动配合调节总需求的财政政策被称为内在稳定器。这些政策包括个人所得税、公司所得税、失业救济金、各种福利支出、对农产品的保护价格等。这种内在稳定器虽然可以自动地发生作用调节经济，但是，其调节经济的力量是非常有限的。内在稳定器作用主要表现在累进的所得税制、公共支出制度和农产品价格维持制度三种财政制度上。

1. 累进的所得税制

累进的所得税制，特别是公司所得税和累进的个人所得税，对经济活动水平的变化反应相当敏感。在税率不变的条件下，经济萧条时期，国民收入水平下降，个人收入减少，政府税收会自动减少，虽然萧条时期的消费和需求有一些下降，但会下降得少一些，这样就会避免更大的有效需求不足；通货膨胀时期，失业率较低，人们收入会自动增加，税收会因个人收入的增加而自动增加，使得个人可支配收入由于税收的增加少增加一些，从而使消费和总需求自动增加得少一些，这样就会在一定程度上抑制进一步的通货膨胀。尤其在累进税制的情况下，税率是随着人们收入的提高而提高的，由于经济萧条会引起收入的降低，纳税比率会自动下降，使某些原来属于纳税对象的人下降到纳税水平以下，另外有一些人也会被降到较低的纳税等级，结果个人纳税额因为国民收入水平的降低而减少了，从而起到抑制经济萧条的作用；反之，经济繁荣会使人们收入增加，更多的人由于收入的上升自动地进入到较高的纳税等级，政府税收上升的幅度会超过收入上升的幅度，从而使得通货膨胀有所收敛。同样,公司所得税也具有此类作用。另外,我们假定政府在预算收支平衡下形成了某种税率水平,当整个宏观经济活动出现不景气时,国民生产的减少致使政府的税收收入降低。此时,如果政府预算支出保持不变,则税收收入的减少会导致当年政府预算发生赤字,从而"自动"产生刺激需求增加的力量,实现抑制国民生产继续下降的稳定性。

2. 公共支出制度

社会福利、社会保障制度有助于国民维持必要的生活水平,具有"安全防护网"的功能,其意义在于保证国民的正常生活水平。政府用于社会福利的各种支出数额,经济萧条时期通常会高于经济繁荣时期。经济繁荣时期会促进充分就业,失业者获得工作机会进而收入增加,很多家庭的实际收入比以往有所增加,达到最低生活保障水平,政府就可以停止这种救济性的支出;同时,家庭与个人随着福利收入的减少而会相应减少消费需求,这有助于抑制需求的过度膨胀。经济萧条时期,因为很多人具备申请失业救济金的资格,政府必须对失业者支付津贴或救济金,以使他们能够维持必要的开支,家庭与个人会因为福利收入的增加而增加消费需求,使经济萧条时期的需求萎缩受到一定程度的阻止,使国民经济中的总需求不致下降过多,从而促使经济趋于稳定。

3. 农产品价格维持制度

农产品价格维持制度类似于失业保障支出的机制,起着稳定经济的作用。经济萧条时期,国民收入水平下降导致价格水平降低,农产品价格也将下降,政府按支持价格收购农产品,使农民收入和消费维持在一定水平上,不会因国民收入水平的降低而减少太多,也起到刺激消费和总需求的作用;经济繁荣时期,国民收入水平提高使整体价格水平上升,农产品价格也因此上升,这时政府减少对农产品的收购并售出库存的农产品,无形中抑制了农产品的价格,从而抑制了农民收入的增加,降低了消费和总需求水平,起到抑制通货膨胀的作用。

可见,税收、政府转移支付的自动变动和农产品的价格维持制度对经济的反向调节在一定程度上对宏观经济运行起到了稳定的作用,使总需求波动幅度缩小,有助于稳定经济,成为宏观经济的内在稳定器和防止经济大幅度波动的"第一道防线"。

(三)财政政策的操作及其效应

前面我们讲述了财政体制对经济具有内在的、自动产生的稳定效果(即"内在稳定器"效应),但必须看到的是,内在稳定器调节经济的作用是十分有限的,它只能减轻、缓冲经济波动,对于控制和保持经济稳定的能力是有限的,也无法保证实现稳定的经济增长。因此,对于经济的较小波动,政府可以不采取主动措施,利用财政体制的内在稳定器作用来熨平经济波动;对于经济的较大、较强烈的冲击,政府如果不采取主动措施,只靠经济的内在稳定器发挥作用,必将无法回避经济的大幅度波动,带来经济发展的巨大障碍。因此,政府有时应主动采取措施,运用适当的经济政策手段,以扩大或减少总需求为目标,促进经济的健康发展。对于宏观经济政策中的财政政策来说,就是要综合运用财政支出、税收、公债等手段调控经济。

前面的国民收入决定理论中,我们知道,总支出如果有所改变(在财政政策中通常是财政支出的变化),这种改变将以乘数作用引起产品市场和货币市场需求的数倍变化,引发国民收入总量产生巨大的变化。这是财政政策在宏观国民经济中发生作用的机理。

政府根据具体国民经济的总体情况而判断、决策、调整财政政策的行动,称为相机抉择的财政政策。相机抉择的财政政策主要有两种方向的选择：在国民收入的均衡水平低于充分就业时，以增加有效需求为目标，即扩张性的财政政策；在国民收入均衡水平高于充分就业时，以减少有效需求为目标，即紧缩性的财政政策。在理论和实践中，我们也不排除对社会总需求的影响目标保持中性的政策可能性，即中性的财政政策。由于这种财政政策的实施对总需求既不会产生扩张效应也不会产生紧缩效应，因此，作为政策思想和具体实践都是很少存在的。下面我们具体介绍前两种财政政策。

1. 扩张性财政政策

当社会总支出水平过低，人们的有效需求不足、存在失业时，按照需求管理的理论，需要增加社会的总支出。假定国民收入为 8000 元时国民经济处于均衡状态，但此时社会上仍存在着非自愿失业，为实现充分就业就需要将国民收入提高到 10 000 元，那么需要增加的总支出是 2000 元。如果这时的支出乘数为 5，则从源头上需要增加支出 400 元。计算清楚之后，我们就可以选择使用财政体制中的税收、支出等工具，分析这些工具的具体执行方法。在实践中，这一支出增加可以通过两种途径实现：一是增加政府开支；二是减少净税收。

需要解释的是，通过减少净税收及增加政府的转移支付都可以使公众手中的可支配收入增加，从而提高人们的消费水平，也可以达到增加整个社会有效需求的目的。但是，减税方式与增加支出的结果略有不同。减税使人们增加的收入部分不会全部转化为消费支出（因为受边际消费倾向的影响，支出的增加会少于收入的增加），因此，在上例中，为了达到同样的增加总支出 2000 元的目的，采取减税措施肯定要减少超过 400 元的税收（例如减税 500 元）才能达到同样目的。可见，用减税来增加总支出，会形成比直接增加政府开支更大的赤字。这表明，政府向经济注入的收入流量要大于其从经济中撤出的收入流量。所以，政府运用财政经济政策干预经济的情况下，财政赤字往往是与扩张性政策相联系的。

扩张性财政政策是指通过财政分配活动来增加和刺激社会总需求，主要是在萧条时期，政府通过减税、增加支出进而扩大赤字的方式实现充分就业。扩张性的财政政策包括增加政府支出（如增加政府公共工程支出与政府购买）、增加转移支付、减少个人所得税、减少公司所得税等。

2. 紧缩性财政政策

与扩张性财政政策的使用目标相反，紧缩性财政政策是在社会需求过度高涨，存在通货膨胀时使用，此时的目的是减少社会总支出。运用财政手段减少总支出的方法：一是直接减少政府的开支；二是增税以减少人们的可支配收入。

我们以一个简单的两部门模型为例，假定某国的政策目标是将实际国民收入控制在 A 元，而预测的国民收入为 $(A+B)$ 元，边际消费倾向 MPC 为 0.2。我们可以这样考虑：此时政府需要减少的国民收入为 B 元，考虑两部门模型的投资乘数具有 5 倍的膨胀作用（MPC=0.2 则投资乘数 K_I=5），则直接减少的投资应为 $(B/5)$ 元。这个思路是从结果开始寻找途径，而实践的执行效果是与此相反的：政府减少投资 $(B/5)$ 元后，总支出 $(A+B)$ 元在乘数的作用下会减少 B 元，则总支出降到了 A 元的水平，实现了预定的均衡目标。通常情况下，紧缩性财政政策倾向于造成财政的盈余。

紧缩性财政政策是指通过财政分配活动来减少和抑制总需求，主要是在通货膨胀时期，政府通过增税、减少支出等措施压缩赤字或增加盈余的方式实现通货收紧。紧缩性的财政政策包括减少政府支出与税收（如减少政府公共工程与政府购买）、减少转移支付、增加个人所得税和公司所得税等。

三、货币政策

（一）货币政策的含义及其实施部门

货币政策是指政府或中央银行为影响经济活动而采取的金融方面的政策措施（主要是指控制货币供给及调控利率的各项措施），用以达到特定的或维持政策的目标（例如抑制通胀、实现完全就业或经济增长等）。狭义货币政策是指为实现一定的经济目标而采用的各种控制和调节货币供应量或信用量的方针和措施的总称，包括信贷政策、利率政策和外汇政策等；广义货币政策是指政府、中央银行和其他有关部门颁布和决定的有关货币方面的规定和采取的影响金融变量的措施。从广义上讲，金融体制改革也是货币政策的一种。本节我们所说的货币政策是指狭义的货币政策。

金融体制是经济体中资金流动的基本框架，它是资金流动的工具（金融资产）、市场参与者（中介机构）和交易方式（市场）的综合体。同时，由于金融活动具有很强的外部性，政府的管制框架也是金融体系中一个不可或缺的组成部分。

金融体制包括三方面的内容：金融机构和金融市场、融资模式、金融监管体制。金融体制是这些部分的相互交织与协调。第二次世界大战后，世界各国普遍实行的一种金融体制是中央银行制度，即以中央银行为中心，众多金融中介机构共存。

中央银行，简称央行，是负责一国（或类似欧盟等区域）货币政策的主体，通常也是一个经济共同体的唯一货币发行机构。

央行的主要职责是执行基本货币政策、独占货币发行权、担任政府的银行及银行中的银行、管理国家外汇交易、黄金准备与发行公债、管制和监理银行业、制定官方利率以管理通货膨胀与汇率、维持货币稳定性，具体包括决定货币的供给量、控制贴现率、制定（或参与制定）并执行货币政策、调节流动性、公开市场操作、调节利率、调整法定准备金率、代理国库、监管金融活动、参与世界金融活动及在金融危机发生时担任银行部门急用借款者的"最后银行"等职责。中央银行具有很多与商业银行不同的特点，例如，在当代，中央银行发行货币普遍采用"十足准备制"，需要有金银、合格票据、外汇、有价证券等当作发行准备，以避免过度发行造成通货膨胀。中央银行的活动不以营利为目的，不直接参与资本经营，可以说是"政府的银行、发行的银行、银行的银行"，保卫货币、使币值稳定被认为是中央银行的首要责任。

央行的最高长官是央行总裁（governor），在我国称为行长，在欧盟央行称为主席（president），在新加坡金融管理局则是总裁（chief executive/managing director）。在大多数国家，中央银行均属国有，至少都有一定程度的自主性，是货币政策的介入主体。一些国家的中央银行被称为"独立的央行"，是指允许央行在免除政治力干扰的规范下运作，央行的最高长官不因政权更替而随之变更，也不得参与政治活动。这种案例包括美国联邦储备局、英格兰银行（1997年起）、印度准备银行（1935年起）、墨西哥银行（1993年起）、日本银行、加拿大银行、澳大利亚储备银行和欧盟央行等。

金融中介机构有很多种类型，主要包括商业银行、非银行金融机构。商业银行是对公众和企业从事存贷款业务的金融机构，所有商业银行和其他金融机构都必须接受中央银行及其派出机构的监管，并根据法定准备金率将自己的准备金存入中央银行；按照金融活动领域和自身活动方式的特点，可将非商业银行金融中介机构分为投资性金融机构、契约性金融机构和政策性金融机构。投资性金融机构是为投资活动提供中介服务或直接参与投资活动的金融机构，包括投资银行、证券经纪和交易公司、投资基金等；契约性金融机构是以契约方式吸收持有人的资金，然后按契约规定向持有人履行赔付或资金返还义务的金融机构，业务主要面向各种保险资金、养老基金和退休基金等；政策性金融机构是指由政府发起、出资成立，不以利润最大化为经营目的，为贯彻和配合政府特定经济政策和意图而进行融资和信用活动的机构。

金融监管是指一个国家或地区的中央银行（或其他金融主管机关）依据国家法律的授权对金融业实施监督和管理，本质上是一种政府规制行为。金融监管的主要内容包括市场准入与机构合并、银行业务范围、风险控制、资产流动性管理、资本充足率管理、存款保护及危机处理等方面。金融监管机制在不断发展的金融机制中发挥着越来越重要的作用。

我国现行的金融体系是以中国人民银行为领导，国家政策性银行和其他商业银行及多种金融机构同时并存、分工协作的金融机构体系。

中国人民银行是我国的中央银行，负责制定和执行国家的金融政策，调节货币流通与信用活动，对外代表国家，对内监督管理整个金融活动。政策性银行是指那些多由政府创立、参股或保证的，不以营利为目的，专门为贯彻、配合政府社会经济政策或意图，在特定的业务领域内，直接或间接地从事政策性融资活动，充当政府发展经济、促进社会进步、进行宏观经济管理工具的金融机构。我国的政策性银行包括国家开发银行（1994年3月17日成立）、中国农业发展银行（1994年11月8日成立）、中国进出口银行（1994年7月1日成立）。我国商业银行体系在计划经济时期由三大部分组成，即国有独资商业银行、股份制商业银行和外资商业银行，国有独资银行是我国商业银行体系的主体。新兴的银行（例如交通银行、招商银行、中信银行等）从建立初期采取的就是股份制银行方式。我国的非银行金融机构主要有信托投资公司、证券公司、保险公司、财务公司、租赁公司和信用合作社等。

在我国，金融监管机构包括中国银行保险监督管理委员会（简称中国银保监会）、中国证券监督管理委员会（简称中国证监会）。中国银保监会负责监督管理金融资产管理公司、银行和信托投资公司、其他存款类金融机构，以及全国保险市场；中国证监会负责集中管理全国期货和证券市场。

（二）货币政策的三大工具及其运用

中央银行推行的货币政策工具主要有三个：法定准备金率、公开市场业务和再贴现率。通过这些政策，可使货币市场的货币供求关系发生变动，进而影响利率、投资，以及整个社会经济的状态。

1. 调整法定准备金率

商业银行在吸收存款后，一般从中提取一定比例，剩余部分才用于放款。中央银行规定，商业银行吸收的存款中不得用于放贷的最低额度就是法定准备金（required reserve），它是中央银行为保护存款人和商业银行本身的安全，同时控制或影响商业银行信用扩张的工具。以法律形式规定的商业银行及其他金融机构法定准备金在吸收存款总额中所占的最低比率就是法定准备金率。

中央银行对法定准备金率的规定，最初是为了降低商业银行的经营风险，保护存款人的存款安全，后来逐渐把它作为控制信用规模和货币供给的货币政策工具。在经济高涨和通货膨胀时期，中央银行为了控制银行信用的过度扩张可以以政策的方式强制提高法定准备金率，直接减少商业银行和其他金融机构可能用于贷款的资金，从而收缩银根、减少货币供给，货币市场上因此产生了货币的代价（即利息率）上涨的状态，因而引起人们投资需求下降，投资的减少直接抑制了总需求，达到了对过热的经济"釜底抽薪"的目的；反之，当经济处于衰退和高失业时期时，中央银行可以降低法定准备金率，增加货币供给，进而刺激投资需求，增加投资，实现对衰退经济状态的"雪中送炭"。其作用途径可以理解为：在经济萧条时期，降低法定准备金率→增加货币供应量→银行利率下降→贷款与投资活跃→经济回暖，而在经济过热时期，提高法定准备金率→减少货币供应量→银行利率上升→贷款与投资减少→经济降温。

在法定准备金率的调整向社会投资需求的传导过程中，法定准备金率见效迅速。由于货币乘数的作用，法定准备金率的作用效果方法十分明显。因此，调整法定准备金的政策一旦出台，会迅速地影响整个经济和社会心理预期，人们通常认为这一政策工具效果过于猛烈。在经济实践中，中央银行对法定存款准备金率的调整都持谨慎态度，而且通常调整的幅度较小，以 0.25% 为一个基点进行调整。

2. 公开市场业务

证券市场分为一级市场和二级市场。一级市场是证券的发行市场，如果中央银行在一级市场直接购买财政部发行的债券，就如同财政部向中央银行直接透支一样，货币供应量将会增加。几乎所有的发达国家都禁止这样做。中央银行可以在二级证券市场上公开买卖各种证券，通过这种活动改变商业银行的准备金数量以控制货币供应量及影响利率水平，从而调整商业银行贷款的数量。这种活动称为公开市场业务（open market operation）。

中央银行的公开市场业务与一般金融机构所从事的证券买卖不同，中央银行买卖证券的目的不是营利，而是调节货币供应量。根据经济形势的发展，当中央银行认为需要收缩银根时，便卖出证券，相应地收回一部分基础货币，减少金融机构可用资金的数量；相反，当中央银行认为需要放松银根时，便买进证券，扩大基础货币供应，直接增加金融机构可用资金的数量。其作用途径可以理解为：在经济衰退时期，政府买进债券→市场货币量增加→银行利息率下降→投资活跃→经济回暖，而在经济过热时期，政府卖出债券→市场货币量减少→银行利息率上升→投资减少→经济降温。

与其他货币政策工具相比，公开市场业务具有几个优势：一是中央银行对规模的控制灵活主动。中央银行有相当大的主动权，多买少卖、多卖少买都可以，对货币供应量既可以进行少量的微调，也可以进行较大幅度的调整，政策的弹性空间相当大。二是时效性强。当中央银行发出购买或出售的意向时，交易可以立即展开，参加交易的金融机构的超额储备金立即发生相应变化。三是公开市场业务可以经常、连续地操作，还可以随时发生逆向操作，而不会对整个金融市场产生大的波动。目前，越来越多国家的中央银行将公开市场业务作为其主要的货币政策工具。数据统计表明，20 世纪 50 年代以来，美国联邦储备委员会 90% 的货币吞吐是通过公开市场业务进行的。

3. 调整再贴现率

再贴现政策是中央银行最早拥有的货币政策工具，是指商业银行或其他金融机构将因企业贴现而收到的未到期票据，向中央银行转让。对中央银行来说，再贴现是买进商业银行持有的票据，流出现实货币，扩大市场货币供应量的过程；对商业银行来说，再贴现是出让已贴现的票据，解决一时资金短缺的过程。再贴现是相对于贴现而言的，企业将未到期的商业票据卖给商业银行，得到短期贷款，称为贴现；商业银行将未到期的商业票据卖给中央银行，得到中央银行的贷款，称为再贴现（rediscount）。中央银行是商业银行的最后贷款者。当商业银行发生资金不足时，一个重要的补充途径就是向中央银行借款，它可以用未到期票据向中央银行要求再贴现。整个再贴现过程，实际上就是商业银行和中央银行之间的票据买卖和资金让渡的过程。再贴现率就是商业银行向中央银行办理贴现贷款中所应支付的利息率。贴现值的计算公式为

$$贴现值 = 到期票据面值 \times \frac{1}{(1+贴现率)^n} \tag{3-19}$$

式中，n 是到期的年限。

中央银行可以通过提高或降低再贴现率来影响经济。它的政策影响表现在：首先，再贴现率的变动在一定程度上反映了中央银行的宏观经济政策倾向，具有"预先告知"性质，提示商业银行的行动方向。例如，中央银行降低贴现率，此举表示政府愿意以比以往更低的代价向商业银行注入资金，反映了推动货币流动性增强的意愿。其次，中央银行调整再贴现率也具有直接提示企业的作用。中央银行对再贴现率的调整不是中央银行单方面的意愿，它也与实际的市场利息率直接挂钩，跟随性地反映当前条件下货币市场利息率的变化。例如，中央银行提高贴现率，也意味着当前市场的投资需求旺盛、市场利率走高，它直接提示企业的贷款成本在增加。

中央银行运用再贴现率政策将通过商业银行对社会经济产生影响。例如，投资过热时期，中央银行上调再贴现率，就是不鼓励商业银行向中央银行借款，商业银行因为融资成本提高而会减少从中央银行贷款，商业银行因此可用于发放给企业的贷款总额下降、利息率提高，导致企业及社会上的投资意愿降温，从而减少了社会对货币的需求，达到了收缩信贷规模和货币供应量的目的。

再贴现率作为一种货币政策，它的作用范围受到一定的限制。首先，中央银行缺乏足够的主动权。商业银行是否向中央银行申请贴现、申请多少贴现，是商业银行自身的行为，因为商业银行也可以通过相互之间拆借资金来解决准备金的不足。其次，中央银行作为领导部门，它更希望商业银行自觉地把贷款额度限制在能力以内，不愿将再贴现变为商业银行发放贷款的一种常项资金来源。因此，中国的中央银行对商业银行的再贴现发挥着"安全阀门"的作用，并不经常使用。西方国家因为其票据市场的发达，再贴现政策也是中央银行经常进行调控的政策手段之一。

4. 其他货币政策工具

随着中央银行宏观调控功能的加强，货币政策工具也趋向多元化，出现了更多新措施，如消费者信用控制、直接信用控制和间接信用指导、道义劝告、窗口指导等。

消费者信用控制是指中央银行对不动产以外的各种耐用消费品的销售融资予以控制，包括：规定以分期付款方式购买耐用消费品时首次付款的最低比率，规定用消费者信贷购买商品的最长期限，对不同的消费品规定不同的信贷条件等。在需求过度、物价上涨的经济过热时期，消费者信用控制可以要求消费者提高首付的比率、缩短消费信贷的年限等，以期实现降温消费需求、投资需求；反之，在需求不足、经济萧条时，执行反向操作。

直接信用控制是带有强制性的，是指中央银行以行政命令或其他方式，直接对金融机构尤其是商业银行的信用活动进行干涉和控制，其具体手段包括规定利率限额与信用配额、信用条件限制、规定金融机构流动性比率和直接干预等；间接信用指导是指中央银行通过道义劝告、窗口指导等办法来间接影响商业银行等金融机构行为的做法。

道义劝告是指中央银行运用自己在金融体系中的特殊地位和威望，通过对银行及其他金融机构发布劝告，对其产生影响，以更好地执行中央银行所期望的贷款、投资方向等政策内涵，如在需求过度时劝阻银行不要任意扩大信用，尤其针对某行业领域的贷款投放要严格控制额度等。

我国的主要货币政策工具，即中国人民银行运用的货币政策工具主要有：法定存款准备金制度、再贴现、公开市场业务和利率政策等。我国法定存款准备金制度建立于1984年，自1999年开始，规定商业银行总行以法人为单位，统一向中国人民银行缴纳法定存款准备金，标志着法定存款准备金制度逐渐转变为中央银行间接调控的工具；公开市场操作制度包括人民币操作和外汇操作两部分。外汇公开市场操作自1994年3月启动，人民币公开市场操作自1996年4月9日启动。1999年以来，公开市场操作已成为中国人民银行货币政策日常操作的重要工具。中国人民银行从1998年开始建立公开市场业务一级交易商制度，选择了一批能够承担大额债券交易的商业银行作为公开市场业务的交易对象，目前公开市场业务一级交易商共包括40家商业银行。这些交易商可以运用国债、政策性金融债券等作为交易工具与中国人民银行开展公开市场业务。从交易品种看，中国人民银行公开市场业务债券交易主要包括回购交易、现券交易和发行中央银行票据。

延伸阅读

历届诺贝尔经济学奖获奖者及其理论

诺贝尔经济学奖并非诺贝尔遗嘱中提到的五大奖励领域之一，是由瑞典银行在1968年为纪念诺贝尔而增设的，全称应为"纪念阿尔弗雷德·诺贝尔瑞典银行经济学奖"，通常称为诺贝尔经济学奖，也称瑞典银行经济学奖，由瑞典皇家科学院组织评选。遴选的主要标准是候选人的学说、成就的独创性，以及其成果对经济学的发展及现实世界的影响。历届诺贝尔经济学奖获奖者及其理论如下：

2020年诺贝尔经济学奖得主：保罗·米尔格罗姆（Paul Milgrom）和罗伯特·威尔逊（Robert Wilson）。他们对拍卖理论进行了有效改进，并且发明了新拍卖形式，提供了系统理论支撑。

2019年诺贝尔经济学奖得主：阿比吉特·巴纳吉（Abhijit Banerjee）、埃丝特·迪弗洛（Esther Duflo）和迈克尔·克雷默（Michael Kremer）。他们用试验经济学的方法，探索为什么穷人摆脱不了贫穷的问题，在代表作《贫穷的本质：我们为什么摆脱不了贫穷》中，试验性应用扶贫方案，为政策制定者、政治家及贫困人口提供了重要指导。

2018年诺贝尔经济学奖得主：威廉·诺德豪斯（William Nordhaus）和美国经济学家保罗·罗默（Paul Romer）。他们将技术创新和气候变化引入长期宏观经济模型分析框架，设计了一系列方法来解决当前时代最基本和最紧迫的问题——如何创造长期可持续的经济增长。

2017年诺贝尔经济学奖得主：理查德·塞勒（Richard Thaler）。他将心理上的现实假设纳入经济决策分析中，通过探索有限理性、社会偏好和缺乏自我控制的后果，深入分析了这些人格特质如何系统地影响个人决策及市场。

2016年诺贝尔经济学奖得主：奥利弗·哈特（Oliver Hart）和本特·霍尔姆斯特伦（Bengt Holmstrom）。他们在契约理论方面，将相关理论与公司、企业治理及金融危机期间流动性问题的研究相结合，取得了重要突破。

2015年诺贝尔经济学奖得主：安格斯·迪顿（Angus Deaton）。他对消费、贫困和福利进行了实证分析，在代表性著作《逃离不平等：健康财富及不平等的起源》中，对于不平等导致的问题、不平等中的重要因素、健康上的不平等和收入的不平等的关联等进行了深入分析。

2014年诺贝尔经济学奖得主：让·梯若尔（Jean Tirole）。他深入研究了寡头垄断现象，并形成众多具有重要实践监管作用的理论研究成果。

2013年诺贝尔经济学奖得主：尤金·法玛（Eugene Fama）、拉尔斯·汉森（Lars Hansen）和罗伯特·席勒（Robert Shiller）。他们对资产价格理论进行了深入分析，获得重大突破。

2012年诺贝尔经济学奖得主：阿尔文·罗斯（Alvin Roth）和劳埃德·沙普利（Lloyd Shapley）。他们创建了稳定分配理论，并进行了"市场设计"的实践，提供了一个可以广泛应用于劳动力市场中雇主与雇员的搜索、拍卖过程中卖家和买家之间搜索的模型，研究了双边匹配的博弈论中结果的稳定性、不同组织规则下代理人激励等重要问题。

2011年诺贝尔经济学奖得主：托马斯·萨金特（Thomas Sargent）和克里斯托弗·西姆斯（Christopher Sims）。他们解释了经济政策在宏观经济运行中的作用，并在宏观经济学中对成因及其影响进行了实证研究。

2010年诺贝尔经济学奖得主：彼得·戴蒙德（Peter Diamond）、戴尔·莫滕森（Dale Mortensen）和克里斯托弗·皮萨里德斯（Christopher Pissarides）。他们开发新理论，解释了劳动力市场上工作空缺与失业并存的冲突，提出雇佣、招聘和工作需求之间的合理机制，极大地改进了相关的市场理论。

2009年诺贝尔经济学奖得主：奥利弗·威廉姆森（Oliver Williamson）和埃莉诺·奥斯特罗姆（Elinor Ostrom）。前者注重在经济管理方面的分析，提出了对公共资源管理的重要分析理论；后者注重新制度经济学的研究，提供了不同的治理结构在解决利益冲突方面采取的方法。

2008年诺贝尔经济学奖得主：保罗·克鲁格曼（Paul Krugman）。他在分析国际贸易模式、经济活动的地域等方面做出了巨大的贡献。

2007年诺贝尔经济学奖得主：莱昂尼德·赫维奇（Leonid Hurwicz）、埃里克·马斯金（Eric Maskin）和罗杰·迈尔森（Roger Myerson）。这三位美国经济学家共同为机制设计理论奠定了基础。

2006年诺贝尔经济学奖得主：埃德蒙·费尔普斯（Edmund Phelps）。他在加深人们对于通货膨胀和失业预期关系的理解方面做出了巨大贡献。

2005年诺贝尔经济学奖得主：罗伯特·奥曼（Robert Aumann）和托马斯·谢林

（Thomas Schelling）。他们通过博弈理论分析增加了世人对合作与冲突的理解，其理论被广泛应用在解释社会中不同性质的冲突、贸易纠纷、价格之争及寻求长期合作的模式等科学领域。

2004年诺贝尔经济学奖得主：芬恩·基德兰德（Finn Kydland）和爱德华·普雷斯科特（Edward Prescott）。这两位经济学家在有关宏观经济政策的时间一致性难题和商业周期的影响因素研究中取得了重大突破。

2003年诺贝尔经济学奖得主：罗伯特·恩格尔三世（Robert Engle Ⅲ）和英国经济学家克莱夫·格兰杰（Clive Granger）。他们分别用"随着时间变化的易变性"和"共同趋势"两种新方法分析经济时间数列，对经济学研究和经济发展带来巨大影响。

2002年诺贝尔经济学奖得主：丹尼尔·卡尼曼（Daniel Kahneman）和弗农·史密斯（Vernon Smith）。前者开创性地将心理学分析法与经济学研究结合在一起，为创立新的经济学研究领域奠定了基础；后者则开创了一系列试验法，为通过试验进行可靠的经济学研究确定了标准。

2001年诺贝尔经济学奖得主：乔治·阿克洛夫（George Akerlof）、迈克尔·斯彭斯（Michael Spence）和约瑟夫·斯蒂格利茨（Joseph Stigliz）。他们在对不对称信息市场的分析研究中，做出了重大贡献。

2000年诺贝尔经济学奖得主：詹姆斯·赫克曼（James Heckman）和丹尼尔·麦克法登（Daniel McFadden）。他们在微观计量经济学领域做出了杰出的贡献。

1999年诺贝尔经济学奖得主：罗伯特·蒙代尔（Robert A. Mundell）。他对不同汇率制度下的货币与财政政策及最优货币区域做出了影响深远的分析。

1998年诺贝尔经济学奖得主：阿玛蒂亚·森（Amartya Sen）。他对福利经济学几个重大问题，包括社会选择理论、对福利和贫穷标准的定义和对匮乏的研究等，做出了深入而精辟的论述。

1997年诺贝尔经济学奖得主：罗伯特·默顿（Robert Merton）和迈伦·斯科尔斯（Myron Scholes）。前者提出了著名的布莱克-舒尔斯定价公式，该公式已成为金融机构涉及金融新产品采用的主导思想方法；后者对这一公式所依赖的假设条件做了进一步减弱，在许多方面对其做了推广。

1996年诺贝尔经济学奖得主：詹姆斯·莫里斯（James Mirrlees）和威廉·维克里（William Vickrey）。前者在信息经济学理论领域做出了重大贡献，尤其是不对称信息条件下的经济激励理论的论述；后者在信息经济学、激励理论、博弈论等方面研究中取得了重大成果。

1995年诺贝尔经济学奖得主：罗伯特·卢卡斯（Robert Lucas）。他倡导发展了理性预期与宏观经济学研究的运用理论，深化了人们对经济政策的理解，并对经济周期理论提出了独到的见解。

1994年诺贝尔经济学奖得主：约翰·海萨尼（John Harsanyi）、约翰·纳什（John Nash）和莱茵哈德·泽尔腾（Reinhard Selten）。他们在非合作博弈的均衡分析理论方面做出了开创性的贡献，对博弈论和经济学产生了重大影响。

1993年诺贝尔经济学奖得主：罗伯特·福格尔（Robert Fogel）和道格拉斯·诺斯（Douglass North）。前者用经济史的新理论及数理工具重新诠释了过去的经济发展过程，后者建立了包括产权理论、国家理论和意识形态理论在内的"制度变迁理论"。

1992年诺贝尔经济学奖得主：加里·贝克尔（Gary Becker）。他将微观经济理论创造性地扩展到对人类相互行为（包括市场行为）的分析中。

1991年诺贝尔经济学奖得主：罗纳德·科斯（Ronald Coase）。他揭示并澄清了经济制度结构和函数中交易费用和产权的重要性。

1990年诺贝尔经济学奖得主：哈里·马科维茨（Harry Markowitz）、默顿·米勒（Merton Miller）和威廉·夏普（William Sharpe）。他们在金融经济学方面做出了开创性工作，形成了重大成果。

1989年诺贝尔经济学奖得主：特里夫·哈维默（Trygve Haavelmo）。他建立了现代经济计量学的基础性指导原则。

1988年诺贝尔经济学奖得主：莫里斯·阿莱斯（Maurice Allais）。他在市场理论及资源有效利用研究中，对一般均衡理论进行了创造性的系统阐述。

1987年诺贝尔经济学奖得主：罗伯特·索洛（Robert Solow）。他对经济增长理论做出了重大贡献，研究并提出了长期的经济增长主要依靠技术进步，而不是依靠资本和劳动力的投入。

1986年诺贝尔经济学奖得主：詹姆斯·布坎南（James Buchanan）。他将政治决策的分析与经济理论结合起来，使经济分析应用到社会、政治法规的选择中。

1985年诺贝尔经济学奖得主：弗兰克·莫迪利安尼（Franco Modigliani）。他首次提出了储蓄的生命周期假设，这一假设在研究家庭和企业储蓄中得到了广泛应用。

1984年诺贝尔经济学奖得主：理查德·斯通（Richard Stone）。他是"国民经济统计之父"，在国民核算的发展中做出了奠基性贡献，极大地改进了经济实践分析的基础。

1983年诺贝尔经济学奖得主：杰拉德·德布鲁（Gerard Debreu）。他概括了帕累托最优理论，创立了相关商品的经济与社会均衡的存在定理。

1982年诺贝尔经济学奖得主：乔治·斯蒂格勒（George Stigler）。他在工业结构、市场的作用和公共经济法规的作用与影响研究中，做出了创造性的重大贡献。

1981年诺贝尔经济学奖得主：詹姆斯·托宾（James Tobin）。他阐述和发展了凯恩斯的系列理论及财政与货币政策的宏观模型，在金融市场及相关的支出决定、就业、产品和价格等方面做出了重要贡献。

1980年诺贝尔经济学奖得主：劳伦斯·克莱因（Lawrence Klein）。他对宏观计量经济学的建模做出了开创性的贡献。

1979年诺贝尔经济学奖得主：西奥多·舒尔茨（Theodore Schultz）和阿瑟·刘易斯（Arthur Lewis）。他们深入研究了发展中国家在发展经济中的许多重要问题，并形成了大量成果。

1978年诺贝尔经济学奖得主：赫伯特·西蒙（Herbert Simon）。他对经济组织内的决策程序进行了研究，这一有关决策程序的基本理论被公认为关于公司企业实际决策的独创见解。

1977年诺贝尔经济学奖得主：贝蒂·俄林（Betty Olin）和詹姆斯·米德（James Meade）。他们共同对国际贸易理论和国际资本流动进行了开创性研究。

1976年诺贝尔经济学奖得主：米尔顿·弗里德曼（Milton Friedman）。他创立了货币主义理论，提出了永久性收入假说。

1975年诺贝尔经济学奖得主：列奥尼德·康托罗维奇（Leonid Kantorovich）和佳林·库普曼斯（Tjalling Koopmans）。康托罗维奇创立享誉全球的线性规划思想体系，对资源最优分配理论做出了贡献。库普曼斯将数理统计学成功地运用于经济计量学，对资源最优分配理论做出了贡献。

1974年诺贝尔经济学奖得主：纲纳·缪达尔（Gunnar Myrdal）和弗里德里希·奥古斯特·冯·哈耶克（Friedrich August von Hayek）。他们深入研究了货币理论和经济波动，并分析了经济、社会和制度现象的互相依赖。

1973年诺贝尔经济学奖得主：华西里·列昂惕夫（Wassily Leontief）。他发展了投入产出方法，该方法在许多重要的经济问题中得到运用。

1972年诺贝尔经济学奖得主：约翰·希克斯（John Hicks）和肯尼斯·阿罗（Kenneth Arrow）。他们深入研究了经济均衡理论和福利理论。

1971年诺贝尔经济学奖得主：西蒙·库兹涅茨（Simon Kuznets）。他在研究人口发展趋势及人口结构对经济增长和收入分配关系方面做出了巨大贡献。

1970年诺贝尔经济学奖得主：保罗·萨缪尔森（Paul Samuelson）。他发展了数理和动态经济理论，将经济科学提高到新的水平。他的研究涉及经济学的全部领域。

第四章
发展中国家的经济发展与经济安全

学科思维导图

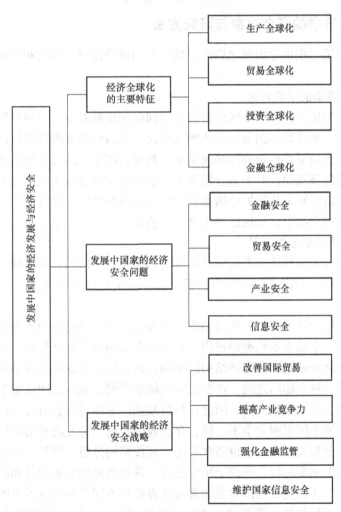

现代经济发展理论兴起于20世纪40年代末期并最终形成一门独立的学科——发展经济学：专门研究发展中国家经济发展问题的经济学分支学科。第二次世界大战后，世界上出现了众多的发展中国家，其落后的经济状况和所面临的发展问题与发达国家明显不同，这些国家的目标是如何从贫困、落后的不发达状态转变为繁荣、富裕的发达状态。20世纪90年代以来，经济全球化呈现出加速发展的趋势，这对发展中国家来说既是其实现加速发展的历史

机遇，同时，也因自身经济的脆弱性及国际经济规则的不利影响，使国家经济安全问题凸显并逐渐成为关系国家生存和发展的重要战略问题。

第一节 发展中国家的经济发展

经历长期的殖民地、半殖民地和附属国的历史，发展中国家在独立之后经济上处于极端贫困落后的状态，经过六七十年的探索发展，发展中国家无论在发展理论上还是发展实践上都取得了巨大的成就，但对于所有的发展中国家来说，特别是那些停滞不前的最不发达国家，发展中仍然面临着严峻的困境。

一、发展经济学的研究对象与研究方法

发展经济学是第二次世界大战之后产生的，专门研究发展中国家和地区经济发展问题的经济学分支学科。

（一）发展经济学的研究对象

发展经济学以发展中国家和地区的经济发展问题为研究对象。经济发展问题有很多，主要分为两个方面：一是发展中国家与发达国家相比，其落后的原因和障碍问题；二是发展中国家根据自身的特点应采取何种战略和政策来追赶发达国家。因为主流经济学是以发达国家为研究对象总结的经济规律，并不适合发展中国家的现实状况而无法指导发展中国家的实践取得成功，发展经济学则是从发展中国家的角度来探讨与经济发展有关的各种经济问题。只要世界上还存在发展中国家，发展经济学就不会消亡。

（二）发展经济学的研究方法

发展经济学所研究的经济发展问题是针对落后国家和地区的长期问题，所以其研究方法具有独特性，分为动态分析方法、结构分析方法、历史比较分析方法、多维度综合分析方法等。

发展经济学运用的基本分析方法是动态分析方法，尤其是长期的动态分析方法。有的学者强调发展过程是一个动态不均衡的过程，有的学者采用动态均衡分析。发展中国家与发达国家之间重要区别之一就是社会经济结构的差别。发达国家是成熟的经济体，是一元化的结构，市场体制完善，各个部门之间、产业之间、城乡之间、地区之间要素生产率和要素报酬差别不大，制度和文化也比较同质，因此在分析发达国家经济增长时可以把经济作为一个整体加以研究。而发展中国家则完全不一样，存在着明显的二元经济社会结构，传统部门与现代部门并存，因此分析发展中国家也通常采用二元性结构分析。另外，发展经济学研究一个经济体从不发达状态到发达状态的整个历史过程，发达国家的发展途径和战略对发展中国家具有重要借鉴意义，所以发展经济学家通常对世界各种不同类型的发展中国家进行历史比较分析，从中寻找经济发展的一般规律。相对于发达国家，发展中国家的市场制度、法律制度、政治制度和文化传统都存在显著的差异，并且各个发展中国家之间也存在较大的差异，所以在研究发展中国家经济发展问题时应综合考虑政治、经济、社会和文化等各方面因素的影响。

（三）本章的研究内容与逻辑关联

本章主要阐述经济全球化背景下发展中国家的经济发展与经济安全问题。经济全球化是

一个必然的历史发展趋势，所有国家必然深深卷入其中。经济全球化对所有国家都是机遇与挑战并存，但发展中国家遭受经济安全的风险远远大于发达国家。一方面，发展中国家在经济、科技、财政能力、基础设施、法律制度等各方面薄弱，容易受到世界市场波动和经济风险的不利影响；另一方面，经济全球化趋势是与发达资本主义世界经济体系相联系的，也主要是由发达国家推动的，国际竞争规则主要由发达国家制定并反映其利益，发展中国家始终处于弱势地位。因此，经济全球化对于发展中国家来说既是实现加速经济发展的历史机遇，也使发展中国家经济发展的利益和安全面临更大威胁，只有采取有效的经济安全战略才能顺利实现其经济快速健康的发展。

二、发展中国家及其基本经济特征

发展中国家（developing country）也被称为欠发达国家（less-developed country），是与发达国家（developed country）相对的概念，是指曾经的殖民地、半殖民地和附属国，摆脱了帝国主义和殖民主义的统治，在政治上独立、拥有国家主权，在经济上各自选择不同道路和方式谋求发展的新兴民族国家。大多数的发展中国家是第二次世界大战后独立的，在收入水平上处于低收入和中等收入，主要集中在亚洲、非洲、拉丁美洲地区，也包括部分东南欧国家。尽管发展中国家在经济、政治、社会、文化等各方面存在很多差异，但与发达国家相比，具有一些共同的基本特征。

1. 劳动生产率低下，经济增长速度较慢

广大发展中国家普遍存在劳动生产率低下的状况，这也是导致它们贫穷落后的重要原因。大多数发展中国家以传统农业为基础，资本投入不足，加上自然条件等原因，收益非常有限。2010年，高收入国家农业劳动力人均增加值是中高收入国家的10.63倍，是中低收入国家的61.65倍。非农业部门也因为资本匮乏、技术落后、规模狭小、管理不当等因素劳动生产率低下，2010年高收入、中高收入和中低收入国家组制造业劳动力人均增加值分别为79 635美元、23 254美元和21 654美元。从增长速度来看，大多数发展中国家经济增长缓慢，1980年—2015年，低收入国家年均经济增长率平均水平为0.7%，高收入国家同期为1.7%。经济增长缓慢的结果使发展中国家和发达国家之间绝对收入差距越来越大。

2. 人均收入低，贫富差距大

2017年，高收入国家和低收入国家的人均国民总收入（Gross National Income，GNI）分别是40 136美元和774美元，相差51倍，低收入国家的人均GNI不到2美元/天。发展中国家人均收入低，贫富差距悬殊，有限的国民收入绝大多数集中在少数富裕阶层手中，导致发展中国家有相当的人口生活在贫困线以下。统计数据显示，越是落后的发展中国家，因为制度的不健全，收入分配不平等现象越严重。

3. 人口出生率高，平均寿命低

数据显示，当前世界人口的快速增长主要是来自发展中国家的影响，发展中国家人口的增长表现出出生率高、死亡率低、自然增长率高的特点。1966年—2015年，低收入、中低收入、中高收入和高收入国家组的人口增长率年均为2.66%、2.06%、1.40%和0.82%。发展中国家人口的快速增长给发展中国家带来了沉重的负担，人口增长速度超过经济增长速度，国民福利水平不升反降。发展中国家低收入水平使居民生活水平低、卫生保健事业落

后,因此预期寿命也较低。2013年低收入国家5岁以下儿童死亡率平均为76‰,而高收入国家只有6‰;2015年非洲大多数国家人均预期寿命不到60岁,而大多数发达国家的人均预期寿命在80岁以上。

4. 文化教育、卫生保健条件差,文盲率高

发展中国家低下的收入水平导致其文化教育和卫生保健两方面非常落后,进而导致人力资本短缺,严重影响了发展中国家经济增长的速度。2013年,低收入国家和高收入国家的小学完成率分别是71%、100%,15~24岁年龄段识字率分别是72%、100%,儿童营养不良率分别是21.4%、0.9%。

5. 在经济全球化进程中处于脆弱性地位

20世纪90年代后,经济全球化迅速发展,导致世界各个国家包括发展中国家都处于全球化体系中,全球化虽然给所有国家都带来了发展的机遇,但也带来了风险,是一把"双刃剑"。而在全球化体系中,发达国家控制着国际分工、国际贸易、国际金融、国际生产要素流动体系的支配权,多数发展中国家处于国际分工体系的底层,生产和出口初级产品和附加值低的制成品。有些发展中国家的经济因此而畸形发展,不能形成完整的国民经济体系。

6. 城乡二元结构显著

发展中国家普遍存在着二元经济结构,即以城市工业为代表的现代商品经济部门和以农村传统农业为代表的自然经济部门并存,这种二元经济特征是界定发展中国家的本质特征,也就是说,无论一个国家的现代工业部门如何发达或者人均收入水平已经达到高收入标准,只要其经济结构存在二元特征,就是发展中国家。在经济二元特征基础上,发展中国家在社会、文化等方面也存在二元特征。

三、经济发展及中国的新发展理念

"增长"与"发展"两个概念现在非常频繁地被使用,但并非古已有之,在人类历史的长河中,工业文明出现之前社会生产率和生活水平在漫长时期内基本保持不变或缓慢增长,持续而显著的经济增长始于18世纪晚期英国工业革命之后,而"发展"的概念则出现更晚,是针对第二次世界大战后那些独立的民族国家谋求发展而言的。

(一) 经济增长与经济发展

早期发展经济学家往往不加区别地使用"经济增长"和"经济发展",认为两者没有明显区别,例如刘易斯把他论述经济发展的理论著作命名为《经济增长理论》,罗斯托的《经济增长的阶段》一书实际上是对经济发展阶段的研究。20世纪五六十年代许多发展中国家经济表现出可喜的增长,但同时也出现了很多问题,大量的失业、贫富差距悬殊、环境恶化……人们由此渐渐意识到发展与增长不同,它是一个多维度的概念,包含多重目标,并且这些目标并不必然相容,有些目标甚至存在着难以解决的矛盾。因此,从20世纪70年代开始发展概念被赋予了更加丰富的内涵,发展的目标向社会目标偏移,重视就业、平等、根除贫穷和满足基本需要。对"发展"的内涵的多维理解直接影响发展目标的制定和发展政策的选择,是一个具有重大理论和实践意义的问题。

现在普遍认为,经济增长是指社会财富即社会总产品量的增加,一般用实际国民总收入(GNI)或国内生产总值(GDP)的增长率来表示。用实际人均GNI或人均GDP表示一个国

家的富裕程度。经济发展除了包括经济增长之外，还包括经济结构的变化。这种结构变化包括：生产投入结构和组织结构、产出结构、产品结构及居民生活质量的提高和分配状况的改善。可见，经济增长的内涵较狭，是一个偏重于数量的概念，而经济发展的内涵较广，是一个既包含数量又包含质量的概念。

显然，经济增长与经济发展是两个既有区别又有联系的概念，经济增长是经济发展的基础和手段，经济发展是经济增长的目的和结果。经济增长作为经济发展的核心内容，意味着总产出的扩张和平均收入的增加，这是经济结构变化和居民生活水平普遍提高的前提和基础，没有国民财富的增长不可能有长期持续的经济发展，反过来，有经济增长不一定有经济发展。如果由于制度上的原因，产出增长的结果是长期两极分化，或者产出有快速的增长，但相当大一部分没有助力提升国计民生而是资源的虚耗，或者为了片面追求快速的产出增长而付出沉重的社会代价，这几种情况都是有增长而无发展。1966年，克劳尔在《无发展的增长》一书中阐述了当时利比亚的经济状况就是"有增长无发展"。

（二）发展

有时发展被认为是经济发展概念的简化，但这里为更全面地理解发展的含义，认为发展包含的内容更加广泛，发展包含经济发展与人类发展。经济发展只是指经济结构的变化和人的物质文化生活水平的提高，人类发展不仅包含人的物质生活质量的改善，还包括人的文化、社会生活的改善，是更高层次的发展。在马克思主义看来，人的全面发展也就是人的自由发展，人的自由是实现全面发展的必要条件。所以，选择自由度的扩大是人类发展的本质，人类发展主要体现在人的各种自由选择能力的扩大，包括延长寿命的能力、获得更多知识的自由选择能力、享受健康身体的自由选择能力、拥有充分收入来购买各种商品和服务的自由选择能力、参与社会公共事务的自由选择能力等。这些能力的提高以经济持续增长为基础。但是，有了经济增长并不等于就自动地导致人类发展。《1996年人类发展报告》中列举了五种有增长而无人类发展的情况：无工作的增长（jobless growth）、无声的增长（voiceless growth）、无情的增长（ruthless growth）、无根的增长（rootless growth）、无未来的增长（futureless growth）。

（三）可持续发展

20世纪60年代，发达国家在忙于战后发展，发展中国家在忙于启动工业化。然而，工业化快速发展也带来一系列问题，如人口爆炸、不可再生资源耗竭、生态环境恶化等。在发展中国家出现了"贫穷→人口过度增长→环境退化→贫穷"的恶性循环。20世纪80年代之后，人类重新审视自己的经济行为，提出了一种新的发展思想——可持续发展。1987年，世界环境与发展委员会（World Commission on Environment and Development, WCED）在研究报告《我们共同的未来》（*Our Common Future*）一文中，定义了"可持续发展"的概念——既满足当代人的需要，又不对后代人满足其需要的能力构成危害的发展。它强调了健康的经济发展应建立在可持续生存能力、社会公正和人民积极参与自身发展决策的基础上，既要使人类的各种需要得到满足，个人得到充分发展，又要保护资源和生态环境，实现经济、环境和社会的共同发展。"可持续发展"目标和2000年联合国发表的"全球内消除贫困"的千年发展目标，都是全世界对可持续发展的努力实践。

（四）中国的新发展理念

2015年10月，党的十八届五中全会通过的《中共中央关于制定国民经济和社会发展第十三个五年规划的建议》中首次提出"新发展理念",包括创新发展、协调发展、绿色发展、开放发展和共享发展,构成一个完整的发展体系。创新发展是五大发展理念之首,从发展要素角度强调把传统的投资驱动、要素驱动型经济发展方式转变为自主创新型的经济发展方式,把创新作为引领发展的第一动力,促进技术进步和全要素生产率的提高,是现代化经济体系的战略支撑。协调发展是经济持续健康发展的内在要求,既是发展手段也是发展目标,从结构转变角度强调要促进中国特色工业化、信息化、城镇化和农业现代化同步发展,实现需求结构、产业结构、城乡结构、区域结构协调发展。绿色发展是永续发展的必要条件和人民对美好生活追求的重要体现,是可持续发展概念的延伸和扩展,从资源环境与经济发展关系的角度强调要实现经济与资源环境的可持续发展,实现人与自然的和谐共生。开放发展是国家繁荣富强的必由之路,是促进我国经济发展的重要动力,与改革相辅相成、相互促进,从"利用两种资源、两种市场"的角度强调要通过全方位开放充分利用全球资源和市场来促进我国经济高质量发展。共享发展是中国特色社会主义的本质要求,是坚持以人民为中心的发展思想,也是共同富裕思想的最新发展,从社会公平正义角度强调如何实现社会产品和收入在全社会成员之间的分配问题。

新发展理念不仅是现阶段我国社会经济发展的指导方针,也是对经济发展理论的重大创新和发展,传统发展理论主要是针对低收入国家如何摆脱贫困落后的状态而提出的发展战略和政策,而新发展理念是针对中等收入国家如何实现持续发展而进入发达阶段提供的一套完整的发展理论和发展战略。

四、发展中国家的经济发展现状

20世纪四五十年代,发展中国家在兴起之初处于传统的落后状态:人均收入增长率长期停滞不前;婴儿死亡率高达158‰,平均预期寿命不到43岁;生产以农业为主,80%以上的人口生活在农村;工业基础薄弱,结构单一,出口产品中86.7%为初级产品。[①]几十年过去了,发展中国家虽然并没有完全摆脱贫困落后,但还是在工业化进程、物质文化生活、对外关系等方面取得了巨大的成就。当然,对于所有的发展中国家来说,特别是那些停滞不前的不发达国家,经济发展中仍然面临着严峻的困境。

(一)发展中国家的经济发展成就

1. 经济增长的速度和水平

在这几十年中,发展中国家的经济增长可以分为以下几个阶段。

第一阶段:1955年—1965年,是发展中国家经济发展提速、发达国家高速发展的阶段。在这一阶段,很多发展中国家借助国外资本和技术启动了工业化进程,总产值增长率年均为4.9%,同期发达国家年均为4.8%;人均产值增长率发展中国家年均为2.5%,发达国家年均为3.5%。

第二阶段:1966年—1980年,是发展中国家经济快速发展、发达国家增长速度逐渐减缓的阶段。在这一阶段,发达国家由于美元危机和石油危机的影响,经济增长逐渐减缓并出现"滞胀"问题,而发展中国家经济增长速度加快,总产值和人均产值的年均增长率均超过发达国家,特别是1965年—1973年,是发展中国家经济增长最快的一个阶段,国内生产

[①] 谭崇台:《发展经济学概论》,武汉大学出版社,2001年,303页。

总值和人均国内生产总值的年均增长率分别为6.5%和3.9%。

第三阶段：1981年—1990年，是发展中国家经济发展最为缓慢、发达国家经济逐渐复苏的阶段。在这一阶段，发展中国家因为遭受世界经济危机的冲击加之国内政策的失误，普遍陷入债务危机，出现了经济增长缓慢甚至负增长、通货膨胀严重的状况，国内生产总值和人均国内生产总值年均增长率分别为3.0%和1.6%，而同期发达国家国内生产总值和人均国内生产总值年均增长率分别为3.2%和2.3%。

第四阶段：1991年—2007年，总体来看是发展中国家和发达国家经济持续增长阶段，发展中国家的经济增长速度快于发达国家。在这一阶段，爆发了几次严重的经济危机，使发达国家和发展中国家经济发展都产生了较大波动，20世纪90年代初期日本泡沫经济的破灭，1997年—1998年东南亚金融危机，2000年互联网泡沫破灭，2007年美国爆发次贷危机。但这一阶段总体来看，发展中国家和发达国家的经济处于持续增长状态，而且发展中国家的增长速度明显高于发达国家，1991年—1997年发展中国家国内生产总值和人均国内生产总值年均增长率分别为5.8%和3.0%，发达国家年均增长率分别为2.1%和2.4%。2000年之后，发展中国家经济发展较快，其与发达国家经济增长速度对比如图4-1所示。

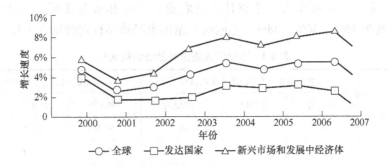

图4-1 发展中国家与发达国家经济增长速度对比
（资料来源：世界发展报告）

第五阶段：2008年至今，是经济危机后发展中国家与发达国家经济复苏缓慢增长阶段。2018年，全球实际GDP的增长率为3.1%，发达经济体实际GDP的增长率为2.2%。

在全球经济增长中，发展中国家特别是发展中大国做出了突出贡献。以金砖国家为例，其与G7集团经济增长速度对比如图4-2所示。

在全球生产总值中，发展中国家所占的比重从1960年的13.4%上升到1994年的20.1%，到2020年占比为40%。由于发展中国家还处于人口快速增长时期，因此人均产值增长受到影响，按1997年美元价格计算，由1955年的340美元增加到1997年1250美元，2019年为5490美元[一]。

2. 经济结构的提升

发展中国家在独立之前，作为殖民地或半殖民地是宗主国的原材料供应地、投资场所和

[一] 数据来源于《发展经济学概论》，谭崇台主编，武汉大学出版社，2001年，310页。另外，部分数据根据《2020年世界发展报告》计算。

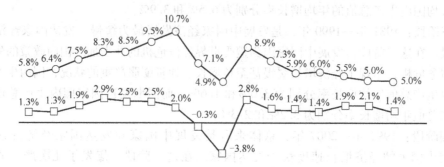

图 4-2　2001 年—2016 年金砖国家与 G7 集团经济增长速度对比

(资料来源：世界发展报告)

商品销售市场，对发达国家依赖性大，经济结构单一，独立后发展中国家启动工业化进程，工业发展较快，在国民经济中所占的比重也不断提高，同时第三产业也有了快速发展。1965 年—1997 年，发展中国家作为一个整体，其农业、工业和服务业所占比重分别由 31%、31%、38% 转变为 16%、36%、48%。不同收入组国家经济结构比较见表 4-1。

表 4-1　不同收入组国家经济结构比较

收入组	非农产业增加值占 GDP 比重（%）			城镇人口占总人口比重（%）		
	1960 年	1990 年	2015 年	1960 年	1990 年	2015 年
高收入国家	—	—	98.6	64.0	74.5	81.2
中高收入国家	74.9	82.0	92.9	28.3	43.2	64.2
中低收入国家	56.5	73.3	83.4	19.8	30.0	39.2
低收入国家	—	59.5	69.8	11.8	22.6	30.7

资料来源：世界发展指标数据库。

3. 对外贸易的发展

对外贸易越来越成为发展中国家经济增长的一个重要组成部分。1965 年—1988 年发展中国家年均出口增长率为 4.9%，1990 年—1995 年年均出口增长率为 7.2%。从出口商品的结构看，1965 年出口商品中农矿原料等初级产品所占的比重为 83%，到 1996 年其比重下降为 37%，而制成品出口所占比重则持续上升。在出口的初级产品中，构成也不断发生变化，1965 年出口的初级产品中食品、原料等可再生产品约占 2/3，燃料、矿产和金属等不可再生产品约占 1/3，到 1988 年，前者仅占 49% 而后者增加到 51%。在出口的制成品中，前期大部分属于劳动密集型产品，仅服装和纺织品两项约占发展中国家出口总额的 1/3。后期，劳动密集型产品占比明显下降，而机械产品、电子产品等资本密集型、技术密集型产品占比不断上升。

4. 生活质量的改善

随着发展中国家人均收入水平的提高，人们的生活质量明显改善。从 1950 年到 1996

年，发展中国家平均预期寿命由43岁增加到65岁，婴儿死亡率由158‰下降到80‰，成人识字率由33%上升到70%。而且与发达国家相比，发展中国家在生活质量改善方面的速度显著快于发达国家，发达国家经过一百多年平均预期寿命才突破60岁大关，发展中国家实现这一目标仅用不到40年时间。1975年发达国家小学净入学率为88%，而发展中国家到1988年就实现了这一结果，到1995年，发展中国家小学净入学率为99%，而发达国家为98%。

5. 发展中国家（地区）中发展迅速的国家（地区）

在发展中国家六七十年的发展中，有小部分发展中国家及时抓住了发达国家产业转移的契机，充分利用国外的资金与技术，制定正确的发展战略与措施，取得了卓越的成就。

从大的区域来看，东亚地区的发展令人瞩目。东亚国家包括东亚和东南亚地区，该地区由于较长时期的殖民历史及第二次世界大战中遭受严重破坏，一度被认为是世界上最没有发展前景的地方。但是自20世纪60年代开始，东亚获得了快速的经济增长，创造了所谓的"东亚经济奇迹"。1960年—1970年，日本GDP的年均增长率为11.7%；1960年—1995年，亚洲"四小龙"GDP年均增长率为8.2%；1980年—2000年，中国GDP年均增长率为9.7%。虽然东亚地区在发展过程中也经历过诸如东南亚金融危机这样的低谷时期，但总体来看，东亚地区是全球经济发展最快的地区，2018年仍保持了5.7%的较高增速，同期发展中国家整体为4.2%。

从国家来看，新兴经济体和金砖国家是发展中国家经济发展的典范。博鳌亚洲论坛将阿根廷、巴西、中国、印度、印度尼西亚、韩国、墨西哥、俄罗斯、沙特阿拉伯、南非和土耳其等11个国家定义为新兴经济体（"E11"），这些国家经济增长较快（见图4-3）。2017年，金砖国家经济体量占全球经济总量超过23%，对世界经济增长贡献率达到50%。

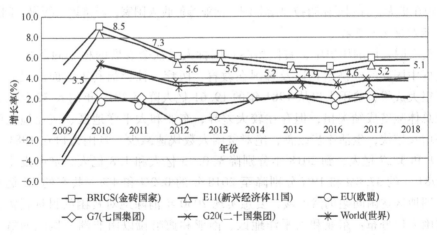

图4-3　2009年—2018年主要国家集团的经济增长率

（资料来源：博鳌亚洲论坛新兴经济体发展2019年度报告）

（二）发展中国家经济发展中面临的主要困难

尽管发展中国家作为一个整体，在过去的半个多世纪中经济增长取得了一定的成就，其中中等收入国家经济发展速度更快，尤其是新兴工业化国家和地区取得了令人瞩目的成绩。但是纵观所有发展中国家，还存在很多艰巨的问题，特别是那些停滞不前的不发达国家，面临着更加严峻的困境。

1. 贫富差距持续扩大

发展中国家与发达国家相比，发展水平存在巨大的差距。

绝对差距：通过一些时点绝对数额之差可以体现发展中国家与发达国家之间的差距。1968年，发达国家与发展中国家人均国民收入总值分别为8230美元和430美元，绝对差距为7800美元；1997年，发达国家与发展中国家人均国民收入总值分别为25 700美元和1250美元，绝对差距扩大到24 450美元；2019年，发达国家与发展中国家人均国民收入总值分别为48 400美元和5490美元，绝对差距更扩大到42 910美元。即使作为发展中国家增长速度较快的韩国，与发达国家间的差距1968年为7470美元，1997年为15 150美元，2019年为26 400美元。以上数据说明发展中国家与发达国家之间绝对差距在持续扩大，发展中国家追赶发达国家的任务异常艰难。

相对差距：可用变量的增长率差异来表示。相对差距将决定绝对差距是否能够缩小，也就是发展中国家能否追赶上发达国家。1965年—1988年，发展中国家和发达国家人均国民收入总值年均增长率分别为2.7%和2.3%，略高于发达国家。如果把发展中国家分成中等收入和低收入两组，情况将更明显，世界银行数据显示，1982年—2012年，发达国家（高收入的OECD成员国）、中等收入国家、低收入国家人均国民收入总值年均增长率分别为1.86%、3.08%、1.38%，说明发展中国家中的低收入国家经济发展缓慢，与发达国家之间的贫富差距在扩大。如果按地区来看，1965年—1988年，撒哈拉以南非洲、南亚人均国民收入总值年均增长率分别为0.2%、1.8%，都表现增长缓慢，东亚地区则保持年均5%以上的增长速度。[①]

通过对比说明，发展中国家整体虽然在过去半个多世纪取得了一定的经济发展，但与发达国家的差距在扩大，特别是撒哈拉以南非洲、南亚等低收入国家，经济增长缓慢，问题严峻。

2. 贫困状况依然严峻

在人类文明发展的历史中，贫困始终是困扰人类社会发展的核心问题之一。经过40多年，发展中国家的经济增长以及各国在教育、医疗、社会福利等方面的投入，全球减贫取得了很大成果，贫困人口从1981年的19.61亿人降至2019年的6.32亿人。虽然发展中国家总体减贫成绩突出，但存在较大差异，东亚和太平洋地区、南亚地区的发展中国家经济增长较快，生活逐步改善，绝对贫困人数快速减少，贫困人口在1981年分别为11.08亿人和5.27亿人，到2018年分别降至0.25亿人和1.8亿人，贫困发生率明显下降，从1981年的37.8%和19%分别降至2018年的0.2%和4%，共有约15亿人摆脱贫困，但非洲地区贫困问题仍然严峻，要想实现2030年消除绝对贫困的目标仍需努力。目前全球贫困人口分布：东亚和太平洋地区、南亚和撒哈拉以南非洲等地区的贫困人口占到全球贫困人口的95%，撒哈拉以南非洲地区占到其中的一半，东亚占12%。[②]全球贫困率较高的10个国家见表4-2。

---

① 数据来源于《发展经济学概论》，谭崇台主编，武汉大学出版社，2001年，310—311页。另外，部分数据来源于《2020年世界发展报告》。

② 数据来源于《发展经济学概论》，谭崇台主编，武汉大学出版社，2001年，311—312页。另外，部分数据来源于《2019年世界发展报告》。

表 4-2 全球贫困率较高的 10 个国家

国家	南苏丹	赤道几内亚	马达加斯加	几内亚比绍	圣多美和普林西比	布隆迪	刚果	中非	斯威士兰	海地
贫困率	82.3%	76.85%	70.7%	69.3%	66.7%	64.9%	63.9%	62.0%	58.9%	58.5%

数据来源：世界银行公开数据。

《2021 年可持续发展目标报告》指出，2020 年全球陷入贫困的人口数量增加 1.2 亿人左右，极端贫困率自 1998 年以来首次上升，从 2019 年的 8.4%升至 9.5%。2020 年受新冠肺炎疫情和极端气候等因素影响，世界饥饿和营养不良状况都在加剧，世界粮食计划署估计面临重度粮食不安全的人数可能增加 80%，即从疫情前的 1.49 亿人增加到 2.7 亿人。全球新增贫困人口中约 60%居住在南亚地区，27%位于撒哈拉以南非洲地区，南亚、撒哈拉以南非洲、中东与北非这些区域的极端贫困人口问题未来不容乐观。除了疫情、自然灾害因素，未来使全球贫困问题依然严峻的因素还包括地区冲突不断、恐怖主义盛行、发展不平衡、国际旧秩序持续损害发展中国家利益、生态破坏、粮食短缺等问题。未来，全球减贫之路道阻且长。

3. 人口压力较大

人口作为劳动力的基础，是社会经济发展的基本要素，但人口增长需要与经济增长相协调，如果一个国家人口增长速度超过经济增长速度，就会阻碍其发展而陷入贫困。目前大多数发展中国家人口增长正处于人口转折的第二阶段，表现为出生率高，死亡率降低，人口的自然增长率较高，所以相对于其经济水平和生态承载力，发展中国家表现出较大的人口压力。

20 世纪 50 年代，发展中国家人口占全球总人口的 2/3，国内生产总值占全球的 17%，在半个多世纪中，发展中国家人口表现出高速的迅猛增长，平均每年增长速度超过 2%，到 1997 年人口从 1950 年的 16 亿人增长到 47 亿人，占比 82%，到 2018 年，发展中国家人口已达 63.9 亿人，占全球总人口的 85%，国内生产总值占全球的 40%。虽然发展中国家近几十年在控制人口增长方面做出了很多努力，但很多国家没有明显成效，所以发展中国家在人口问题上仍不容乐观。不同收入组国家人口增长率比较如图 4-4 所示。

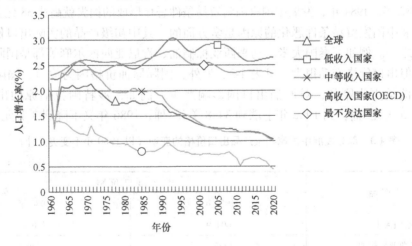

图 4-4 不同收入组国家人口增长率比较

（资料来源：wind 数据整理）

当然发展中国家不同地区人口增长形势不同，亚洲和拉丁美洲的人口增长率已经出现明显下降，中东和北非人口增长率较高、波动也较大，非洲人口增长率是发展中国家人口增长率最高的地区，并且下降缓慢，特别是撒哈拉以南非洲，人口增长率长期接近3%，如图4-5所示。其中，尼日尔、马里、赞比亚、乌干达等国家人口出生率非常高，都在40%以上，国家经济发展极度缓慢。

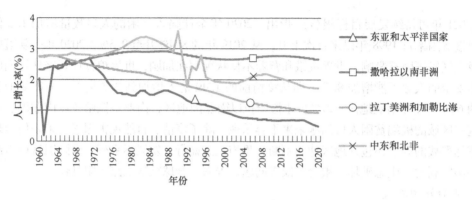

图4-5 发展中国家不同地区人口增长率比较

(资料来源：wind 数据整理)

4. 贸易条件恶化

发展中国家产业结构单一，生产技术落后，以农产品、矿产品等初级产品为主并成为其主要出口产品，在国际市场上缺乏竞争力。另外，由于制造业落后，发展中国家需要从发达国家进口工业制成品，特别是高技术产品。发展中国家生产并出口劳动密集型产品、进口资本、技术密集型产品的分工地位决定其贸易条件存在长期恶化的趋势。加之各国对外贸易政策的变化、自然条件等因素的影响，发展中国家贸易条件波动较大。以1948年—1985年为例，发展中国家这一时期出口初级产品、进口制成品的贸易条件指数由109降低到73，恶化了33%，意味着每单位出口产品换回的进口制成品减少了1/3，给发展中国家造成巨大损失。据统计，仅1982年—1984年，发展中国家因为贸易条件恶化形成的损失就高达38亿美元。

造成发展中国家贸易条件恶化的原因是多方面的，其中初级产品的实际出口价格被压低是主要原因之一。例如，泰国大米、马来西亚棕榈油、肯尼亚西沙尔麻等都是国际市场上的优质产品，但出口价格变动很大，见表4-3。另外，国际原油价格因为战争、国际政治形势等因素影响波动更为剧烈，对原油出口国影响严重。例如，沙特阿拉伯原油出口价格在1950年为7.5美元/桶，到1982年上涨到34.8美元/桶，1986年又下降到9美元/桶。

表4-3 部分发展中国家初级产品出口价格的变动（以1980年不变美元计）

(单位：美元/t)

初级产品	出口价格	
	1950年	1984年
泰国大米	604.9	266.2
马来西亚棕榈油	1225.7	769
肯尼亚西沙尔麻	1699	689

国际大宗商品可以分为能源商品和非能源商品。其中,能源商品包括原油、天然气和煤等,非能源商品包括农产品和金属矿产品等。进入20世纪90年代后,随着发达国家逐渐走出经济衰退,全球经济回暖,市场需求日趋旺盛,初级产品价格逐渐上升,国际大宗商品价格指数逐渐平稳。受1997年东南亚金融危机影响,20世纪90年代后期世界原材料市场短期下跌,随后能源商品价格指数从1999年开始、非能源商品价格指数从2003年开始出现持续上涨。到2008年,能源商品价格指数是1990年价格指数的4倍以上,非能源商品价格指数是1990年价格指数的2.5倍。国际大宗商品价格的上涨使以出口初级产品为主的发展中国家的贸易条件总体有了改善,2001年—2005年发展中国家整体贸易条件上升了5%。但是,经济结构不同的发展中国家贸易条件变化趋势不同,能源输出国和非能源资源产品输出国贸易条件趋向改善,工业制成品输出国的贸易条件趋向恶化。从图4-6可以看出,以沙特阿拉伯和委内瑞拉为代表的能源输出国,与以刚果和南非为代表的非能源资源产品输出国相比,前者受世界原油价格波动的影响,贸易条件的波动更大。从图4-7中可以看出,以韩国、中国、泰国为代表的工业制成品输出国,从20世纪90年代开始,贸易条件开始逐渐恶化。

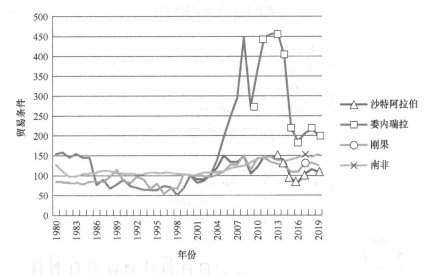

图4-6 能源输出国和非能源资源产品输出国贸易条件变化趋势
(资料来源:wind数据整理)

5. 债务负担沉重

发展中国家外债是其利用外资的一部分。从20世纪80年代债务危机爆发后,发展中国家外债的规模不断增大,1982年债务危机爆发时,外债总量为8390亿美元,此后,发展中国家债务逐年增加(见图4-8)。

2008年后,受次贷危机的影响,全球经济衰退。国际需求下降,原油、矿产等大宗商品价格不断下跌,粮食价格下降了20%,矿产价格下降1/3,原油价格下降70%,这导致发展中国家出口收益锐减,而同时发展中国家基础建设投资需求还在增加,使得发展中国家外债增长再次出现加快趋势。到2014年,发展中国家外债总额为6.7万亿美元,负债率为23.5%。到2020年,外债总量增加到11万亿美元,负债率为32%。外债主要出现在中等收入国家,2009 年,中等收入国家和低收入国家外债规模分别为 34 095 亿美元和 1356 亿美元,到 2016 年,分别为 67 557 亿美元和 1213 亿美元(见图 4-9)。

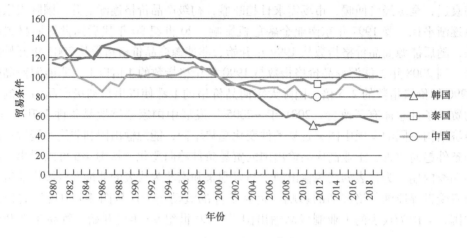

图 4-7　工业制成品输出国贸易条件变化趋势
(资料来源:wind 数据整理)

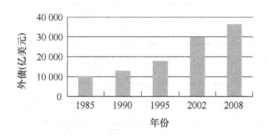

图 4-8　1985 年—2008 年发展中国家外债规模
(资料来源:国家统计局网站)

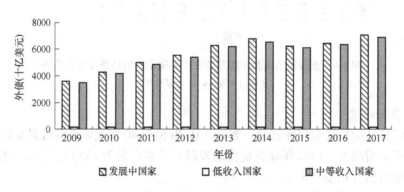

图 4-9　2009 年—2017 年发展中国家外债规模
(资料来源:国家统计局网站)

从地区来看,拉丁美洲和非洲债务负担最为严重,两个地区外债占发展中国家外债总额 50% 以上,根据《1999 年拉美和加勒比外资与外债》报告,1990 年—1999 年拉美和加勒比地区的外债总额从 4430.49 亿美元增至 7493.10 亿美元,增长 69%;支付外债利息也从 1990

年的 463 亿美元增至 1999 年的 1406 亿美元。到 2002 年，拉美外债总额已达 10 000 亿美元。撒哈拉以南非洲地区，外债总量从 2009 年的 2630 亿美元增加到 2013 年的 5241 亿美元，是全球"重债穷国"的密集地。亚洲地区外债从 20 世纪 90 年代也出现增加，1992 年为 5160 亿美元，到 1999 年接近 9800 亿美元，占发展中国家外债总额的 30% 左右。到 2014 年，拉美和加勒比海地区，负债率达到 30%，撒哈拉以南非洲地区达到 27%，拉美地区一直是外债重灾区，2015 年外债规模增至 1.8 万亿美元，负债率 32%。分析发展中国家的外债问题，不仅要看发展中国家整体的外债总量，还要了解主要债务国的债务规模，因为某个国家如果出现债务危机，非常容易引发"多米诺效应"。在拉丁美洲，外债主要集中于巴西、墨西哥和阿根廷三个国家，三国外债额占整个拉丁美洲外债总额的 73% 左右，其中巴西是拉丁美洲第一经济大国，同时也是最大的债务国，外债规模为 2600 亿美元，负债率为 30%，债务率为 336%，每年需要 500 亿美元的外资才能平衡国际收支，其中 470 亿美元要用来还本付息。阿根廷外债规模约为 1500 亿美元，加之受比索贬值的影响，负债率一度上升到 123%，到 2001 年阿根廷宣布无力偿付其 1500 多亿美元的外债。此外，其他一些拉丁美洲国家负债率也比较高，2014 年智利负债率为 58%，墨西哥为 42%，哥斯达黎加为 39%，哥伦比亚为 34%。

6. 金融体制脆弱

金融作为现代经济的核心内容，对经济发展影响巨大。如果金融体系完整，金融市场运作良好，将对经济产生强劲的推动力，相反，如果金融市场运作混乱低效，不但降低经济增长速度，还会埋下巨大的风险。当国家金融体系在其运转中积累了大量风险，整个金融市场越来越不稳定，这时金融体系呈现出较强的脆弱性，一旦受到较大冲击将会出现毁灭性打击。发展中国家在初期发展中，对金融业的作用认识不足，对金融发展采取了"金融抑制"的政策，导致金融发展严重滞后，金融体系不健全，金融市场运行低效。随着发展中国家金融自由化改革的加快，许多发展中国家不同程度出现了"金融泡沫"，某种程度上掩盖了其金融体系的脆弱性。直到 20 世纪 90 年代中期，墨西哥金融危机和东南亚金融危机的爆发，才使发展中国家金融体系的脆弱性明显显露出来。

在发展中国家，债券市场和长期资本市场不足，金融活动主要集中在银行体系，作为金融自由化主要内容的利率自由化导致利率波动显著，政府财政赤字货币化的手段，进一步对利率和汇率造成影响，资产价格变动造成巨大风险，银行缺乏管理这种风险的能力；金融混业经营中机构投资者在利润驱使下往往放松风险控制，银行体系的监管机制和政府的监督都远远不足，信贷评估、财务报告公开、信息披露、资本充实率等各方面都表现落后；经济规模小，周期性波动频繁，使短期资本大量流动进入证券和房地产市场，加之资本账户开放，导致大量国际短期资本涌入，对金融市场造成冲击；政府干预较多，在政府、企业和银行之间存在过于密切的联系。发展中国家金融体系的各种落后表现，都使其在运行中会积累越来越多的风险，一旦受到外部冲击，经济便会出现混乱。

第二节 经济全球化背景分析

经济全球化是一个必然的历史发展趋势，所有国家必然深深卷入其中，任何国家都只能积极参与而无法回避。经济全球化对世界各国是机遇与挑战并存，风险与利益同在。但对广大发展中国家而言，经济全球化的利益更多的是潜在的，风险却是直接的和现实的。发达国家积极推动的经济全球化是与其本国经济市场化进程相一致的，是其国内市场经济的深化和延伸，因此，发达国家可以充分分享经济全球化的利益。相反，广大发展中国家参与经济全球化主要是因为外部的压力或利用外部资源的需要，不是其国内市场经济发展的自然进程，不完善的市场体系和不成熟的市场制度会放大经济全球化带来的不利冲击，从而加剧发展中国家的经济和金融风险。另外，经济全球化意味着全球经济竞争不断加剧，而全球经济竞争需要遵循统一的市场规则、竞争规则，这些规则主要是由发达国家设计的并与发达国家的市场化进程相一致，发展中国家落后的市场化进程和低下的国际竞争力在面对全球统一竞争规则时将处于十分不利的地位。所以，对于发展中国家来说，未来其经济发展的过程必然是在经济全球化的巨大风险中奋力前行的过程。

一、经济全球化迅速发展的原因

经济全球化的术语一般被认为是 1985 年由奥多尔·拉维特提出的，用来描述商品、服务、资本和技术在全世界的扩散。20 世纪 90 年代后，随着经济全球化的加速，这一术语被普遍采用，但并没有形成统一定义。

有的学者从制度角度进行阐述，如埃伦·米克辛斯·伍德认为，全球化是"资本主义本身的普遍化，它的社会关系、它的运动法则、它的矛盾的普遍化——商品经济、资本积累和追求最大限度利润的逻辑已经渗透到我们生活的各个方面"○；有的学者从网络化角度进行阐述，例如约吉阿姆·比朔夫强调经济全球化表现为各大洲、各民族都处于一个联系紧密的生产、商贸、信息和通信网络之内，这种网络化是指世界中心区域的网络化；有的学者则从贸易联系的密切程度、贸易的自由化方面进行阐述，认为贸易额在世界生产中所占的比重越大，世界经济就越趋向全球化，从这一角度说，20 世纪下半叶世界经济的发展就是全球化的过程。

有的阐述是中性观点，认为经济全球化是生产力不断发展的结果，是世界经济发展的必然趋势。例如 OECD 的阐述：经济全球化是一种市场、技术、信息越来越具有"全球性"特征的过程；国际货币基金组织（IMF）认为，经济全球化强调跨国商品与服务贸易及国际资本的增加，在全球化的资源配置过程中，各国之间相互联系和依赖性越来越强；联合国贸易和发展会议更是提出，经济全球化是生产行为和投资行为的日益国际化，全球经济由一个统一的市场组成，并不是各国经济由彼此贸易联系起来的。与中性观点对立的是非中性观点，认为经济全球化由发达国家主导，不平等的国际地位会使发展中国家的主权安全和经济利益遭受损害而日益被边缘化，如《全球化陷阱》中所描述，在全球化进程中，处于世界市场的大多数国家会被迫失去经济上的权力。

综上，所谓经济全球化，是指在科技革命尤其是信息技术革命的条件下，通过国际贸易、国际投资、国际金融及技术和人员的国际流动，世界各国、各地区的经济越来越紧密地结合成一个高度相互融合、相互依存的有机整体的过程。它以市场化为基础，而又远远超出了简单的双边或多边的有限范围而具有全球性质，而且作为一个逐步演化的艰难历史进程，它必然会充满各种矛盾、冲突，甚至对抗及由此而带来种种风险和不安全。

○ 裘元伦：经济全球化与中国国家利益，《世界经济》，1999 年第 12 期，3 页。

从 20 世纪 90 年代开始，经济全球化迅速发展，分析其原因有以下几个方面：

（一）全球生产力的提高是经济全球化迅速发展的物质基础

20 世纪 90 年代新科技革命推动全球生产力水平的提高，客观上对国际分工的深化与市场规模的扩张提出需求，因此推动着生产走向国际化，贸易在全球范围内展开。跨国投资、生产和贸易活动的增加，也必然要求国际金融市场快速形成。产出水平的极大提高，推动贸易、生产、金融快速发展并走向国际化，为经济全球化提供了供给方面的基础。从需求方面看，经济发展水平的提高使人们的消费水平得以提高，消费结构从生活必需品向耐用消费品和服务产品发生了转变，拉动了世界投资、生产和贸易新格局的产生。以电子计算机、原子能和空间技术的发明和应用为标志的第三次科技革命，为经济全球化提供了技术平台，成为经济全球化的直接推动力。由高新技术推动的交通运输和现代通信技术的发展，作为各国经济联系的纽带为经济全球化的形成奠定了必要的物质基础。信息技术特别是国际互联网把各个国家紧密地联系在一起，节约了时间和成本，使企业组织跨国生产成为可能。

（二）追求利润最大化的资本扩张是经济全球化的根本动因

追求无限增值是资本的本能属性。哪里能够获得最大利润，资本就会运营到哪里，哪种经济活动可以创造最大利润，资本就会投入哪种经济活动。在资本增值的本性指引下，通过技术创新活动、规模效益、科学管理等经济行为，生产效率提高，生产出现无限扩张的趋势，但一个国家的有效需求却无法与之同步增长，必将出现生产过剩甚至经济衰退，这一矛盾迫使资本所有者极力开拓海外商品市场，寻找更有利的投资场所，资本最终越出国界在世界范围内运营，同时出现生产国际化和贸易全球化。

（三）跨国公司是实现经济全球化的行为主体

跨国公司作为世界性生产网络的核心和纽带，实行全球经营战略，是经济全球化发展的行为主体和重要基础。20 世纪 90 年代，跨国公司快速发展，目前全球约有 10 万家跨国公司，控制了全球对外直接投资的 90%，世界生产的 40%，国际贸易的 65%，国际技术贸易的 80%。跨国公司为了获得最大利润，在全球范围配置生产资源的基础上构建了全球生产网络体系和营销网络体系，还进一步实现了研究开发的国际化，在国外设立研发基地，把生产过程分解到不同国家，充分利用各国的比较优势实现效益的最大化。伴随跨国公司数量的增多和其在全球范围的投资、生产、销售活动的空前发展，国家与国家之间的联系越来越密切，经济全球化趋势不断加强。

（四）国际经济体制的建立为经济全球化提供了制度保障

20 世纪 80 年代以来，各国都在推行市场化改革，市场经济在世界经济中取得主导地位，成为全球资源配置的主要方式和世界经济通行规则的基础，为经济全球化创造了体制、机制条件。资本追求利润的内在动力与市场竞争的外在压力相结合促使生产力获得快速发展，市场机制与国家宏观调控相结合实现社会资源的优化配置。同时，世贸组织、国际货币基金组织和世界银行等作为协调全球经济运行的国际性组织，保障了世界市场的规范化、法制化、有序化，也有力地推动了全球经济的市场化、自由化进程。

（五）和平发展的主题为经济全球化创造了良好的发展环境

冷战结束后，全球迎来一个比较宽松的国际政治和社会环境，和平发展成为时代主题，几乎所有国家都把发展经济、提高综合国力作为在未来世界格局中定位的基础，国际竞争由军备竞赛转向经济竞争和科技竞争。良好、宽松的国际环境，使各个国家都在开放中谋求发展,积极参与世界经济事务,保障经济全球化持续发展。

按照经济理论的设想,经济全球化有着美好的愿景:通过全球资源的优化配置可以增进全球的福利,可以促进发达国家的经济结构调整和产业升级,可以为发展中国家利用后发优势实现赶超目标提供资本、技术等方面的支持等。虽然经济全球化是历史的必然趋势,但实际经济全球化进程却是充满曲折波动的。2008年国际金融危机后,经济全球化的势头受到冲击,贸易保护主义抬头,被有的学者称为"逆全球化"浪潮兴起。其表现有以下几个方面:①作为全球晴雨表的全球贸易和外国直接投资出现萎缩。20世纪80年代中期以来,全球贸易一直保持着持续高速增长。其中,1991年—2011年全球贸易增长的速度约是GDP增长速度的2倍。国际金融危机后,全球贸易增速急剧下降,近5年来仅仅与全球GDP增速持平。世界银行的数据显示,2019年全球货物贸易更是下降3%。国际直接投资的增长也陷入停滞,2015年国际直接投资达到1.76万亿美元后就逐渐萎缩,2019年为1.54万亿美元。全球贸易和投资的低迷,意味着经济全球化陷入了缓慢阶段。②贸易保护主义的抬头。美国从2008年开始对其他国家采取了提高进口关税、国家扶持本地企业、制定反倾销条款等措施。国际货币基金组织的数据显示,2015年全球实施的限制性贸易措施达到736个,同比增加50%,是自由贸易促进措施的3倍。③区域经济一体化进程受阻。区域经济一体化作为经济全球化的重要组成部分和推动力量,呈现出排他性、碎片化的发展态势,阻碍了经济全球化的发展。2017年初,美国退出跨太平洋伙伴关系协定(TPP),对于亚太地区贸易一体化造成了冲击。2016年,英国"脱欧"公投成功,使得欧洲一体化进程受到重创。《我们熟悉的全球化已经结束——英国脱欧就是最大标志》一文称,即使英国脱欧并不意味着欧洲或者全球经济的解体,它也是一个重要标志,表明我们所熟悉的全球化时代已经结束。另外,在欧洲债务危机、难民危机的影响下,欧洲多个国家的民族主义势力崛起。

二、经济全球化的主要特征

经济全球化是一场以发达国家为主导、跨国公司为载体的世界范围内的产业结构调整,其基本特征是商品、技术、信息特别是资本在全球范围内自由流动和配置。

(一)生产全球化

随着经济全球化的不断深入,以产品专业化、零部件专业化、工艺专业化为主要内容的部门内与部门间国际分工日益深化。国家之间工业生产过程中的协作和联合趋势不断加强,每个国家都成为世界生产中的一部分,成为商品价值链中的一个环节,所有国家共同组成了一个世界性生产网络。在这个网络中,跨国公司充当了核心和纽带,以企业内部分工国际化为特征的跨国公司在经济全球过程中得到了蓬勃发展,企业生产活动的空间遍及全球,形成了数以万计的跨国公司群体,推动了全球生产体系的形成。

(二)贸易全球化

随着国家之间、地区之间专业化分工越来越细,国际贸易越来越在世界经济中占据重要组成部分,每个国家都把发展对外贸易作为其生存和发展的基本条件。国际贸易是全球范围内首先实现多边协议的领域,也是经济全球化的基本构成。随着经济全球化的深入,全球贸易增长较快,从1990年以来保持了年均约7%的增长率,2019年受疫情影响增长放缓,2010年全球贸易额达15万亿美元,2019年全球货物贸易额达18.89万亿美元,商业服务出口额达6.03万亿美元。以商品贸易为主的格局正在被打破,服务贸易发展迅速,占总贸易额的20%以上，发达国家的经济虽然占主导地位，但发展中国家已成为新的增长源。跨国公司和直接投资的发展，使国际贸易结构也在发生新的变化，70%以上的国际贸易发生在产业内或跨国公司内部。

（三）投资全球化

跨国公司是国际直接投资的主体，随着跨国公司进入全球化经营时代，全球外国直接投资自20世纪90年代中期陡然增加，1987年—1992年，全球国际直接投资年平均流入额为1735亿美元；1993年—1999年，全球国际直接投资年平均流入额为4450亿美元；到2007年，全球国际直接投资额达到1.9万亿美元，2019年为1.54万亿美元。2007年—2018年外国直接投资流入量比较如图4-10所示。国际直接投资的流动带动了高新技术的流动，促进了资源和要素在全球范围内的合理配置，成为推动经济全球化的主要力量之一。

图4-10　2007年—2018年外国直接投资流入量比较

（资料来源：2019年世界投资报告）

（四）金融全球化

投资全球化必然导致金融全球化，而金融作为国际经济活动的神经中枢，其全球化进程必然推动经济全球化向更深层次发展。金融全球化实现了更有效率的国际资本流动，使各国的相互依存性进一步增强。20世纪90年代开始，金融国际化的进程明显加快。1973年，每天外汇市场的交易额只有150亿美元，1998年上升到15 000亿美元，2010年达到40 000亿美元，2020年高达66 000亿美元，10年增长了40%。信息革命引发的计算机网络的普及为国际金融活动提供了极大的便利。金融全球化的迅猛发展在推动经济全球化发挥积极作用的同时，也蕴藏着引发金融危机的风险。

三、经济全球化对发展中国家的影响

对于发展中国家来说，经济全球化是一把"双刃剑"，既存在机遇，又存在风险和挑战。

（一）经济全球化对发展中国家的积极影响

第二次世界大战以来，发展中国家纷纷实行市场经济体制改革，逐步融入经济全球化进程，多数发展中国家也在不同程度上成为经济全球化的受益者。

1. 经济全球化为发展中国家提供了前所未有的发展机遇

经济全球化加速了国际资本流动、国际技术转让和全球产业结构的调整，发展中国家通过这个契机，利用国际资本，承接发达国家转移的劳动密集型产业，引进先进技术和管理经验，充分利用后发优势加速推进工业化进程。

2. 经济全球化促进了发展中国家跨国公司的发展

发展中国家的跨国公司兴起于20世纪80年代以后，发展极不平衡，有的发展较快，已从贸易活动深入到国际生产领域和高科技领域，有的刚刚起步。整体来说，与发达国家跨国公司相比，发展中国家的跨国公司企业规模较小，技术较落后，经济全球化的发展有利于发展中国家的跨国公司积极参与国际竞争与合作，充分利用外部资源发展壮大。以我国跨国企业发展为例，截至2020年年底，我国2.8万家境内投资者在全球189个国家（地区）设立对外直接投资企业4.5万家，全球80%以上国家（地区）都有我国的投资，我国境外企业资产总额达7.9万亿美元⊖。

3. 经济全球化拉动发展中国家对外贸易迅速发展

经济全球化使国际贸易自由化程度提高、范围扩大、贸易壁垒不断下降，有利于发展中国家开拓国际市场。发展中国家虽然技术落后、资金不足，但具有劳动力、原材料资源和市场优势，所以可以扬长避短，适应经济全球化中国际分工的需要，生产国际市场需要的产品扩大对外贸易。例如，我国对外贸易在改革开放后获得了快速发展，2013年—2019年我国外贸进出口总值及变化情况如图4-11所示。

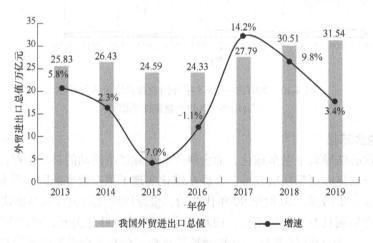

图4-11　2013年—2019年我国外贸进出口总值及变化情况
（资料来源：商务部前瞻产业研究院）

（二）经济全球化对发展中国家的消极影响

从20世纪90年代以来，经济全球化加速发展，各国之间在贸易、投资等经济活动方面

⊖ 《2020年度中国对外直接投资统计公报》，https://www.sohu.com/a/493881486_120773858。

联系日益密切，同时也使各国面临着日益增多的经济波动和经济风险，对各国的经济安全构成严峻的挑战和威胁。首先，随着各国参与全球性经济网络的程度日益加深，其对本国经济的调控能力和资源配置能力被不同程度削弱；其次，市场经济本身存在盲目性、滞后性和自发性等一系列缺陷，随着经济全球化的发展，由于国际市场没有类似主权国家的协调机制和管理机构，在国际经济传递机制的作用下，经济危机具有明显的放大性和传染性；最后，跨国公司的全球化扩张对传统的国家经济主权形成了巨大的冲击。

虽然经济全球化会给所有国家带来经济安全问题，但发展中国家遭受经济安全的风险远远大于发达国家。一方面，发展中国家在经济、科技、财政能力、基础设施、法律制度等各方面都明显弱于发达国家，对国外市场的依赖性和敏感性却强于发达国家，所以更容易受到世界市场波动和经济风险的不利影响；另一方面，经济全球化趋势是与发达资本主义世界经济体系相联系的，也主要是由资本主义发达国家推动的，国际竞争规则也主要由发达国家制定并反映其利益。所以，发达国家一直占据国际竞争的制高点，发展中国家始终处于弱势地位。发达国家为拓展自身的经济利益，甚至不惜采取歧视性的经济政策，从而使发展中国家的经济利益和安全面临更大威胁。

具体来说，在国际产业结构调整中，发达国家垄断先进技术与核心技术，造成与发展中国家技术差距不断扩大，发展中国家对发达国家技术依赖不断加深，阻碍了发展中国家的技术进步；在经济全球化过程中，发达国家不断采取诸如反倾销税、技术标准、卫生标准等隐蔽性的贸易保护措施来阻止发展中国家商品进入发达国家市场，阻碍了发展中国家对外贸易的发展，又以世界贸易组织（world trade organization，WTO）自由贸易规则为依据反对发展中国家采用传统贸易保护措施保护其民族产业，使其具有竞争优势的商品可以自由进入发展中国家的市场，导致与发展中国家贸易差距不断扩大的同时严重冲击了发展中国家的民族产业；跨国公司作为经济全球化的主要载体，在东道国（发展中国家）进行投资往往会对其产业安全造成严重威胁，一方面通过垄断优势控制发展中国家的主要产业，甚至整个经济命脉；另一方面利用竞争优势严重挤压发展中国家民族产业的生存发展空间；经济全球化过程中，发展中国家为引进外资不断进行金融自由化改革，放宽对金融业的限制，取消外汇管制，扩大金融市场的开放范围，而发展中国家经济实力较弱，金融体系不健全，缺乏金融监管，这种情况下一旦对国际资金利用不当，就有可能对金融市场造成冲击形成金融危机，威胁到发展中国家的经济安全，例如1994年—1995年墨西哥金融危机和1997年东亚金融危机。

总之，在经济全球化背景下，发展中国家在经济发展中面临的经济安全问题必将日益突出，并逐渐成为关系国家生存和发展的至关重要的战略问题。

第三节 发展中国家的经济安全

在传统的安全观里，国家安全一般包括军事安全、政治安全和经济安全三个部分。冷战时期，由于存在战争爆发的可能性，军事安全是国家安全的重点，经济安全从属于军事安全，而在经济全球化时代，世界各国都把经济安全置于国家安全的首位。

一、发展中国家经济安全的内涵

从20世纪60年代开始有学者关注国家经济安全问题。1980年，日本政府发布的《国家综合安全报告》中首先提出"经济安全"概念，报告中经济安全与军事安全等并列为国家安全的组成部分。美国首先把经济安全作为其外交政策的三大支柱之一。随后，俄罗斯、日本和欧盟等也纷纷调整了国家安全战略，加强对国家经济安全的维护。我国从1996年开始对国家经济安全进行了一系列研究。

关于国家经济安全的含义，存在以下几种观点：

第一种观点：经济安全是支撑军事和政治安全的一种手段。这是较早时期的一种观点，认为经济安全从属于军事和政治安全，强调经济安全是保障军事和政治安全的一种支撑手段，是直接影响国家自我保卫能力的贸易与投资。从20世纪初到冷战结束，这种观点较为普遍，也是与当时国际环境相符合的。

第二种观点：经济安全是国家安全的重要内容和目标。较早提出这种观点的学者是麦克纳马拉，他在20世纪60年代末提出这种观点，认为发展是国家安全的本质，"美国的安全不仅仅在于或首先在于军事力量，同样重要的是国内和世界经济和政治发展的稳定"。此后，克洛斯和奈伊认为，国家经济安全是国家经济福利不受被严重剥夺的威胁。维尔波耶克和霍尔森则认为经济安全意味着控制所有政策工具的力量。

第三种观点：经济安全是经济全球化带来的非军事性的国家安全问题。在经济全球化进程中，越来越多的国家融入世界经济体系，国家间的相互依赖增强，但每个国家的安全受到来自更多非军事性的外来因素的威胁。所以，国家经济安全是指在经济全球化时代，一国保持其经济存在和发展所需资源的有效供给、经济体系独立稳定运行、整体经济福利不受恶意侵害和不可抗力损害的状态和能力。

结合本书的研究视角，在经济全球化的背景下研究发展中国家的经济发展和经济安全，所以本书赞同第三种观点，认为国家经济安全是指在经济全球化进程中，一国能够抵御内外风险使国家根本经济利益不受侵害，并保持国民经济健康发展的状态和能力，包括金融安全、贸易安全、产业安全、信息安全等方面。

二、发展中国家经济安全的维度

国家经济安全问题具有整体性、根本性、动态性、战略性等特征，在经济全球化的背景下，发展中国家的经济安全所面临的威胁来自许多方面，又常常彼此关联。所以，首先就要全面分析风险来源，把握各个领域安全所面临风险的基本特征，才能构筑风险防范和抵御体系，维护国家经济安全。

（一）金融安全

从20世纪90年代开始，国际资本的流动速度和规模均快速增长，金融全球化日益加深。很多发展中国家为借助国际资本实现快速发展，不断加快金融开放和金融自由化改革的步伐，导致大量国际资本流入发展中国家，这种实践在大力推动了国内经济增长的同时也带来了巨大的金融风险，发展中国家金融体系的不稳定性和脆弱性显著上升，金融安全问题日益凸显。

1. 金融安全的含义

所谓金融安全，是指一个国家在金融领域能够抵御内外冲击，保持金融制度和金融体系正常运行、金融财富不断积累的状态和能力，包括金融制度和金融体系的安全、金融财富的安全、金融机构的安全及金融发展的安全等。

2. 经济全球化背景下发展中国家的金融安全问题

发展中国家在经济全球化过程中面对的金融安全问题主要表现为其金融主权面临挑战、侵蚀及金融体系、金融市场遭受冲击的风险。国家金融主权可以看作一个国家经济主权的核心组成部分，表现在国家对其一切金融政策和金融事务享有独立自主的权利，包括独立的金融决策权、操纵权和控制权。国家金融主权重点体现在货币主权和金融监管主权两方面。在金融全球化的过程中，发展中国家的金融主权不断遭到侵蚀，从而导致发展中国家金融的附庸化和边缘化。

（1）金融霸权对发展中国家金融主权的严峻挑战

20 世纪 90 年代以来，金融霸权越来越成为发达国家控制世界经济、剥削发展中国家的主要手段，是发展中国家金融安全的最大威胁。所谓金融霸权，是指霸权国凭借其在军事、政治、经济和金融等综合实力基础上的压倒性优势在国际货币体系中占据主导地位，并将自己的意志、原则或规则强制性地在整个体系中推行从而获得霸权利益的行为。金融霸权作为一种霸权的新形式，本质上是军事霸权和经济霸权的延伸，而军事、经济霸权则是金融霸权的基础。在金融全球化的进程中，发达国家通过金融霸权获得了丰厚利润，金融霸权甚至成为传统霸权难以企及的战略控制目标，正如美国学者萨缪尔·亨廷顿在《文明的冲突与世界秩序的重建》一书中指出的，在金融全球化不断深入的情况下，控制国际银行系统、控制全部硬通货和掌握国际资本市场已成为西方国家控制世界的战略要点。

霸权国凭借本国货币在国际货币体系中的特殊地位，不仅可以拥有巨大的铸币税收利益，更重要的是能够借金融自由化之机加强向发展中国家进行渗透，从而使发展中国家的金融主权面临侵蚀。美元作为主要的国际货币，占全球外汇储备的 68%、外贸结算的 48% 和外汇交易结算的 83%，这种特殊的地位使美国获取了巨额的铸币税，美元作为国际支付手段使美国可以通过供给美元的方式获得其他国家的商品，为了维持这些利益，美国积极推行金融自由化和经济美元化。而对于处于金融自由化的发展中国家来说，由于金融管制的放松，随着大量金融资本的涌入，发展中国家外汇规模急剧膨胀，增加了政府对宏观经济调控的难度，而且美元持续坚挺使大部分发展中国家居民和企业倾向于持有美元以防止货币贬值，因此市场中流通着大量的美元而呈现出经济美元化的发展趋势。经济美元化趋势给发展中国家带来的风险远大于所获得的收益。一方面，一个国家的货币作为经济主权的象征在政治经济生活中具有重要作用，当金融资源和银行被外资控制后，一旦爆发金融危机，国外资本大量逃离时央行将无法通过履行最后贷款人的职能来稳定经济；另一方面，经济美元化趋势使发展中国家的经济和货币发行国经济紧密地联系在一起，其经济政策的制定和执行效果也与发行国政策密切相关，甚至可能丧失独立自主的经济调控权力而沦为发达国家经济的附庸。

金融霸权会通过国际金融组织干涉发展中国家的金融主权。随着金融全球化的发展，各国在金融领域越来越依赖国际金融组织的协调和援助，例如国际货币基金组织，但这些国际金融组织常常被发达国家所控制，包括组织的决策权和规则制定权，霸权国家利用自己的控制地位通过国际金融机构向其他国家推行有利于自己的游戏规则，以达到扩张霸权利益的目的。而当发展中国家发生风险或危机需要国际经济组织援助时，金融霸权便借机向发展中国家施加压力要求其开放金融和经济，而此时发展中国家往往因为金融体系不健全或金融缺乏监管而遭受损害。例如，1997 年东南亚金融危机爆发后，IMF 向发展中国家提供援助时要求受援国必须接受全面开放资本市场、取消对外资股权限制、推进经济体制改革等苛刻的条件，这些条件极大地影响了受援国的金融自主权，使其不同程度地丧失了对本国金融体制的调控权和监管权。

(2) 国际资本自由流动对发展中国家货币政策的冲击

国际资本自由流动往往使发展中国家货币政策的宏观调控目标受到制约，甚至可能影响国家的经济自主权。一方面，当发展中国家融入金融全球化时，其国内金融体系也将被纳入世界经济金融的循环发展过程，各国金融市场的联动效应发挥作用，国外经济政策的溢出效应使发展中国家的货币政策通过开放的金融体系受到影响，导致其独立性和执行绩效大打折扣；另一方面，随着国际资本大规模无序地流入发展中国家，发展中国家的货币政策只能部分作用于国内经济变量而导致不能实现预期的宏观经济目标。例如，当发展中国家国内经济过热时，货币当局通常采用紧缩性货币政策以减少货币供应量，但结果是提高的利率吸引更多国际资本流入而增加国内的货币供应量，可见货币政策难以达到预期效果。

另外，国际投资游资化严重威胁发展中国家的金融市场安全。进入20世纪90年代以来，国际资本流动中私人资本以前所未有的速度和规模迅速扩大。据IMF统计，目前活跃在全球金融市场的游资大约相当于GDP的20%，每天的金融交易中只有2%与实体经济相关，国际外汇市场上每天约有2万亿美元的交易额，大多与国际贸易无关。国际游资是以追逐高额利润为目标而在各国市场间大规模移动的短期性投机资本，这些资本流动快、投机性强、破坏性大。在证券资本市场不断开放的背景下，大量游资通过外汇和股票市场流入发展中国家，它们利用东道国金融体制的缺陷和弊端，通过制造经济泡沫等诸多方式对发展中国家进行大肆掠夺。

(3) 金融全球化导致发展中国家银行体系的脆弱性增加

发展中国家金融体系不成熟，金融法规体系不完善，金融监管也相对薄弱。随着外资大量的流入，银行负债规模迅速扩张，当短期债务比例过高时，一旦受到冲击，极易诱发债务偿付危机、银行危机等。例如，1994年墨西哥金融危机时其外债规模占GDP的42%，仅债务利息就占出口额的13.7%。1997年东南亚金融危机之前，东南亚各国也普遍存在外债比例过高的问题。这些国家由于高度保护政策，银行往往贷款给经营不善的国有企业而导致银行存在大量不良债权和坏账。在东南亚金融危机爆发前，泰国的坏账占其整体信用的比例为13.3%，韩国为8.4%，这不仅影响银行的融资能力，还严重影响银行的信用，一旦银根抽紧，债务问题马上显露出来。世界银行的调查显示，在45个被调查的发展中国家中有36个债务率超过100%，其中15个国家发生过债务困难，在偿债率超过20%的25个国家中有17个国家爆发过债务危机。金融全球化使各国金融市场融合为一个整体，各国金融市场之间的相关度明显加大并产生强烈的联动效应，金融危机的传染效应日益突出，一个国家金融市场的波动和风险将迅速地扩散到与其经济联系密切或周边的国家和地区，发展中国家金融体系的脆弱性和敏感性往往使这些波动产生巨大的扩散效应而演变为全面的金融崩溃和危机，东南亚金融危机就是典型的例证。

另外，外资金融机构的进驻也不利于发展中国家金融机构的生存和发展。在发展中国家放松对金融市场管制后，国内居民及企业与国外金融机构往来的障碍被消除，大量外资金融机构进入国内金融市场，以强大的资金、技术优势击败国内金融机构进而控制发展中国家的金融命脉。从目前来看，发展中国家金融机构无论是在资产安全性方面还是在服务质量及成本方面，都与发达国家的金融机构存在较大差距。在日益激烈的金融市场竞争中，国外金融机构凭借优势吸引优质客户资源和人才资源，不断挤压国内金融机构的生存空间。长此以往，国外金融机构将可能逐渐取得一国金融体系的支配权，并对该国金融运行发挥举足轻重的作用。

（二）贸易安全

经济全球化的发展使世界各国之间联系日益密切，推动了各国贸易自由化的迅速发展。对于发展中国家来说，贸易自由化是其积极参与国际分工、为工业化开拓国际市场的重要战略，但同时贸易自由化也恶化了发展中国家的国际竞争环境，多边贸易规则使发达国家在全球范围内攫取更多财富而加剧了国际贫富分化，严重威胁了发展中国家的经济安全。

1. 贸易安全的含义

贸易安全这里强调的是一个国家对外贸易的安全，是指当一个国家对外贸易发展面临风险或冲击时，其对外贸易具有足够的抵御能力和抗风险能力，最终能够实现自身经济的良性发展。从内容上来说，贸易安全包括对外贸易活动安全和对外贸易环境安全。对外贸易活动安全包括贸易方式、贸易对象和贸易流程等方面的安全，如信息传递安全、货物运输安全、货款结算安全、通关和操作规范等。在贸易方式方面，近年在信息网络技术应用基础上发展起来的跨境电子商务是贸易安全的一个值得关注的重要方面；在贸易对象方面，能源、粮食和信息三大战略资源在经济安全中处于关键地位；在贸易运输方面，航运仍占据主导地位。对外贸易环境安全是指其他国家对外贸易政策、国际贸易规则、贸易竞争对手等方面的变化形势是否有利于本国贸易经济的发展。

2. 经济全球化背景下发展中国家的贸易安全问题

发展中国家在经济全球化过程中的贸易安全问题主要表现为发展中国家对外贸易活动和对外贸易环境两方面面临的挑战和风险。发展中国家对外贸易活动安全问题主要体现在贸易条件的恶化、外国服务贸易的强大竞争、跨境电子商务的安全等方面，对外贸易环境安全问题主要表现在多边贸易规则事实上的不公平、国际贸易协调机制及技术贸易壁垒的影响等方面。

（1）全球分工体系下发展中国家贸易条件的恶化

第二次世界大战后，全球国际贸易获得了前所未有的发展，而在各个国家对外贸易快速发展的过程中却出现了一个奇怪现象——一些国家的对外贸易发展给其经济增长造成了不利影响，这一现象后来被学者们称为"贫困化增长"，探究其原因，认为是贸易条件的不断恶化抵消了经济增长的收益从而导致本国居民实际收入水平和消费水平的绝对下降，这就是"普雷维什-辛格命题"，这一命题也对传统国际贸易理论的贸易互利性结论提出了质疑。

发展中国家独立之初大部分是农业国，随着部分发展中国家承接了发达国家转移的劳动密集型产业使其工业化获得发展，发展中国家与发达国家之间的分工模式较长时间是初级产品与制成品之间的分工，目前虽然国际分工逐渐从垂直分工向水平分工、价值链分工发生转变，但发展中国家主要还是生产和出口技术含量低、附加值低的产品，发达国家生产和出口技术含量高、附加值高的产品，或者是在价值链分工中发达国家位于上游而发展中国家位于下游的状态。一方面，初级产品相对于工业制成品、劳动密集型产品相对于技术密集型产品，需求弹性和收入弹性都相对偏低，加之资源的人工替代性增强，所以发达国家对发展中国家出口的产品需求持续下降；另一方面，发展中国家随着收入水平提高对发达国家技术密集型需求不断提高,加之发展中国家依赖进口国外的先进技术和设备,所以发展中国家对高科技含量的技术和产品的进口需求日益旺盛。数据显示,在商品贸易方面,发展中国家出口对发达国家市场的依存度高达75%~80%,而发达国家出口对发展中国家市场的依存度仅为20%~25%。这种分工和贸易发展趋势使发展中国家贸易条件长期存在恶化趋势,导致贸易利益在发达国家和发展中国家之间的分配存在不平等,大部分国际贸易利益实际上被发达国家占有,而发展中国家贸易利益受损,甚至这种贸易格局可能会导致发展中国家产业结构单一、在资金和技术等方面严重依赖发达国家,对其经济发展产生严重影响。

(2) 全球分工体系下发展中国家的服务贸易安全问题

随着信息技术革命的兴起,国际服务贸易在贸易全球化中呈现出日益上升的发展趋势。从20世纪80年代开始,全球服务贸易的增长速度持续高于货物贸易,2005年—2017年,全球服务贸易每年平均增长5.4%,同期货物贸易每年平均增长4.6%。2017年全球服务贸易额为13.3万亿美元,占比达到35%。服务贸易具有高附加值、高技术含量的特点,发展中国家与发达国家相比,在服务贸易竞争中没有优势,所以发达国家既是服务贸易主要的出口国,又是主要的进口国,发展中国家则主要是服务贸易的进口国。2005年—2017年,发展中国家在世界服务贸易中的份额增长超过10个百分点,分别占世界服务出口额和进口额的25%和34.4%。如果发展中国家仅凭目前在资源和劳动力方面的比较优势参与国际服务贸易的竞争,不仅难以获得贸易利益,更重要的是关键服务业领域将会出现被发达国家控制的风险,发展中国家将面临更大的经济安全威胁。

首先,服务贸易从内容来看,包括银行、法律、金融及信息技术等诸多方面,大部分行业属于资本或技术密集型行业。在服务业市场全面开放情况下,发展中国家的民族服务业很难有生存和发展空间,更为重要的是金融、通信等部门属于国家重要的战略产业部门,对国家整个经济的带动作用和经济独立性具有至关重要的影响,如果这些部门被发达国家控制和支配,将会严重损害发展中国家的经济自主权。其次,服务业在各国产业结构中所占比例日益提高,发展中国家因为服务业竞争力落后于发达国家,导致发展中国家成为服务贸易的进口国,这将加大发展中国家的贸易逆差,恶化其国际收支。再次,在发展中国家服务贸易自由化过程中,输出的是附加值低的传统服务,如劳务工程建设承包等,而输入的是发达国家高附加值、高技术含量的现代服务产品,如信息技术产品,这种贸易结构进一步深化了比较优势基础上的分工格局,使发展中国家在高新技术服务业领域严重依附于发达国家,而抑制了其新兴服务业的成长,由此发展中国家难以实现服务业的升级,严重削弱其产业竞争的能力。另外,在信息技术服务依赖发达国家出口时,也会带来发展中国家信息安全的问题。

(3) 发展中国家跨境电子商务安全性落后

跨境电子商务是指处于不同国家的交易主体,通过电子商务平台达成交易、进行支付结算,并同时通过跨境物流送达商品、完成交易的一种国际商业活动。近年来,跨境电子商务发展迅猛(2015年—2018年全球B2C跨境电商交易额及其增长率如图4-12所示),市场潜力巨大,特别是发展中国家表现需求旺盛。

发展中国家跨境电子商务发展时间较短,物流基础相对落后,相关法律制度不健全,加上电子商务本身的虚拟特性,在贸易环节中常常存在跨境物流运输安全问题、跨境电子支付安全问题及通关、退税问题。以电子支付安全为例,电子支付安全是跨境电子商务发展的根本保障,其安全性主要体现在电子商务网站安全、第三方支付平台安全和银行支付系统安全

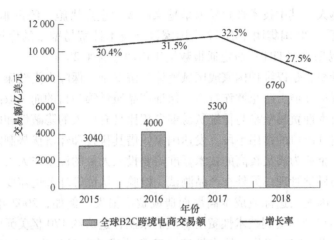

图 4-12 2015 年—2018 年全球 B2C 跨境电商交易额及其增长率

（资料来源：全球跨境电子商务报告）

三个方面，发展中国家电子支付一般是通过对国内电子支付平台的升级，往往可能出现跨境电子支付中的资金沉积、汇率差异、币值风险、系统故障等情况，加之跨境电子支付监管制度尚不健全，容易存在一些支付安全漏洞，如果被入侵会扰乱正常的跨境电子支付秩序。

（4）多边贸易规则对发展中国家经济贸易安全的影响

在贸易全球化过程中，多边贸易规则和协调机制等发挥了重要作用，其中 WTO 是协调全球贸易的国际组织，通过降低关税、消除贸易壁垒和强制性市场准入等措施，有力地促进了贸易全球化的发展进程。

WTO 制度体系对发展中国家经济主权安全的影响：首先，WTO 制度框架增加了发展中国家的制度风险和制度转换成本。WTO 制度是按市场经济原则制定的，要求其成员必须是市场经济国家并专门设置了审核程序。发达国家本身市场经济成熟，经济制度完善，加入 WTO 制度转换顺利并能够从贸易中获得更多利益，而发展中国家市场机制缺失，经济制度不完善，参与 WTO 要付出巨大的制度转换成本。其次，发展中国家政府管理经济的职能面临考验。多边贸易规则延伸到成员主权范围之内，使民族国家的经济主权受到影响。随着各国市场联系日益密切，国际市场的经济风险会扩散到各个国家，发展中国家因政府经济管理职能相对滞后而面临更大的挑战，另外，WTO 推行的非歧视原则、自由贸易原则都要求一国政府放松经济管制，取消对民族产业的保护，消除关税和非关税壁垒等，都会对成员政府经济主权造成影响。

多边贸易规则对发展中国家经济发展安全的影响：首先，多边贸易规则主要反映了发达国家的利益和要求，发达国家经常通过操纵谈判利用多边贸易规则控制发展中国家的经济行为，从而使后者的经济发展安全受到影响。其次，WTO 规则的制定主要受发达国家的主导和支配。为巩固和扩大自身的经济利益，发达国家通过霸权地位控制多边贸易合作的规则制定或修改，使贸易规则变成其实施霸权的工具。

（5）技术贸易壁垒对发展中国家经济贸易安全的损害

在贸易全球化进程中，关税壁垒被逐渐消除，而随之非关税壁垒却日益增多。20 世纪 60 年代，资本主义国家实施的非关税措施约 850 种，到 20 世纪末已增至 3000 多种，涉及的商品范围也越来越大，其中技术性贸易壁垒越来越成为重点措施，约占非关税壁垒的30%。2008年金融危机后，20国集团中有17个国家设立技术性贸易壁垒的保护措施。2016年—2020年，技术贸易壁垒（TBT）协定通报数量年均增速为4.28%。

技术性贸易壁垒，是以维护国家或区域整体经济安全、保障人类健康和安全、保护动植物健康和安全、保护环境、防止欺诈行为、保证产品质量等为目的而采取的强制性或自愿性的技术性措施。技术性贸易壁垒与传统贸易壁垒相比具有更大的隐蔽性和歧视性，是发达国家限制其他国家向其出口的常用手段。发达国家凭借其科技和经济优势制定的技术性贸易标准，发展中国家的企业为满足较高的技术标准需要投入大量的设备与人力，提高产品的技术含量和质量，加强科学管理，另外在产品测试、检验、认证等环节也需要支付大量费用，所以发展中国家常常因无法达标或成本高昂而造成贸易损失。例如，2002年我国有71%的出口企业和31%的出口产品受到技术性贸易壁垒的限制，造成约170亿美元的损失。从发展中国家总体来看，20世纪60年代，技术性贸易壁垒造成的贸易损失占总贸易损失的比例为5%~10%，而90年代则达到50%以上。

技术性贸易壁垒对发展中国家贸易利益的影响具体表现在：首先，发达国家制定的苛刻的技术标准和市场准入门槛，阻碍了发展中国家产品出口，给发展中国家传统产业造成巨大打击甚至造成破产。技术性贸易壁垒不仅涉及生产最终环节，还涉及生产工艺标准，主要针对对象大多是发展中国家的传统比较优势部门，如农业、纺织业等。其次，技术性贸易壁垒降低了发展中国家的出口增长速度，使发展中国家的盈利机会和市场竞争力受到影响。例如，2002年我国对日本农产品出口额为57亿美元，但增长率却几乎为零。再次，越来越多的技术性贸易壁垒的实施导致发展中国家获得的贸易利益越来越少。例如，我国2002年遭受TBT限制的企业数量和损失金额普遍高于往年。

技术性贸易壁垒不仅限制了发展中国家产品的出口，使发展中国家贸易利益受损，更重要的是对发展中国家整体经济发展造成不利影响，因为发展中国家对外贸易对其整体经济增长来说，是扩大需求的"发动机"，同时，出口的外汇收入又是发展中国家工业化依赖的进口先进技术和设备的前提。

（三）产业安全

20世纪90年代以来，随着经济全球化的推进，跨国公司进入全球扩张的大发展阶段，当前跨国公司的生产总值约占全球的40%、国际贸易的60%，控制全球约80%的专利权和90%的专有生产技术，发展中国家90%的外国直接投资也是由跨国公司完成的，根据《2019年世界投资报告》（World Investment Report 2019）的统计，截至2018年，全球有跨国公司10万家，子公司86万家。为了增强竞争实力、获取最大利润，跨国公司在全球扩张中不断进行战略调整，主要表现在：①跨国并购趋势——在近十几年中，国际生产的增长主要是由跨国并购而不是由新建投资推动的，占对外直接投资的80%左右。②跨国战略联盟趋势——由两个或两个以上有共同战略利益和对等实力的企业为达到拥有市场、共同使用资源等战略目标，通过各种协议、契约而结成的优势互补或优势相长、风险共担、生产要素水平式双向或多向流动的一种松散的合作模式。战略联盟属于非资本参与型，以技术联盟为主要内容，以大型跨国公司为主体的国际合作。截至2018年，跨国公司在世界各地建立的战略联盟超过3万个，世界500强跨国公司中，平均每家企业参与60个各种形式的战略联盟。③"本地化"与"外源化"并行趋势——"本地化"是指研究和开发当地化、生产当地化、销售当地化、管理当地化等,既可以降低成本,又可以跨越文化障碍;"外源化"是指将外部资源内部化,服从公司全球分工需要的经营战略,跨国公司主要关注核心活动。④研发国际化趋势——根据不同东道国在人才、科技实力及科研基础设施上的比较优势,有组织地安排科研机构,进行新产品和新技术的研究和开发。

随着跨国公司的全球扩张,越来越多的跨国公司认识到发展中国家的巨大市场潜力并增加对其投资,亚洲发展中国家特别是我国是跨国公司的重要投资对象。发展中国家在获得更多投资的同时,也给其国内产业安全带来严重挑战。

1. 产业安全的含义

产业安全是指国内产业发展面临风险或冲击时,具有足够的抵御能力和抗风险能力,国家拥有对产业调整和发展的自主权和控制权,并最终能够实现产业平稳、健康、有序、协调地良性发展。在经济全球化过程中,国家产业安全问题主要来自两个方面:一是跨国公司的国外直接投资,国内企业在跨国公司的垄断竞争中面临挑战和风险;二是贸易全球化,国外产品进入国内市场产生激烈竞争,对国内产业造成损害,国内出口产品在国际市场遭遇不公平待遇也对国内产业造成损害。

2. 全球扩张背景下跨国公司对发展中国家的产业安全问题

跨国公司在全球扩张过程对作为东道国的发展中国家产业安全的影响包括两个方面:一是跨国公司为实现垄断利润会采取规避东道国政府管制的手段,如利用内部转移价格逃避税收、转移利润等行为,或者当跨国公司与作为东道国的发展中国家发生冲突时利用撤投、封锁技术和停止援助等方式施加压力迫使东道国政府改变经济政策,这些行为都将侵蚀东道国经济管理权限给其政府的经济管理职能造成巨大冲击。二是跨国公司在全球扩张过程中利用自身垄断优势,采取低价竞销、品牌收购及股权控制等手段,排挤东道国原有企业并对其关键行业进行垄断,从而导致对东道国产业安全构成严重的威胁。

(1) 跨国公司的投资扩张强化了发展中国家投资结构的失衡

跨国公司在全球对外投资的动机是从跨国生产和经营中实现垄断利润的最大化。而对发展中国家来说,引进跨国公司投资主要是为了获取产业开放的收益,获得稀缺的资本、技术和管理经验以促进自身经济发展和产业结构的优化。显然,发达国家与发展中国家的根本目标存在差异和冲突,其结果是跨国公司的投资数量虽然在不断增多,但东道国的引资效益却没有同步提高。由于历史和现实条件的制约,发展中国家产业结构常常表现为畸形发展:产业结构单一,三次产业结构不合理,基础产业不足,以信息产业为代表的高新技术产业严重滞后,一些重要的能源和原材料严重依赖进口等,而在传统制造业中常常存在大量生产能力过剩现象。目前跨国公司在发展中国家主要投资经营周期短、投资回报率高或劳动和资源密集型的产业部门,在高新技术产业或基础产业部门(如农业、基础设施建设等)投资少,从而造成发展中国家本已失衡的产业结构进一步被强化,处于更加畸形的发展状态。

(2) 跨国公司垂直分工战略增加了发展中国家产业结构调整的难度

20世纪90年代以来,在经济全球化和科技革命的推动下,出现了世界范围内产业结构调整和升级的趋势。在发达国家产业结构调整和升级中倾向于将其已经失去比较优势的产业和劳动密集或高能耗、高污染的产业转移到发展中国家。发达国家的这种产业调整往往是通过跨国公司的全球投资来实现的,由此形成了以跨国公司为载体的垂直国际分工体系,即发达国家主要从事技术、知识密集的生产环节和价值创造,而发展中国家从事资源或劳动密集的生产并不断承接发达国家转移的产业部门。此外，跨国公司的全球投资主要根据各国的区位优势来进行，所以其在发展中国家的生产环节往往是其生产过程的一部分或生产工艺的一个环节，这样导致发展中国家外资生产专业范围十分狭窄，缺乏产业关联效应，难以带动产业结构的调整和优化，在"路径依赖"及技术、资金限制的条件下，发展中国家与发达国家在产业等级方面的差距容易固定化和永久化，使发展中国家产业结构调整和升级陷入困境。

（3）跨国公司的全球扩张削弱了发展中国家对产业的控制力

以跨国公司为载体的全球化经济，使原来属于国家决策范畴的贸易、投资、合作等经济活动变成由跨国公司来控制，从而某种程度上削弱了国家对本国产业的调控力。发达国家凭借较强的经济实力能够有效抵消跨国公司的不利影响，而发展中国家经济实力较弱不得不面临着跨国公司控制的威胁。跨国公司主要通过三种方式控制发展中国家的产业。

1）投资建厂。跨国公司在新兴产业成长过程中，往往直接在发展中国家设厂或者通过向发展中国家企业转让落后技术和设备来建立外围生产基地。

2）大规模并购。20世纪90年代，很多发展中国家开始进行私有化改革，跨国公司借机进行大规模并购，加速了其对发展中国家产业的垄断和控制。例如，巴西100%的汽车工业、57%的化学工业、60%以上的电力工业都被跨国公司所控制，阿根廷的国有企业私有化中跨国公司也占据了举足轻重的地位。

3）扩大市场份额。发展中国家产品市场普遍存在竞争不完全、市场机制残缺等问题，跨国公司通过各种市场或非市场力量排挤竞争者，形成垄断市场结构。发展中国家的市场存在着二元结构，即附加值高的制成品市场和附加值低的初级产品及普通消费品市场并存，跨国公司通过并购或设立子公司的方式垄断由发展中国家支柱产业、战略产业等重要产业构成的高端市场，外资的过度扩张使发展中国家重要行业的企业受到严重冲击，市场份额不断萎缩，而聚集在低端市场的是大量发展中国家的中小企业。

（4）跨国公司的全球扩张遏制了发展中国家的产业技术创新

跨国公司凭借雄厚的综合实力成为世界经济中的技术创新的主体，到20世纪末，世界500家最大的跨国公司控制着世界90%的生产技术和80%的技术贸易额，控制着对发展中国家技术贸易90%的份额。而发展中国家为了获得先进的技术普遍实行以市场换技术的发展战略，通过引进外资提升本国的技术创新体系和能力，但实际结果却是发展中国家在获得有限的技术引进时也付出了丧失技术创新能力的巨大代价。

发展中国家在从跨国公司进行技术引进时容易形成技术依赖的惯性，进而削弱了其技术开发能力。一般而言，当一个国家绝大多数技术是从国外引进时就可能会形成技术依赖，特别是通过外国直接投资（FDI）实现的技术引进，并不能自动转化为技术创新能力。跨国公司为克服外部市场的不安全性和保持垄断优势，其技术转移往往局限在跨国公司全球制造网内的子公司，而严格控制向作为东道国的发展中国家相关行业进行技术扩散，如果需要输出技术，往往也是落后技术或一般技术。对于发展中国家来说，工业化的推进使其不断加大对跨国公司的技术需求，这样发展中国家会逐渐失去自主研发的动力和实力，从而导致国内技术创新能力越来越弱，这种情况还会在跨国公司不断的技术创新中形成引进技术—需要技术升级—再引进技术的恶性循环状态，使发展中国家陷入技术依赖的陷阱。由此将严重削弱发展中国家的产业竞争力和技术开发潜力，一旦技术引进受阻将影响国家的经济安全。

另外，跨国公司的技术垄断抑制了发展中国家的技术进步。在知识经济时代，技术成为决定跨国公司竞争力的关键因素，所以跨国公司严格控制核心技术的输出，核心技术及其开发能力保留在母国总部，只向发展中国家转让成熟技术或失去比较优势的技术，即使在东道国建立合资企业，也大多是操作性技术，并对合资企业技术的使用、研发采取种种限制协议。从发展中国家来看，合资企业极少有机会参与技术开发活动，主要是生产、装配产品的基地，这种垂直型国际技术分工抑制了东道国的技术赶超潜力。

(5) 跨国公司的全球扩张抑制发展中国家民族产业的发展

民族产业是指在国际竞争中由一国国民所有和控制的产业，民族产业可由所有权、民族品牌、技术等多重标准来判断，主要涉及一国的国有企业、私有企业及民族资本控股的合资企业。当然，有学者认为在开放经济中民族产业的概念与全球产业和全球企业的理念背道而驰，应该逐渐淡化产业和企业的民族属性。但事实上，只要存在独立的民族和国家，民族产业就是维护国家经济安全的基础和保障。在经济全球化背景下，跨国公司为了获得超额利润而向发展中国家进行投资，其强大的经济实力给弱小的发展中国家民族工业带来巨大的挑战。

1) 跨国公司与民族产业的竞争严重抑制民族产业的生存和发展空间。在利润动机的驱使下，跨国公司必将与民族产业或企业展开激烈的竞争，但二者力量悬殊，跨国公司具有资本雄厚、技术先进、规模经济等各种优势，并且可以在全球范围配置资源，降低生产成本，拥有全球营销网络，而发展中国家民族产业不具备这些优势，在竞争中其市场份额不断缩小甚至破产，同时很多关联产业也会受到影响，导致整个民族产业生存和发展的空间受到强大的压力。

2) 跨国公司通过获取合资企业控股权的方式挤压发展中国家民族产业的生长。发展中国家为了吸引更多外资，往往会给予外资很多优惠政策，跨国公司通过技术转让、发放许可证和收购股权等方式取得合资企业的控股权，特别是在20世纪90年代开始的跨国并购浪潮中，跨国公司采取收购和兼并等方式控制了发展中国家许多重要的民族产业及新兴产业，使发展中国家民族产业和企业的生存和发展受到严重威胁。

3) 跨国公司的投资扩张使民族品牌面临湮灭的风险。品牌是企业参与竞争的重要无形资产，一个被消费者熟悉并认可的好品牌可以给企业带来巨大的经济效益，每个国家在长期的发展中都形成了很多自己的民族品牌，包括发展中国家，这些品牌本来具有良好的市场前景和发展潜力，但随着跨国公司的大举进入与竞争，发展中国家的民族品牌开始面临严重的压力。因为发展中国家产品技术含量低、产品质量不及发达国家，同时生产规模小导致成本较高，无法与发达国家通过规模经济形成的产品价格优势相抗衡，结果在日益激烈的竞争中，发展中国家很多民族老品牌慢慢退出市场而湮灭了。在合资企业中，跨国公司更是通过控制权推荐、宣传自己的品牌，使发展中国家的原有品牌慢慢被冷落而消失。

4) 跨国公司通过争夺重要经济资源，尤其是人力资源阻碍发展中国家民族产业的健康发展。跨国公司之所以在发展中国家进行直接投资，就是要充分利用发展中国家的资源条件，包括自然资源、人力资源等。在跨国公司的前期扩张中，主要是利用发展中国家重要的自然资源，随着进入扩张后期，跨国公司将竞争焦点转向知识成果及其创造者，竞争的战线也提前到生产的研发及创新阶段。跨国公司通过优越的薪资待遇、良好的工作环境和灵活的用人机制，引进发展中国家众多的管理精英和科技精英，同时跨国公司逐渐直接在发展中家设立研发机构、配置研发资源以充分利用当地廉价的科技资源和人力资源。这种激烈的人才争夺使发达国家获取巨大经济利益的同时，也使发展中国家因人才的大量流失造成技术的"逆向扩散"，进而削弱了民族产业的竞争力。

（四）信息安全

随着计算机技术、信息通信技术的迅猛发展，信息已经由过去普通的知识形态转变成关系产业升级的重要战略资源，信息和信息资源不仅自身成为物质生产的基本要素，而且激发了人类历史上最活跃的生产力，引导和决定着经济系统的整体运行及其绩效，因此信息技术及其产业一跃成为当今世界经济发展的主要驱动力。随着信息全球化步伐的加快，数字化、网络化和信息化已渗透到社会生活的各个领域，各国在享受信息网络带来便捷、信息资源共享带来利益的同时，也将面临前所未有的信息安全威胁。信息化、网络化、数字化在消除时间和空间两方面对经济活动制约的同时，也把国家经济安全的领域从有形的地域空间扩展到无形的数字化虚拟空间，风险更多也更加隐蔽。由于信息技术发展的不平衡，发达国家与发展中国家之间的"数字化鸿沟"有逐步扩大的趋势，使发展中国家信息安全问题更为突出。

1. 信息安全的含义

通常关于信息安全的理解是一种狭义的理解，是指数据（信息）的安全和信息系统的安全。数据安全是指保证所处理数据的机密性、完整性和可用性，而信息系统的安全则是指构成信息系统的三大要素的安全，即信息基础设施安全、信息资源安全和信息管理安全。本书关于信息安全的理解是从经济角度阐释的更广义的理解，信息安全是指在信息全球化的背景下，一个国家信息产业高度发达，能够保障国家经济信息安全和防御产业信息化风险的能力。

2. 经济全球化背景下发展中国家的信息安全问题

经济全球化背景下发展中国家的信息安全问题主要来自两个方面：一是经济信息安全问题；二是产业信息化所带来的安全问题。所以，广义的信息安全可以从这两方面来理解。这两方面安全与否的基础是国家信息产业的发展与实力。目前大多数发展中国家的信息产业尚属初建阶段，大部分技术依赖从发达国家进口，尤其是信息网络系统的核心技术，这给发展中国家信息网络正常运行和信息产业发展都带来巨大的安全隐患。

（1）信息全球化对发展中国家经济信息安全的影响

随着信息资源在一个国家经济生活中的作用越来越大，经济信息安全与否对国家经济安全有重要影响。从内容来说，经济信息安全包括经济系统网络安全、数据安全、信息内容安全、信息基础设施安全及国家与公共信息安全等方面；从安全的含义来说，经济信息安全包括信息的完整性——信息的来源、趋向、内容真实无误，信息的保密性——只为被授权者提供，信息的不可否认性——信息的发送者和接收者无法否认自己所做过的操作行为，信息的可靠性——网络和信息系统随时正常可用，信息的可控性——营运者对网络和信息系统有足够的控制和管理能力，信息的可计算性——准确跟踪实体运行可以达到审计和识别的目的。

由于发展中国家信息产业起步晚、技术相对落后，信息安全意识差、信息风险防范能力弱，各种重要的经济信息存在着严重的泄露和被破坏的风险。发展中国家经济信息安全风险的因素主要有以下几个方面：

1）网络技术自身的缺陷和漏洞。目前全球互联网本身存在技术和设计上的安全漏洞，体现就是有众多黑客可以利用计算机操作系统和软件设计中存在的安全漏洞入侵信息网络，致使企业和国家经济部门数据库信息经常被窃取和破坏，给国民经济运行秩序造成混乱和损失。例如，美国的一项研究表明，仅1997年金融欺诈造成的损失就有2490万美元，电信舞弊造成的损失有2270万美元，专利资源失窃造成的损失有2100万美元，网络和数据遭破坏损失有430万美元。○

2) 发达国家在信息技术和信息产品方面的垄断。因为发展中国家普遍信息技术开发能力薄弱，自主开发的软件很少，一些信息网络，特别是通信网络使用的是发达国家的信息设备，计算机领域的多数关键技术如计算机中央处理器（CPU）和软件操作系统等也因落后于发达国家不得不从其进口，而这些硬件和软件系统中可能会存在着巨大的安全隐患。据报道，微软Window系列产品及英特尔的CPU产品中都安装有"NSAKey"，可以随时收集和破坏用户计算机中的信息。另外，一些软件系统中还隐藏着"特洛伊木马"，可以随时被秘密指令激活，造成用户经济信息被窃取和破坏，甚至使系统瘫痪。这些危险都使发展中国家的信息网络和信息资源处于十分危险的境地。

3) 发展中国家信息安全意识差，信息风险防范能力弱。发展中国家普遍存在安全意识薄弱、缺乏合理有效的内部管理机制问题，许多机构简单地认为"防火墙＝安全"，缺乏"防黑防毒"的意识和警惕性，而且内部管理制度、安全制度不健全，缺乏监督和规范，很多涉密材料缺乏保护机制直接上网。发展中国家在网络硬件安全、网络运行安全、传输数据安全等方面经常遭遇黑客攻击，存储或传递数据遭遇被未经授权者篡改、增删、复制或使用，要防范和化解这些问题。发展中国家缺乏足够先进的技术和丰富的实践经验，如存取控制技术、病毒防治技术、容错技术、数据加密技术、智能卡技术等方面，发展中国家都有待提高。

(2) 经济信息化对发展中国家经济安全的影响

以计算机为基础、以互联网为代表的信息技术的发展为经济全球化进程提供了前所未有的推动力。当前信息化技术的发展具有信息采集的自动化、信息传递的网络化、信息储存的数字化、信息处理的智能化等特征。信息技术从生产全球化、贸易自由化、金融全球化、管理全球化等方面推动了经济全球化的进程，可以说，只有在信息网络时代，全球性的市场一体化才能真正形成。全球信息网络使国际贸易方式、贸易结构都发生了巨大变化，交易手段更加便捷，交易成本更加节约。信息网络化对资本的国际流动更是起到了举足轻重的作用，金融交易得以高效、快速、无间歇地运作，也更加促进金融衍生工具的创新和发展。对于跨国生产经营的企业来说，经营、管理、决策都需要以信息网络为基础，分布在世界各地的分支机构通过信息网络成为无距离的一个整体。拥有先进信息技术的信息强国，相对于信息弱国形成了"信息势差"，位于信息高位势的发达国家可以及时有效地利用经济信息在全球市场范围内优化资源配置而提高生产效率，实现财富的最大化，处于信息低位势的发展中国家却无法利用经济信息的价值，甚至其传统的国家经济信息主权和安全也会面临冲击和挑战。

在国际贸易方面，信息因素发挥着越来越重要的作用，贸易手段实现电子化、数字化的同时，贸易结构也呈现出智能化的发展趋势。信息不仅是一种重要的生产要素和资源，还是各国参与国际竞争的重要筹码，在不对称贸易结构和交换体系的作用下，发展中国家往往会损失大量的贸易利益和国民财富，甚至国内信息经济市场也面临被吞噬的风险。发达国家凭

○ 毕庆生：经济全球化与信息化过程中的信息安全，《河南广播电视大学学报》，2003年第2期，31页。

借强大的信息技术优势，控制了高附加值的信息服务和信息产品的国际市场，包括发展中国家的信息经济市场，并通过垄断价格获取超额垄断利润。据统计，美国每输出 1 亿美元的信息技术产品，会随之带来 40 亿~50 亿美元的货物和服务贸易，如美国的计算机软件进入发展中国家市场后，相配套的硬件和服务贸易也会进入发展中国家市场。

在贸易信息化的同时，发达国家为了维持其在国际信息产品和服务贸易中的绝对优势地位，极力推行全球电子贸易网络计划，促进了电子商务的快速发展。2020 年，全球电子商务销售额达到 39 140 亿美元，增长率为 16.5%，占全球零售业销售额的 16.8%。㊀许多国家和企业已把电子商务作为 21 世纪的业务增长点，例如美国每年都发表电子商务年度报告，总结和展望网络贸易的发展状况。2020 年，我国跨境电商出口额达 1.12 万亿元，增长超过 40%，跨境电商成为我国经济新常态下贸易发展的创新动力。疫情之下，国际贸易大幅下挫，跨境电商却依托"云端购买"显示出爆发式增长能力，所以未来作为新的商业模式跨境电商将保持高位增长。而大多数发展中国家由于信息网络不发达，信息安全立法不完善，网上支付系统、物流配送系统等不健全，导致电子商务发展缓慢，由此形成了与发达国家在贸易利益分配方面的不平等。另外，电子商务作为网络贸易也带来了一些安全威胁，包括信息在网络传输中被截获、传输文件被篡改、伪造电子邮件、假冒他人身份等网络安全问题。

在信息产业方面，发达国家和发展中国家在信息化方面的"数字鸿沟"客观存在。发达国家通常拥有现代的信息技术和完善的信息网络，并享受着全球丰富的信息资源，在经济信息化和信息全球化中占尽先机。以美国为例，其在信息资源的开发和使用上占据绝对优势：2001 年，美国上网人数超过 1.43 亿人，居世界首位；美国拥有网站占全球网站总数的 70%以上，互联网访问量最大的 100 个网站中，美国占有 94 个；全球互联网业务有 90%与美国有关；互联网管理方面的重大决定都由美国制定；美国还控制了全球 80%的计算机系统和软件市场及计算机中央处理器、计算机操作系统和网络关键产品的技术。㊁

此外，通过管理互联网域名服务器，网络信息中心和传送控制与互联网协议，西方国家拥有对互联网及其网上信息资源的控制权，美国拥有全球 11 个互联网信息交换枢纽中的 9 个，成为名副其实的"全球信息霸主"。而广大发展中国家信息技术相对落后，普遍缺乏独立的信息产业和信息经济体系。信息技术高度发达的国家利用对信息资源及其相关产业的垄断地位，对信息技术领域发展相对落后的国家实行信息技术控制、信息资源渗透和信息产品倾销，发展中国家面临着信息霸权的危险。从发展中国家来看，由于信息产业发展相对滞后，计算机硬件核心部件供给完全处于受制于人的地位。据统计，世界 CPU 市场的 92%的份额、系统软件的 86%的份额都由美国公司控制。在这种情况下，一旦国际关系恶化出口禁售，对发展中国家来说不仅信息系统的运行会受到影响，国民经济各个方面都会遭受损失。同时，发展中国家信息产业自主研发的新产品在市场开拓和产业扩展方面也存在巨大的难度。

发达国家凭借先进的信息技术和雄厚的经济实力控制着全球信息系统及运行进程，并形成了有利于发达国家的全球信息产业布局，由此给发展中国家的信息产业和经济安全带来不

㊀ 《中国跨境出口电商蓝皮书》发布：跨境电商仍将高位增长，https://www.zgswcn.com/cms/mobile_h5/wapArticle-Detail.do? article_id=20210322165856117O&contentType=article#。

㊁ 刘辉煌：经济全球化与发展中国家经济安全研究，厦门大学博士后研究工作报告，77-78 页。

利。发达国家巨额的金融资本和信息资本往往高度融合形成金融信息寡头，对世界主要信息市场进行激烈争夺，这必然给发展中国家刚起步的信息企业巨大的压力和冲击。发达国家还利用信息经济的优势地位控制信息经济的新规则，美国所制定的信息产业标准实际上起着国际标准的作用。起源于美国的互联网在覆盖世界各个角落的同时，也把美国的网络管理和网络技术标准进行了全球化和国际化。进入21世纪后，美国更加积极地参与国际信息经济制度创新，以尽可能保证在信息产业中的垄断地位。

在国际金融方面，信息技术的飞速发展为金融全球化提供了技术基础。在信息全球化、金融全球化的浪潮中，发展中国家不断进行金融自由化改革，金融市场的全面开放为发展中国家带来机遇的同时也增加了发展中国家金融体制的脆弱性，并且使大规模国际游资的投机行为有了冲击发展中国家的机会，加上信息的不对称与不完全性，发展中国家的金融体系非常容易受到冲击。1994年墨西哥金融危机和1997年东南亚金融危机就是典型的例子。除国际游资外，国际直接投资也由于信息网络的普及而变得更加活跃，流入发展中国家的直接投资额增多，这给发展中国家经济发展带来机遇的同时也为东道国的产业安全带来挑战。另外，发展中国家金融网络犯罪大大增多。网络犯罪涉及金融欺诈、非法入侵、知识产权泄密、窃密等领域，以银行为主的金融系统往往是各国信息化程度较高的行业，由于巨大的经济利益及金融网络系统的脆弱性，使金融系统网络更易成为犯罪分子的攻击目标。

第四节 发展中国家的经济安全战略

如前文所述，经济全球化将对发展中国家的经济安全构成严重的威胁，所以发展中国家在参与经济全球化的过程中稍有不慎便可能对其经济发展产生巨大冲击，东南亚金融危机便是典型的例证。因此，发展中国家面对经济全球化，必须采取十分谨慎的态度参与经济全球化的进程，并制定有效的政策和措施防范经济全球化的风险，实现经济安全发展。

一、改善国际贸易

贸易全球化既是经济全球化的重要内容，也是推动发展中国家经济增长的重要引擎。但是在贸易全球化过程中，发展中国家与发达国家处于不平等的竞争地位，使发展中国家对外贸易和经济发展面临诸多风险，所以发展中国家需要顺应贸易全球化的趋势，循序渐进、趋利避害，采取各种有效措施维护国家贸易安全和经济安全。

（一）积极推动贸易体制的创新

发展中国家发展对外贸易，可以通过资源优化配置降低生产成本，提高出口产品国际竞争力，扩大出口进而促进经济增长，所以发展中国家应通过贸易体制改革的深化积极参与贸易全球化。

在进口方面，贸易体制创新应由数量限制转变为关税管理。根据国际经济学原理，关税具有保护国内市场、保护本国幼稚产业、调整产业结构、增加政府收入等作用。但进口关税应根据产业部门的性质来确定，不能所有产品都征收正常关税，这样会遭受发达国家的关税报复而不利于其参与贸易全球化。实施关税管理，对具备竞争力的产品应降低关税，对幼稚产业应通过关税进行保护以便其成长壮大，对倾销商品的进口国征收适当的反倾销税。

在出口方面，应将贸易利益最大化作为出口贸易管理体制创新的主要目标。虽然对出口产品征收关税也可以起到改善贸易条件、增加国民收入的作用，但对发展中国家来说，在竞争日趋激烈的国际市场，通过扩大出口以获得贸易全球化的最大利益才是出口贸易管理体制创新的目标，所以除了对国内生产有重要影响的初级产品征收出口关税外，发展中国家还应制定全方位的出口激励措施。通过采取出口信贷、出口退税等鼓励手段支持具有竞争力或发展潜力的产业增加出口，并通过提供经贸信息和政策咨询等手段支持其技术创新，支持出口企业通过贸易关系多元化扩大活动空间，如参加区域性经济组织。

另外，根据发展中国家进出口商品供求弹性的特点，可以采取适当的汇率措施促进对外贸易目标的实现。

（二）采取适度的贸易保护政策

发展中国家采取适度的贸易保护，主要目的是培育新兴产业、增强未来贸易竞争能力。德国历史学派的代表人物李斯特提出了针对落后国家的保护贸易理论，认为贸易保护通过牺牲即期价值来换取国家生产力发展的能力。所以，发展中国家的贸易政策应该是自由贸易和贸易保护的有机结合，即有管理的自由贸易政策。

当前，发展中国家经济发展水平比较落后，处于经济赶超阶段，只有对其幼稚产业实行贸易保护政策，才能培育新兴产业实现未来经济发展和经济自立。这也是发达国家的发展经验，目前发达国家仍然采取战略性的贸易干预政策。发展中国家如果一直根据比较优势原则推进贸易自由化，将永远无法摆脱贸易条件恶化和贫困化增长的陷阱。发展中国家产品技术含量低，生产效率低，相对成本超过发达国家，减少相对成本最主要的办法就是增加产量，但在生产初期相对成本较高时如果实行自由贸易，必然因为受到国外产品竞争出现亏损，难以生存和发展。若要改善不利的贸易条件，增强本国出口产品的竞争力，发展中国家需要根据动态比较优势的原则，采取适度的贸易保护政策对本国目前尚不具备优势的产业实行适当的保护，直到"学习效应"充分发挥、具备竞争优势再取消对新兴产业的保护。

（三）提高外贸企业维护贸易安全的能力

要充分参与贸易全球化获取最大贸易利益，发展中国家最根本的还是要提高产品在国际市场的竞争力，才能扩大出口，这最终要依赖外贸企业微观主体竞争力的提高。

目前全球国际贸易市场的主要行为主体是跨国公司，它们凭借雄厚的资本实力、全球的生产营销网络、超前的科技研发能力，占据国际市场的大部分份额，发展中国家的外贸企业要具有与其竞争的能力，就必须树立全球化的经营理念，实现规模化、多元化生产，逐渐成长为实力雄厚的跨国企业。发展中国家的外贸企业应逐步扩大优势产品的专业化生产规模，并不断在专业化基础上创新产品，将优势资源、先进技术、科学管理结合起来，并同时开展对外投资在全球范围配置生产，实现国际化经营。另外，外贸企业还要重视引进国际标准和发达国家的技术标准，取得国际权威认证机构证书，如通过 IS8000 质量体系认证，借鉴国外跨国公司的先进贸易救助经验，收集、跟踪国外新设立的技术标准及贸易壁垒措施等相关信息，建立预警体系和专业机构，并与政府和行业协会等合作，对不合理的反倾销、反补贴等措施形成应诉机制。

（四）积极利用并努力改善国际贸易规则

发展中国家在参与贸易全球化的过程中，必然要遵循国际贸易规则，以 WTO 为基础的多边贸易规则在实践中有很多对发展中国家不公平的规定，常常会使发展中国家经济贸易主权受控、贸易利益受损。对于发展中国家来说，一方面应该趋利避害，深刻完整地掌握和有效利用包括贸易救济、争端解决及保护国内市场等方面的条款,并充分借鉴发达国家的经验,建立贸易预警体系和专业贸易安全管理机构,加强风险识别、规避和防范能力,积极应对并重视利用规则维护自己的贸易利益;另一方面发展中国家应该加强合作,积极参与多边贸易谈判,联合起来共同抵制少数发达国家不合理的要求,努力谋求改善国际贸易规则,建立公平、合理的国际经济新秩序。

二、提高产业竞争力

在经济全球化的过程中,跨国公司作为国际资本流动和产业转移的主体,拥有雄厚的资金实力、遍布全球的营销网络和坚实的研发能力,因而具有非常强大的国际竞争实力。大多数发展中国家的民族企业往往综合素质差、竞争能力低,无法与跨国公司竞争,所以跨国公司一旦进入发展中国家,往往会形成控制和垄断受资国产业和市场的状态,由此给发展中国家的产业安全带来严重威胁,甚至形成严重的依附型经济。所以,发展中国家必须坚定不移地把产业结构调整和升级作为核心任务,通过技术引进和创新,增加出口产品的科技含量和技术附加值,从根本上提高本国产业和产品的国际竞争力,才能在与跨国公司的激烈竞争中维护国家产业安全。

(一)发挥比较优势,制定产业发展战略

伴随经济全球化的深入,国际分工不断深化,对于各个国家来说,即使发达国家也不可能在每个行业都具有绝对优势,而只能选择产业链条中具有相对竞争优势的部门大力发展。发展中国家要遵循比较优势理论,制定国家产业结构调整和升级的整体战略,根据本国的具体资源优势来选择若干产业部门作为突破口,除了作为关系国家安全的战略性产业外,还应当充分参与国际分工,才能在既定的国内外形势下分享全球化的利益,为持续发展奠定基础。

除了大力发展具有比较优势的产业部门外,发展中国家还要培育战略性新兴产业,才能在未来的国际产业竞争中立于不败之地;多引进创新后的知识、技术等自身不具备优势的生产要素,实现国际竞争力的持续攀升;还要根据自身的相对优势和经济实力,培育新兴产业和高科技产业方面的大型跨国公司,重点投入、重点扶持,按照有关条款进行适当保护,以振兴民族工业;通过跨国公司的海外直接投资,不仅可以避免发达国家的贸易壁垒,还可以以全球市场为依托来安排开发、生产、销售,分享经济全球化的最大利益,彻底改变对发达国家的长期依附性。

(二)促进产业结构优化和升级

在经济全球化不断发展的背景下,发展中国家要充分利用产业全球化转移和调整的契机,促进本国产业结构的优化和升级。20世纪90年代以来,全球范围内的产业结构梯级调整表现出以跨国公司为载体的特征,发展中国家可以借助跨国并购在本国发展新的产业和产品,并利用跨国公司的先进技术改造传统产业,把国内内向性的、低效率的产业转换为外向性的、具有国际竞争力的产业,并借助跨国公司的国际生产体系,促进国内资源的流动和优化配置,达到本国产业结构优化升级的目标。在引进新产业调整产业结构的过程中,要充分考虑比较优势和经济安全原则,不能盲目地只看短期利益,要有重点、有计划地通过引进新产业实现对产业结构的调整升级,按照从劳动密集型产业→资本和技术密集型产业的引进顺序,并适时从引进劳动密集型产业向引进资本和技术密集型产业进行转换,

逐步建立起可持续增长的产业结构，最终形成不依赖国际产业转移的、自身能够不断优化升级的产业结构。

（三）利用外部条件壮大民族产业

发展中国家的民族产业虽然落后，但具有战略安全意义，所以在引进新产业进行产业结构调整升级的过程中，要重视利用外部条件发展壮大民族产业。首先，要充分利用国际经济协调机制来保护民族产业，如WTO有关保障条款。但要改变传统的对民族企业进行过度保护的做法，需要通过经济杠杆等手段利用国际经济规则对民族产业进行策略性的整体宏观保护。同时，要积极参与有关跨国投资的国际协调机制的构建和多边投资协定的谈判，加强发展中国家的联合，制定有利于自己的国际投资规则，改变原来由发达国家及跨国公司主导规则的局面。其次，发展中国家要把引资和民族产业技术创新结合起来提高自主创新的能力。跨国公司进行跨国投资时都是与某种形式的技术转让相联系在一起的，其拥有全球70%以上的技术贸易份额，虽然跨国公司提供的技术不一定是最新技术，但和发展中国家国内技术相比一般还是领先的，所以发展中国家要注重逐步实现由数量引资向质量引资模式的转变，不断提高外资引进的技术含量，以促进国内产业技术水平的提高。一般来说，跨国公司常常采用内部化方式将技术投入子公司，但技术具有溢出效应和示范效应，所以发展中国家要积极通过民族企业的学习、模仿，上下游产业的联动及外企技术人员流动等方式来获得技术扩散的好处。为了更充分利用技术溢出效应，发展中国家应该制定相关产业政策鼓励跨国公司转让先进技术，积极支持跨国公司在作为东道国的发展中国家设立研发机构。更为重要的是，发展中国家在利用跨国公司技术溢出效应的基础上必须加强自主技术创新研发的能力。只有在引进技术消化、吸收的基础上提高自主创新能力，才能不断地从发达国家引进更新的技术，才能在跨国公司垄断核心技术的现实下缩小与发达国家之间的技术差距，从而真正提升整个国家的经济竞争力。

（四）深化企业改革，提高企业竞争力

提高产业竞争力和维护产业安全的微观基础还是企业，只有不断发展壮大民族企业，才能最终消解跨国公司扩张带来的产业威胁。所以，发展中国家必须积极推进民族企业改革进程，不断提升企业经营效率，增强国内企业的竞争力。

首先，重视国有企业的改革。发展中国家国有企业在国民经济中一般占有较大比例，而且往往被政府作为执行国家战略的重要载体，导致国有企业在沉重的行政约束和优先配置资源、补贴、优惠政策等情况下，缺乏自主经营、自我发展的能力，难以适应开放、竞争的国际市场。为此，发展中国家应加大对国有企业的改革力度，重点是调整产权结构、改革企业内部经营机制和提高经营管理的水平。除了关系国计民生的基础战略部门仍需国有独资或控股外，其他国有企业可以通过股份制改造等方式实现企业产权主体的多元化。废除对国有企业的补贴、特权、担保或政策性贷款等保护手段，逐步建立国有企业自我发展、自我约束的运行机制。以市场为导向，建立企业法人治理结构，使民族企业在竞争中提高经营效度，实现自我发展。其次，在经济全球化浪潮中联合政府和企业的力量对民族企业的发展趋势进行战略规划。通过促进企业国际化经营培育发展中国家的跨国企业，重点在高新技术产业或关键领域，如在发展中国家起支柱作用的制造业，采取资产重组和整合的方式，有计划、有重点地扶持和培育一批拥有一定先进技术和生产规模的大型企业。发展中国家还要非常重视培育一批具有自主知识产权和研发能力的高新技术企业。再次，积极促进民族中小企业的发展。发展中国家有大量的中小企业，这些中小企业在配套企业、提供多样化商品、解决就业等方面发挥重要作用，对发展中国家来说，中小企业是增强民族产业整体竞争能力的重要力量。发展中国家要充分利用市场机制促进中小企业之间的合作和资源的优化配置，通过联合进行技术开发或建立销售网络降低生产成本，政府从融资、税收等方面加大对中小企业的政策支持，采取激励手段鼓励中小企业特别是高新技术中小企业进行技术创新和组织创新。

三、强化金融监管

从东南亚金融危机、拉丁美洲国家经济危机到美国次贷危机，诸多事实证明在金融全球化、自由化的背景下，金融安全在国家经济安全中毋庸置疑处于首要地位。科学完善的金融组织体系、高效发达的金融市场、全面有效的金融监管机制，是经济全球化进程中每个国家实现金融健康发展、防范金融风险和危机不可缺少的保障。对于大多数发展中国家来说，由于长期采取了金融抑制措施，金融发展严重落后于经济发展，金融体系不健全，金融市场单一，同时金融自由化改革步伐又较快，这给发展中国家金融领域及整个经济领域积聚了更大的风险和隐患，所以在完善金融体系的同时建立全面有效的金融监管机制对于发展中国家金融体系的健康成长和整个经济安全都具有重要意义。

（一）加强对金融泡沫的宏观监管

伴随经济全球化的扩展，发展中国家利用国外资金的规模越来越大。在金融自由化改革中，很多国家较快地开放了资本账户，巨额国际资本流入发展中国家，其中也包括大量的国际投机资本，导致发展中国家金融业盲目发展与运行，常常引发泡沫经济，金融体系的脆弱性也越来越加剧。发展中国家通常可以采用金融相关率即金融资产存量与实物资产存量之比作为宏观预警指标来监控泡沫经济的产生，一般来说，金融相关率越大表示经济体系中泡沫成分的可能性越大。同时，发展中国家还要对不同种类的泡沫经济制定不同的监控指标进行监控，然后建立相应的预警系统，例如通常可以采用股票价格指数、房地产价格指数和真实汇率分别作为证券泡沫、房地产泡沫和汇率泡沫的粗略监控指标。监管管理部门必须适时密切关注这些指标，在经济景气、财政货币政策比较宽松的情况下，如果相关指标在没有基本经济因素影响下突然表现出大幅提高，金融监管部门应适时准备在必要时采取干预手段，例如紧缩财政政策和货币政策，减少泡沫经济成分，保持宏观经济稳定。在经济全球化过程中，传统的对金融业的直接管制显然已经不适用，所以在盈利和降低风险的双重目标下，通过实施资本充足比率、流动性比率和其他资产负债比率等手段，对金融业的信用风险、市场风险、流动性风险等进行管理。同时，发展中国家可以采取公开市场操作工具、改变法定存款准备金率等措施控制和监管国际资本在金融市场上的交易行为，特别是国际短期资本。国际短期资本流动性大，投机性强，一旦发展中国家金融市场稍有波动就会突然逃离，对发展中国家金融市场造成巨大的冲击。国际短期资本在证券市场投资越多，发展中国家遭受打击的风险就越大，所以发展中国家应对国际短期资本采取审慎的限制和监管措施，如审慎限制与贸易无关的掉期交易、银行持有公开市场外汇交易净头寸、对银行的外汇负债实行限额、限制短期货币市场金融交易等。

（二）完善对金融市场的全面监管

首先，对金融市场的参与主体加强金融监管。金融活动主体包括企业、个人和金融机构,其中,金融机构是金融市场中最重要的行为主体,是金融监管的主要对象。对金融机构的全面监管,包括对所有金融机构的资金安全性、资本充足率、资本资产标准、清偿能力、准备金率、支付能力和业务合法性等方面的监管,规范和控制金融机构对房地产和证券行业的资金供应,控制金融机构直接参与证券交易和债券包销等交易活动。传统的金融监管重点主要集中于对银行业的监管方面,在外汇市场和资本市场方面缺乏监管,发展中国家往往在这两方面的监管力不从心,为了防范国际资本流动所带来的风险,发展中国家需要推动建立一种国际金融组织共同合作监督的机制,充分发挥 IMF、世界银行、国际清算银行、巴赛尔委员会等国际金融组织各自的优势,建立资本流动的国际信息披露机制,加强银行监管与非银行监管的合作,强化对各类金融交易的监管。

其次,建立金融市场的信息披露制度,提高市场的透明度。一方面,为中央银行的金融调控提供真实、准确、及时的金融市场信息;另一方面,提高信息披露的透明度使市场交易者根据有效信息做出理性的决策,减小广大投资者受错误信息误导的可能性,以减少中小投资者把资金盲目投入证券、房地产等风险较大的市场。

再次,加强对对冲基金类机构投资者的监管。1985年—1994年,发达国家机构投资者的总资产从5.3万亿美元增加到17万亿美元,其中对冲基金占据越来越大的比例,此后对冲基金在国际金融市场上横冲直撞,每次国际金融危机都与它们存在联系。根据现行法规,对冲基金的交易活动、经营和财务状况、与银行间的借贷往来等重要信息都可以无须公布,这种信息不透明性大大强化了它的投机性,也使发展中国家面对其投机冲击时缺乏防范能力。因此,应该建立明确的法规对对冲基金的信息披露做出规定,并且对其操作方式、杠杆投资比率、借贷比率等一系列操作指标加以限制。

(三)建立对创新金融工具的有效监管

金融活动具体要通过各种金融工具来实现,随着金融业的不断发展,金融工具创新种类越来越多,需要对金融工具的品种、规模进行监管。其中,有些金融工具常常被国际投机者所采用以获取巨大的金融收益,与投机行为相关的金融创新工具是金融监管的重要对象。发展中国家对投机性很强的金融工具在引进过程中,要与自身社会的金融风险防范程度相适应,如果风险防范能力弱,新的金融工具常常容易被投机者异化为单纯的投机工具,对投机性极强的金融工具,可以采取增加交易保证金、涨跌停板制度等方式阻止交易或减少过度波动。在发展中国家金融风险防范能力有限的情况下,金融市场上的金融创新工具应以套期保值为主,以便形成投机性较弱的市场。

四、维护国家信息安全

在信息全球化时代,信息安全的作用日益突出,发达国家凭借先进技术不断采取措施,一方面维护自身的信息安全,另一方面却侵犯发展中国家的信息安全。发展中国家普遍存在对信息战认识不足、信息技术水平比较落后、信息资源管理体系不健全等状况,所以发展中国家必须充分意识到在信息化时代信息安全的重要意义,把信息安全上升到国家安全的战略高度,充分掌握国际信息发展动态,找出本国与发达国家在信息领域存在的差距并学习和借鉴发达国家信息安全的理论、做法和经验,科学制定信息安全战略和具体计划,建立起适合本国国情的信息安全机制,坚决维护经济信息安全。

（一）促进信息技术发展，提升本国独立信息化发展的能力

信息既是一种战略性资源，也是一种权利性资源。每个国家在国际信息领域所处的地位决定着其全球化进程中的主动性和控制力，如果不能拥有独立的信息化开发能力就意味着未来在全球化竞争中将处于被支配的地位。发展中国家工业化起步晚，信息化起步更晚，导致其在计算机、通信等领域不具备对核心技术的独立研发能力，由此形成对发达国家信息技术的依赖，为本国的信息安全埋下长期隐患。随着信息全球化的展开，发展中国家一定要充分认识信息战对未来发展的重要战略意义，大力加强对信息产业的投入，集中高端信息领域人才进行信息技术研究与开发，不断提升本国独立信息化发展的能力，使自己在与发达国家的竞争中能够具有发展的主动权。

（二）重视信息安全技术，积极推动信息安全技术产业化

信息安全技术既是维护信息安全的基础，也是各国竞争的制高点，发展中国家必须重视信息安全技术的独立发展。首先，必须加强信息安全的基础理论研究。关于信息安全理论研究，国内外都处于探索阶段，发展中国家一方面要借鉴发达国家理论研究的成果，另一方面要提供财政支持加强自身安全课题研究，开展在政务网安全、电子商务安全、网络安全管理、测评认证、信息防护等关键技术方面的课题研究，组织专业人才开展联合攻关。其次，逐渐实现信息安全技术的产业化发展。发展中国家普遍处在信息安全产业的起步阶段，国外产品占主导地位，所以要实现信息安全技术的产业化发展，政府需要给予大力支持，在信息安全管理和信息产品两个方面建立专项发展基金。信息安全产品和技术主要包括加密技术、电子身份认证、防火墙技术、漏洞扫描技术、入侵监测、防病毒技术等，发展中国家只有在这些方面研发出具有自主知识产权的产品与技术，才能从根本上维护本国的信息网络安全。再次，积极制定信息安全技术标准。这方面必须参考国际信息安全技术标准和发达国家的经验，既要制定国家统一的信息安全技术标准，又需制定详细的信息安全行业标准，例如计算机病毒防治产品评级准则、金融机构计算机信息系统安全技术标准等。

（三）建立国家内部信息安全管理机制

国家信息安全的实现，单纯依靠技术手段的提升往往不能完全达到目标，必须建立科学有序的管理机制作为保障，才能实现国家信息安全的目标。发展中国家要重视全民信息安全意识的提升，包括企业、政府机构、个人的信息安全意识；加强信息安全教育，特别要对各行业相关人员进行专业的计算机软件、硬件及数据信息和网络等方面的安全教育，建立起相关人员信息保密观念、责任心和防范风险的能力；相关行业制定严格科学的信息安全管理机制，包括保密规定、操作规程、维护和监督体系等，特别是信息化程度较高的金融、证券、通信等领域。

（四）建设信息安全网络的法治环境

发达国家在信息安全方面一个非常值得发展中国家学习的做法就是重视信息安全法规制度建设。例如，2000年5月，八国集团（G8）在巴黎召开会议讨论建立共同防范互联网犯罪的机制，美国积极联合欧洲委员会及加拿大、日本、南非等国共同制定了关于反网络犯罪的法律。美国制定实施的《反黑客法》，是涉及反病毒、反非法闯入和反计算机诈骗等方面的细致严格的法律规定。发展中国家在广泛利用信息网络技术的同时，也必须制定相关法律，特别是安全方面的法律，完善信息安全网络的法治环境，把信息安全问题真正纳入国家的立法、执法体系。

延伸阅读

韩国的经济发展模式及调整

韩国经济发展始于20世纪60年代,从1962年到1997年,韩国经济保持了年均约8%的高速增长,创造了"汉江奇迹"。1962年韩国经济总量仅有28亿美元,人均GDP为106美元,作为典型的追赶型发展中国家,韩国经济保持了30多年的高速增长。2019年韩国以经济总量1.64万亿美元的成绩排在全球第12名,人均GDP约为3.175万美元,进出口总额10455.8亿美元,约为同期GDP总量的63.75%(韩国GDP总量增长情况如图4-13所示)。1997年东南亚金融危机可以认为是韩国经济发展的分界点,以此分界点韩国经济发展可以分为两个大阶段:1961年—1997年的37年间,GDP平均增速为7.9%;1998年—2012年的15年间,GDP平均增速为3.9%。

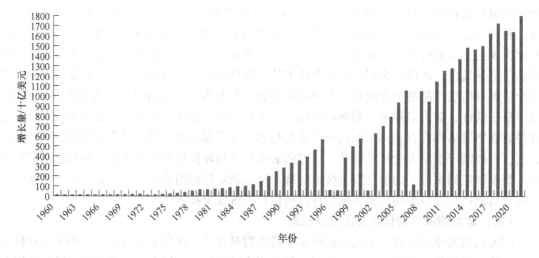

图4-13 韩国GDP总量增长情况
(资料来源:Wind数据整理。)

一、1997年之前韩国经济发展成功的主要原因

韩国经济之所以能保持30多年的高速增长,其根本原因在于抓住了机遇,选择了适合本国国情的经济发展道路。其成功的原因主要有以下几个方面:

(一)积极推行"出口导向型"战略

20世纪60年代初至70年代中期是世界经济发展的"黄金时期",当时世界市场的商品需求量大,西方国家又尚未建立起针对发展中国家的贸易壁垒,韩国鉴于自身资源匮乏、市场狭小、资金和技术短缺、劳动力市场供过于求等客观条件,在60年代初开始果断地将内向型发展战略变为以出口为导向的外向型发展战略。

(二)适时调整产业结构

20世纪60年代,在美国、日本等发达国家大力发展资本密集型产业而将劳动密集型产业转移到发展中国家之际,韩国及时抓住这一产业转移的有利时机,发展以轻纺工业为主的劳动密集型产业，使韩国经济在短时间内迅速成长起来。70年代后期，由于西方主要发达国家经济衰退，贸易保护加强，加之马来西亚、菲律宾等一些发展中国家的价格竞争，韩国轻纺工业产品出口优势逐渐减弱，于是韩国利用发达国家资本密集型的重化工业向新兴发展中国家转移的机遇，开始由劳动密集型产业向资本密集型产业升级，重点发展重化工业，为80年代乃至90年代经济发展打下了坚实基础。进入80年代以后，世界新技术革命日益深入，韩国适时提出"科技立国"口号，重点发展技术密集型产业，迅速缩短了与发达国家之间的差距。

（三）实施政府主导型经济计划

韩国经济发展的初期和中期，由于经济基础较薄弱，市场机制发育不健全，政府为保障经济运行秩序及资源的合理配置，主要通过政府制订的经济计划来实现其国家发展战略。从1962年起，中央政府就连续制订经济发展的5年计划，每个计划的内容都与当时国家经济发展战略目标和指导原则相一致，且保持相互之间的连续性，并积极运用行政、法律、经济杠杆等手段管理和影响企业。

（四）大力引进外资

韩国结合自身基础薄弱和资金短缺的现实条件，大胆引进外资，成功地弥补了"外汇缺口"和"储蓄缺口"。外资的引入不仅弥补了韩国资本不足，而且带来了国外的先进技术，促进了本国的产品更新和产业升级，扩大了本国就业。尤其在60年代初至80年代中期，外资引入的诸多正面效应大大推动了韩国经济的增长。据韩国银行分析，1962年—1982年，韩国投资率为29.2%，而国内储蓄率仅有24.1%，差额由外资弥补。

1997年爆发的东南亚金融危机使韩国经济遭受沉重打击，由此也暴露了韩国经济发展模式中存在的严重问题。

二、1997年东南亚金融危机使韩国经济发展模式的主要问题显露

（一）政府主导型体制改革滞后

政府主导型体制对韩国经济发展曾起过重大作用，但随着对外开放度的不断提高和信息化时代的到来，政府主导型体制越来越不能适应经济全球化发展的需要。政府缺乏全球化所要求的管理经验，无法对国际经济形势应付自如，这大大抑制了市场机制作用的发挥，妨碍了市场对资源的配置，破坏了市场竞争机制。尤其是政府对金融业管制过多，韩国虽一直努力进行金融制度改革，但直到危机爆发，也没有真正确定银行自主性贷款和责任经营体制。此外，政府主导经济导致权力集中，各种"寻租行为"泛滥，地下经济盛行，严重影响了整个国民经济的健康发展。

（二）"财阀经济"弊端呈现

从韩国经济发展的历程看，韩国实行以大企业集团为主导的经济发展模式，曾在促进产业升级、扩大出口、实现规模经济效益和加速国民经济发展等方面发挥过积极作用，但政府对大企业集团的长期政策扶持和保护使"财阀经济"的弊端日渐呈现。政府实施的优惠贷款政策，导致企业不断扩大规模，形成大量负债经营。随着环境的变化，那些习惯于受政策扶持的大企业仍只注重规模扩张，盲目重复投资而疏于技术改造，导致企业竞争力和经济效益下滑，给银行造成了大量坏账。此外，韩国大企业的家族经营体制使企业的所有权和经营权高度集中，经营方式上沿袭总裁独断专行的经营体制，使集团内的管理缺乏科学性和民主性。

（三）金融监管制度建设滞后

韩国自20世纪70年代起开始放松金融管制，采取了一系列放松管制的措施向金融自由化转轨。如商业银行私营化、开放金融市场、取消利率管制、开放资本账户等。但在实施金融自由化过程中，由于金融监管制度建设不配套，政府对金融业介入过深，使金融业改革滞后。政府不拥有银行的股份，但拥有行长的任命权，权力高度集中在行长手中，这极易滋生贪污贿赂的腐败风气。银行自有资本比例过低，缺乏必要的金融风险防范机制，使金融机构面临大量坏账、呆账。到1997年底，有两家银行和14个金融公司被迫停业。

（四）产业结构调整失去支撑

20世纪60年代初至80年代末，韩国适时推进产业结构调整，对经济发展的促进作用明显。但从90年代起，由于其科技管理和研究开发体系过于分散，科研体制陈旧，研究开发效率低，基础研究薄弱，政府和企业对高技术发展重视不够等因素，从而使韩国产业结构调整失去支撑。在以信息产业为代表的高技术产业蓬勃发展的国际情况下，韩国仍把主要精力放在传统产业规模扩充上，致使高新技术产业除半导体等个别产业外，基本处于落后状态。由于未能抓住时机向技术密集型产业转化，产业结构的升级和优化受到影响，使扩大出口和经济长远发展缺乏后劲。80年代中期，韩国产品的劳动力成本优势被中国、泰国等国家所取代，技术密集型产业受到美国、日本等发达国家挑战。进入90年代后，由于未能形成技术型产品出口的竞争优势，国际贸易逆差直线上升。产业结构失衡使韩国在出口商品结构上对外依赖加深。目前，韩国出口主导产品过分集中于少数品种，如半导体、钢铁、汽车、机械、造船及石化上，其中在半导体、汽车和造船方面，韩国与日本处于激烈竞争状态，出口受国际市场影响较大。

（五）外延扩张的速度型增长方式不适应新环境的要求

韩国在速度型发展模式下，片面追求高速增长，靠物资、人力和资金的高投入来获得经济发展。多年来，由于韩国投资需求长期过旺，刺激了物价、工资和房地产价格的上升，如20世纪六七十年代消费物价和制造业工资平均涨幅分别达到约16%和11%，大大高于同期劳动生产率的增长。随着生产成本的上升，高投入逐步转变为高费用和低效率，商品在国际市场上的竞争力严重削弱。巨额债务及居高不下的利率又加重了企业的资金压力，使企业金融费用负担率上升，而相对落后的科技水平使商品科技含量和附加值相对较低，投资和效益难以同步增长，企业经营状况不断恶化。韩国的速度型外延扩张增长方式已不能适应新环境的要求。

三、危机之后韩国政府对其经济发展模式的调整

自1998年后，韩国政府采取了一系列行之有效的消除危机和刺激经济的措施，有步骤地加强宏观调控和健全各种机制，以适应经济全球化趋势。

（一）调整金融结构，全面深化金融改革

1997年底，韩国出台了包括《银行法》在内的13个金融改革方案。1998年初，国会成立了金融管理委员会，统一负责银行业、股票市场、证券市场、保险业的改革、整顿和监督，彻底改变了以往政府直接干预金融业的做法。在改革中，韩国加大了对银行和非银行金融机构的整顿力度，对资产结构和经营状况恶化的金融机构实行明确和坚决的市场退出策略。此外，韩国政府进一步规范了金融秩序，明确禁止银行之间相互提供债务担保，并要求银行改进内部管理，使管理体制和方法与国际标准接轨。

(二)积极调整企业结构,促进企业良性发展

在企业结构调整方面,针对"财阀经济"的弊端,韩国政府突出了集团的主业经营,把企业"大而全"的经营模式转化为专业性的注重核心业务的经营模式。1998年底,在政府的推动下,大企业集团进一步调整了企业经营机制,推行广泛的产业结构调整,以解决重复投资问题,增强企业核心竞争力,降低经营风险。金融危机使韩国政府认识到,国家经济发展不能只依托几个大企业集团。因此,近年来,韩国政府废除了各类阻碍中小企业发展的法律法规,采取了一系列促进中小企业发展的措施,促进了中小企业的良性发展。同时,韩国加大了对民营企业的整顿清理,加快国有企业股份制改造等。

(三)大力发展高新技术,不断实现产业升级

从1998年开始,韩国加速产业结构的调整,提出从1998年至2003年投资140万亿韩元,集中发展计算机、半导体、生物技术、新材料、新能源、精细化工、航空航天等28个产业及服务业。1999年底,韩国又颁布了《科技发展长期计划》。韩国特别重视信息产业的发展,1998年明确把信息产业作为重振国家经济的根本,提出了"头脑强国""头脑兴国"的口号。此外,创办中小型风险企业是韩国发展高新技术产业的重要举措之一。

(四)努力出口创汇,积极吸引外资

危机后韩国仍坚持以出口导向的发展战略。一方面,由于韩元的大幅贬值,韩国产品国际竞争力得到提升;另一方面,韩国政府积极创造条件促进出口,选择了一系列国家作为其新兴出口市场,签署相关贸易、投资、保险、关税的协议,使韩国外贸出口大大增加。同时,韩国积极吸引外来投资,一方面不断改善投资环境。韩国先后修订和颁布了《企业收购法》《鼓励外商投资法》,成立了韩国投资服务中心,大力简化投资手续。另一方面,进一步开放投资领域,确定引资重点。在全国1148个行业中,外商投资受限制的行业已减少到13个,外商投资自由率提高到98.4%,还选定金融、旅游、石油化工、通信等10个领域为吸引外资的重点领域。

第五章
计量经济学通识方法

学科思维导图

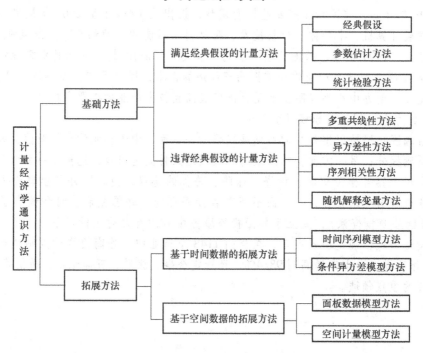

计量经济学（econometrics）大致可以分为三部分：满足经典假设下的计量经济学方法、违背经典假设的计量经济学方法和计量经济学方法的拓展。第一部分满足经典假设下的计量经济学方法中，本书以多元线性回归模型为例，在其满足五个经典假设的前提下，应用普通最小二乘法得到线性、无偏和有效估计量。第二部分是针对所构建的多元线性回归模型不再完全满足经典假设的条件时导致的多重共线性、异方差性、序列相关性和随机解释变量问题进行检验和方法改良，其中多重共线性的检验方法包括图示法、拟合优度法和逐步回归法，改进方法分为剔除法和一阶差分法；异方差性的检验方法包括图示法和戈里瑟法，克服方法为加权最小二乘法和异方差稳健标准误法；序列相关性的检验方法主要有图示法、DW检验法等，广义差分法是克服序列相关性的有效方法；对于联立方程模型中一般存在的内生解释变量问题主要是以两阶段最小二乘法进行优化。第三部分是关于传统计量经济学方法的拓展，分为时间序列计量经济学、自回归条件异方差模型、面板数据模型和空间计量经济学四个方面，主要是用来检验时间序列平稳性、时间序列模型异方差性、面板数据的随机和固定效应及截面或面板数据的空间相关性。

国际计量经济学会将计量经济学定义为：通过经济学、数学及统计学的有机统一，以实现经济问题理论定量与经验定量相统一的目标。这个定义明确了计量经济学是依据统计资料，采用数学方法，研究经济变量之间数量关系的一门交叉学科。计量经济学研究的主题是经济现象的发展变化，这决定了计量经济方法必须以经济活动为出发点和归宿，因此，经济学构成了计量经济学的理论基础，数学为计量经济学提供研究方法，统计学为计量经济学解决数据获取与处理问题。

计量经济学方法是通过对随机误差项及其概率分布的设定，使得计量结论能最大限度地逼近客观经济现实。严谨的数学方法和统计推断能够把随机因素规律化，形成正确指向的参数估计与检验过程，这是计量经济学方法区别于其他经济学方法的本质特征。

第一节 计量经济学的学科思想

计量经济学是一门研究经济变量之间数量关系的学科，本节将从计量经济学的产生、发展、研究步骤及应用等四个方面，阐述计量经济学的学科思想。

一、计量经济学的产生

20世纪20年代末期，资本主义自由经济增长的动力衰竭，经济陷入严重的衰退之中，政府开始采用国家干预经济的调控措施来解决市场失灵问题。宏观经济学的创始人凯恩斯提出了三大心理规律，指出经济危机的根源是有效需求不足，因此需要政府采取有效的需求管理政策调节经济。在经济衰退时，需要实施扩张性的财政政策和货币政策，以增加货币供给，通过乘数作用促进消费和投资增长。但需求增长的同时往往伴随着物价水平的上涨，容易引发通货膨胀。因此，在政府出台一揽子经济政策之前，需要精算出经济变量之间的数量关系，估算出货币供给、名义收入与物价水平之间的数量关系，才能形成与现实经济状况匹配的宏观经济政策调控力度。

"计量经济学"一词是1926年挪威经济学家拉格纳·弗里希（Ragnar Frisch）仿照"生物计量学"一词提出的。1930年，弗里希构建了基于投入产出问题的计量经济学模型，并创办了"计量经济学学会"，标志着计量经济学的诞生。作为计量经济学的开山之祖，弗里希把经济理论、数理方法和统计学应用于实际经济问题的分析中，开拓了经济学新的研究范式，对经济学的发展和应用产生了深远的影响。弗里希把经济波动的因素区分为扩散作用和冲击作用两类，将两者结合起来解释资本主义经济周期，并构建了资本主义经济周期的数学模型，为当代经济周期的计量奠定了重要基础。在经济计量方法上，弗里希不墨守成规，坚持创新，根据经济活动的复杂性和随机性，开创了"统计合流分析"方法。这一方法为研究经济活动过程中的多种关联提供了重要的方法论，同时也为现代计量经济学的发展打下了重要基础。荷兰经济学家扬·丁伯根（Jan Tinbergen）也为计量经济学的创设和发展做出了突出贡献。1936年，丁伯根建立了24个联立方程的计量经济学模型，拓展了对经济系统的计量研究。1969年，弗里希和丁伯根因在计量经济学上的奠基成就而获得了首届诺贝尔经济学奖。

20世纪70年代之后，计量经济学的时间序列模型（time series model）和面板数据模型（panel data model）被广泛应用，这一期间，保罗·萨缪尔森（Paul Samuelson）、米尔顿·

弗里德曼（Milton Friedmann）、罗伯特·索洛（Robert Solow）、华西里·列昂惕夫（Wassily Leontief）、恩斯特·恩格尔（Ernst Engel）、菲利克斯·克莱因（Felix Klein）等众多学者，为计量经济学的发展贡献了多种宏观计量经济模型，为分析经济波动、制定经济政策和预测经济趋势做出了重要贡献。

二、计量经济学的发展

计量经济学经历了由简到繁的发展过程。从研究对象和研究方法上看，计量经济学经历了由研究单一经济现象的单方程计量经济学模型（single equation econometrics model），到研究经济系统的联立方程计量经济学模型（simultaneous equations econometrics model）；同时，也经历了由挖掘数据经济规律的时间序列模型，到时间和空间相结合的面板数据模型。20世纪80年代以来，随着数据发掘和信息技术的发展，学者们对计量经济学的传统假设逐步进行修正和拓展，计量经济学步入了新的发展时期。

传统计量经济学理论认为，截面数据（cross sectional data）易出现异方差（heteroscedasticity）问题。例如，研究消费决定问题，可以建立 consume=f(income, price)+ε，其中，消费（consume）为被解释变量，可支配收入（income）和价格（price）作为解释变量，但要素禀赋没有作为解释变量，而是包含在随机误差项 ε 中，这种情况下，相关个体要素禀赋上的差异往往导致模型出现异方差性。恩格尔通过长期的观察研究，提出不仅截面数据易出现异方差问题，而且某些时间序列（time series）也存在异方差性。例如，针对金融市场时间序列的波动积聚，恩格尔等学者提出的自回归条件异方差（autoregressive conditional heteroscedasticity, ARCH）模型，被认为是金融计量学发展中的重大创新，使时间序列模型研究得到了极大拓展和广泛应用。

传统计量经济学理论认为，时间序列极易出现自相关（autocorrelation）问题。例如，产出决定问题可以建立 output=f(capital,labor)+ε，政策因素没有作为解释变量，而是包含在随机误差项 ε 中，这种情况下，政策因素的时段持续性往往导致模型出现序列相关（serial correlation）问题。在经济变量空间关联方面，沃尔多·托布勒（Waldo Tobler）在地理学第一定律中提出，"所有的事物都与其他事物相关联，但较近的事物比较远的事物更关联"。保罗·克鲁格曼（Paul Krugman）等人的进一步研究表明，空间数据之间不仅表现出异质性，也会表现出显著的相关性，计量经济学的截面数据研究不仅要关注异质性，更应考虑空间相关问题，由此产生了空间计量经济学（spatial econometrics）。

经典回归中，假设被解释变量是连续的，但经济分析中面临一些选择和决策问题。例如，对于某一事件的决策是否同意，同意记为1，不同意记为0；再如，对于某一建议的态度，强烈反对、反对、中立、支持、强烈支持，分别记为-2、-1、0、1、2。这些问题中，被解释变量是离散的。詹姆斯·赫克曼（James Heckman）等利用 Probit、Logit 分布，构建出反映离散数据发展规律的效用模型，使计量经济学广泛应用于决策分析问题。

传统的格兰杰因果关系检验（Granger causality test）中的统计推断，得出的结论是变量之间存在经济因果的必要而非充要条件。詹姆斯·斯托克（James Stock）等学者拓展了随机试验（random experiment）和自然试验（natural experiment）方法，发展了经济变量的因果推断，使试验结论更具稳健性。例如，研究某种新药的疗效，新药疗效 Y 的影响因素有 $\{X_1, X_2, \cdots, X_K\}$，其中，$X_1$ 为新药，$\{X_2, \cdots, X_K\}$ 为 $\{$体质、生活方式……$\}$ 等控制变量。被试者被随机分配到试验组和控制组，被试者和医生都不知道被试者分到哪一组。试验组服用新药，控制组服用安慰剂，通过最终效果判断新药疗效，排除了心理因素的干扰。

在国际计量经济学领域研究中，以邹至庄、陈晓红等为代表的华人经济学家也做出了突出贡献。1960 年，邹至庄在其论文《检验两条线性回归方程式的系数是否相同》中，提出了著名的"邹检验"（chow test），为计量经济学中的约束回归（constrained regression）提供了重要的检验方法。同时，邹至庄教授将计量经济学、经济理论和宏观经济学与最优控制理论研究交叉融合，探索出了运用拉格朗日乘数方法处理动态最优问题的解决方案。陈晓红教授的主要研究领域包括筛分广义矩估计方法及对多种半参数和非参数模型的估计和推断，研究领域包括测量误差模型、缺失数据模型、Copula 模型、非线性时间序列模型、潜在差异性模型，以及部分识别模型的稳健推断。陈晓红教授在 2007 年底当选为世界计量经济学会院士，2017 年，陈晓红教授和邹至庄教授共同获得了中国经济学奖评奖委员会颁布的"中国经济学奖"。

三、计量经济学研究步骤

（一）设计理论模型

首先，确定模型中的变量。通常记 Y 为被解释变量，X 为解释变量。例如，生产函数中，Y 为产出，X 包括资本、劳动力、技术等；消费函数中，Y 为消费支出，X 包括收入、价格、消费心理等，这一过程通常要参照经济理论函数式进行变量选择。其次，确定模型的数学形式，最常用的是线性模型（linear model），即一次函数模型，也包括非线性模型（non-linear model），例如幂函数、指数函数、对数函数等形式模型，这一过程通常要借助数据散点图进行数学形式选择。

（二）收集样本数据

计量经济学模型数据包括截面数据和时间序列数据两大类。例如，2020 年全国各省级单位的 GDP 数据为截面数据；1981 年—2020 年的 GDP 数据为时间序列数据（time series data）。截面数据和时间序列结合一起构成了面板数据，例如，1981 年—2020 年全国各省级单位的 GDP 数据。样本数据应满足完整性、准确性、可比性等条件。例如，从统计口径上看，如果 Y 为名义变量，则 X 也为名义变量；如果 Y 为实际变量，则 X 也为实际变量。

（三）参数估计与检验

参数估计（parameter estimation）是指利用样本数据对理论模型中的参数进行估计。参数估计方法包括两大类：一类是最小二乘系列方法，其原理是如果模型与样本数据之间的拟合误差最小，则模型的参数最优。最小二乘系列方法主要包括普通最小二乘法（ordinary least squares，OLS）、加权最小二乘法（weighted least squares，WLS）和广义最小二乘法（generalized least squares，GLS）。另一类是极大似然系列方法，其原理是能够使样本数据以最大的概率从总体中出现，则样本参数为最优。极大似然系列方法主要包括一般极大似然法（maximum likelihood method）和准最大似然估计法（quasi maximum likelihood estimation）。计量经济学的模型检验包括经济意义检验、统计检验和预测检验三方面。参数估计与模型检验构成了本章的主要内容。

四、计量经济学的应用

（一）结构分析

结构分析是研究一个或几个经济变量发生变化及结构参数的变动对其他变量以致整个经济系统产生的影响，包括乘数分析和弹性分析两方面。乘数分析是指 X 变动一个单位，引起 Y 变动的倍数。例如，回归方程结果为 $Y=50+0.5X$，0.5 即为结构乘数。弹性分析是指 X 变动 1%，引起 Y 变动的百分比。例如，回归方程结果为 $\ln Y=50+0.5\ln X$，0.5 即为弹性系数。

（二）经济预测

经济预测的原理是模拟历史，利用样本之外的解释变量数据对被解释变量进行预测，从已经发生的经济活动中找出变化规律。例如，利用某企业 1981 年—2021 年的样本数据进行参数估计后，得到预测模型 $Q=1.0K+1.0L+1.5T$，如果某企业 2022 年计划：投资 $K=300$ 万元；工资 $L=200$ 万元；技术改造资金 $T=100$ 万元，则利用模型可以预测 2022 年的产值 $Q=1.0×300$ 万元$+1.0×200$ 万元$+1.5×100$ 万元$=650$ 万元。

（三）政策评价

政策评价是指利用计量经济学模型来定量分析政策变量变化对经济系统运行的影响，对不同政策执行情况进行评价，起到经济观测实验室的作用。以货币政策为例，如果货币供给方程为 $Y=a+bX$（式中，Y 为货币增量；X 为基础货币投放量）。利用某国 1981 年—2021 年数据进行估计后得到：$Y=1.0+3.0X$。如果 2022 年该国中央银行计划投入 3 万亿基础货币，则中央银行期望的效果为 $Y=10$ 万亿基础货币。如果 2022 年实际的 Y 与 10 万亿基础货币偏差不大，则说明达到政策预期效果；如果实际的 Y 与 10 万亿基础货币偏差较大，则说明货币政策偏离预期目标。

（四）检验与发展经济理论

检验与发展经济理论是指利用统计资料和计量经济学模型来检验提出的理论假说是否正确。其原理是，如果按照某种经济理论建立的计量经济学模型能够很好地拟合样本数据，则意味着理论假设与客观事实是相符合的；反之，如果计量经济学模型经过分析与检验后，不能很好地拟合样本数据，则表明理论假设不能解释客观事实。

第二节　经典假设下的计量经济学方法

计量经济学模型的经典假设是在有限样本条件下，针对普通最小二乘法的假设。计量经济学模型满足经典假设，则可以采用普通最小二乘法进行参数估计，得到的参数估计量具有线性、无偏性和有效性。在完成参数估计之后，还需进一步进行计量经济学模型的拟合优度和显著性检验。

一、计量经济学模型的经典假设

由于绝大多数模型都可以通过数学方法实现线性化，因此，线性回归计量经济学模型是计量经济学模型的基础模型。本章以多元线性回归模型（multiple linear regression model）为

例，说明计量经济学模型的经典假设。多元线性回归模型表达式为

$$y_i = \beta_0 + \beta_1 x_{1i} + \beta_2 x_{2i} + \cdots + \beta_k x_{ki} + \mu_i \quad (i=1,2,\cdots,n) \tag{5-1}$$

式中，y_i 为被解释变量（因变量）；x_{1i} 为解释变量（自变量）；μ_i 为随机误差项；β 为回归系数；k 为解释变量个数；i 为样本点下标；n 为样本容量。

多元线性回归计量经济学模型的经典假设如下：

1) μ_i 的均值为0，方差为常数，$E(\mu_i)=0$，$\text{Var}(\mu_i)=\sigma_\mu^2$。
2) μ_i 在不同样本点上彼此不相关，$\text{Cov}(\mu_i,\mu_{i+1})=0$。
3) μ_i 服从0均值、同方差的正态分布，$\mu_i \sim N(0,\sigma_\mu^2)$。
4) x_{1i}，x_{2i}，$\cdots$，x_{ki} 之间不相关，$\text{Cov}(x_{1i},x_{2i},\cdots,x_{ki})=0$。
5) x_{ki} 与 μ_i 不相关，$\text{Cov}(x_{ki},\mu_i)=0$。

假设 $E(\mu_i)=0$ 是保证随机项均值为0的条件，使回归直线与样本点拟合得最好。假设 $\text{Var}(\mu_i)=\sigma_\mu^2$（常数）是保证随机项的方差不发生变异的条件，模型不出现系统性偏差。假设 $\text{Cov}(\mu_i,\mu_{i+1})=0$ 是保证随机项不出现序列相关的条件。依据中心极限定理，某一随机变量的影响因素很多，而每种因素起的作用都很小，且彼此独立，则这一随机变量近似地服从正态分布。假设解释变量之间彼此不相关，如果彼此相关，参数 β_j 估计量的经济意义指代不明。假设 x_{ji} 与 μ_i 不相关是保证模型的无偏估计，如果 x_{ji} 与 μ_i 相关，则 β_j 不能反映 x_{ji} 对 y_i 的独立影响。

在多元线性回归模型满足经典假设的条件下，应用普通最小二乘法，可以得到线性、无偏、有效估计量，估计量的上述性质被称为BLUE（best linear unbiased estimator）性质。

二、满足经典假设的参数估计方法

（一）多元线性回归模型的矩阵表达式

多元线性回归模型展开后可得到 n 个展开式：

$$y_1 = \beta_0 + \beta_1 x_{11} + \beta_2 x_{21} + \cdots + \beta_k x_{k1} + \mu_1$$
$$y_2 = \beta_0 + \beta_1 x_{12} + \beta_2 x_{22} + \cdots + \beta_k x_{k2} + \mu_2$$
$$y_3 = \beta_0 + \beta_1 x_{13} + \beta_2 x_{23} + \cdots + \beta_k x_{k3} + \mu_3$$
$$\vdots$$
$$y_n = \beta_0 + \beta_1 x_{1n} + \beta_2 x_{2n} + \cdots + \beta_k x_{kn} + \mu_n$$

n 个展开式写成矩阵形式，即可得到多元线性回归模型的矩阵表达式，见式（5-2）和式（5-3）。

$$\begin{bmatrix} y_1 \\ y_2 \\ \vdots \\ y_n \end{bmatrix}_{n \times 1} = \begin{bmatrix} 1 & x_{11} & x_{21} & \cdots & x_{k1} \\ 1 & x_{12} & x_{22} & \cdots & x_{k2} \\ \vdots & \vdots & \vdots & & \vdots \\ 1 & x_{1n} & x_{2n} & \cdots & x_{kn} \end{bmatrix}_{n \times (k+1)} \times \begin{bmatrix} \beta_0 \\ \beta_1 \\ \vdots \\ \beta_k \end{bmatrix}_{(k+1) \times 1} + \begin{bmatrix} \mu_1 \\ \mu_2 \\ \vdots \\ \mu_n \end{bmatrix}_{n \times 1} \tag{5-2}$$

$$Y = XB + N \tag{5-3}$$

式中，Y 为被解释变量矩阵；X 为解释变量矩阵；B 为待估参数矩阵；N 为随机误差项矩阵。

(二) 普通最小二乘法

普通最小二乘法（ordinary least squares，OLS）的原理是误差最小原理，即能够使回归直线与样本点进行最好拟合的参数估计量是最优的。利用普通最小二乘法进行参数估计，首先构建模型误差统计量 Q，见式 (5-4)。

$$Q = (\boldsymbol{Y} - \boldsymbol{X}\hat{\boldsymbol{B}})^\mathrm{T}(\boldsymbol{Y} - \boldsymbol{X}\hat{\boldsymbol{B}}) = \boldsymbol{Y}^\mathrm{T}\boldsymbol{Y} - \boldsymbol{Y}^\mathrm{T}\boldsymbol{X}\hat{\boldsymbol{B}} - \hat{\boldsymbol{B}}^\mathrm{T}\boldsymbol{X}^\mathrm{T}\boldsymbol{Y} + \hat{\boldsymbol{B}}^\mathrm{T}\boldsymbol{X}^\mathrm{T}\boldsymbol{X}\hat{\boldsymbol{B}} \tag{5-4}$$

依据标量矩阵、转置矩阵和逆矩阵的相关性质，令 Q 关于 $\hat{\boldsymbol{B}}$ 的一阶偏导数等于 0，最终得到参数估计量的矩阵表达式，见式 (5-5)。

$$\boldsymbol{Y}^\mathrm{T}\boldsymbol{X}\hat{\boldsymbol{B}} = \hat{\boldsymbol{B}}^\mathrm{T}\boldsymbol{X}^\mathrm{T}\boldsymbol{Y}$$

$$Q = \boldsymbol{Y}^\mathrm{T}\boldsymbol{Y} - 2\hat{\boldsymbol{B}}^\mathrm{T}\boldsymbol{X}^\mathrm{T}\boldsymbol{Y} + \hat{\boldsymbol{B}}^\mathrm{T}\boldsymbol{X}^\mathrm{T}\boldsymbol{X}\hat{\boldsymbol{B}}$$

$$\frac{\partial Q}{\partial \hat{\boldsymbol{B}}} = -2\boldsymbol{X}^\mathrm{T}\boldsymbol{Y} + 2\boldsymbol{X}^\mathrm{T}\boldsymbol{X}\hat{\boldsymbol{B}} = 0$$

$$-\boldsymbol{X}^\mathrm{T}\boldsymbol{Y} + \boldsymbol{X}^\mathrm{T}\boldsymbol{X}\hat{\boldsymbol{B}} = 0$$

$$(\boldsymbol{X}^\mathrm{T}\boldsymbol{X})^{-1}(\boldsymbol{X}^\mathrm{T}\boldsymbol{X}\hat{\boldsymbol{B}}) = (\boldsymbol{X}^\mathrm{T}\boldsymbol{X})^{-1}\boldsymbol{X}^\mathrm{T}\boldsymbol{Y}$$

$$\hat{\boldsymbol{B}} = (\boldsymbol{X}^\mathrm{T}\boldsymbol{X})^{-1}\boldsymbol{X}^\mathrm{T}\boldsymbol{Y} \tag{5-5}$$

依据中心极限定理，如果模型设定正确，则随机误差项服从 0 均值、同方差的正态分布，见式 (5-6)，同时，随机误差项方差的最小二乘估计量表达式见式 (5-7)。

$$\mu_i \sim N(\mathrm{E}\mu_i, \mathrm{Var}\mu_i) = N(0, \sigma_\mu^2) \tag{5-6}$$

$$\hat{\sigma}_\mu^2 = \frac{\sum(y_i - \hat{y}_i)^2}{n-k-1} = \frac{\sum e_i^2}{n-k-1} \tag{5-7}$$

三、计量经济学模型的统计检验

(一) 拟合优度检验

拟合优度衡量的是回归直线对样本观测值的拟合程度。显然，若观测值离回归直线近，则拟合程度好；反之，则拟合程度差。为了构建拟合优度统计量，首先对模型进行平方和分解，计算原则见式 (5-8)~式 (5-10)。

$$\mathrm{TSS} = \sum(y_i - \bar{y})^2 \tag{5-8}$$

$$\mathrm{ESS} = \sum(\hat{y}_i - \bar{y})^2 \tag{5-9}$$

$$\mathrm{RSS} = \sum(y_i - \hat{y}_i)^2 \tag{5-10}$$

式中，TSS 为总体平方和，反映总体离差的大小；ESS 为回归平方和，反映解释变量所解释离差的大小；RSS 为残差平方和，反映解释变量所不能解释离差的大小。依据相关假设：TSS ≈ RSS+ESS，可以构造拟合优度 R^2，R^2 的取值范围是 [0,1]，构造方法见式 (5-11)。

$$R^2 = \frac{\mathrm{ESS}}{\mathrm{TSS}} = \frac{\mathrm{TSS} - \mathrm{RSS}}{\mathrm{TSS}} = 1 - \frac{\mathrm{RSS}}{\mathrm{TSS}} = 1 - \frac{\sum(y_i - \hat{y}_i)^2}{\sum(y_i - \bar{y})^2} \tag{5-11}$$

为了保证 R^2 为无偏估计量，调整后的拟合优度见式 (5-12)，其中，$n-k-1$ 为 RSS 的自由度；$n-1$ 为 TSS 的自由度。

$$\text{Adjusted-}R^2 = 1 - \frac{\text{RSS}/(n-k-1)}{\text{TSS}/(n-1)} = 1 - \frac{\text{RSS}(n-1)}{\text{TSS}(n-k-1)} \tag{5-12}$$

(二) F 检验——方程的显著性检验

第一步：提出假设。

原假设 H_0：$\beta_1=0$，$\beta_2=0$，…，$\beta_K=0$，y 与所有解释变量线性关系都不显著；备择假设 H_1：至少一个 $\beta_j \neq 0 (j=1,2,\cdots,k)$，$y$ 与至少一个 x_j 线性关系显著。

第二步：构造 F 统计量，见式（5-13）。

$$F = \frac{\text{ESS}/k}{\text{RSS}/(n-k-1)} \sim F(k, n-k-1) \tag{5-13}$$

第三步：给定显著性水平 α，查找临界值 $F_\alpha(k, n-k-1)$。

第四步：进行比较，如果 $F<F_\alpha$，接受 H_0，拒绝 H_1；如果 $F \geq F_\alpha$，则拒绝 H_0，接受 H_1，方程的线性关系显著。

(三) t 检验——变量的显著性检验

第一步：提出假设，H_0：$\beta_j=0$；H_1：$\beta_j \neq 0(j=0,1,2,\cdots,k)$。

第二步：构造 t 统计量，$t_j = \frac{\hat{\beta}_j}{S_{\hat{\beta}_j}} \sim t(n-k-1)$，$S_{\hat{\beta}_j}$ 为 $\hat{\beta}_j$ 的样本标准差。

第三步：给定显著性水平 α，查找临界值 $t_{\alpha/2}(n-k-1)$。

第四步：比较分析，以右端检验为例：如果 $t_j<t_{\alpha/2}(n-k-1)$，则接受 H_0，拒绝 H_1；如果 $t_j \geq t_{\alpha/2}(n-k-1)$，则拒绝 H_0，接受 H_1，变量的线性关系显著。

四、Eviews 软件操作方法

(一) 操作步骤

第一步：创建新的工作文件，单击 File 菜单，在 File 菜单中选择 new workfile。

第二步：定义样本区间——start date 和 end date。

第三步：输入数据，单击 Quick 菜单，在 Quick 菜单中选择 Empty Group 后粘贴数据。

第四步：定义变量，单击 Series01，然后书写 y，提示单击 yes；单击 Series02，然后书写 x，提示单击 yes。

第五步：绘制散点图，单击 Quick 菜单，在 Quick 中选择 graph，输入 x 空格 y（前横轴，后纵轴），然后单击 OK，出现 Line graph，在 Line graph 中选择 Scatter 形成散点图。

第六步：参数估计，单击 Quick 菜单，在 Quick 中选择 Estimate Equation（估计方程），输入 y 空格 c 空格 x，然后单击 OK。

(二) 以我国消费的边际消费倾向计量为例

1. 设计理论模型

$$y_i = \beta_0 + \beta_1 x_i + \mu_i \quad (i=1,2,\cdots,n) \tag{5-14}$$

式中，y_i 为消费支出；x_i 为国民收入；β_0 为模型的截距；β_1 为模型的斜率，即边际消费倾向；μ_i 为随机误差项。

2. 搜集样本数据

样本数据见表 5-1。

表 5-1　样本数据　　　　　　　　　　　　（单位：亿元）

年份	国民收入	居民消费支出	年份	国民收入	居民消费支出	年份	国民收入	居民消费支出
1981	5008	2627	1994	50 217	21 844	2007	266 599	96 332
1982	5590	2902	1995	63 216	28 369	2008	315 974	111 670
1983	6216	3231	1996	74 163	33 955	2009	348 775	123 584
1984	7362	3742	1997	81 658	36 921	2010	402 816	140 758
1985	9076	4687	1998	86 531	39 229	2011	472 619	168 956
1986	10 508	5302	1999	91 125	41 920	2012	529 238	190 423
1987	12 277	6126	2000	98 749	45 854	2013	589 737	219 762
1988	15 388	7868	2001	109 027	49 435	2014	640 796	241 541
1989	17 311	8812	2002	120 475	53 056	2015	699 109	265 980
1990	19 347	9450	2003	136 613	57 649	2016	745 632	293 443
1991	22 577	10 730	2004	160 956	65 218	2017	828 923	317 963
1992	27 565	13 000	2005	187 423	72 958	2018	915 774	348 209
1993	36 938	16 412	2006	222 712	82 575	2019	994 927	385 895

注：样本数据来源于《中国统计年鉴2020》。

3. 全样本参数估计与检验

全样本参数估计与检验结果见表 5-2。在表 5-2 中，Variable 代表解释变量，Coefficient 代表模型参数，Std. Error 代表参数估计量的样本标准差，t-Statistic 代表 t 统计量的样本统计值，Prob. 代表 t 检验的显著性水平。R-squared 代表未调整的拟合优度，Adjusted R-squared 代表调整后的拟合优度，S. E. of regression 代表模型的标准误差，Sum squared resid 代表残差平方和，F-statistic 代表 F 统计量的样本统计值，Prob(F-statistic) 代表 F 检验的显著性水平。Mean dependent var 代表被解释变量的均值，S. D. dependent var 代表被解释变量的标准误差，Akaike info criterion 代表赤池信息量准则统计值，Schwarz criterion 代表施瓦茨信息量准则统计值，Durbin-Watson stat 代表杜宾-沃特森统计值。估计结果显示全样本下模型的边际消费倾向为 0.376。

表 5-2　全样本参数估计与检验结果

Variable	Coefficient	Std. Error	t-Statistic	Prob.
C	2048.483	1113.083	1.840 368	0.0735
X	0.376 189	0.003 007	125.1064	0.0000
R-squared	0.997 578	Mean dependent var		90 768.42
Adjusted R-squared	0.997 514	S. D. dependent var		108 832.4
S. E. of regression	5426.057	Akaike info criterion		20.084 52
Sum squared resid	0.000 011	Schwarz criterion		20.168 96
F-statistic	15 651.61	Durbin-Watson stat		0.298 388
Prob(F-statistic)	0.000 000			

4. 分段样本参数估计与检验的结果

从样本数据散点图可以看出，模型数据分别在 2000 年和 2010 年左右存在着两个拐点，而两个拐点将全样本分成三个子样本。三个子样本彼此的斜率存在显著差异，因此，以两个拐点为分界，对三个子样本进行回归分析，不同年份区间的参数估计与检验结果见表 5-3～表 5-5。估计结果显示三个子样本的边际消费倾向分别为 0.450、0.309 和 0.413。

表 5-3　1980 年—2000 年参数估计与检验结果

Variable	Coefficient	Std. Error	t-Statistic	Prob.
C	453.3247	152.9467	2.963 938	0.0080
X	0.450 483	0.003 190	141.2370	0.0000
R-squared	0.999 048	Mean dependent var		16 443.84
Adjusted R-squared	0.998 998	S. D. dependent var		14 889.47
S. E. of regression	471.2367	Akaike info criterion		15.238 99
Sum squared resid	4 219 216	Schwarz criterion		15.338 47
F-statistic	19 947.90	Durbin-Watson stat		0.694 697
Prob(F-statistic)	0.000 000			

表 5-4　2001 年—2010 年参数估计与检验结果

Variable	Coefficient	Std. Error	t-Statistic	Prob.
C	15 249.56	769.9658	19.805 50	0.0000
X	0.308 512	0.003 116	99.003 41	0.0000
R-squared	0.999 184	Mean dependent var		85 324.11
Adjusted R-squared	0.999 083	S. D. dependent var		31 643.66
S. E. of regression	958.4746	Akaike info criterion		16.745 42
Sum squared resid	7 349 388	Schwarz criterion		16.805 94
F-statistic	9801.675	Durbin-Watson stat		0.746 461
Prob(F-statistic)	0.000 000			

表 5-5　2011 年—2019 年参数估计与检验结果

Variable	Coefficient	Std. Error	t-Statistic	Prob.
C	−24 091.88	6850.990	−3.516 555	0.0098
X	0.412 826	0.009 359	44.107 86	0.0000
R-squared	0.996 415	Mean dependent var		270 241.7
Adjusted R-squared	0.995 903	S. D. dependent var		72 706.57
S. E. of regression	4653.961	Akaike info criterion		19.921 95
Sum squared resid	0.000 008	Schwarz criterion		19.965 78
F-statistic	1945.504	Durbin-Watson stat		1.618 044
Prob(F-statistic)	0.000 000			

5. 引入虚拟变量参数估计与检验的结果

子样本的分段估计虽然可以计量出每个子样本的参数差异，但由于子样本的样本容量较小，容易加大模型误差，因此通常通过引入虚拟变量（dummy variable），在大样本条件下进行参数估计，避免小样本带来的误差较大的问题。

经济活动中无法直接量化的因素，通常需要引入虚拟变量进行分析。虚拟变量的引入包括三种形式：一是加法形式（影响常数项）；二是乘法形式（影响斜率）；三是混合形式（既影响截距又影响斜率）。引入虚拟变量进行估计可以保证模型的大样本性质。本案例引入两个乘法形式的虚拟变量：

$$D_1 = \begin{cases} 1, & \text{加入 WTO 之后} \\ 0, & \text{加入 WTO 之前} \end{cases}$$

$$D_2 = \begin{cases} 1, & \text{金融危机发生} \\ 0, & \text{金融危机未发生} \end{cases}$$

表5-6是引入虚拟变量的参数估计与检验结果，结果显示，在我国加入 WTO 之前，边际消费倾向为 0.435；在加入 WTO 之后至国际金融危机期间，边际消费倾向为 0.360（0.435 − 0.075）；在后国际金融危机时期，边际消费倾向为 0.379（0.435 − 0.075 + 0.019）。

表5-6　引入虚拟变量的参数估计与检验结果

Variable	Coefficient	Std. Error	t-Statistic	Prob.
C	1461.799	1362.445	1.072924	0.2904
X	0.434915	0.029742	14.62303	0.0000
$D_1 X$	−0.075108	0.027056	−2.776016	0.0087
$D_2 X$	0.019015	0.007072	5.688952	0.0108
R-squared	0.998336	Mean dependent var		90768.42
Adjusted R-squared	0.998197	S.D. dependent var		108832.4
S.E. of regression	4621.065	Akaike info criterion		19.80928
Sum squared resid	7.69E+08	Schwarz criterion		19.97817
F-statistic	7198.670	Durbin-Watson stat		0.504349
Prob(F-statistic)	0.000000			

第三节　违背经典假设的计量经济学方法

在 $y_i = \beta_0 + \beta_1 x_{1i} + \beta_2 x_{2i} + \cdots + \beta_k x_{ki} + \mu_i$ 设定正确的情况下，模型满足经典假设应用 OLS 得到的 $\hat{\beta}_j$ 具有 BLUE 性质；模型不满足经典假设，再应用 OLS，会产生多重共线、异方差、序列相关及随机解释变量（stochastic explanatory variable）等问题，得到的 $\hat{\beta}_j$ 不具有 BLUE 性质。综上，当模型违背经典假设时，应采用其他方法进行参数估计和检验，使 $\hat{\beta}_j$ 具有 BLUE 性质。

一、多重共线性

（一）多重共线性的含义

对于 $y_i = \beta_0 + \beta_1 x_{1i} + \beta_2 x_{2i} + \cdots + \beta_k x_{ki} + \mu_i$，如果有两个或者两个以上的解释变量之间存在相关性，则称模型存在多重共线性。经济变量在时间上有共同变化的趋势，例如，在经济上升时期，收入、消费、就业率等都增长；在经济收缩期，收入、消费、就业率等又都下降。当这些彼此相关的变量同时进入模型后，就会带来多重共线性问题。模型出现多重共线性时，模型参数估计量方差增大。需要说明的是，即使模型存在多重共线性，如果解释变量可以通过 t 检验，可以忽略多重共线性问题。

（二）多重共线性检验

1. 图示法

绘制多重共线性检验散点图如图 5-1 所示，如果散点图显示解释变量之间高度线性相关，则易产生多重共线性。以相对收入假说模型为例，模型含有两个解释变量本期收入（x_1）和前期消费（x_2），通过绘制 x_1 和 x_2 的散点图发现，二者线性关系十分显著，说明本期收入与前期消费之间存在显著的共线性。

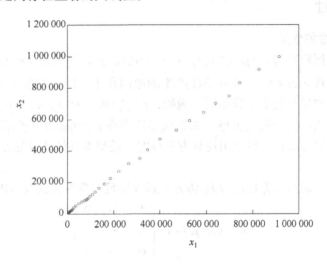

图 5-1　多重共线性检验散点图

2. 拟合优度法

分别以模型中每个解释变量作为被解释变量，以其他变量作为解释变量，进行回归，如果拟合优度很高，则说明模型存在多重共线性。

$$x_{ki}=\beta_1 x_{1i}+\beta_2 x_{2i}+\cdots+\beta_{k-1}x_{k-1,i}+\varepsilon_i \tag{5-15}$$

对式（5-15）应用 OLS 估计，如果 R^2 很大，说明 x_{ki} 引起了多重共线性问题；反之，说明多重共线性不显著。

3. 逐步回归法

通过相关系数矩阵，求出 y 与每个 x 的相关系数。首先建立 y 与相关性最显著的 x_1 的一元回归模型，计算 R_1^2；再引入第二个 x_2，计算 R_2^2，如果 R_1^2 与 R_2^2 差异显著，说明 x_2 是独立变量，如果 R_1^2 与 R_2^2 差异不显著，说明 x_2 是引起多重共线性的变量，依次类推，直至得到最终结果。

（三）克服多重共线性的方法

1. 剔除法

当解释变量之间存在多重共线性时，最简单的方法就是对引起多重共线性的解释变量进行筛选，保留更为重要的变量，删除次要或可替代的变量。也就是说，在不失去实际意义的前提下，可以把引起多重共线性的解释变量直接剔除，从而降低或消除多重共线性。

2. 一阶差分法

一阶差分法的原理在于增量之间的线性关系比总量之间的线性关系弱。例如，依据相对收假说建立本期方程和前一期方程：

$$C_t = \beta_0 + \beta_1 Y_t + \beta_2 C_{t-1} + u_t \tag{5-16}$$

$$C_{t-1} = \beta_0 + \beta_1 Y_{t-1} + \beta_2 C_{t-2} + u_{t-1} \tag{5-17}$$

式（5-16）减去式（5-17），可以得到一阶差分方程式（5-18）。在增量水平上，ΔY_t 与 ΔC_{t-1} 之间线性关系减弱。

$$\Delta C_t = \beta_1 \Delta Y_t + \beta_2 \Delta C_{t-1} + \varepsilon_t \tag{5-18}$$

二、异方差性

（一）异方差性的含义

对于多元线性回归模型 $y_i = \beta_0 + \beta_1 x_{1i} + \beta_2 x_{2i} + \cdots + \beta_k x_{ki} + \mu_i$，如果有 $\text{Var}(\mu_i)$ 随着 i 的不同而变化，则称模型出现异方差性。异方差性产生的原因在于，随机误差项 μ_i 中包含的模型中所省略的某一解释变量起到了主导作用。例如，$y_i = \beta_0 + \beta_1 x_{1i} + \beta_2 x_{2i} + \mu_i$，式中，$y_i$ 为服装需求量；x_{1i} 为可支配收入；x_{2i} 为服装价格。如果气候因素在 μ_i 中起到显著作用，则高收入群体的服装需求易产生异方差性。模型出现异方差性时，模型参数估计量的方差增大，参数估计量非常有效。

同方差假设下，随机误差项的方差-协方差矩阵满足经典假设式（5-19）。

$$\text{Cov-Var}(\boldsymbol{\mu}) = \sigma^2 \begin{pmatrix} 1 & \cdots & 0 \\ \vdots & \ddots & \vdots \\ 0 & \cdots & 1 \end{pmatrix} \tag{5-19}$$

异方差情况下，随机误差项的方差-协方差矩阵不满足经典假设式（5-20）。

$$\text{Cov-Var}(\boldsymbol{\mu}) = \sigma^2 \begin{pmatrix} \sigma_{11} & \sigma_{12} & \cdots & \sigma_{1T} \\ \sigma_{21} & \sigma_{22} & \cdots & \sigma_{2T} \\ \vdots & \vdots & & \vdots \\ \sigma_{T1} & \sigma_{T2} & \cdots & \sigma_{TT} \end{pmatrix} \tag{5-20}$$

（二）异方差性检验

1. 图示法

以解释变量为横轴，以 $y_i = \beta_0 + \beta_1 x_{1i} + \beta_2 x_{2i} + \cdots + \beta_k x_{ki} + \mu_i$ 回归后得到的残差平方（或绝对值）为纵轴绘制散点图，如果残差序列与解释变量线性关系显著，说明存在异方差性。通过图示法可以发现，异方差性可能表现出三种情况：递增型异方差（见图5-2）、递减型异方差（见图5-3）、复杂型异方差（见图5-4）。

2. 戈里瑟法

戈里瑟法（Gleiser method）是对 $y_i = \beta_0 + \beta_1 x_{1i} + \beta_2 x_{2i} + \cdots + \beta_k x_{ki} + \mu_i$ 进行回归，得到残差序列 e_i。以 e_i^2 为被解释变量，建立辅助回归方程 $e_i^2 = \beta_0 + \beta_1 x_{1i} + \beta_2 x_{2i} + \cdots + \beta_k x_{ki} + \varepsilon_i$，如果辅助方程中存在解释变量通过 t 检验，则说明模型存在异方差性；反之，如果辅助方程中所有的解释变量均未通过 t 检验，则说明模型不存在异方差性。

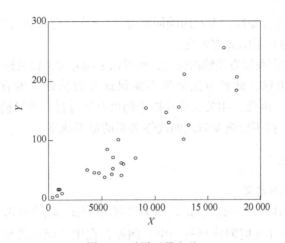

图 5-2 递增型异方差

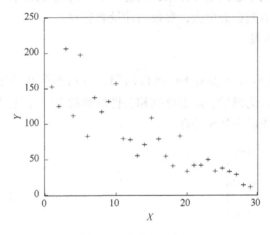

图 5-3 递减型异方差

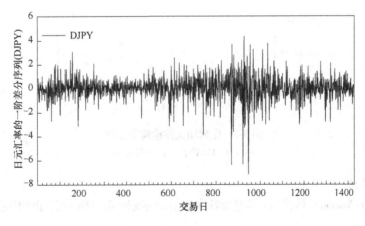

图 5-4 复杂型异方差

(三) 克服异方差性的方法

加权最小二乘法是克服异方差性的有效方法。加权最小二乘法的操作步骤是，首先对 $y_i = \beta_0 + \beta_1 x_{1i} + \beta_2 x_{2i} + \cdots + \beta_k x_{ki} + \mu_i$ 进行回归，得到残差序列 e_i，并对 e_i 序列取绝对值，得到

$|e_i|$；然后对原模型进行加权，方程两端同时除以 $|e_i|$，得到加权后的模型；最后对加权后的模型应用 OLS，即可消除异方差性。

需要说明的是，对存在异方差性的模型，也可以采用异方差稳健标准误（heteroscedasticity robust standard error）方法，此种方法虽然不能保证参数估计量的有效性，但是可以得到 $\mathrm{Var}\hat{\beta}_j$ 的正确估计形式，因此，相关的统计检验仍可有效进行。如果模型可以通过统计检验，说明即使存在异方差，但不影响变量之间线性关系的显著成立。

三、序列相关性

（一）序列相关性的含义

对于 $y_i = \beta_0 + \beta_1 x_{1i} + \beta_2 x_{2i} + \cdots + \beta_k x_{ki} + \mu_i$，如果出现 $\mathrm{Cov}(\mu_i, \mu_{i+1}) \neq 0$，则称模型存在序列相关性。序列相关性多发生于时间序列模型中。例如，在生产函数模型中，省略了政策因素，如果政策因素在时间序列中起到主导作用，则易产生序列相关性问题。模型出现序列相关性时，模型参数估计量的方差也会增大，参数估计量非有效。

（二）序列相关性检验

1. 图示法

对于 $y_i = \beta_0 + \beta_1 x_{1i} + \beta_2 x_{2i} + \cdots + \beta_k x_{ki} + \mu_i$ 进行回归，得到本期残差序列 e_i 和前期残差序列 e_{i-1}，以 e_{i-1} 为横轴，以 e_i 为纵轴，绘制序列相关性检验散点图（见图 5-5）。若 e_{i-1} 与 e_i 显著正相关，说明模型存在正的序列相关性。

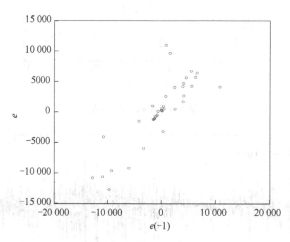

图 5-5　序列相关性检验散点图

注：$e(-1)$ 代表 e_{i-1}，e 代表 e_i。

2. DW 检验法

DW（Durbin-Watson）检验需要构建反映序列相关的统计量，DW 统计量的构造见式（5-21）。

$$\mathrm{DW} = \frac{\sum_{t=2}^{T}(e_t - e_{t-1})^2}{\sum_{t=1}^{T} e_t^2} \tag{5-21}$$

在给定的显著性水平下，DW 检验给出了检验用的上、下两个临界值 d_U 和 d_L。判别规则如下：若 DW 取值在 $(0, d_L)$，模型随机误差项存在正序列相关；若 DW 取值在 $(4-d_L, 4)$，模型随机误差项存在负序列相关；若 DW 取值在 $(d_U, 4-d_U)$，模型随机误差项序列无关；若 DW 取值在 (d_L, d_U) 或 $(4-d_U, 4-d_L)$，则不能判别，需借助辅助回归判断。

在辅助回归中，如果 μ_i 与 μ_{i-1} 相关，则有 $\mu_i = \rho\mu_{i-1} + \varepsilon_i$，式中，$\rho$ 为相关系数；ε_i 为满足基本假设的随机误差项。进一步建立样本回归方程 $e_i = \rho e_{i-1} + \varepsilon_i$，如果 e_i 与 e_{i-1} 线性关系显著，原模型存在序列相关性；反之，如果 e_i 与 e_{i-1} 线性关系不显著，原模型不存在序列相关性。

（三）克服序列相关性的方法

广义差分法是克服序列相关性的有效方法。以含有两个解释变量的模型为例，如果 $y_t = \beta_0 + \beta_1 x_{1t} + \beta_2 x_{2t} + \mu_t$ 存在 μ_t 与 μ_{t-1} 相关，则有 $\mu_t = \rho\mu_{t-1} + \varepsilon_t$，$t$ 期和 $t-1$ 期模型见式（5-22）和式（5-23）。

$$y_t = \beta_0 + \beta_1 x_{1t} + \beta_2 x_{2t} + \mu_t \tag{5-22}$$

$$y_{t-1} = \beta_0 + \beta_1 x_{1,t-1} + \beta_2 x_{2,t-1} + \mu_{t-1} \tag{5-23}$$

$t-1$ 期模型两端乘以 ρ 得到式（5-24）。

$$\rho y_{t-1} = \beta_0 \rho + \beta_1 \rho x_{1,t-1} + \beta_2 \rho x_{2,t-1} + \rho\mu_{t-1} \tag{5-24}$$

式（5-22）减去式（5-24）可得式（5-25）。

$$y_t - \rho y_{t-1} = \beta_0(1-\rho) + \beta_1(x_{1t} - \rho x_{1,t-1}) + \beta_2(x_{2t} - \rho x_{2,t-1}) + \varepsilon_t \tag{5-25}$$

式（5-25）为一阶广义差分模型，不存在序列相关性。通过以下的杜宾两步法完成参数估计：第一步对原模型应用 OLS 得到 $\hat{y}_t = \hat{\beta}_0 + \hat{\beta}_1 x_{1t} + \hat{\beta}_2 x_{2t}$，进而得到 e_t，根据 $\mu_t = \rho\mu_{t-1} + \varepsilon_t$ 建立 $e_t = \rho e_{t-1} + \varepsilon_t$，应用 OLS 得到 $\hat{\rho}$。第二步将迭代后的 $\hat{\rho}$ 代入广义差分模型中，得到变形后的广义差分模型，见式（5-26）。由于 $\hat{\rho}$ 已知，对式（5-26）应用 OLS，得到 $\hat{\beta}_0$、$\hat{\beta}_1$、$\hat{\beta}_2$。

$$y_t - \hat{\rho} y_{t-1} = \beta_0(1-\hat{\rho}) + \beta_1(x_{1t} - \hat{\rho} x_{1,t-1}) + \beta_2(x_{2t} - \hat{\rho} x_{2,t-1}) + \varepsilon_t \tag{5-26}$$

需要关注的是，有学者提出如果不能找到广义差分模型中权重矩阵的有效形式，可采用稳健标准误方法进行估计。稳健标准误方法虽然不能保证参数估计量的有效性，但可以得到 $\text{Var}(\mu_i)$ 和 $\text{Cov}(\mu_i, \mu_{i-1})$ 的正确估计形式，因此相关的统计检验仍可有效进行，如果统计检验可以通过，说明模型即使存在异方差性和序列相关性，但不影响变量之间线性关系的显著成立。

四、随机解释变量问题

（一）随机解释变量问题的含义

对于 $y_i = \beta_0 + \beta_1 x_{1i} + \beta_2 x_{2i} + \cdots + \beta_k x_{ki} + \mu_i$，如果出现 $\text{Cov}(x_{ji}, \mu_i) \neq 0$，则称模型存在随机解释变量。如果模型存在随机解释变量，则应用普通最小二乘法得到的参数估计量不满足无偏性。随机解释变量问题产生的原因在于解释变量与被解释变量之间往往互为因果，由于被解释变量是随机变量，因此解释变量也具有随机性。

（二）随机解释变量问题检验

由于联立方程中，被解释变量和解释变量之间经常互为因果，因此随机解释变量问题主要出现在联立方程模型中。以封闭经济条件下，国民经济系统的联立方程组 [见式（5-27）~式（5-29）] 为例。

$$C_t = \alpha_0 + \alpha_1 Y_t + \alpha_2 C_{t-1} + \mu_{1t} \tag{5-27}$$

$$I_t = \beta_0 + \beta_1 Y_t + \beta_2 Y_{t-1} + \mu_{2t} \tag{5-28}$$

$$Y_t = C_t + I_t + G_t \tag{5-29}$$

式（5-27）为消费方程，式（5-28）为投资方程，式（5-29）为国民收入恒等方程。在消费方程中，Y_t 为解释变量，由式（5-29）可知，Y_t 为随机变量，因此，对消费方程应用普通最小二乘法会产生随机解释变量问题。同理，在投资方程中，Y_t 为解释变量，由式（5-29）可知，Y_t 为随机变量，因此，对投资方程应用普通最小二乘法同样会产生随机解释变量问题。

（三）克服随机解释变量问题的方法

两阶段最小二乘法（two stage least squares，2SLS）是克服随机解释变量问题的基本方法。2SLS 的操作步骤是：第一阶段对内生解释变量对应的简化式方程应用普通最小二乘法，得到被解释变量的参数估计量。第二阶段是将第一阶段得到参数估计量作为工具变量，代替结构式方程中的内生解释变量，再应用普通最小二乘法。由于简化式方程中的解释变量都是确定性变量，由简化式方程得到的参数估计量是确定性变量，满足工具变量的标准要求，因此，对含有工具变量的结构式方程再应用普通最小二乘法，则不会产生不满足无偏性的问题。以封闭经济条件下国民经济系统的联立方程模型为例，说明两阶段最小二乘法的应用步骤。式（5-30）为 Y_t 对应的简化式方程。

$$Y_t = \pi_{30} + \pi_{31} C_{t-1} + \pi_{32} Y_{t-1} + \pi_{33} G_t + \varepsilon_{3t} \tag{5-30}$$

第一阶段对简化式方程应用普通最小二乘法，Y_t 得到的估计量 $\hat{Y}_t$。第二阶段将 $\hat{Y}_t$ 作为工具变量分别代入消费方程和投资方程中，得到式（5-31）和式（5-32）。

$$C_t = \alpha_0 + \alpha_1 \hat{Y}_t + \alpha_2 C_{t-1} + \mu_{1t} \tag{5-31}$$

$$I_t = \beta_0 + \beta_1 \hat{Y}_t + \beta_2 Y_{t-1} + \mu_{2t} \tag{5-32}$$

再分别对式（5-31）和式（5-32）应用普通最小二乘法进行参数估计，由于式（5-31）和式（5-32）中的解释变量都是确定性变量，因此参数估计量满足无偏性。

五、软件操作方法

（一）多重共线性检验与克服

以相对收入假说模型为例，见式（5-33）。模型的样本数据为 2011 年—2019 年的年度数据。首先通过图示法观察，建立 $Income_t$ 与 $Consume_{t-1}$ 的散点图。多重共线性检验散点图如图 5-6 所示，$Income_t$ 与 $Consume_{t-1}$ 之间线性关系十分显著。

$$Consume_t = \beta_0 + \beta_1 Income_t + \beta_2 Consume_{t-1} + \mu_t \tag{5-33}$$

其次，利用拟合优度方法进行多重共线性统计检验，多重共线性的拟合优度法检验结果见表 5-7。结果显示，辅助回归方程中的拟合优度达到 0.992，说明 $Income_t$ 与 $Consume_{t-1}$ 之间多重共线性十分严重。

表 5-7　多重共线性的拟合优度法检验结果

Variable	Coefficient	Std. Error	t-Statistic	Prob.
C	84 131.56	25 119.48	3.349 256	0.0154
CONSUME(-1)	2.575 935	0.095 745	26.904 02	0.0000

(续)

Variable	Coefficient	Std. Error	t-Statistic	Prob.
R-squared	0.991 779	Mean dependent var		743 017.2
Adjusted R-squared	0.990 409	S. D. dependent var		161 361.7
S. E. of regression	15 803.01	Akaike info criterion		22.386 11
Sum squared resid	1.50E+09	Schwarz criterion		22.405 97
F-statistic	723.8265	Durbin-Watson stat		1.083 164
Prob(F-statistic)	0.000 000			

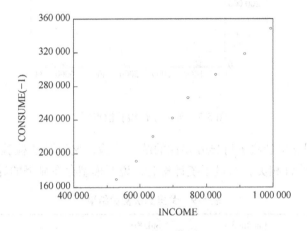

图 5-6　多重共线性检验散点图

注：INCOME 代表 Income，CONSUME(-1) 代表 Consume_{t-1}。

由于图示法、拟合优度检验法均表明模型存在严重的多重共线性，因此利用一阶差分法克服多重共线性。用本期模型减去前一期模型，得到一阶差分模型，见式（5-34）。对式（5-34）应用普通最小二乘法，则不会产生严重的共线性问题。参数估计与检验结果见表 5-8。

$$\Delta\text{Consume}_t = \beta_1 \Delta\text{Income}_t + \beta_2 \Delta\text{Consume}_{t-1} + \varepsilon_t \tag{5-34}$$

表 5-8　一阶差分法参数估计与检验结果

Variable	Coefficient	Std. Error	t-Statistic	Prob.
D(INCOME)	0.178 844	0.136 798	1.307 356	0.2480
D(CONSUME(-1))	0.617 203	0.361 564	1.707 038	0.1485

注：D(INCOME) 代表 d(Income_t)，D(CONSUME(-1)) 代表 d(Consume_{t-1})。

（二）异方差性的检验与克服

下面以农村人均消费支出模型为例，说明异方差性的检验与克服。该模型可表示为式（5-35），被解释变量 y_i 为农村人均消费支出，解释变量包括农业收入 x_{1i} 和其他收入 x_{2i}。

$$y_i = \beta_0 + \beta_1 x_{1i} + \beta_2 x_{2i} + \mu_i \tag{5-35}$$

选择 2019 年全国 31 省份（不含港澳台）的截面数据，由于这些地区经济发展、要素禀赋存在着差异，因此往往会导致异方差性的产生。首先采用图示法进行异方差性的初步检验。对原模型进行普通最小二乘法估计，得到残差的平方E^2，以x_2作为横轴，以残差的平方作为纵轴，绘制异方差性检验散点图（见图5-7），可初步揭示模型存在递增型异方差。

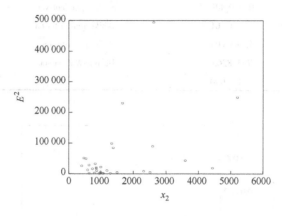

图5-7 异方差性检验散点图

下面进一步采用戈里瑟法进行异方差性的统计检验，戈里瑟法检验结果见表5-9。结果显示，E^2与x_2之间线性相关，通过了统计检验，说明模型存在显著的异方差性。

表5-9 戈里瑟法检验结果

Variable	Coefficient	Std. Error	t-Statistic	Prob.
C	−31.049 32	111.1755	−0.279 282	0.7821
X_1	0.089 618	0.089 938	0.996 444	0.3276
X_2	0.067 763	0.023 878	2.837 932	0.0084
R-squared	0.224 598	Mean dependent var		162.5626
Adjusted R-squared	0.169 212	S. D. dependent var		160.9808
S. E. of regression	146.7301	Akaike info criterion		12.906 83
Sum squared resid	602 832.5	Schwarz criterion		13.045 61
F-statistic	4.055 147	Durbin-Watson stat		1.693 867
Prob(F-statistic)	0.028 404			

由于模型存在异方差性，因此采用加权最小二乘法克服异方差性。首先对原模型应用普通最小二乘法，随后在 estimate 中的 options 选项中选择 Weights，在 Weights type 中选择 inverse std. dev，随后在 Weight series 中输入 1/abs(e)，其中 abs 为绝对值指令。加权最小二乘法估计与检验结果见表5-10。

表5-10 加权最小二乘法估计与检验结果

Variable	Coefficient	Std. Error	t-Statistic	Prob.
C	746.0679	369.5489	2.018 861	0.0532
X_1	−0.229 091	0.267 338	−0.856 931	0.3988
X_2	0.732 606	0.056 212	13.032 91	0.0000

(续)

Variable	Coefficient	Std. Error	t-Statistic	Prob.
Weighted Statistics				
R-squared	0.887 076	Mean dependent var		2101.718
Adjusted R-squared	0.879 010	S. D. dependent var		2953.504
S. E. of regression	567.2451	Akaike info criterion		15.611 23
Sum squared resid	9 009 476	Schwarz criterion		15.750 00
F-statistic	109.9771	Durbin-Watson stat		1.239 717
Prob(F-statistic)	0.000 000	Weighted mean dep.		2297.225

（三）序列相关性的检验与克服

以期货价格决定的持有成本模型式（5-36）为例，说明序列相关性的检验与克服。样本数据为 2020 年沪深 300 现货指数和期货指数日收盘价。序列相关性检验散点图（见图 5-8）显示，模型前期残差与本期残差正相关，说明模型可能存在序列相关性。

$$\text{Future}_t = \beta_0 + \beta_1 \text{Spot}_t + \mu_t \tag{5-36}$$

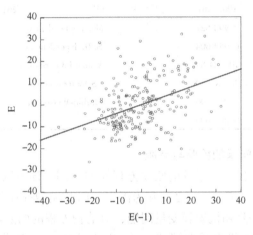

图 5-8　序列相关性检验散点图

注：E(-1) 代表前期残差序列，E 代表本期残差序列。

进一步应用 DW 检验法对序列相关性进行统计检验，DW 检验法估计与检验结果见表 5-11。表中，SPOT 代表现货指数序列。结果显示，DW = 0.685 < 1，说明模型存在显著的正序列相关性。

表 5-11　DW 检验法估计与检验结果

Variable	Coefficient	Std. Error	t-Statistic	Prob.
C	-27.332 86	7.794 372	-3.506 744	0.0005
SPOT	1.014 681	0.002 650	382.9582	0.0000
R-squared	0.998 353	Mean dependent var		2944.593
Adjusted R-squared	0.998 346	S. D. dependent var		278.9964
S. E. of regression	11.347 30	Akaike info criterion		7.703 999

(续)

Variable	Coefficient	Std. Error	t-Statistic	Prob.
Sum squared resid	31 160.19	Schwarz criterion		7.732 664
F-statistic	146 657.0	Durbin-Watson stat		0.685 405
Prob(F-statistic)	0.000 000			

由于图示法和 DW 统计检验法均揭示模型存在序列相关性，因此应用一阶广义差分法克服序列相关性。在原模型的后面输入指令 AR（1），一阶广义差分法估计与检验结果见表 5-12。表中，SIGMASQ 代表模型随机项的方差。结果显示，DW = 2.187，表明一阶广义差分法克服了序列相关性。

表 5-12　一阶广义差分法估计与检验结果

Variable	Coefficient	Std. Error	t-Statistic	Prob.
C	−22.322 42	12.741 68	−1.751 921	0.0811
SPOT	1.012 999	0.004 346	233.0617	0.0000
AR(1)	0.406 646	0.057 441	7.079 401	0.0000
SIGMASQ	106.8967	9.492 003	11.261 76	0.0000
R-squared	0.998 621	Mean dependent var		2944.593
Adjusted R-squared	0.998 604	S. D. dependent var		278.9964
S. E. of regression	10.424 89	Akaike info criterion		7.543 267
Sum squared resid	26 082.79	Schwarz criterion		7.600 598
F-statistic	57 934.90	Durbin-Watson stat		2.186 698
Prob(F-statistic)	0.000 000			

（四）随机解释变量问题的检验与克服

以封闭经济条件下国民经济系统的联立方程模型为例，样本区间为 2001 年—2019 年相关宏观变量数据。由于 Y_t、C_t、I_t 之间互为因果，因此模型存在随机解释变量问题。应用两阶段最小二乘法可以去除随机解释变量问题，对消费方程的两阶段最小二乘法估计结果见表 5-13，表中，COSUME1 代表前期消费 C_{t-1}，Second-Stage SSR 代表第二阶段的残差平方和，J-statistic 代表 J 分布统计值，Instrument rank 代表工具变量的秩条件。对投资方程的两阶段最小二乘法估计结果见表 5-14，表中，INVEST1 代表前期投资 I_{t-1}。

表 5-13　对消费方程的两阶段最小二乘法估计结果

Variable	Coefficient	Std. Error	t-Statistic	Prob.
C	3286.436	1470.898	2.234 306	0.0401
Y	0.163 524	0.032 954	4.962 132	0.0001
CONSUME1	0.747 262	0.070 775	10.558 29	0.0000
R-squared	0.999 312	Mean dependent var		192 185.1
Adjusted R-squared	0.999 226	S. D. dependent var		123 951.1
S. E. of regression	3449.100	Sum squared resid		1.90E+08
F-statistic	11 608.11	Durbin-Watson stat		1.882 203
Prob(F-statistic)	0.000 000	Second-Stage SSR		3.63E+08
J-statistic	1.10E−38	Instrument rank		3

表 5-14 对投资方程的两阶段最小二乘法估计结果

Variable	Coefficient	Std. Error	t-Statistic	Prob.
C	−19 846.76	6169.793	−3.216 762	0.0054
Y	1.264 490	0.318 795	3.966 471	0.0011
INVEST1	−0.853 092	0.342 431	−2.491 278	0.0241
R-squared	0.992 714	Mean dependent var		164 701.7
Adjusted R-squared	0.991 803	S. D. dependent var		114 536.2
S. E. of regression	10 369.84	Sum squared resid		1.72E+09
F-statistic	1093.113	Durbin-Watson stat		1.201 865
Prob(F-statistic)	0.000 000	Second-Stage SSR		1.04E+09
J-statistic	0.000 000	Instrument rank		3

第四节 计量经济学方法的拓展

本节基于五个方面对传统计量方法进行拓展：一是时间序列模型计量方法，经典假设下计量经济学方法是假设时间序列为平稳的，但时间序列计量经济学方法产生后，首先要进行平稳性检验。二是自回归条件异方差模型计量方法，此方法是检验时间序列模型异方差性的计量方法。三是面板数据模型计量方法，此方法是同时利用时间和空间数据的计量方法。四是空间计量经济学模型方法，此方法是检验截面数据或面板数据空间相关的计量方法。五是随机试验计量方法，此方法是借助随机试验进行计量分析的方法。

一、时间序列模型计量方法

时间序列分析方法由乔治·博克斯（George Box）率先提出，后经其他学者不断发展完善，已经成为计量经济学分析的重要方法。时间序列模型不同于经典计量经济学模型的两个特点是：①这种建模方法不以经济理论为依据，而是依据变量自身的变化规律，利用外推机制描述时间序列的变化；②明确考虑时间序列可能存在的非平稳性，如果通过检验发现时间序列是非平稳的，建立模型之前应先通过对数变换或差分方法，将不平稳的序列变换成平稳的序列，再进行建模分析。

（一）平稳性检验

平稳性检验又称单位根检验（unit root test）。假设存在随机游走模型 $Y_t = Y_{t-1} + \mu_t$，其中，μ_t 满足经典假设。可以证明，当 $n \to \infty$ 时，$\text{Var}(Y_n) \to \infty$，所以称 Y_t 为不平稳的时间序列。同样可以证明，对于模型 $Y_t = \rho Y_{t-1} + \mu_t$，如果 $|\rho| < 1$，则 Y_t 是收敛的，即 Y_t 是平稳的时间序列。

对 Y_t 进行平稳性检验，首先将 $Y_t = \rho Y_{t-1} + \mu_t$ 两边同时减去 Y_{t-1}，通过整理可以得到式（5-37）。如果式（5-37）中，σ 显著等于 0，说明 Y_t 是不平稳序列；反之，σ 显著小于 0，说明 Y_t 是平稳序列。

$$Y_t - Y_{t-1} = \alpha + \rho Y_{t-1} - Y_{t-1} + \mu_t$$
$$\Delta Y_t = \alpha + (\rho - 1) Y_{t-1} + \mu_t$$

$$\Delta Y_t = \alpha + \sigma Y_{t-1} + \mu_t \tag{5-37}$$

由于式（5-37）中的 μ_t 可能存在序列相关性，因此将式（5-37）进行广义差分，去除序列相关性，拓展成平稳性 ADF 检验的三种形式。

形式1：含有常数项和序列相关性的模型，见式（5-38）。

$$\Delta Y_t = \alpha + \sigma Y_{t-1} + \sum_{i=1}^{m} r_i \Delta Y_{t-i} + \varepsilon_t \tag{5-38}$$

形式2：含有常数项、时间项和序列相关性的模型，见式（5-39）。

$$\Delta Y_t = \alpha + \beta t + \sigma Y_{t-1} + \sum_{i=1}^{m} r_i \Delta Y_{t-i} + \varepsilon_t \tag{5-39}$$

形式3：含有序列相关性的模型，见式（5-40）。

$$\Delta Y_t = \sigma Y_{t-1} + \sum_{i=1}^{m} r_i \Delta Y_{t-i} + \varepsilon_t \tag{5-40}$$

对 Y_t 进行检验，具体步骤是：首先对式（5-38）进行检验，如果通过检验，说明 Y_t 为随机平稳序列；如果式（5-38）虽然通过检验，但常数项不显著，则再对式（5-40）进行检验。如果式（5-38）和式（5-40）均未通过检验，则对式（5-39）进行平稳性检验，如果式（5-39）通过检验，说明 Y_t 为趋势平稳的时间序列。如果 Y_t 未通过平稳性检验，则需要对 ΔY_t 进行检验，与 Y_t 检验步骤相同。如果 Y_t 仍未通过平稳性检验，则对 $\Delta^2 Y_t$ 进行检验，与 Y_t 检验步骤相同。

（二）单整与协整

如果时间序列 Y_t 经过 d 次差分后才平稳，称 Y_t 为 d 阶单整（individual integration）序列，记为 $I(d)$。当 $d=0$ 时，Y_t 为平稳的时间序列；当 $d=1$ 时，ΔY_t 为平稳的时间序列；当 $d=2$ 时，$\Delta^2 Y_t$ 为平稳的时间序列。所以，当 $Y_t \sim I(0)$ 时，Y_t 平稳（0阶单整）；当 $Y_t \sim I(1)$ 时，Y_t 不平稳，ΔY_t 平稳（1阶单整）；当 $Y_t \sim I(2)$ 时，Y_t 不平稳，ΔY_t 不平稳，$\Delta^2 Y_t$ 平稳（2阶单整）。

多数经济变量都是非平稳的，一般具有一阶或二阶单整性，但非平稳经济变量的线性组合却有可能是平稳的，协整（cointegration）关系是指同阶非平稳变量之间存在的长期均衡关系。例如，Y_t 为 $I(1)$，X_t 为 $I(1)$，但 Y_t 与 X_t 之间的某种线性组合为 $I(0)$，则称 Y_t 与 X_t 之间存在协整关系[见式（5-41）]。因此，即使 Y_t 与 X_t 都是非平稳的时间序列，但只要存在协整关系，对 $Y_t = \alpha + \beta X_t + \mu_t$ 的参数估计仍有意义。

$$Y_t - \alpha - \beta X_t = \mu_t \tag{5-41}$$

如果 Y_t 与 X_t 都为 $I(1)$，对 $Y_t = \alpha + \beta X_t + \mu_t$ 应用 OLS，得到 $\hat{Y}_t = \hat{\alpha} + \hat{\beta} X_t$，求得 $e_t = Y_t - \hat{Y}_t$，对 e_t 序列进行平稳性检验，如果 e_t 通过平稳性检验，说明 Y_t 与 X_t 之间存在协整关系，这一过程称为协整的 EG 两步法检验（engle-granger test）。

同理，如果 Y_t 为 $I(2)$，X_t 为 $I(2)$，但 ΔY_t 与 ΔX_t 之间的某种线性组合[见式（5-42）]为 $I(0)$，则 ΔY_t 与 ΔX_t 之间存在着协整关系。

$$\Delta Y_t - \alpha - \beta \Delta X_t = \Delta \mu_t \tag{5-42}$$

（三）格兰杰因果关系检验

如果某一变量的前期值可以作为另一变量本期值的解释变量，则称此变量为另一变量变化的格兰杰原因（Granger causality）。格兰杰因果关系检验通常借助向量自回归（vector autoregressive，VAR）模型完成。VAR 模型采用多方程联立的形式，它不以经济理论为基础，在模型的每一个方程中，每个内生变量对模型所有内生变量的前期值进行回归，从而估计全部内生变量的动态关系。常见的双向量 VAR 模型见式（5-43）和式（5-44）。

$$Y_t = \gamma_1 + \alpha_1 X_{t-1} + \cdots + \alpha_m X_{t-m} + \beta_1 Y_{t-1} + \cdots + \beta_m Y_{t-m} + \mu_{1t} \quad (5\text{-}43)$$

$$X_t = \gamma_2 + \sigma_1 X_{t-1} + \cdots + \sigma_m X_{t-m} + \lambda_1 Y_{t-1} + \cdots + \lambda_m Y_{t-m} + \mu_{2t} \quad (5\text{-}44)$$

对于式（5-43）而言，如果 $\sum_{i=1}^{m} \alpha_i X_{t-i}$ 可以通过显著性检验，则称 X_t 为 Y_t 变化的格兰杰原因；反之，则不构成格兰杰原因。对于式（5-44）而言，如果 $\sum_{i=1}^{m} \lambda_i Y_{t-i}$ 可以通过显著性检验，则称 Y_t 为 X_t 变化的格兰杰原因；反之，则不构成格兰杰原因。如果式（5-43）和式（5-44）都通过显著性检验，则说明 Y_t 与 X_t 互为格兰杰因果。格兰杰因果检验的实践意义在于，如果 Y_t 与 $\sum_{i=1}^{m} X_{t-i}$ 线性关系显著 [X 是引起 Y 变化的格兰杰原因（X Granger cause Y）]，则 X 的前期变动可以显著影响本期的 Y，对 X 的前期调整可以影响本期的 Y；如果 X_t 与 $\sum_{i=1}^{m} Y_{t-i}$ 线性关系显著 [Y 是引起 X 变化的格兰杰原因（Y Granger cause X）]，则 Y 的前期变动可以显著影响本期的 X，对 Y 的前期调整可以影响本期的 X。

以滞后 2 期 VAR 模型为例 [见式（5-45）和式（5-46）]，说明格兰杰因果关系检验过程。

$$Y_t = \gamma_1 + \alpha_1 X_{t-1} + \alpha_2 X_{t-2} + \beta_1 Y_{t-1} + \beta_2 Y_{t-2} + \mu_{1t} \quad (5\text{-}45)$$

$$X_t = \gamma_2 + \sigma X_{t-1} + \sigma_2 X_{t-2} + \lambda_1 Y_{t-1} + \lambda_2 Y_{t-2} + \mu_{2t} \quad (5\text{-}46)$$

对于式（5-45）而言，首先提出原假设 H_0：$\alpha_1 = 0$，$\alpha_2 = 0$ [X 不是引起 Y 变化的格兰杰原因（X does not Granger cause Y）]，同时提出备择假设 H_1：至少 1 个 $\alpha_j \neq 0$ [X 是引起 Y 变化的格兰杰原因（X does Granger cause Y）]。随后，对式（5-45）进行 F 检验，如果 $F \geq F_\alpha$，则拒绝 H_0，接受 H_1。式（5-46）的检验同理。

（四）脉冲响应分析

对于 VAR 模型而言，如果滞后期较大，则待估计参数的数量很多，容易产生多重共线性问题，因此常利用脉冲响应函数分析代替参数估计。对于式（5-43）和式（5-44）而言，如果 $\mu_{1t} = 1$，$\mu_{2t} = 0$，则脉冲响应函数描述的是 Y_t 序列产生一个标准差大小的冲击对 X_t 产生的动态影响；同理，如果 $\mu_{1t} = 0$，$\mu_{2t} = 1$，则脉冲响应函数描述的是 X_t 序列产生一个标准差大小的冲击对 Y_t 产生的动态影响。

二、自回归条件异方差模型计量方法

（一）问题的提出

一般而言，截面数据易出现异方差问题，时间序列易出现自相关问题，但恩格尔提出，时间序列在自回归过程中也易出现异方差问题。例如，观察某段时间沪深 300 指数的走势，取自然对数建立关于股票指数的自回归模型，应用 OLS 进行自回归得到残差序列 LOG（P）Residuals，由于方差是残差序列的二阶中心矩，残差序列出现变异时，方差也会发生变异,因此残差序列走势可以反映自回归条件异方差情况。自回归模型残差走势如图5-9所示。

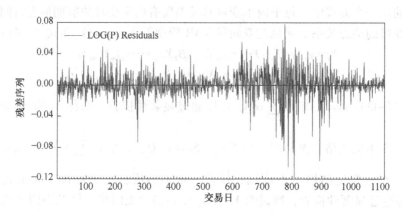

图5-9 自回归模型残差走势

这种序列的特征是序列的方差不仅随时间变化,而且有时变化得很激烈,表现出"波动集群"(volatility clustering)特征,即方差在一定时段中比较小,而在另一时段中比较大。图5-9揭示了本期方差与前期的"波动"相关,描述这类关系的模型称为自回归条件异方差(autoregressive conditional heteroskedasticity,ARCH)模型。

(二)ARCH系列模型

依据本期方差与前期波动的定义,建立ARCH(P)模型,见式(5-47)。

$$\sigma_t^2 = \beta_0 + \beta_1 \varepsilon_{t-1}^2 + \beta_2 \varepsilon_{t-2}^2 + \cdots + \beta_p \varepsilon_{t-p}^2 \tag{5-47}$$

对ARCH(P)模型进行参数估计易产生多重共线性问题,并且模型自由度不足,影响模型质量。由于σ_{t-1}^2是($\varepsilon_{t-2}^2, \cdots, \varepsilon_{t-p}^2$)的函数,因此提出GARCH模型(generalized autoregressive conditional heteroskedasticity model),见式(5-48)。

$$\sigma_t^2 = \beta_0 + \beta_1 \varepsilon_{t-1}^2 + \gamma \sigma_{t-1}^2 \tag{5-48}$$

考虑到市场的非对称波动特征,负向冲击效应往往大于正向冲击效应,因此,非对称GARCH(1,1)模型被提出,见式(5-49)。

$$\sigma_t^2 = \lambda_0 + \lambda_1 \varepsilon_{t-1}^2 + \lambda_2 \sigma_{t-1}^2 + \lambda_3 S_{t-1} \varepsilon_{t-1}^2 \tag{5-49}$$

式中,σ_t^2和σ_{t-1}^2分别代表t期和$t-1$期的条件方差;ε_{t-1}^2代表$t-1$期的随机扰动。S_{t-1}为虚拟变量,当$\varepsilon_{t-1}>0$时,$S_{t-1}=0$;当$\varepsilon_{t-1}<0$时,$S_{t-1}=1$,因此,当市场发生正向冲击时,冲击系数为λ_1;当市场发生负向冲击时,冲击系数为$\lambda_1+\lambda_3$。如果$\lambda_3>0$,则有$\lambda_1+\lambda_3>\lambda_1$,表明市场负向冲击的影响大于正向冲击的影响,市场波动具有非对称特征。另外,由于σ_t^2是ε_{t-1}^2和σ_{t-1}^2的函数,因此λ_1代表新信息(ε_{t-1}^2)冲击的反应系数,而λ_2代表旧信息(σ_{t-1}^2)冲击的反应系数。如果λ_1提升、λ_2下降,说明市场对新信息反应更灵敏,市场信息效率提升。

(三)ARCH系列模型的计量方法

对于$y_t = \beta_0 + \beta_1 x_{1t} + \beta_2 x_{2t} + \cdots + \beta_k x_{kt} + \varepsilon_t$,应用OLS得到残差$e_t$,随后建立辅助回归方程:$e_t^2 = \beta_0 + \beta_1 e_{t-1}^2 + \beta_2 e_{t-2}^2 + \cdots + \beta_p e_{t-p}^2$,计算拟合优度$R^2$,并构建统计量$TR^2$,$T$为样本容量。当$TR^2 \geq$临界值时,拒绝不相关假设,则模型存在ARCH效应;反之,当$TR^2<$临界值时,接受不相

关假设，则模型不存在 ARCH 效应。

由于 ARCH 系列模型的非线性特征，因此通常采用极大似然估计法进行参数估计与检验。极大似然估计法的原理是联合分布的概率密度最大：对于多元回归模型 $y_i = \beta_0 + \beta_1 x_{1i} + \beta_2 x_{2i} + \cdots + \beta_k x_{ki} + \varepsilon_i$ 而言，依据基本假设 $\varepsilon_i \sim N(0, \sigma_\varepsilon^2)$，则 $y_i \sim N(\mathrm{E} y_i, \mathrm{Var} y_i)$，对 $y_i = \beta_0 + \beta_1 x_{1i} + \beta_2 x_{2i} + \cdots + \beta_k x_{ki} + \varepsilon_i$ 两边取期望，得到式（5-50）。

$$\mathrm{E} y_i = \mathrm{E}(\beta_0 + \beta_1 x_{1i} + \beta_2 x_{2i} + \cdots + \beta_k x_{ki}) + \mathrm{E} \varepsilon_i \tag{5-50}$$

依据 $\mathrm{E}\varepsilon_i = 0$ 的假设，得到式（5-51）。

$$\mathrm{E} y_i = \beta_0 + \beta_1 x_{1i} + \beta_2 x_{2i} + \cdots + \beta_k x_{ki} \tag{5-51}$$

进一步对模型 $y_i = \beta_0 + \beta_1 x_{1i} + \beta_2 x_{2i} + \cdots + \beta_k x_{ki} + \varepsilon_i$ 两边取方差，依据 $\mathrm{Var}\varepsilon_i = \sigma_\varepsilon^2$ 的假设，得到 $\mathrm{Var} y_i = \sigma_\varepsilon^2$，因此得到 y_i 的分布，见式（5-52）。

$$y_i \sim N(\beta_0 + \beta_1 x_{1i} + \beta_2 x_{2i} + \cdots + \beta_k x_{ki}, \sigma_\mu^2) \tag{5-52}$$

进一步构建关于 y_i 的联合概率密度函数 $f(y_1, y_2, \cdots, y_n)$，依据极大似然原理，使联合概率密度函数 $f(y_1, y_2, \cdots, y_n)$ 取值最大的参数估计值最优。

三、面板数据模型计量方法

（一）面板数据模型的形式

时间序列数据是变量按时间得到的数据；截面数据是变量在截面空间上的数据，它们都是一维数。面板数据（panel data）是同时在时间和截面空间上取得的二维数据，面板数据从横截面（cross section）上看，是由若干个体在某一时刻构成的截面观测值；从纵剖面（longitudinal section）上看，是一个时间序列。

面板数据用双下标变量表示，其中，基于截面的差异面板数据设定面板数据模型（panel data model），见式（5-53）。

$$y_{it} = \alpha_i + X_{it} B_i + \mu_{it} \tag{5-53}$$

式中，$i = 1, 2, \cdots, n$，代表截面维度序列；$t = 1, 2, \cdots, T$，代表时间维度序列；$X_{it} = (X_{1it}, X_{2it}, \cdots, X_{kit})$，代表解释变量序列；$B_i = (\beta_{1i}, \beta_{2i}, \cdots, \beta_{ki})^\mathrm{T}$，代表待估参数序列。另外，基于时间的差异面板数据模型设定同理，只需将 α 和 B 的下标 i 改为 t，来表示时间序列参数。

（二）面板数据模型的 F 检验

面板数据模型的 F 检验是模型具体设定形式的检验，即检验面板数据模型应设定为无变化模型、变截距模型还是变系数模型。面板数据模型的 F 检验分为两个层次：假设 2 为无变化模型，如果接受假设 2，则模型设定为截距和斜率都无变化的模型；如果拒绝了假设 2，则需进一步检验假设 1。假设 1 为变截距模型，如果接受假设 1，则设定为截距变化、斜率不变的模型；如果拒绝假设 1，则设定为截距、斜率可变系数模型。F 检验统计量的构造见式（5-54）和式（5-55）。

$$F_2 = \frac{(S_3 - S_1)/[(n-1)(k+1)]}{S_1/n(T-k-1)} \sim F[(n-1)(k+1), n(T-k-1)] \tag{5-54}$$

$$F_1 = \frac{(S_2 - S_1)/[(n-1)k]}{S_1/n(T-k-1)} \sim F[(n-1)k, n(T-k-1)] \tag{5-55}$$

式（5-54）中，S_1 为无变化模型的残差平方和；S_3 为变系数模型的残差平方和；k 为模型中解释变量的个数；$(n-1)(k+1)$ 为分子的自由度，即变系数模型自由度与无变化模型自由度之差；$n(T-k-1)$ 为分母的自由度，即无变化模型的自由度。式（5-55）中，S_2 为变截距模型的残差平方和；$(n-1)k$ 为分子的自由度，即变截距模型自由度与无变化模型自由度之差。

（三）面板数据模型的 H 检验

杰里·豪斯曼（Jerry Hausman）发明了 H 检验。它主要用于检验模型的固定效应或随机效应。以变截距模型为例，对于 $y_{it} = \alpha_i + X_{it}B_i + \mu_{it}$，有 $\alpha_i \neq \alpha_j$；$\beta_i = \beta_j$。如果截面的个体影响可以用 α_i 的差别来说明，称为固定影响变截距模型，即 α_i 与 X_{it} 相关；如果截面的个体影响可以用 $\alpha_i = \alpha_0 + \varepsilon_i$ 的差别来说明，称为随机影响变截距模型，即 α_0 与 X_{it} 无关。H 统计量构造见式（5-56）。

$$H = (\hat{B}_{fe} - \hat{B}_{re})^{\mathrm{T}} \hat{\Sigma}^{-1} (\hat{B}_{fe} - \hat{B}_{re}) \sim \chi^2 \tag{5-56}$$

式中，$\hat{B}_{fe}$ 为固定效应参数估计列向量，$\hat{B}_{re}$ 为随机效应参数估计列向量，$(\hat{B}_{fe} - \hat{B}_{re})^{\mathrm{T}}$ 为 $(\hat{B}_{fe} - \hat{B}_{re})$ 的转置，$\hat{\Sigma}^{-1}$ 为两类模型参数估计量之差的逆矩阵。H 检验的原假设 H_0：随机效应模型正确，即 X_i 不具有随机性，$\mathrm{Cov}(\alpha_i, x_{j,i}) = 0$；$H$ 检验的备择假设 H_1：固定效应模型正确，即 X_i 具有随机性，$\mathrm{Cov}(\alpha_i, x_{j,i}) \neq 0$。当 H 统计值小于临界值时，接受 H_0，选择随机效应模型；如果 H 统计值大于临界值，接受 H_1，选择固定效应模型。

（四）面板数据模型的参数估计

1. 无变化模型的参数估计

利用 nT 个数据直接进行 OLS 估计，被称为混合回归（pooled regression），得到的估计量称为总体平均估计量，因其个体的效应均被平均化。假设 μ_{it} 在同类个体之间序列相关，在不同类个体之间不相关，则利用聚类稳健标准误（cluster-robust standard error）的最小二乘法进行估计。

2. 固定效应变截距模型的参数估计

以个体固定效应变截距模型为例，对模型 $y_{it} = \alpha_i + X_{it}B + \mu_{it}$ 中的变量取均值，得到均值模型 $\bar{y}_i = \alpha_i + \bar{X}_i B + \bar{\mu}_i$，原模型减去均值模型，得到式（5-57）。

$$y_{it} - \bar{y}_i = (X_{it} - \bar{X}_i)B + (\mu_{it} - \bar{\mu}_i) \tag{5-57}$$

对式（5-57）应用普通最小二乘法，解决了 α_i 与 X_{it} 相关带来的无偏性问题。另外，对于大样本的变截距固定效应模型也可以应用虚拟变量法（least square dummy variable, LSDV），得到的参数估计量仍具有渐进一致性。

3. 随机效应变截距模型的参数估计

以个体随机效应变截距模型为例，由于 $y_{it} = \alpha_0 + X_{it}B + (\varepsilon_i + \mu_{it})$ 中的 ε_i、μ_{it} 均满足经典假设，但 $\mathrm{Cov}(\varepsilon_i + \mu_{it}, \varepsilon_i + \mu_{it-1}) = \sigma_\varepsilon^2 \neq 0$，说明模型存在序列相关性，因此应采用广义差分法进行参数估计。对原模型中的变量取均值得到均值方程：$\bar{y}_i = \alpha_0 + \bar{X}_i B + (\varepsilon_i + \bar{\mu}_i)$，均值方程两端乘以 ρ，随后构建广义差分模型，见式（5-58）。

$$y_{it} - \rho \bar{y}_i = \alpha_0(1-\rho) + (X_{it} - \rho \bar{X}_i)B + [(\varepsilon_i + \mu_{it}) - \rho(\varepsilon_i + \bar{\mu}_i)] \tag{5-58}$$

广义差分模型中随机误差项不再具有序列相关性，因此对广义差分模型应用普通最小二乘法可以得到有效的参数估计量。

四、空间计量经济学模型方法

(一) 空间自相关

地理学第一定律指出,所有的事物都与其他事物相关联,但较近的事物比较远的事物更关联。后续学者的研究表明,空间数据之间不仅表现出异质性,也会表现出显著的相关性。对于经济变量而言,高值与高值(低值与低值)聚集,称为空间正自相关;高值与低值(低值与高值)聚集,称为空间负自相关。莫兰指数(Moran's index)是检验变量是否空间相关的重要统计量,莫兰指数构造见式(5-59)。

$$I = \frac{\sum_{i=1}^{n}\sum_{j=1}^{n}w_{ij}(x_i-\bar{x})(x_j-\bar{x})}{S^2\sum_{i=1}^{n}\sum_{j=1}^{n}w_{ij}} \tag{5-59}$$

式中,$S^2 = \frac{\sum_{i=1}^{n}(x_i-\bar{x})^2}{n}$,为样本方差;$w_{ij}$ 为空间权重矩阵中的第 i 行第 j 列元素;$\sum_{i=1}^{n}\sum_{j=1}^{n}w_{ij}$ 为所有空间元素之和。

可以证明标准化后的莫兰指数 I^* 服从标准正态分布,因此,如果 I^* 显著不为 0,说明经济变量存在显著的空间相关性。

计算莫兰指数需要引入空间权重矩阵,空间权重矩阵包括空间邻接矩阵(若相邻取 1,不相邻则取 0)、空间地理距离矩阵、空间经济距离矩阵及空间嵌套矩阵。空间地理距离矩阵中元素通常设为 $w_{ij}=1/d_{ij}^{\gamma}$,式中,d_{ij} 为个体 i 与个体 j 之间的地理距离,γ 通常取 1。空间经济距离矩阵中元素通常设为 $w_{ij}=1/P_{ij}^{\gamma}$,式中,P_{ij} 为个体 i 与个体 j 之间的经济距离,即 $P_{ij}=|P_i-P_j|$,P 通常是空间个体的人均变量,例如人均 GDP、人均贸易额、人均投资额等。空间嵌套矩阵中的元素则同时包括地理距离和经济距离。

(二) 空间自回归模型的数学形式

空间自回归(spatial autoregressive,SAR)模型的形式见式(5-60)。

$$\begin{bmatrix}y_1\\y_2\\\vdots\\y_n\end{bmatrix} = \alpha\begin{bmatrix}1\\1\\\vdots\\1\end{bmatrix} + \lambda\begin{bmatrix}0 & w_{12} & \cdots & w_{1n}\\w_{21} & 0 & \cdots & w_{2n}\\\vdots & \vdots & & \vdots\\w_{n1} & w_{n2} & \cdots & 0\end{bmatrix}\begin{bmatrix}y_1\\y_2\\\vdots\\y_n\end{bmatrix} + \begin{bmatrix}x_{11} & x_{21} & \cdots & x_{k1}\\x_{12} & x_{22} & \cdots & x_{k2}\\\vdots & \vdots & & \vdots\\x_{n1} & x_{2n} & \cdots & x_{kn}\end{bmatrix}\begin{bmatrix}\beta_1\\\beta_2\\\vdots\\\beta_k\end{bmatrix} + \begin{bmatrix}\varepsilon_1\\\varepsilon_2\\\vdots\\\varepsilon_n\end{bmatrix} \tag{5-60}$$

式中,λ 为空间相关系数,如果 λ 显著不为 0,说明空间效应显著。以河北(1)、山东(2)、河南(3)、山西(4)四省邻接关系为例,构建空间自回归模型,见式(5-61)。

$$\begin{bmatrix}y_1\\y_2\\y_3\\y_4\end{bmatrix} = \lambda\begin{bmatrix}0 & 1 & 1 & 1\\1 & 0 & 1 & 0\\1 & 1 & 0 & 1\\1 & 0 & 1 & 0\end{bmatrix}\begin{bmatrix}y_1\\y_2\\y_3\\y_4\end{bmatrix} + \begin{bmatrix}\varepsilon_1\\\varepsilon_2\\\varepsilon_3\\\varepsilon_4\end{bmatrix} = \lambda\begin{bmatrix}y_2+y_3+y_4\\y_1+y_3\\y_1+y_2+y_4\\y_1+y_3\end{bmatrix} + \begin{bmatrix}\varepsilon_1\\\varepsilon_2\\\varepsilon_3\\\varepsilon_4\end{bmatrix} \tag{5-61}$$

(三) 空间计量经济学模型的分类

除了 y 之间相关的空间自回归模型,空间计量经济学模型还包括空间误差模型、空间自相关模型、空间滞后模型、空间杜宾模型、空间杜宾误差模型和一般嵌套空间模型。其中，空间误差模型（spatial error model）描述的是随机误差项之间空间相关；空间自相关模型（spatial autoregression combined model）同时描述被解释变量之间和随机误差项之间的空间相关；空间滞后模型（spatial lag model）描述被解释变量与解释变量之间的空间相关；空间杜宾模型（spatial Dubin model）同时描述被解释变量之间和解释变量之间的空间相关；空间杜宾误差模型（spatial Dubin error model）同时描述被解释变量之间和随机误差项之间的空间相关；一般嵌套空间模型（general nesting spatial model）同时描述被解释变量之间、解释变量之间及随机误差项之间的空间相关。

（四）空间计量经济学模型参数估计

以空间自回归模型 $Y=\alpha L_N+\lambda WY+XB+u$ 为例，其他类型的空间计量经济学模型估计同理。空间自回归模型的被解释变量移项之后得到式（5-62）。

$$(I-\lambda W)Y=\alpha L_N+XB+u \tag{5-62}$$

两边乘以 $(I-\lambda W)$ 的逆矩阵 $(I-\lambda W)^{-1}$，得到式（5-63）。

$$Y=(1-\lambda W)^{-1}\alpha L_N+(1-\lambda W)^{-1}XB+(1-\lambda W)^{-1}u \tag{5-63}$$

如果模型满足经典假设，u 服从正态分布，采用极大似然估计法进行参数估计，得到参数估计量的表达式，见式（5-64）。

$$\hat{Y}=(1-\hat{\lambda}W)^{-1}\hat{\alpha}L_N+(1-\hat{\lambda}W)^{-1}X\hat{B} \tag{5-64}$$

式（5-64）展开之后得到式（5-65）。

$$\begin{bmatrix}\hat{y}_1\\\hat{y}_2\\\vdots\\\hat{y}_n\end{bmatrix}=\hat{\alpha}\begin{bmatrix}1 & \cdots & -\hat{\lambda}w_{1n}\\-\hat{\lambda}w_{21} & \cdots & -\hat{\lambda}w_{2n}\\\vdots & & \vdots\\-\hat{\lambda}w_{n1} & \cdots & 1\end{bmatrix}^{-1}\begin{bmatrix}1\\1\\\vdots\\1\end{bmatrix}+\begin{bmatrix}1 & \cdots & -\hat{\lambda}w_{1n}\\-\hat{\lambda}w_{21} & \cdots & -\hat{\lambda}w_{2n}\\\vdots & & \vdots\\-\hat{\lambda}w_{n1} & \cdots & 1\end{bmatrix}^{-1}\begin{bmatrix}x_{11} & \cdots & x_{k1}\\x_{12} & \cdots & x_{k2}\\\vdots & & \vdots\\x_{1n} & \cdots & x_{kn}\end{bmatrix}\begin{bmatrix}\hat{\beta}_1\\\hat{\beta}_2\\\vdots\\\hat{\beta}_k\end{bmatrix} \tag{5-65}$$

（五）直接效应与间接效应

空间计量经济学模型的直接效应是指本区域的解释变量对本区域被解释变量产生的影响，例如，本区域可支配收入对本区域消费的影响。间接效应又称为空间溢出效应（spatial spillover effect），是指其他区域的解释变量对本区域被解释变量产生的影响，例如，其他区域可支配收入对本区域消费的影响。

利用式（5-63），将 Y 对 n 个区域的第 r 个解释变量 x_r 求偏导，则偏导数矩阵见式（5-66）。

$$\begin{bmatrix}\dfrac{\partial Y}{\partial x_{r1}} & \cdots & \dfrac{\partial Y}{\partial x_{rn}}\end{bmatrix}=\begin{bmatrix}\dfrac{\partial y_1}{\partial x_{r1}} & \cdots & \dfrac{\partial y_1}{\partial x_{rn}}\\\vdots & & \vdots\\\dfrac{\partial y_n}{\partial x_{r1}} & \cdots & \dfrac{\partial y_n}{\partial x_{rn}}\end{bmatrix}=C=\begin{bmatrix}c_{11} & c_{12} & \cdots & c_{1n}\\c_{21} & c_{22} & \cdots & c_{2n}\\\vdots & \vdots & & \vdots\\c_{n1} & c_{n2} & \cdots & c_{nn}\end{bmatrix} \tag{5-66}$$

C 中的主对角线元素的均值 $\dfrac{1}{n}\sum\limits_{i=1}^{n}c_{ii}$ 为 x_r 对 Y 的直接效应，衡量的是本区域 x_r 对本区域 Y 的影响。C 中的所有元素的均值 $\dfrac{1}{n^2}\sum\limits_{i=1}^{n}\sum\limits_{j=1}^{n}c_{ij}$ 为 x_r 对 Y 的总效应，用总效应减去直接效应则为间接效应，衡量的是其他区域 x_r 对本区域 Y 的影响。

五、随机试验计量方法

（一）试验分类

一般而言，试验可以分为四类。一是控制试验，例如，影响研究目标的因素有 k 个，理想的控制试验是可以控制（$k-1$）个因素不变，单独让其中的 1 个因素变化，观察这个因素的变化对研究目标的影响。二是随机试验，例如，影响研究目标的影响因素有 k 个，虽然无法通过有效控制（$k-1$）个因素不变来单独观测 1 个因素变化的影响，但可以通过将试验对象随机分为试验组和控制组进行比较分析。三是自然试验，自然试验是指由于某种（某些）非试验目的而发生的外部事件，使得当事人仿佛被随机地分在了试验组和控制组之中，同样可以进行随机分组研究。四是思想试验，该类试验是指无试验数据，只是在理想情形下推理，例如，可以设想在一个与世隔绝的小岛上通过直升机投放货币，然后思考该岛上宏观经济会发生什么变化。

（二）随机分组

随机试验设计和执行中的一个核心问题是随机分组，在随机试验的随机分组中应注意以下问题：一是考虑是否能完全遵循试验设计，例如，一个关于培训的试验，指定的试验者未参加培训，未指定的反而参加培训，或者参加者中途退出，都可能导致随机试验分组不完全随机。二是要考虑是否能完全随机分组，例如，在培训试验中，按姓氏字母分组，但姓氏可能与种族有关，种族与就业相关，这种相关性往往导致分组不完全随机。三是要考虑样本是否具有充分的代表性，例如，在培训试验中，参与者都是高学历人员，则试验结果难以推广到一般大众。四是霍桑（Hawthorne）效应。20 世纪 20 年代，美国通用汽车公司在霍桑市研究灯光、休息时间、车间布置、工时等因素对劳动效率的影响，结果表明，无论相关条件如何变化，劳动效率都在上升，原因在于工人在试验中感觉到被关注而努力工作。五是一般均衡效应。一般均衡效应是指当试验由局部推广到总体时而产生的变化，例如，小型的培训项目可能不会改变社会上雇主的行为，但大范围推广后，可能会减少企业自行提供的员工培训，使培训项目的社会福利效应减少。六是借助自然试验随机分组。自然试验是指自然发生的试验，几乎没有成本，而说服力类似于随机试验。例如，一个省份实施了一项地方经济政策，另一个省份没有实施此项政策，但两个省份的民众事先不知道哪个省份会实施此项经济政策，因此可以近似地认为民众被随机地分配到某个省份。

（三）双重差分法

双重差分法（difference in difference, DID）是对随机试验进行计量分析的重要方法。这里以含有交互项的两期差分模型为例，说明双重差分法的应用。含有交互项的两期差分模型见式（5-67）。

$$y_{it}=\beta_0+\beta_1(G_i \cdot D_t)+\beta_2 G_i+\gamma D_t+\varepsilon_{it} \quad (i=1,2,\cdots,n;t=1,2) \tag{5-67}$$

式中，G_i 为试验组虚拟变量（$G_i=1$，试验组；$G_i=0$，控制组），描述试验组和控制组本身的差异；D_t 为试验期虚拟变量（$D_t=1$，$t=2$；$D_t=0$，$t=1$），描述试验前后两期本身的差异，这种差异即使不试验，趋势也存在；交互项 $G_i \cdot D_t = x_{it}$（$x_{it}=1$，试验组且 $t=2$；$x_{it}=0$，其他），描述的是试验组的政策效应。$t=1$ 时和 $t=2$ 时，式（5-67）可以分别写成式（5-68）和式（5-69）。用式（5-69）减去式（5-68），依据相关界定，可以得到进行计量分析的两期差分模型，见式（5-70）。

$$y_{i1} = \beta_0 + \beta_2 G_i + \varepsilon_{i1} \tag{5-68}$$

$$y_{i2} = \beta_0 + \beta_1 (G_i \cdot D_2) + \beta_2 G_i + \gamma D_2 + \varepsilon_{i2} \tag{5-69}$$

$$\Delta y_i = \gamma + \beta_1 (G_i \cdot D_2) + (\varepsilon_{i2} - \varepsilon_{i1}) = \gamma + \beta_1 (G_i \cdot D_2) + \Delta \varepsilon_i \tag{5-70}$$

六、软件操作方法

（一）时间序列模型软件操作方法

1. 平稳性检验

以某证券市场股票指数现货价格和期货价格为例，说明时间序列平稳性检验方法。首先对现货价格 S 与期货价格 F 进行 ADF 平稳性检验，其中，S 序列在 level（原序列）水平上平稳性检验结果见表5-15，表中，Augmented Dickey-Fuller test statistic 代表拓展的迪基-富勒检验统计，Test critical values 代表检验临界值。F 序列在 level 水平上平稳性检验结果见表5-16。表5-15 和表5-16 中的检验结果表明，无论 S 序列还是 F 序列，t 检验的显著性水平 Prob 值均大于0.05，说明 S 序列和 F 序列在 level 水平上均是不平稳序列。

表 5-15　S 序列在 level 水平上平稳性检验结果

		t-Statistic	Prob.
Augmented Dickey-Fuller test statistic		0.120 353	0.9666
Test critical values:	1% level	−3.462 095	
	5% level	−2.875 398	
	10% level	−2.574 234	

表 5-16　F 序列在 level 水平上平稳性检验结果

		t-Statistic	Prob.
Augmented Dickey-Fuller test statistic		0.102 126	0.9652
Test critical values:	1% level	−3.462 095	
	5% level	−2.875 398	
	10% level	−2.574 234	

由于 S 序列和 F 序列在 level 水平上均是不平稳序列，因此进一步对二者在 1st difference（一阶差分）水平上进行平稳性检验，S 序列在 1st difference 水平上平稳性检验结果见表5-17，F 序列在 1st difference 水平上平稳性检验结果见表5-18。表5-17 和表5-18 中的检验结果表明，无论 S 序列还是 F 序列，t 检验的显著性水平 Prob 值均小于0.05，说明 S 序列和 F 序列在 1st difference 水平上均是平稳序列。

表 5-17　S 序列在 1st difference 水平上平稳性检验结果

		t-Statistic	Prob.
Augmented Dickey-Fuller test statistic		−12.723 64	0.0000
Test critical values:	1% level	−3.462 095	
	5% level	−2.875 398	
	10% level	−2.574 234	

表 5-18 F 序列在 1st difference 水平上平稳性检验结果

		t-Statistic	Prob.
Augmented Dickey-Fuller test statistic		−12.495 58	0.0000
Test critical values：	1% level	−3.462 095	
	5% level	−2.875 398	
	10% level	−2.574 234	

2. 协整关系检验

由于 S 序列和 F 序列在 1st difference 水平上平稳，因此二者都是一阶单整序列。对于同阶单整序列可以进行协整关系检验，EG 两步法协整关系检验结果见表 5-19。表 5-19 中的结果表明 Prob 值小于 0.05，所以 EG 两步法中残差序列为平稳序列，说明 S 序列和 F 序列之间具有协整关系。

表 5-19 EG 两步法协整关系检验结果

		t-Statistic	Prob.
Augmented Dickey-Fuller test statistic		−9.824 918	0.0000
Test critical values：	1% level	−3.461 783	
	5% level	−2.875 262	
	10% level	−2.574 161	

3. 格兰杰因果关系检验

由于 S 序列和 F 序列之间存在协整关系，因此可以利用 VAR 模型，格兰杰因果关系检验结果见表 5-20。表中，Obs 代表观测值的个数。表 5-20 的检验结果表明，F 不是引起 S 变化的格兰杰原因（F does not Granger cause S）的原假设（Null Hypothesis）在 0.05 的显著性水平下被拒绝，说明 F 是引起 S 变化的格兰杰原因；S 不是引起 F 变化的格兰杰原因（S does not Granger cause F）的原假设在 0.05 的显著性水平下被接受，说明 S 不是引起 F 变化的格兰杰原因，上述检验结果验证了期货序列的价格发现功能。

表 5-20 格兰杰因果关系检验结果

Null Hypothesis	Obs	F-Statistic	Prob.
F does not Granger cause S	207	34.2462	2.E-13
S does not Granger cause F		2.612 48	0.0758

4. 脉冲响应函数分析

由于 S 序列和 F 序列之间存在协整关系，并且 F 序列是引起 S 序列变化的格兰杰原因，因此采用脉冲响应函数分析两个序列之间随机扰动的冲击效应，期货序列随机扰动的脉冲响应图如图 5-10 所示，现货序列随机扰动的脉冲响应图如图 5-11 所示。其中，Response of F to Generalizes One S.D. Innovation 表示 F 序列一个标准差大小的信息冲击产生的响应，Response of S to Generalizes One S.D. Innovation 表示 S 序列一个标准差大小的信息冲击产生的响应。结果显示，无论随机扰动来自期货序列还是现货序列，都是期货序列发生了更剧烈的反应，说明期货序列对信息冲击反应更敏感，因而更具信息效率。

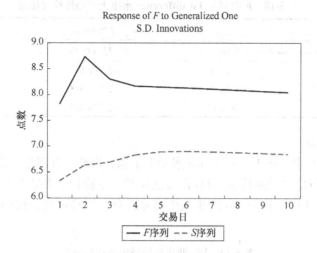

图 5-10　期货序列随机扰动的脉冲响应图

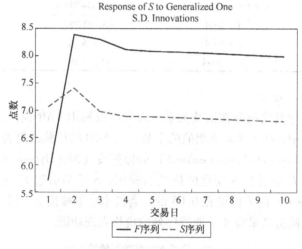

图 5-11　现货序列随机扰动的脉冲响应图

（二）自回归条件异方差模型软件操作方法

1. ARCH 效应的检验

以 2015 年我国股票市场剧烈波动的行情数据为例，进行 ARCH 效应检验。首先以样本区间沪深 300 指数当日收盘价的自然对数为被解释变量，以前一期价格自然对数为解释变量进行回归，得到残差序列，然后绘制残差序列 [LOG(P)Residuals] 走势图（见图 5-12）。

图 5-12 显示，在 2015 年 6 月—8 月股票市场大幅下跌期间，残差序列出现了波动积聚特征，说明股票市场剧烈波动期间，市场出现了风险积聚效应，但波动积聚是否形成了自回归条件异方差，还需要进行回归分析。以本期残差平方作为被解释变量，以前一期残差平方作为解释变量，进行回归分析，ARCH 效应检验结果见表 5-21，表中 RESID^2(-1) 代表前一期残差的平方。检验结果显示，本期残差平方与前期残差平方之间通过了显著性检验，说明 ARCH 效应显著。

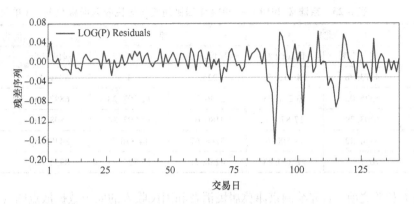

图 5-12 残差序列走势图

表 5-21 ARCH 效应检验结果

Variable	Coefficient	Std. Error	t-Statistic	Prob.
C	0.000 674	0.000 236	2.848 835	0.0051
RESID^2(-1)	0.253 647	0.082 952	3.057 777	0.0027

2. 非对称 GARCH 效应

依据式（5-48），进行非对称自回归条件异方差效应检验，非对称 GARCH 效应均值方程检验结果见表 5-22 的前两行，表中，LOG(P(-1)) 为沪深 300 指数前一日收盘价的自然对数。检验结果表明，标准正态分布统计值（z-Statistic）为 4517.935，对应的 Prob 值为 0.0000，因此，均值方程显著成立。表 5-22 第三行代表非对称自回归条件异方差效应的方差方程，方差方程中正向冲击系数 λ_1 为 0.0177；负向冲击冲击系数为 0.0177+0.3082 = 0.3259，负向冲击系数显著大于正向冲击系数，表明市场负向冲击的影响大于正向冲击的影响，股票市场波动具有非对称特征。其中，GARCH(-1) 代表前一期广义自回归条件异方差。

表 5-22 非对称 GARCH 效应检验结果

Variable	Coefficient	Std. Error	z-Statistic	Prob.
LOG(P(-1))	1.000 325	0.000 221	4517.935	0.0000
$\sigma_t^2 = \lambda_0 + \lambda_1 \varepsilon_{t-1}^2 + \lambda_2 \sigma_{t-1}^2 + \lambda_3 S_{t-1} \varepsilon_{t-1}^2$				
C	4.46E-05	1.94E-05	2.296 980	0.0216
RESID(-1)^2	0.017 697	0.084 741	0.208 840	0.8346
RESID(-1)^2 * (RESID(-1)<0)	0.308 246	0.102 030	3.021 128	0.0025
GARCH(-1)	0.751 345	0.030 585	24.565 96	0.0000

（三）面板数据模型软件操作方法

1. 面板数据模型的 F 检验

面板数据模型的 F 检验是模型设定形式的检验，即检验模型是无变化模型、变截距模型还是变系数模型。下面以一个算例进行 F 检验，京津冀 2010 年—2014 年居民消费与国民收入面板数据见表 5-23。

表 5-23　京津冀 2010 年—2014 年居民消费与国民收入面板数据　（单位：亿元）

年份	北京		天津		河北	
	居民消费	国民收入	居民消费	国民收入	居民消费	国民收入
2010	4773.96	14 113.58	2256	9224.46	5731.44	20 394.26
2011	5525.02	16 251.93	2736.72	11 307.28	6892.66	24 515.76
2012	6203.29	17 879.4	3180.68	12 893.88	7808.39	26 575.01
2013	6974.32	19 500.6	3788.67	14 370.2	8448.06	28 301.41
2014	7691.63	21 330.83	4258.11	15 726.95	8955.86	29 421.15

在进行 F 检验之前，首先绘制京津冀居民消费和国民收入的面板数据散点图（见图 5-13），观测二者是否线性相关。散点图揭示：京津冀的居民消费和国民收入线性相关，因此可以建立线性面板数据模型进行 F 检验。

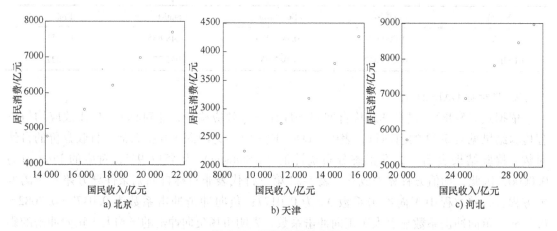

图 5-13　面板数据散点图

京津冀居民消费和国民收入的面板数据模型 F 检验结果见表 5-24。表中，Effects Test 代表效应检验，Statistic 代表统计值，d.f. 代表自由度，Cross-section F 代表截面 F 统计值，Cross-section Chi-square 代表截面卡方统计值。结果表明，F 统计值为 124.87，远大于临界值，因此拒绝无变化模型的原假设，接受变截距模型的备择假设。

表 5-24　京津冀居民消费和国民收入的面板数据模型 F 检验结果

Effects Test	Statistic	d.f.	Prob.
Cross-section F	124.872 126	(2,11)	0.0000
Cross-section Chi-square	47.484 672	2	0.0000

2. 面板数据模型的 H 检验

对上述面板数据模型的 H 检验，是检验模型设定为随机效应或固定效应。京津冀居民消费和国民收入的面板数据模型 H 检验结果见表 5-25。表中，Test Summary 代表检验总结，Chi-Sq. Statistic 代表卡方统计值，Cross-section random 代表截面随机效应。结果表明，卡方统计值为 0.1751，小于临界值，因此，接受随机效应模型的原假设，拒绝固定效应的备择假设。

表 5-25　京津冀居民消费和国民收入的面板数据模型 H 检验结果

Test Summary	Chi-Sq. Statistic	d.f.	Prob.
Cross-section random	0.175 067	1	0.6756

3. 变截距随机效应面板数据模型的参数估计

通过 F 检验，接受变截距模型的假设；通过 H 检验，接受随机效应模型的假设，因此，模型设定为变截距随机效应模型。采用虚拟变量最小二乘法（LSDV）进行参数估计，LSDV 参数估计结果见表 5-26。结果表明，京津冀面板数据模型的边际消费倾向为 0.36，并且通过了显著性检验。

表 5-26　LSDV 参数估计结果

Variable	Coefficient	Std. Error	t-Statistic	Prob.
C	−1110.347	669.6861	−1.658 011	0.1212
Income	0.361 524	0.014 537	24.869 35	0.0000

（四）空间计量经济学模型软件操作方法

1. Stata 软件中相关统计量的说明

空间计量经济学模型利用 Stata 软件完成，首先需要下载外部命令 spatreg、sppack 和 xsmle。Stata 软件中统计量的符号与 Eviews 软件中统计量的符号存在差别，因此需要对 Stata 软件中统计量的符号进行说明。本书以某城市 49 个社区的犯罪率（crime rate）作为被解释变量，以房价（house price）和收入（income）作为解释变量，进行普通最小二乘法回归分析（Stata 软件普通最小二乘法回归结果见表 5-27）。在表 5-27 中，Source SS 代表平和来源，Model 代表模型平方和，Residual 代表残差平方和，Total 代表总体平方和，df 代表自由度，$F(2,46)$ 代表第一自由度为 2、第二自由度为 46 的 F 统计值，Adj R-squared 代表调整的拟合优度，Std. Err. 代表标准误差，MS Number of obs 代表模型平方和观测值个数，Prob>F 代表 F 统计值的伴随概率，R-squared 代表拟合优度，Root MSE 代表均方标准误的根，t 代表 t 统计值，P>t 代表 t 统计值的伴随概率，［95% Conf. Interval］代表 95% 水平下的置信区间。

表 5-27　Stata 软件普通最小二乘法回归结果

Source SS	df		MS Number of obs =	49
	$F(2,46)=$	28.39		
Model 7423.326 74	2	3711.663 37	Prob>$F=$	0.0000
Residual 6014.892 81	46	130.758 539	R-squared =	0.5524
Total 13 438.2195	48	279.962 907	Root MSE =	11.435
	Adj R-squared =	0.5329		
crime rate Coef.	Std. Err.	t　P>t	［95% Conf. Interval］	
house price −0.273 931 5	0.103 198 7	−2.65　0.011	［−0.481 659 7　−0.066 203 3］	
income −1.597 311	0.334 130 8	−4.78　0.000	［−2.269 881　−0.924 740 5］	
_cons 68.618 96	4.735 486	14.49　0.000	［59.086 92　78.151］	

2. 莫兰指数检验

利用邻接矩阵进行莫兰指数检验，莫兰指数检验结果见表5-28。表中，I代表利用邻接矩阵计算的莫兰指数，$E(I)$代表莫兰指数的期望，$sd(I)$代表莫兰指数的标准差，z代表标准正态的统计值，p-value代表z统计值的伴随概率数值。表5-28中，莫兰指数的p值小于0.05，因此，拒绝49个社区犯罪率之间空间不相关的原假设，接受存在空间相关的备择假设。

表5-28 莫兰指数检验结果

Variables	I	$E(I)$	$sd(I)$	z	p-value
crime rate	0.521	−0.021	0.087	6.212	0.000

3. 空间效应诊断

在进行空间计量分析时，究竟是采用空间自回归模型、空间误差模型还是空间自相关模型需要进行空间效应诊断。空间效应诊断结果见表5-29。表中，Spatial error代表空间误差模型，Moran's I代表空间误差模型的莫兰指数，Lagrange multiplier代表拉格朗日算子，Robust Lagrange multiplier代表稳健的拉格朗日算子，Spatial lag代表空间自回归模型。结果表明，无论空间自回归模型还是空间误差模型，均有相关统计量接受空间相关的假设，因此，应采用被解释变量和随机误差项均相关的空间自相关模型（SAC）。

表5-29 空间效应诊断结果

Test	Statistic	df	p-value
Spatial error:			
Moran's I	1.011	1	0.312
Lagrange multiplier	6.804	1	0.009
Robust Lagrange multiplier	1.759	1	0.185
Spatial lag:			
Lagrange multiplier	13.787	1	0.000
Robust Lagrange multiplier	8.741	1	0.003

（五）随机试验的软件操作方法

随机试验的双重差分法需下载安装Stata软件的非官方命令"diff"。以美国实施最低工资标准法案和未实施最低工资标准法案的两个州为例，设计随机试验，考察最低工资的颁布对低技能工人就业的影响。新泽西州实施了最低工资法案（试验组），而相邻的宾夕法尼亚州未实施最低工资法案（控制组）。其中，低技能工人人数以快餐店工作的人数代表，单位是万人。双重差分法的参数估计结果见表5-30。表中，Outcome var.代表产出变量，Before代表通过最低工资法案之前，Control代表控制组，Treated代表试验组，Diff（T-C）代表一阶差分法下控制组与试验组数值之差，After代表通过最低工资法案之后，Diff-in-Diff代表双重差分法。结果表明，在未实施最低工资标准之前，控制组宾夕法尼亚州快餐店就业人数为19.949万人，试验组新泽西州快餐店就业人数为17.065万人，二者相差2.884万人。在实施最低工资标准之后，控制组宾夕法尼亚州快餐店就业人数减少为17.542万人，试验组新泽西州快餐店就业人数增加到17.573万人,两个州快餐店就业人数差距不再显著。上述结果说明,实施最低工资标准法案的新泽西州快餐店就业人数有所增加,而未实施最低工资标准法案的宾夕法尼亚州快餐店就业人数显著减少,即最低工资法案对低技能工人就业起到显著促进作用。

表5-30 双重差分法的参数估计结果

Outcome var.	y	S. Err.	t	P>t
Before				
Control	19.949			
Treated	17.065			
Diff (T-C)	−2.884	1.403	−2.05	0.040
After				
Control	17.542			
Treated	17.573			
Diff (T-C)	0.030	1.023	0.03	0.976
Diff-in-Diff	2.914	1.737	1.68	0.094

延伸阅读

A股市场股指期货的价格先导及波动溢出效应案例分析

本案例综合运用多种计量经济学模型和方法,对2015年我国A股市场大震荡期间,股指期货的价格先导及波动溢出效应进行案例分析。本案例从问题的提出、文献研究、模型设定、计量检验、结论与启示等五个方面循序展开分析,目的是说明如何应用计量经济学方法对现实的经济问题进行实证研究,为应用计量经济学方法进行学术论文写作提供参考借鉴。

1982年2月24日,美国堪萨斯期货交易所推出了价值线综合指数期货合约,标志着股指期货的诞生。自诞生以来,股指期货对股票市场的影响问题一直备受关注。从长期来看,股指期货对股票市场深化发展的推动作用是毋庸置疑的,而人们关注的焦点主要集中在两个方面:一是股指期货推出的时机,如果股票市场自身发展还不成熟,例如,市场做空机制不完善,股指期货推出未必可以起到应有的作用。二是股指期货能否在股票市场剧烈震荡时起到"减震器"的作用,如果相关监管机制不健全,投机资本可能利用股指期货的杠杆效应投机获利,从而加剧股票市场的波动。布雷迪报告(Brady report)曾将美国1987年10月19日的股市暴跌归咎于指数套利和组合投资保险,尽管默顿·米勒(Merton Miller)指出股指期货不是"87股灾"的元凶,但同时也指出股指期货的交易缺陷导致了大量空单短期内无法执行,从而加剧了市场的恐慌气氛。1998年中国香港金融保卫战期间,国际投机资本窥视到香港联系汇率制的僵化和市场监管缺陷,充分利用股指期货的杠杆机制做空市场,加剧了股市、期市和汇市之间的风险联动。亚洲金融危机之后,世界各国普遍加强了对金融衍生工具的监管,股指期货的相关交易制度也逐步完善,因此,在2008年全球金融海啸期间,股指期货总体运行平稳,即便是在全球普遍采取"禁空令"来限制卖空行为的情况下,也没有影响同样具有卖空机制的股指期货市场的正常运作，股指期货市场以充足的流动性为投资者提供了避险需求。

2010年4月16日，中国金融期货交易所（简称中金所）首次推出了沪深300指数期货合约，合约推出后的2个月内，我国A股市场经历了20%左右的下跌，但随后逐渐反弹，股指期货运行平稳，交易量也逐渐上升。2015年4月16日，中金所又推出了上证50和中证500指数期货合约，两种期货合约推出后，相应的现货市场指数在37个交易日内分别经历了9%和41%的上涨，随后的61个交易日又分别经历了40%和45%的下跌，因此，股指期货再次被推至"风口浪尖"。2015年9月2日，中金所针对股指期货及相关做空机制采取了严格限制措施，股指期货交易"名存实亡"。虽然中金所在2017年先后两次对股指期货交易进行了"松绑"，但幅度有限，股指期货交易规模远低于股灾前的水平。2018年，上海证券综合指数最大跌幅高达31%，由于缺乏有效对冲机制，机构只能"望市兴叹"，同时，金融界要求全面放开股指期货交易的呼声日益提高。另外，监管当局仍然顾虑全面放开股指期货交易后，是否会重现2015年的大震荡行情，同时，随着我国金融开放程度的提高，国际投机资本对我国金融市场的潜在威胁也在增加，在此背景下，全面分析检验A股市场三种指数期货的价格先导和波动溢出效应，对于我国股指期货市场的健康发展具有重要的借鉴意义。

（一）样本数据及其统计特征

从2015年4月16日到2015年9月1日的98个交易日内，沪深300、上证50和中证500指数均经历了急速上涨和急速下跌的剧烈波动行情，因此，首先选择这一区间的三种指数的日收盘数据作为样本，来检验大震荡期间股指期货的价格先导和波动溢出效应。三种指数的自然对数序列及其自回归残差的统计指标见表5-31。

表5-31 样本数据的统计指标

指数	均值	标准差	偏度	峰度	JB值	LB(5)	$LB^2(5)$
沪深300	8.378	0.135	-0.526	2.770	4.681*	13.632**	9.407*
上证50	7.957	0.139	-0.787	2.955	10.010***	8.649***	8.890*
中证500	9.055	0.152	0.192	2.517	1.539	16.901***	26.041**

注：***、**、*分别代表在1%、5%、10%显著水平下通过检验，下同。

从描述波动情况的标准差来看，中证500指数的标准差最高，沪深300和上证50的标准差无显著差异，尽管中证500指数的波动指标偏高，但波动变化源于对自身信息变化的反应还是期货交易的波动溢出还需进一步检验。从偏度来看，沪深300和上证50序列均呈现显著的左偏特征，且二者的自回归残差ε_t的JB统计量均拒绝了正态分布假设，价格变化呈现非对称特征。中证500虽表现为小幅右偏，但自回归残差ε_t的JB统计量接受了正态分布假设，其价格变化的非对称特征不显著。另外，LB(5)和$LB^2(5)$统计检验表明，三种指数的自回归残差ε_t及其平方项ε_t^2均存在显著的条件相关特征，因此应采用GARCH系列模型检验指数序列波动积聚情况。

（二）格兰杰因果关系检验

利用VAR模型对期货序列与现货序列之间的价格先导关系进行检验。VAR模型中的

$\ln(S_t^{IF})$ 和 $\ln(F_t^{IF})$ 分别代表沪深 300 现货指数和期货指数的对数序列，$\ln(S_t^{IH})$ 和 $\ln(F_t^{IH})$ 分别代表上证 50 现货指数和期货指数的对数序列，$\ln(S_t^{IC})$ 和 $\ln(F_t^{IC})$ 分别代表中证 500 现货指数和期货指数的对数序列。三种序列 VAR 模型检验结果见表 5-32。

表 5-32　格兰杰因果关系检验结果

指数	原假设	滞后期	F 统计值	P 值	结论
沪深 300	$\ln(S_t^{IF})$ 不是 $\ln(F_t^{IF})$ 的格兰杰原因	4	4.015***	0.005	拒绝
	$\ln(F_t^{IF})$ 不是 $\ln(S_t^{IF})$ 的格兰杰原因	4	1.267	0.289	接受
上证 50	$\ln(S_t^{IH})$ 不是 $\ln(F_t^{IH})$ 的格兰杰原因	1	4.354**	0.039	拒绝
	$\ln(F_t^{IH})$ 不是 $\ln(S_t^{IH})$ 的格兰杰原因	1	0.268	0.605	接受
中证 500	$\ln(S_t^{IC})$ 不是 $\ln(F_t^{IC})$ 的格兰杰原因	4	8.001***	2.E-05	拒绝
	$\ln(F_t^{IC})$ 不是 $\ln(S_t^{IC})$ 的格兰杰原因	4	5.567***	0.001	拒绝

注：VAR 模型的滞后期综合 LogL、LR、FPE、AIC、SC、HQ 准则而确定。

"沪深 300 和上证 50 现货指数不是期货指数变化的格兰杰原因"的原假设被拒绝，说明现货指数构成了期货指数变化的格兰杰原因，即沪深 300 和上证 50 现货指数对期货指数具有显著的先导作用。另外，"沪深 300 和上证 50 期货指数不是现货指数变化的格兰杰原因"的原假设被接受，说明期货指数未能构成现货指数变化的格兰杰原因，即沪深 300 和上证 50 期货指数对现货指数的先导作用不显著。对于中证 500 指数而言，"现货指数不是期货指数变化的格兰杰原因"及"期货指数不是现货指数变化的格兰杰原因"的原假设均被拒绝，说明中证 500 的现货指数与期货指数在 A 股市场剧烈震荡期间双向先导关系显著。

（三）波动溢出效应检验

利用 BEKK-GARCH 模型对三种指数的期货序列与现货序列之间波动效应进行计量检验，检验结果见表 5-33。

表 5-33　BEKK-GARCH 模型波动溢出效应检验结果

参数	估计值	参数	估计值	参数	估计值
a_{11}^{IF}	1.910***	a_{11}^{IH}	2.707***	a_{11}^{IC}	0.675***
a_{12}^{IF}	1.783***	a_{12}^{IH}	2.198***	a_{12}^{IC}	0.405***
a_{21}^{IF}	1.662***	a_{21}^{IH}	3.100***	a_{21}^{IC}	0.598***
a_{22}^{IF}	2.356***	a_{22}^{IH}	2.128***	a_{22}^{IC}	0.542***
β_{11}^{IF}	0.642***	β_{11}^{IH}	-0.034	β_{11}^{IC}	0.197***
β_{12}^{IF}	-0.160***	β_{12}^{IH}	-0.226**	β_{12}^{IC}	0.002
β_{21}^{IF}	-0.076***	β_{21}^{IH}	-0.389**	β_{21}^{IC}	-0.095**
β_{22}^{IF}	0.704***	β_{22}^{IH}	-0.178**	β_{22}^{IC}	0.104***

首先，从波动的自相关特征来看，$a_{11}^{IF} = 1.910$，$a_{11}^{IH} = 2.707$，$a_{11}^{IC} = 0.675$；$a_{22}^{IF} = 2.356$，$a_{22}^{IH} = 2.128$，$a_{22}^{IC} = 0.542$，说明无论现货序列还是期货序列，上证 50 指数和沪深 300 指数波动的自相关特征均显著大于中证 500 指数。从波动溢出的角度来看，三种指数的期货序列和

现货序列都存在显著的双向波动溢出效应。其中，从反映短期波动溢出效应的参数值 α_{ij} 来看，$\alpha_{12}^{IH}=2.198$ 最大，$\alpha_{12}^{IF}=1.783$ 次之，$\alpha_{12}^{IC}=0.405$ 最小，即上证 50 指数期货序列对现货序列的短期波动溢出效应最大，沪深 300 指数次之，中证 500 指数最小。另外，$\alpha_{21}^{IH}=3.100$ 最大，$\alpha_{21}^{IF}=1.662$ 次之，$\alpha_{21}^{IC}=0.598$ 最小，说明上证 50 指数现货序列对期货序列的短期波动溢出效应最大，沪深 300 指数次之，中证 500 指数最小。

从反映长期波动溢出效应的参数值 β_{ij} 来看，β_{21}^{IF}、β_{21}^{IH} 和 β_{21}^{IC} 均通过了显著性检验，说明三种指数现货序列对期货序列的波动溢出均具有长期记忆性。另外，β_{12}^{IF} 和 β_{12}^{IH} 通过了显著性检验，而 β_{12}^{IC} 未通过显著性检验，说明上证 50 指数和沪深 300 指数期货序列对现货序列波动溢出具有长期记忆性，而中证 500 指数期货序列对现货序列的波动溢出不具有长期记忆性。

（四）稳健性检验

2018 年 12 月 3 日，中金所再次对 A 股市场的股指期货交易进行了松绑：一是将沪深 300 和上证 50 指数期货交易保证金标准统一调整为 10%，将中证 500 指数期货交易保证金标准调整为 15%；二是自 2018 年 12 月 3 日起，将股指期货日内过度交易行为的监管标准调整为单个合约 50 手，套期保值交易开仓数量不受此限；三是自 2018 年 12 月 3 日起，将股指期货平仓交易手续费标准调整为成交金额的 0.46‰。相对于前两次松绑（2017 年 2 月 16 日和 2017 年 9 月 18 日），此次松绑后，三种指数期货的保证金标准基本恢复到股灾之前的水平，虽然单笔交易限额仍远低于股灾前水平，但股指期货交易规模相对于严格限制期间已有显著提升，因此，本书选择 2018 年 12 月 3 日至 2019 年 4 月 15 日期间的样本数据进行稳健性检验。表 5-34 中稳健性检验结果表明，虽然与 2015 年 A 股市场剧烈震荡时期相比，衡量波动溢出效应的参数 α_{ij} 和 β_{ij} 在数值上均发生下降，但三种指数期货序列与现货序列之间波动溢出效应依然显著，并且上证 50 指数期货序列与现货序列之间波动溢出效应最大，沪深 300 指数其次，中证 500 指数最小，这一检验结果与 2015 年 A 股市场剧烈震荡期间波动溢出效应的大小顺序相同，即检验结论具有稳健性。

表 5-34 BEKK-GARCH 模型波动溢出效应稳健性检验结果

参数	估计值	参数	估计值	参数	估计值
α_{11}^{IF}	0.232***	α_{11}^{IH}	0.231***	α_{11}^{IC}	0.226***
α_{12}^{IF}	0.033***	α_{12}^{IH}	0.041***	α_{12}^{IC}	0.003***
α_{21}^{IF}	0.033***	α_{21}^{IH}	0.039***	α_{21}^{IC}	0.003***
α_{22}^{IF}	0.233***	α_{22}^{IH}	0.231***	α_{22}^{IC}	0.225***
β_{11}^{IF}	0.760***	β_{11}^{IH}	0.862***	β_{11}^{IC}	0.677***
β_{12}^{IF}	0.165***	β_{12}^{IH}	0.265***	β_{12}^{IC}	0.012***
β_{21}^{IF}	0.159***	β_{21}^{IH}	0.263***	β_{21}^{IC}	0.011***
β_{22}^{IF}	0.759***	β_{22}^{IH}	0.857***	β_{22}^{IC}	0.678***

本书计量检验结果表明，在 2015 年我国 A 股市场剧烈波动期间，中证 500 指数期货的价格先导作用显著强于沪深 300 指数和上证 50 指数期货。就波动溢出效应而言，沪深 300 指数和上证 50 指数期货的波动溢出效应显著强于中证 500 指数期货，且具有长期记忆性，

而中证500指数期货的波动溢出效应在短期内显著弱于沪深300指数和上证50指数期货，且不具有长期记忆性。这一检验结论在股指期货"松绑"后依然稳健。

从三种指数的权重情况来看，沪深300指数中金融类股份的权重达40%，上证50指数中金融类股份的权重达60%，而中证500指数中权重最大的医药生物类股份仅为12%。从三种指数中上市公司市值的中位数来看，2018年，沪深300、上证50及中证500指数中上市公司市值的中位数分别为424亿元、1644亿元和129亿元。因此，就沪深300指数和上证50指数而言，两种指数的权重结构相对集中，且期货交易规模无法与现货市场交易规模相匹配，这虽然降低了投机资本利用沪深300和上证50指数期货进行市场操纵的风险，但同时也导致了股指期货在市场发生系统性风险时无效发挥价格先导和市场减震作用。另外，中证500指数的权重结构分散且现货市场交易规模相对较小，中证500指数期货可以在价格发现中居于主导地位，市场信息效率得以提升，股指期货市场对股票现货市场的波动溢出显著减弱。

通过本研究可以发现：一是要逐步完善股指期货市场的准入制度和做空机制，在加强市场风险防范的同时，逐步扩大股指期货交易规模，使股指期货的经济功能得以充分发挥。二是要关注A股市场三种指数期货交易的差异化特征，鉴于中证500指数期货较好的价格先导和市场减震作用，一些创新性设计可以首先在中证500指数期货市场试点，运行成熟后再逐步推行到沪深300和上证50指数期货市场。三是要充分借鉴国际金融市场上的成功经验，开发系列迷你型指数期货。

第六章 经济学中计算机技术的应用：以计算机数据审计为例

学科思维导图

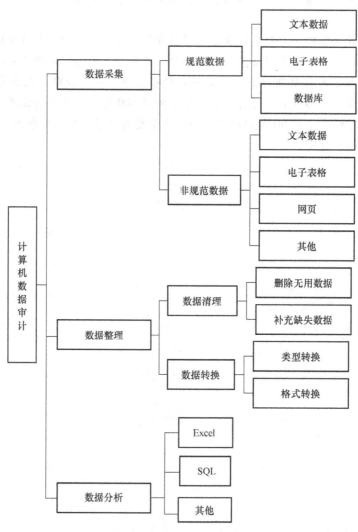

计算机数据审计主要包括数据采集、数据整理、数据分析三个主要步骤，其中，数据采集是应用各种计算机手段采集标准与非标准的数据，数据整理是将采集到的数据通过数据清理、数据转换等手段整理为符合要求的标准数据的过程，数据分析则是在上述处理基础上对

数据进行专业分析。被审计单位的数据格式各异，审计人员首先要把数据采集到自己的计算机或设备中，然后根据需要调整格式并进行数据整理，最后用调整好的数据进行分析，三个步骤都需要有一定的计算机技术基础作保证才能顺利进行，课程借助计算机审计的思想及有趣的案例讲授数据处理及分析的方法，案例涉及会计、体育等多个领域，对于会计及非会计专业的学生都比较容易接受，通过学习可以在一定程度上提高学生的计算机应用能力，并可以使学生在掌握数据处理及分析方法的基础上触类旁通地将所学应用于自己的专业领域。

第一节　经济学中计算机技术应用概述

一、经济学与计算机技术

经济学是基础，是一切经济类学科的根本；审计学属于财务管理的范畴，是经济学的一个延伸。计算机应用到经济学，包括应用到审计领域，是适应大数据时代、信息时代的科学管理需要，带来的直接影响是：信息传递速度会加快，信息准确率得到保证，领导的决策可以在企业中被正确地执行；企业生产经营的环境、经营目标、经营方式和手段都得到改善，企业在原料调拨、生产组织、产品创新、物流等方面的能力均得到提升。计算机技术可以通过网络达成客户与企业的直接对话，减少了很多中间环节，节约了大量成本，企业更充分了解客户的需求，客户更详细、直观地了解产品的具体信息，提升了客户与企业达成共识的可能性，有利于交易的达成。随着网络交易越来越普遍，网上的商业活动替代了原有的商业活动，减少了企业通过电话进行洽谈的商业活动，提高了企业商业活动的安全性。网上银行的使用降低了企业的风险，缩短了供需双方交易的时间，计算机信息技术发展日新月异，给企业带来了深刻的、多元化的影响。为了在未来日益激烈的市场竞争中立于不败之地，企业管理者需顺应信息化的历史潮流不断研究和探索新的适于现代信息技术和信息化发展的新方法和新思路进行企业管理，以推动企业现代化的进程，增强企业的竞争力。

经济社会中，经济学可以说在每一个行业中都有体现。计算机在经济学中使用最频繁、工作量最大的就是数据的处理和计算。经济统计部门每年都要进行数字资料的统计整理工作，这是政府和企业为了能掌握好经济形势做出的决策，但有时需要进行烦琐的线性联合方程组计算和大量的矩阵计算求解，这些都需要计算机来完成，人工根本无法完成。经济学中各种曲线的实际形状主要来自对资料所做的仔细分析，这就需要应用计算机科学中的数据库、数据仓库等知识。

所以，要想更好地学习经济学，就必须学习计算机应用技术，尤其是现在计算机几乎应用到了经济学所涉及的所有领域。例如，企业管理中办公自动化的使用，金融系统中计算机网络的使用等。计算机技术在网络中的应用，把全球的经济变化都呈现在了众人的眼前，人们再也不是仅凭媒体的宣传就对经济发展做出判断。全球互联网的普及，使更多的人认识到计算机技术的进步在经济增长中的巨大作用。计算机技术的发展与变革促进了经济增长结构的全新变化，促进了经济增长理论的发展。例如，古典的经济增长理论从长远的发展方向看，发展中国家的增长率是可以与发达国家趋同的，而根据以往统计资料，随着经济的发展，发达国家与发展中国家收入水平的差距有不断拉大的趋势。随着计算机技术在经济领域中的不断应用，原有的以资本、人力等为主要投入增长点的经济理论转变成了依靠科技进步、创新意识、智能化、自动化的新的经济增长理论，促使经济竞争日趋激烈。计算机技术的发展及网络的普及，使消费者购买物品更加方便，尤其是购物网站的出现，使效益差、信誉低的企业无法在竞争中立足，市场竞争奔向了全球的同类企业共同的竞争，经济竞争的激烈程度可想而知。

二、计算机数据审计概述

计算机数据审计是指运用计算机审计技术对被审计单位与财政收支、财务收支有关的计算机信息系统所存储和处理的电子数据进行的审计。通过对被审计单位的电子数据进行采集、转换、清理、验证和分析，帮助审计人员掌握总体情况，发现审计线索，搜集审计证据，形成审计结论，实现审计目标。

利用计算机对被审计单位信息系统存储和处理的电子数据进行审计，是信息化环境下审计机关履行审计职责、发挥审计"免疫系统"功能的重要内容。计算机审计与手工审计相比，虽然审计目标相同，但审计的技术、方法和作业方式都发生了根本性的改变。计算机数据审计将审计的视线由传统的账目转向了电子数据，是审计观念和审计方式的进步。

信息化条件下的审计流程较传统的审计流程有显著的不同。计算机数据审计过程中，审计人员经常要采集和转换被审计单位的原始数据以建立某种业务的审计中间表或审计分析模型，并进行某种类型的数据分析。这些在传统的手工审计流程中都不存在，因此有必要研究计算机数据审计的一般流程。根据目前的研究，可以将计算机数据审计的流程归纳为七个阶段（简称"七步流程法"），分别是：

1）调查阶段。
2）数据采集。
3）数据验证、清理和转换。
4）建立审计中间表。
5）把握总体，选择重点。
6）建模分析。
7）延伸、落实与取证。

这七个阶段之间相互联系，没有严格的界限。例如，在调查阶段需要考虑数据采集的需求，在数据采集阶段也要进行一部分的数据验证工作。

落实到数据层面，从技术角度看，七步流程法可主要归纳为三个方面：

1）数据采集。
2）数据整理。
3）数据分析。

同样，这三个方面之间相互联系，没有严格的界限。例如，在数据采集之前，也需要对原始数据进行一定的整理，从而简化采集工作；在数据整理过程中可能发现新的数据需求，需要进一步采集数据，甚至重新根据需要采集数据；数据分析也需要不断采集数据和对数据进行整理予以辅助。

本章重点介绍计算机数据审计中应用的计算机技术，这些技术同样适用于经济学的各个领域，尤其是数据采集、数据整理和数据分析方面。

第二节 计算机数据审计的逻辑范式

一、数据采集

(一) 数据调查

数据调查包括了解被审计单位的组织结构,以及掌握计算机系统在组织内部的总体应用情况。根据审计目标,选择那些对实现审计目标有重要影响的计算机信息系统(即信息系统对被审计单位业务支持程度高,被审计单位业务对信息系统的依赖程度高)及其功能作为深入调查的对象,进行全面、详细的调查了解。调查了解的内容应包括软硬件情况、系统的开发情况和有关技术文档,系统的运行、维护、配置、管理情况,系统的功能、数据情况等。对计算机数据审计而言,数据情况调查是重点。

数据情况调查的主要任务是弄清楚被审计单位各业务系统存储和处理电子数据的基本情况。调查工作的一般思路是:审计目标→审计内容与重点→审计内容所涉及的信息系统→与信息系统相关的电子数据。

数据情况调查的过程是对信息系统产生的电子数据进行全面、深入的认识和了解的过程,因此必须首先调查了解被审计单位的业务流程。在理解业务流程的基础上,还应进一步理解数据流程,从而了解系统应该输入、处理和生成哪些数据,数据的处理过程、数据的来源去向等情况为提出数据需求和下一步的数据分析工作打下基础。

在数据情况调查过程中,审计人员应尽量收集齐全相关的技术文档,以便详细了解系统的数据库和数据情况。数据库及数据的说明信息都包含在这些技术文档中。审计人员应当首先阅读各种设计说明书以了解数据库总体结构,包括数据库总体布局、各级服务器上的数据库内容、各数据库之间的关系等。在此基础上,审计人员应进一步了解数据库中数据表的具体内容,以便根据审计需求确定从哪一层次采集数据、采集哪一个数据库的数据,甚至可以确定采集哪个表中的哪些字段。通过对表间关系和表结构描述的了解,可以为后续的数据转换和审计中间表生成创造条件。

在上述工作的基础上,审计人员应提出审计数据需求说明书并由被审计单位提供数据。审计数据需求说明书中应包括数据采集的系统名称、数据库名称及数据表名称(必要时可指定字段名称)、数据采集的具体方式,数据传输的格式、所需数据的时间段、数据交付的方式、数据交付的期限和其他注意事项等内容。

(二) 数据采集方法

数据采集是在数据调查提出数据需求的基础上,按照审计目标,采用一定的工具和方法对被审计单位信息系统中的电子数据进行采集的过程。数据采集是计算机数据审计的前提和基础。

数据采集可分两步实现:第一步是通过数据调查掌握有效的信息来选择需要采集的电子数据;第二步是通过一定的技术和手段实现对目标数据的采集,及时获取被审计单位全面、完整的电子数据。常用的数据采集策略有3种:一是通过数据接口采集;二是直接复制;三是通过备份文件恢复。数据采集一般需要在被审计单位技术人员的支持与配合下完成。

数据采集往往需要在数据整理后进行,数据采集后的数据有时还需要进一步整理,进一步整理后的数据也有可能需要再采集,这两个步骤之间是相互依存、相互联系的。

二、数据整理

(一) 数据验证、清理和转换

在实际工作中,经常需要将来源众多的被审计单位的电子数据集中进行分析和处理。由于被审计单位的数据来源复杂,数据格式不统一,信息表示代码化,数据在采集和处理过程中可能失真,存在被审计单位可能有意更改、隐瞒数据真实情况等诸多影响因素,因此,对采集到的电子数据必须进行验证、清理和转换,使得数据能够为审计所用。验证、清理和转换工作的质量直接影响计算机数据审计工作的质量。

数据验证是指检查被审计单位所提供电子数据的真实性、准确性和完整性。数据清理是指为提高数据质量而对缺失的、不准确的、不一致的有质量问题的电子数据进行处理。数据转换包括数据库格式的转换及数据内容的转换,后者的主要工作是识别、标识数据表和表中字段的经济含义及关联关系。数据验证、清理和转换是交替进行的,将综合运用各种数据处理的技术和方法。

(二) 建立审计中间表

审计中间表是利用被审计单位数据库中的基础电子数据,按照审计人员的审计要求,由审计人员构建,可供审计人员进行数据分析的新型审计工具。它是实现数据式审计的关键技术。

通常在数据库设计时,要对数据模式进行范式分解。范式分解会将描述一个业务对象的数据分解成关系数据库中的多张逻辑表。这些表之间存在一定的关联关系。要利用被审计单位数据库中的数据实现审计分析,必须对清理、转换、验证后的电子数据按审计需要进行投影、连接等"再加工",从电子数据中选择满足审计需要的较为精简的数据集合,生成一系列中间数据表——审计中间表。审计中间表是审计人员建立审计分析模型的基础。

建立审计中间表是一个循序渐进的过程。在对数据进行清理、转换和验证后,应考虑设计初步的审计中间表,此时主要工作是帮助审计人员选定审计所需的基础性数据,例如去掉与审计无关的字段、建立表与表之间的基本连接等。这一阶段创立的中间表称为基础性中间表。在建立分析模型进行具体的数据分析时,还要建立分析性中间表,即按照审计分析模型,对基础性中间表进行字段选择、连接等处理,以帮助审计人员实现对数据的建模分析。

审计中间表往往是数据整理的结果,是数据分析的依据和基础。

三、数据分析

(一) 把握总体,选择重点

对清理转换后的电子数据,首先应当根据审计目标进行总体分析,把握被审计单位的总体情况,找准薄弱环节,确定审计重点。

在总体分析时,可以从不同层次、不同角度对被审计单位的电子数据进行汇总、核对与分析,如进行账表核对、表表核对,也可以建立指标或指标体系进行分析,还可以使用多维分析工具从不同的层次和角度观察被审计单位的电子数据。这些总体分析的技术和方法有助于审计人员把握被审计单位有关经济业务的总体情况,寻找薄弱环节,确定审计重点,避免审计工作的片面性和盲目性。

（二）建模分析

在总体分析的基础上，审计人员需要根据确定的审计重点，利用审计分析模型方法进行具体的数据分析。审计分析模型是审计人员用于数据分析的技术工具，它是按照审计事项应该具有的时间或空间状态（例如趋势、结构、关系等），由审计人员通过设定判断和限制条件建立起来的一系列数学的或逻辑的表达式，并用于验证审计事项实际的时间或空间状态的技术方法。它是数据式审计模式的核心方法。在实际工作中，要根据不同层次的审计需求建立不同层次的审计分析模型，一般而言，有总体分析模型、类别分析模型和个体分析模型。

目前，常见的审计分析模型有这样几种：根据法律、法规和制度规定的状态和关系来建立；根据业务的逻辑关系来建立；根据不同类型数据之间的对应关系来建立；根据审计人员的符合客观实际的经验来建立；根据审计人员的合理的预测来建立等。

（三）延伸、落实与取证

在这一阶段，需要根据审计分析模型的分析结果，对发现的问题进行取证，对发现的问题线索进行进一步核查、落实。

如果数据分析的结果能直接发现与核实问题，审计人员可以利用有关电子数据直接取证。这时审计人员应妥善保存被审计单位提供的原始数据、分析处理产生的中间表数据及数据分析和处理过程的语句代码，以便作为审计证据。如果数据分析的结果仅能揭示问题的线索，不能直接发现与核实问题，则应根据线索进行延伸审计，获取审计证据。在编制审计工作底稿时，应详细记录数据分析的过程、方法、使用的数据等情况，同时应记录审计人员对数据分析结果的判断。

第三节　计算机数据审计逻辑范式的基本理论

一、审计数据采集策略

审计数据采集是获取被审计单位电子数据的重要步骤。

（一）数据选择策略

如何从被审计单位各类复杂的数据中选择审计人员关心的数据？一般而言，可以遵循以下三个原则：

1. 选择的数据应满足审计方案的要求

审计方案描述了审计的主要工作内容和要求，通过对审计方案的分析，掌握审计的内容和要求，并根据这些内容和要求决定数据采集的对象和范围，是数据采集的第一步。采集的数据能否满足审计工作的需求，关键在于能否透彻理解和正确把握审计方案。

2. 数据选择应建立在对被审计单位信息系统及其业务流程充分了解的基础上

被审计单位的信息系统中保存了大量与生产经营和管理决策相关的数据，而且逐年增加。要从中准确地选取审计方案所要求的数据，首先必须对被审计单位信息系统及业务处理流程进行深入分析和理解。通过分析业务流程和数据之间的产生和使用关系，结合审计业务需求，合理地确定数据采集的对象和范围。

3. 数据采集不局限于特定的被审单位，可利用外部数据进行关联分析

某些部门的数据之间存在特定的关系，例如，企业报表与税务部门的记录之间、企业销售数据与金税工程数据之间、企业经营状况与电力公司和自来水公司的电费及水费记录之间、关联企业与工商数据之间都存在一定的联系。在审计过程中，不仅可以利用外部数据对被审计单位的数据进行验证，必要时还可以用外部数据替代被审计单位的数据开展审计。

研究认为，下列部门的数据与其他部门的数据之间存在较大的关联关系，即商业银行的存贷款数据、人民银行的统一授信数据、税务部门的纳税申报数据和金税工程数据、工商部门的企业登记数据、社保部门的社会保险数据、技术监督局的企业编码数据、海关部门的进出口数据及退税数据、电力公司的电费数据、自来水公司的水费数据等。

在对某国税部门的审计实践中，根据审计署确定的审计范围和要求及国税审计的业务特点，审计人员确定了采集数据的内容和范围，即不仅采集了国税部门的征管信息系统及金税工程系统中的电子数据，还采集了地税征管信息系统、工商管理系统、民政系统、海关关税系统、电力公司电费管理系统、自来水公司水费管理系统中的电子数据。基本思路是：通过对国税征管信息的分析，掌握企业纳税的基本情况，确定审计延伸企业；通过工商数据掌握该企业的关联企业情况；通过金税工程数据掌握企业的关联交易情况；通过对企业纳税资料的分析，掌握企业经营的基本状况；通过企业电费、水费支出与企业纳税资料的对比分析，验证企业纳税资料的真实性；通过民政系统数据验证福利企业是否满足享受税收优惠政策条件；通过关联分析，掌握是否存在利用税收优惠政策避税的情况；通过海关数据与企业纳税情况，掌握企业是否存在利用国家出口退税政策偷税的情况。

审计人员通过对这些数据的综合分析和交叉比对，可以完成企业纳税情况评估、企业与其关联企业的交易分析、税收优惠政策执行情况等审计内容。通过对多种信息的相关分析，还发现了国税、地税稽查部门之间由于信息共享不畅造成国税检查发现的企业纳税问题未相应地在地税进行处理，以及地税检查发现的企业纳税问题未相应地在国税进行处理的问题。实践证明，综合利用外部数据进行审计分析是一种有效的手段。

（二）数据采集策略

常用的数据采集策略有三种，分别是数据接口法、直接复制法和备份恢复法。

1. 数据接口法

数据接口法是通过已有的数据接口访问和采集被审计单位数据的策略和方法。

2. 直接复制法

直接复制法是将被审计单位信息系统的数据通过直接复制的方式采集到审计数据服务器中。这种方式适合数据量较少、数据变化较小的情况。如果被审计单位信息系统数据是非数据库数据（TXT 文件、XML 文件和 Excel 文件等）或者桌面数据库数据（Access 数据库文件、DBF 数据库文件等），那么适合采用这种策略。通常情况下，这些数据可以通过相应的数据库管理系统进行处理，审计软件也可直接读取。因此，审计人员可先通过查看被审计单位的应用系统的各项属性来确定数据存储的目录，然后直接从被审计单位信息系统的数据存储目录获取数据。

3. 备份恢复法

按备份策略使用的层次划分，备份可分为使用应用软件生成数据备份和直接在数据库系统中生成数据备份。

通过应用软件生成数据备份，通常是财务数据的备份。使用被审计单位信息系统提供的备份工具可以进行财务账套备份。通过检查备份日志文件，确定备份数据文件的版本，然后可以通过 AO（现场审计实施系统）的财务数据采集模板加载备份数据文件，进行账套自动分析，并重建财务账套。例如，通过用友财务软件备份功能获得了 UFDATA.BAK 和 UfErpYer.LST 两个文件。可通过计算机手段，利用这两个文件恢复整个财务数据。

二、审计数据整理策略

审计数据整理中较重要的两个步骤是审计数据清理和审计数据转换，两者是计算机数据审计的必经步骤，也是计算机审计实务的难点之一。掌握审计数据清理转换策略有助于更有效地开展审计数据清理转换工作。

（一）审计数据清理策略

审计数据清理主要涉及数据的匹配与合并。通过匹配，发现重复的对象；通过合并保留或生成一个完整的对象。数据清理活动的核心是近似重复对象的识别。所谓近似重复对象，是指表现形式不同但语义上相同的对象。从狭义的角度来看，如果两条记录在某些字段上的值相等或足够相似，则认为这两条记录互为近似重复。

数据清理的步骤通常为：

1) 记录排序：选择一个或几个字段作为关键字进行排序。
2) 识别重复记录。
3) 合并重复记录：从相似记录集中获得记录的完整信息，并作为该记录的表示。

选择重复记录识别方法应充分考虑系统的效率和精确度，包括是否有利于并行操作及空间开销。目前常用的重复记录识别方法有嵌套循环法、邻近连接法和优先队列法。通过比较，可以选择基于优先队列的重复记录识别方法。这种方法首先对数据集进行排序，根据排列的顺序，对范围相对较小的邻近记录进行匹配比较，从而找出重复记录。

识别重复记录的具体策略是：在关系表中抽取一个或多个字段构成关键字，根据关键字对表中的记录进行排序，然后寻找关系表中各条记录在一个长度固定的子集队列中的匹配记录。采用类似 LRU（最近最少使用）算法来控制队列长度。通过匹配操作寻找需要合并的子集，计算其传递闭包，然后加以合并，最终得到若干个近似重复记录集。

（二）审计数据转换策略

审计数据转换是计算机数据审计中非常重要的一环，在进行计算机数据审计之前对审计数据进行恰当的转换是必要的。

审计数据转换涉及建立审计数据转换日志和研究审计数据转换规则这两大策略。

三、审计数据分析策略

对清理和转换后的数据进行分析处理，是计算机数据审计的核心内容，也是计算机审计技术发展的重点方向。如何利用纷繁芜杂的审计数据确定审计重点、发现审计线索、查找审计疑点、拓展审计思路，是审计数据分析所要解决的核心问题，也是计算机数据审计的技术难点之一。从发展的角度看，数据仓库技术、联机分析处理技术、数据挖掘技术在数据分析中有着良好的应用前景，代表更高层次计算机审计数据分析技术的发展方向。

审计数据分析内容主要包括以下八项操作内容：

1. 重算

对某一项数据，按照与被审计单位相同或相似的处理方法重新计算，目的是验证被审计单位信息系统处理逻辑的正确性,以确保被审计单位提供的电子数据是真实可靠的。例如,证券公司审计中的账户资金利息计算、收费公路审计中的路段里程数计算等。

2. 检查

按照政策或法规,对某一项数据或处理进行检查,目的是检查政策与法规的执行情况。例如,海关审计中的不予减免商品的检查、社保审计中公积金缴存情况检查等。

3. 核对

将某些具有内在联系的数据,按照其勾稽关系,进行逐一核对与排查,目的是验证被审计单位信息系统处理流程的正确性和控制的有效性,有无人为非法干预等。例如,将明细账汇总之后与总账科目进行核对,检查有无非法修改数据;将开单税款与入库税款进行逐笔核对,检查海关税款入库情况等。

4. 抽样

依据抽样的原则与方法,将审计人员感兴趣的或具有代表性的那部分数据挑选出来,目的是缩小审计范围,降低审计风险。

5. 统计

为审计人员提供一系列的分析指标与工具,最大限度地方便审计人员进行信息处理。

6. 推理

根据审计人员的经验与规则,对已有数据进行分析与处理,给出各种合理的推论。

7. 判断

根据审计人员的经验与规则,针对某个问题给出合理的参考性结论。

8. 预测

自动运用已经存在的知识与经验进行推理和判断,预见可能发生问题的类型、环节。

随着用户对数据分析的深度和灵活程度要求的日益提高,数据分析渐渐从静态数据之间的相互比较转变为从多个数据源中综合数据的分析模式。这种分析模式具有复杂、动态的特点,可以使分析者从多个角度观察数据。

第四节 计算机数据审计逻辑范式的应用

一、数据采集的应用

实际工作中会遇到各种格式的原始数据,但多数情况下原始数据不能直接为审计人员所使用,所以审计人员需要对数据进行采集,转变为审计人员可以直接使用的数据格式。根据数据格式的不同,常见的数据采集有文本数据采集、Excel 数据采集、数据库数据采集等。

Excel 文件相对文本文件格式规范很多,也比较容易进行规范化操作和辅助计算,还可以出具一些报表,但是其处理数据的效率不高,在数据量巨大时,表现尤为明显。此外,Excel 文件的格式虽然规范,但是极易出现问题,所以审计人员很多时候需要将 Excel 文件进一步导入数据库中进行处理,也即对整理好的 Excel 数据进行采集。

审计单位的数据一般都存放于数据库中,但是不同单位使用的数据库各不相同,审计人员不可能对所有数据库的操作都非常熟悉,而且有些大型数据库并不能架设于所有的审计单位,所以将被审计单位的数据从其使用的数据库中采集并导入审计人员的系统中也是经常要面对的问题。

采集 Excel 数据和数据库数据需要具备一定的数据库系统知识,本节重点介绍文本数据采集的基本技术。

文本文件(TXT)不带任何格式,它具有存储方式灵活方便、数据量大小基本不受限制的优点,在个人计算机和商用大型计算机上应用广泛,几乎所有数据库管理系统都能导出导入文本文件。

信息系统建设早期,有过直接采用文本类型的数据文件进行数据存储和访问的情况。这种方式虽然存储方式灵活,但缺陷也是明显的:它们占用较大的存储空间,传输时间较长,文件转换需要进行类型或字段名称的重新定义,而且一旦应用程序发生变化,文件的数据结构就有可能发生变化。同样,一旦数据结构发生变化,应用程序也必须改变。因此,目前在信息系统建设中很少直接采用文本类型的数据文件进行数据存储和访问。但是,作为被审计单位信息系统电子数据的导出格式,文本文件兼容性好,在不同系统间的数据交换中经常使用。

文本文件可以按字段分隔类型划分为带分隔符的文本文件和固定宽度的文本文件两大类。

(一)带分隔符的文本文件

带分隔符的文本文件必须包含字段分隔符和行分隔符。其中,字段分隔符区分字段,行分隔符区分记录。文本限定符和字段名称是可选的,字段名称通常在第一行表示。每个带分隔符的文本文件,都有唯一的字段分隔符、行分隔符和文本限定符,而且其中任意两种标志符不可重复。图 6-1 是一个带分隔符的文本文件的示例,其中第一行为字段名称,字段分隔符为逗号<,>,行分隔符为回车换行<CR><LF>,文本限定符为单引号<'>。

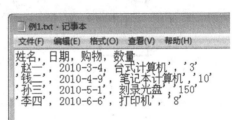

图 6-1 带分隔符的文本文件

字段分隔符,顾名思义,就是分隔字段内容的标志符,它既可以是一个字符,也可以由多个字符组成。常见的字段分隔符包括逗号<,>、制表符<TAB>、分号<;>、空格< >和垂直条<|>等。

行分隔符,Enter 换行<CR><LF>是最常见的行分隔符,在这种情况下,每一自然行代表一条记录,该分隔符号不可见,在问题中体现形式就是换行,要区分它和文本文件自动换行的区别,为了识别该符号,一般需要去掉文本文件中自动换行的复选框。

文本限定符的作用是明确标志出字段的内容,可以使用双引号<">、单引号<'>等,也可以不使用文本限定符。当字段内容包含表示字段分隔符的字符时,必须使用文本限定符将字段内容括起来。

以图 6-1 中的文本文件例 1.txt 为例,分析带分隔符的文本文件数据采集的过程。

如前所述,该文件有标题行,字段分隔符为<,>,行分隔符为回车换行<CR><LF>,文本限定符为单引号<'>。将该文件的数据采集到 Excel 中的方法如下:

第一步:新建一个 Excel 文件,命名为"例 1.xlsx"(见图 6-2)。

第二步:打开新建的 Excel 文件,界面如图 6-3 所示。

第三步:单击菜单栏中"数据"标签,单击标签下"自文本"按钮,如图 6-4 所示。

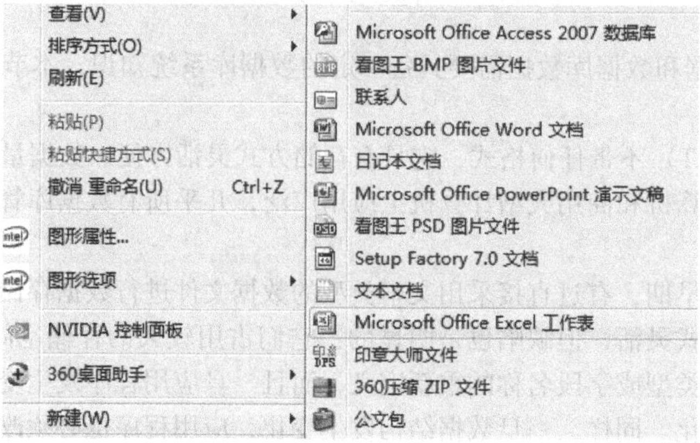

图 6-2 新建 Excel 文件

图 6-3 Excel 文件界面

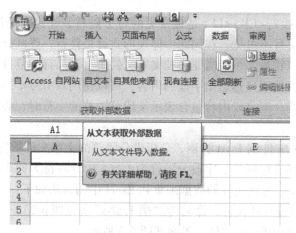

图 6-4 "自文本"按钮

第四步:在弹出的窗口中选择正确路径,并选中要采集的"例1.txt"文件,单击"导入"按钮,如图6-5所示。

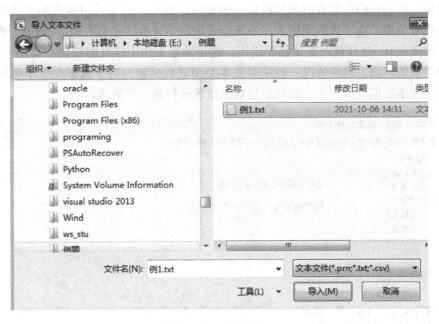

图6-5 "导入"窗口

第五步:在弹出的界面中选择"分隔符号"单选框,单击"下一步",如图6-6所示。

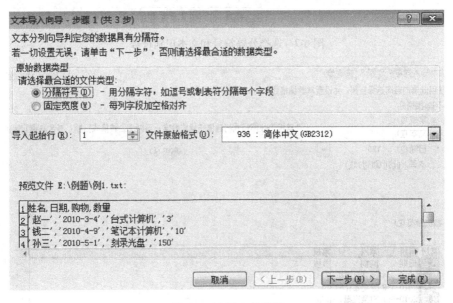

图6-6 选择文件类型

第六步:分隔符号复选"逗号"复选框,文本识别符号下拉列表框选择"'",单击"下一步",如图6-7所示。

第七步:在弹出的窗口中为每一个字段设置字段类型,单击"完成",如图6-8所示。

常见的字段类型有常规、文本和日期。字段内容为数值型时可以选择常规,系统会自动判断字段类型并进行导入。一般较短的数值型字段可以采取常规类型进行导入,字段会转换为数值型,但是一些较长的貌似数值型的数据,例如身份证号,如果采用常规的方式进行导入,也会转换成数值型,由于数值比较大,系统会采取科学计数法进行存放,身份证尾部不为0的数为自动变成0,这样就产生了数据错误,这是采集工作中常见的错误。日期型数据有时也会出现类似的问题,这种情况一般采取文本类型进行采集。对于数据类型不确定的数据,也可以按照文本数据类型导入,后期通过数据整理进行进一步处理。

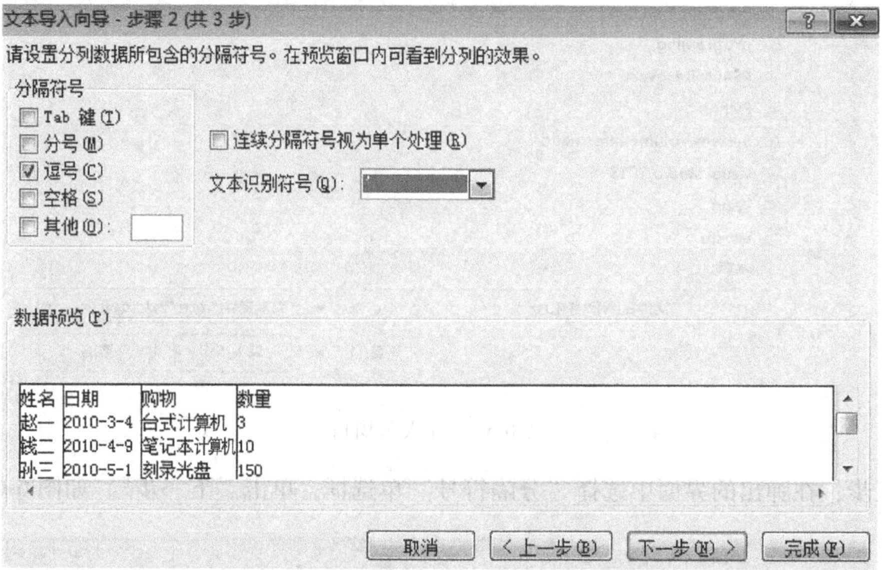

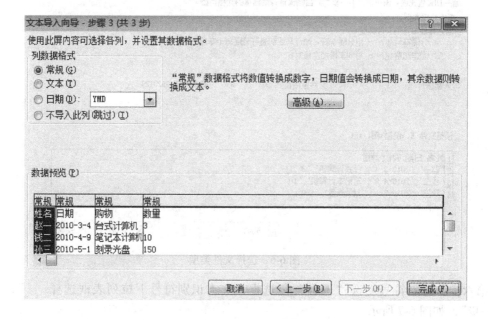

图 6-7 选择分隔符号和文本识别符号

图 6-8 设置字段类型

第六章　经济学中计算机技术的应用：以计算机数据审计为例

第八步：指定采集数据输出的位置，单击"确定"，如图 6-9 所示。区域可以不是 A1 单元格，如果指定其他单元格，将从指定单元格开始向右下填写数据。指定的采集数据输出位置对应的是采集数据中左上角的数据。

第九步：数据采集完成界面如图 6-10 所示。数据已经被分别存放于不同的单元格中，可以方便地进行计算、整理和统计等工作。

图 6-9　指定采集数据输出的位置　　　　图 6-10　数据采集完成界面

（二）固定宽度的文本文件

固定宽度的文本文件通常以回车换行符号作为记录间的分隔，以起始位置和宽度标志字段，由于字段名宽度和字段内容宽度大多不一致，所以第一行一般不表示字段名，并且一般没有文本识别符号。这种文件格式要求所有字段可以通过宽度予以识别，字段内容不要求数据内容宽度完全一致，但要求在固定的宽度范围内，并且不同字段数据内容位置不能出现重叠。以图 6-11 中的文本文件例 2. txt 为例，分析固定宽度的文本文件数据采集的过程。

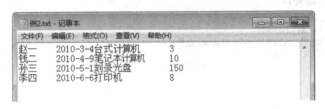

图 6-11　固定宽度的文本文件

将该文件的数据采集到 Excel 中的方法如下：

第一步：新建 Excel，命名为"例 2. xlsx"。

第二步：打开新建的 Excel。

第三步：单击菜单栏中"数据"标签，单击标签下"自文本"按钮。

第四步：在弹出的窗口中选择正确路径，并选中要采集的"例 2. txt"文件，单击"导入"按钮。

第一至第四步的具体操作可参见带分隔符号的文本文件操作图。

第五步：在弹出的界面中选择"固定宽度"单选框，单击"下一步"，如图 6-12 所示。

第六步：根据字段宽度，通过鼠标单击的方式设置字段分列线（单击数据区域产生分列线，按住鼠标左键可以挪动分列线的位置，按住鼠标左键将分列线拖出数据区域可以去掉分列线），单击"下一步"，如图 6-13 所示。通过分列线可以将数据分成不同的数据区域，每一区域是一个字段。字段宽度有时不是很明显，需要根据经验和相应的专业知识予以识别，很多时候需要对数据进行仔细观察分析，才可准确设置。

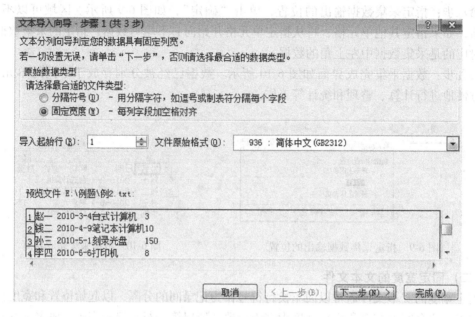

图 6-12 选择文件类型

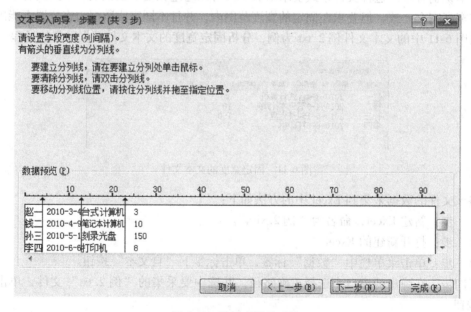

图 6-13 设置字段分列线

第七步：在弹出的窗口中为每一个字段设置字段类型，单击"完成"，如图 6-14 所示。字段类型要求与带分隔符号的文本文件采集一致。

第八步：指定采集数据输出的位置，单击"确定"（见图 6-15）。输出位置同带分隔符号的文本文件。

第九步：数据采集完成界面，如图 6-16 所示。

第六章　经济学中计算机技术的应用：以计算机数据审计为例

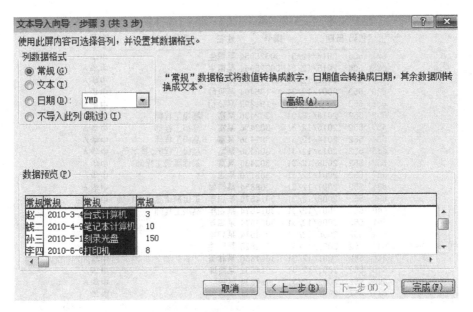

图 6-14　设置字段类型

图 6-15　指定采集数据输出的位置　　　　图 6-16　数据采集完成界面

实际工作中文本数据采集还有很多种情况，需要根据具体问题制定具体的采集方案，有时还需要先对数据进行清理和转换才能采集。采集后需要对采集到的数据和原数据进行对比，如果发现数据不一致，需要调整采集方案，重新采集数据，原则上只允许数据格式发生变化，数据内容不能有任何变化，以保证数据一致。

二、数据整理的应用

由于采集到的被审计数据各种各样，往往不能直接进行分析，需要对其进行整理，以方便进一步的数据分析。数据整理对于数据分析是至关重要的一步，如果整理过程中使原始数据发生了变化，那么数据分析的结果自然是错误的；如果数据整理不到位，会造成数据分析无法进行，或者得不到应有的审计线索。数据整理可能面对的问题非常多，需要运用相关知识和技术，还有一定的专业经验，具体问题具体分析，没有固定规律可循。

以图 6-17 为例，分析缺失数据的补充过程。

某信息表采集后发现"人员职位"一栏有大量数据缺失，需要根据其以往年份中已有信息进行补充，从而方便后期的数据分析。

	A	B	C	D	E	
1	代码	日期	编号	姓名	人员职位	国籍
627	506	2016/12/31	30325954	某莆生		中华人
628	506	2015/12/31	30325954	某莆生		中华人
629	506	2001/12/31	30373482	某琴生		中华人
630	552	2001/12/31	-195494	某延欣		中华人
631	552	2001/12/31	-191892	某公衍		中华人
632	552	2016/12/31	302436	某富	高级工程师	中华人
633	552	2015/12/31	302436	某富	高级工程师	中华人
634	552	2014/12/31	302436	某富	高级工程师	中华人
635	552	2013/12/31	302436	某富	高级工程师,技术员	中华人
636	552	2008/12/31	302436	某富	采煤高级工程师	中华人
637	552	2001/12/31	308170	某洁		中华人
638	552	2001/12/31	308834	某雪琴		中华人
639	552	2008/12/31	3014574	某启孝	矿山测量高级工程师	中华人
640	552	2007/12/31	3014574	某启孝	高级工程师	中华人
641	552	2006/12/31	3014574	某启孝		中华人
642	552	2005/12/31	3014574	某启孝		中华人
643	552	2001/12/31	3014828	某乐冲		中华人
644	552	2001/12/31	3014830	某林清		中华人
645	552	2001/12/31	3014832	某丽珠		中华人
646	552	2002/12/31	3014834	某丹		中华人
647	552	2001/12/31	3014834	某丹		中华人

图 6-17 初始信息表（数据缺失）

数据分析，通常有一个要求，就是不能有空的字段值，因为空值难以还原，即便还原了，也无法保证和源数据所要表达的意义一样。所以，在分析数据之前，需要对有空值根据一定规则进行补充，使数据变得完整，这样才能得出有意义的分析结果。补充过程中，要力求数据合理，还原真实，不能产生错误数据。

对数据进行分析时，有以下情况产生：

1）有的人员信息只填写了一个职位，而且是在最早的年份，其余年份数据缺失。对于这种情况，只需要把最早年份的职位信息依次填到其余年份即可。

2）有的人员信息在不同年份有两个以上的职位。对于这种情况可以分别填写，晚于第一个年份，早于第二个年份的填写第一个年份的职位，晚于第二个年份的填写第二个年份的职位，依次类推。

3）某一年份有职位，该年份之前还有职位。对于这种情况，只填列这一年份之后的职位，前面的职位保留空白。

4）没有职位的，所有数据不予处理，保留空白。

针对以上分析，得到以下解决方案：

建立辅助列，通过书写式根据有职位的信息补充没有职位的信息，辅助列就是完整的有所有职位的列，可以替换原列，也可保留辅助列，以方便对照。

相关式的计算原理如下：判断当前行的人名与前一行的人名是否相同，如果不同则表示发现了新人，无条件将其职位填到新列的单元格中；如果相同则表示和前一行的人是同一人，如果职位单元格为空，则表示数据缺失，用前一单元格的职位补充该单元格的信息，如果职位单元格不为空，则表示代表数据不缺失，并且这个人更换了职位，所以用当前的职位更新辅助列当前单元格的值，完成数据补充。

具体步骤如下：

第一步：在"职位"列后建立辅助列"职业1"，右击 F 列，在弹出的菜单中单击"插入"，如图 6-18 所示。新列的位置为鼠标单击列的前面。修改字段名为"职业1"。

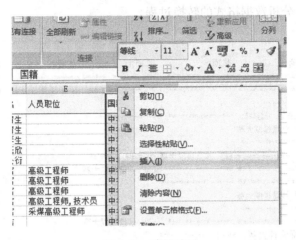

图 6-18　建辅助列

第二步：在新建列"职业1"的 F2 单元格中写式"=IF(D2<>D1,E2,IF(E2="",F1,E2))"，如图 6-19 所示。

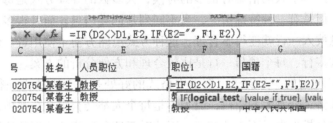

图 6-19　补充数据的式

D2 为人员姓名，D1 为标题行，向下填充后 D2 变为 D3 下一人员姓名，D1 变为 D2 第一个人的姓名，依次类推，完成所有人的判断。

当前后两行人名不一致时，说明发现了新人，无条件将职位填到新列；当前后两行人名相同时，说明是同一人，需要判断当前职位是否为空，再决定如何处理。

E2 为当前人的职位信息，不为空的时候直接添加到辅助列，为空的时候需要在辅助列 F 列根据前一单元格 F1 的值填列职位信息到 F2 中。

第三步：向下填充式，在 F 列完成补充数据，如图 6-20 所示。

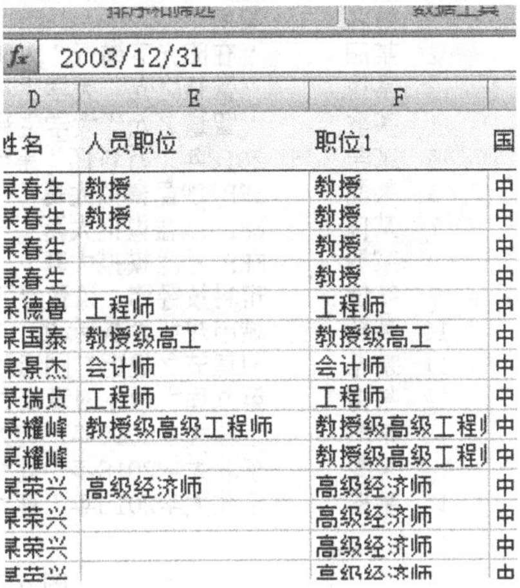

向下填充时，需要将鼠标指针移动到 F2 单元格的右下角，变成实心十字框时，按住鼠标左键向下拖动鼠标，松开鼠标左键即可结束填充。如果填充列的前一列有数据并且完整，可以将鼠标指针移

图 6-20　数据补充完成

动到 F2 单元格的右下角，变成实心十字框时，双击完成自动填充。Excel 单元格数据库可以使用自动填充功能根据目标单元格修改式完成不同单元格数据的填充。

以图 6-21 为例，分析数据格式的转换过程。

图 6-21 一人多列的数据格式

在数据表中，当一个人的信息有很多的时候，大多数的处理方式是每人一行，不同信息存放于不同列中，但是有一种特殊情况，当不同列是同类信息，而且很多，还有大量空白的时候，将人员信息放入一行就变得不合理。这种方式虽然方便了使用者，但是对于数据分析是不方便的。每人多行、每个项目一行是比较合理和方便分析的方案。

图 6-21 是上述问题的一个例子，例子中格式的好处是每个人独占一行，其所获奖项一目了然，但是这种格式会有大量空白，因为不是每个人都会获得 5 个奖项，而且 5 个奖项是等价的，这给后期分析带来了不小的麻烦，因此对于这种格式的数据往往需要进行转换，转变为每个人多行，获得几个奖项就有几行，而奖项只有一列，这种格式没有空白字段，符合数据库设计规范，数据分析也比较容易，如图 6-22 所示。

图 6-22 一人多行的数据格式

第六章 经济学中计算机技术的应用：以计算机数据审计为例

其整理方法如下：观察源数据，发现项目数是固定的 5 项，但是每个人获奖数是不固定的，没有获得 5 个奖项的人，其对应项目下的字段是空白的，这种格式不利于分析，需转换为每人多行的形式，每个奖项一行，但是获得 5 个奖项的人转换后是 5 行，更多没有获得 5 个奖项的人转换后不是 5 行，这是一个比较麻烦的问题，因为 Excel 公式通常解决的是有一定规律的问题，这种行数不定的问题很难通过公式得到解决。如果每个人都变成 5 行，问题的难度将大大降低。那么，这个问题可否先转换成每人 5 行，然后再经过一步把多余没用的数据去掉呢？答案是肯定的，Excel 的排序功能可以解决这个问题，按照转换后的项目进行排序，会把项目为空的人员排到一起，把这些人员删除就实现了只保留有项目的信息的目的。所以，这个问题可以通过两大步完成，一是转换为每人 5 行；二是按项目排序，并删除多余的无用数据。

排序、删行是相对容易的操作。将一行转为 5 行，每行都是不同项目，难度相对较大。这里用到了一些简单的数学知识。我们给每一行的奖项编号，去掉标题行，从第二行开始是数据内容，那么第一个奖项的单元格就是 2.2（第二行第二列），其后依次是 2.3、2.4、2.5、2.6，下一行是 3.2、3.3、3.4、3.5、3.6，再下一行是 4.2、4.3、4.4、4.5、4.6，以此类推。需要转换的对应单元格分别是 2.2、3.2、4.2、5.2、6.2；7.2、8.2、9.2、10.2、11.2；12.2、13.2、14.2、15.2、16.2、17.2，这里对转换后的单元格用";"号进行了分组，可以发现一些规律，由于转换后项目都在同一列，所以列号都是 2，只是行发生了变化。容易看出这些数字都和 5 有关，原因也很简单，因为每个人都是 5 个奖项，所以行列都是在 0~5 这个范围有规律的增减。原表的 2 需要变成 2、3、4、5、6，原表的 3 需要变成 7、8、9、10、11，原表的 4 需要变成 12、13、14、15、16，等等。换言之，2、3、4、5、6 行都要读取原表 2 行的数据。推理至此，问题的答案也不难看出。2、3、4、5、6 这些数字减去 2 除以 5 后向下取整再加 2 正好等于 2；7、8、9、10、11 这些数字减去 2 除以 5 后向下取整再加 2 正好等于 3，以此类推，每 5 组数可以依次得到 2、3、4、5、6 这样的序列，也就是说，我们可以在每 5 行依次取得 2、3、4、5、6…行的数据。

对于列的问题，我们需要在 2、3、4、5、6 行读到 2、3、4、5、6 列的数据；在 7、8、9、10、11 行读到 2、3、4、5、6 列的数据；在 12、13、14、15、16 行读到 2、3、4、5、6 列的数据。不难看出，每次都需要读到 2、3、4、5、6 列的数据，而且行都是加了 5 的整数倍，易得 2、3、4、5、6 这些数字减去 2 对 5 取余再加 2 即可满足需要。

行和列的问题都得到了解决，那么现在需要 Excel 的大力支持。Excel 的 ROW 函数可以返回单元格所在的行，INDEX 函数可以根据行列号返回指定区域中某一单元格的值，INT 函数将数字向下取整到最接近的整数，MOD 函数返回两数相除的余数，结果的正负号与除数相同。

1) ROW 函数的具体用法。

ROW（reference）

reference 为需要得到其行号的单元格或单元格区域。如果省略 reference，则假定是对函数 ROW 所在单元格的引用。如果 reference 为一个单元格区域，并且函数 ROW 作为垂直数组（数组是用于建立可生成多个结果或可对在行和列中排列的一组参数进行运算的单个式，数组区域共用一个式，数组常量是用作参数的一组常量）输入，则函数 ROW 将 reference 的行号以垂直数组的形式返回。注意：reference 不能引用多个区域。

2）INDEX 函数的具体用法。

INDEX(array,row_num,column_num)

array 为单元格区域或数组常量。

如果数组只包含一行或一列，则相对应的参数 row_num 或 column_num 为可选参数。如果数组有多行和多列，但只使用 row_num 或 column_num，函数 INDEX 返回数组中的整行或整列，且返回值也为数组。

row_num 为数组中某行的行号，函数从该行返回数值。如果省略 row_num，则必须有 column_num。

column_num 为数组中某列的列标，函数从该列返回数值。如果省略 column_num，则必须有 row_num。

如果同时使用参数 row_num 和 column_num，函数 INDEX 返回 row_num 和 column_num 交叉处的单元格中的值。

如果将 row_num 或 column_num 设置为 0，函数 INDEX 则分别返回整个列或行的数组数值。若要使用以数组形式返回的值，请将 INDEX 函数以数组式（数组式对一组或多组值执行多重计算，并返回一个或多个结果）的形式输入，对于行以水平单元格区域的形式输入，对于列以垂直单元格区域的形式输入。若要输入数组式，请按<Ctrl+Shift+Enter>。

row_num 和 column_num 必须指向数组中的一个单元格；否则，函数 INDEX 返回错误值 #REF!。

3）INT 函数的具体用法。

INT(number)

number 为需要进行向下舍入取整的实数。

4）MOD 函数的具体用法。

MOD(number,divisor)

number 为被除数。

divisor 为除数。

如果 divisor 为 0，函数 MOD 返回错误值 #DIV/0!。

具体操作步骤如下：

第一步：在一个新的工作表中填写标题行，如图 6-23 所示。

第二步：在 A2 和 B2 单元格中编写式，读取源数据，如图 6-24 所示。

对式进行解析。

1）= INDEX(Sheet2! A:A,INT((ROW()-2)/5)+2,1)。

Sheet2! A:A 代表原表的数据区域，填充时，保持不变。

INT((ROW()-2)/5)+2:ROW() 代表目标表的行，从第 2 行开始，每 5 行引用原表的行累加 1，即每 5 行读取原表的新 1 行，从而将原表的 1 行转换成目标表的 5 行，具体如下：

ROW() 为 2、3、4、5、6 时，INT((ROW()-2)/5)+2 都等于 2。

ROW() 为 7、8、9、10、11 时，INT((ROW()-2)/5)+2 都等于 3。

第六章　经济学中计算机技术的应用：以计算机数据审计为例

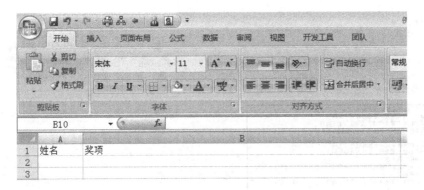

图 6-23　填写标题行

图 6-24　转换数据格式的式

ROW( ) 为 12、13、14、15、16 时，INT((ROW( )-2)/5)+2 都等于 4。

……

INDEX(Sheet2! A:A,INT((ROW( )-2)/5)+2,1)，在目标表中依次读取原表 A 列的 2、3、4、5…行，在目标表中每 5 行重复获奖人的姓名。

2) = INDEX(Sheet2! B:F,INT((ROW( )-2)/5)+2,MOD(ROW( )-2,5)+1)。

Sheet2! B:F，由于要把原表的每 5 列填充于目标表的 5 行中，因此原表数据区域选择 B~F 列。

INT((ROW( )-2)/5)+2，在目标表每 5 行重复读取目标表的同一行，具体同 1) 的解析。

MOD(ROW( )-2,5)+1，从第 2 行开始，每 5 行重复出现 1、2、3、4、5，具体如下：

ROW( ) 为 2、3、4、5、6 时，MOD(ROW( )-2,5)+1 等于 1、2、3、4、5。

ROW( ) 为 7、8、9、10、11 时，MOD(ROW( )-2,5)+1 等于 1、2、3、4、5。

ROW( ) 为 12、13、14、15、16 时，MOD(ROW( )-2,5)+1 等于 1、2、3、4、5。

……

INDEX(Sheet2! B:F,INT((ROW( )-2)/5)+2,MOD(ROW( )-2,5)+1)，依次读取原表某一行的 2、3、4、5、6 列，并填写到目标表的相应 5 行中。

第三步：选中 A2 和 B2，向下填充，完成数据转换，如图 6-25 所示。

图 6-25 自动填充完成数据转换

第四步：全选数据区域复制，如图 6-26 所示。

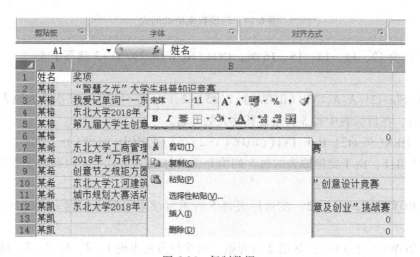

图 6-26 复制数据

第五步：在数据区域直接右击"选择性粘贴"，如图 6-27 所示。

第六步：在弹出的窗口中，"粘贴"选项选择"数值"，单击"确定"，如图 6-28 所示。选择"数值"可以去掉粘贴数据的式和所有格式，方便后续操作。如果不去掉式和格式，以后的每项操作都会造成式的改变，可能出现不可预知的错误。为了保证数据采集的正确性，这一步会在采集和数据转换中经常使用。

第六章 经济学中计算机技术的应用：以计算机数据审计为例

图 6-27 选择性粘贴

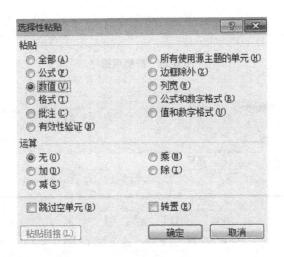

图 6-28 "选择性粘贴"选项卡

第七步：对粘贴结果按奖项排序，如图 6-29 所示。排序会把没有数值的行排在最后。

第八步：删除没有数据的行，如图 6-30 所示。删除行时需要选择整行，选择整行的方法是单击行标签进行选择。

第九步：完成转换，如图 6-31 所示。可见，数据中没有空白单元格，相比前一种格式数据更适合书写式和语句进行分析。

该问题也可以通过编写 VBA 程序解决。通过循环读取每一行每一列的数据，并根据单元格是否为空决定是否将数据添加到目标表。编写 VBA 程序的思路更加直接，逻辑更加清晰，效率也更高，但是需要具有一定的程序设计基础。

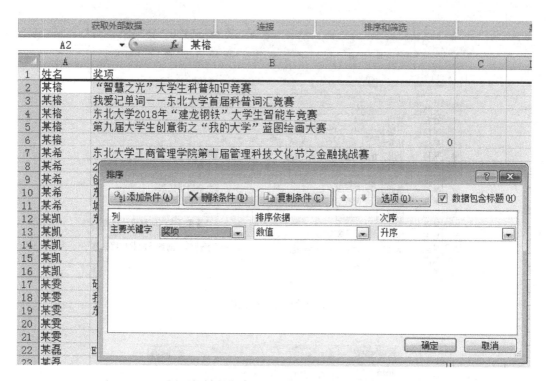

图 6-29　按奖项排序

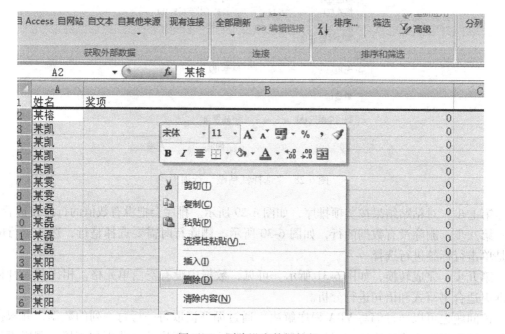

图 6-30　删除没有数据的行

第六章 经济学中计算机技术的应用：以计算机数据审计为例

	A	B
1	姓名	奖项
2	某阳	"在阳光下前行"太阳能移动机器人制作大赛
3	某榕	"智慧之光"大学生科普知识竞赛
4	某敏	"智慧之光"大学生科普知识竞赛
5	某希	2018年"万科杯"第十六届辽宁省案例分析大赛
6	某磊	ERP 沙盘模拟大赛
7	某健	ERP 沙盘模拟大赛
8	某敏	ERP 沙盘模拟大赛
9	某健	辩科技经纬，论青春飞扬
10	某希	城市规划大赛活动
11	某希	创意节之规矩方圆活动
12	某榕	第九届大学生创意街之"我的大学"蓝图绘画大赛
13	某凯	东北大学2018年"建龙钢铁"大学生电子商务"创新、创意及创业"挑战赛
14	某雯	东北大学2018年"建龙钢铁"大学生电子商务"创新、创意及创业"挑战赛
15	某榕	东北大学2018年"建龙钢铁"大学生智能车竞赛

图 6-31 转换结果

延伸阅读

一个体育比赛编排环节的数据审计案例

数据分析需要根据整理好的数据就某一线索运用计算机技术寻找证据和数据支撑，该阶段一般需要相对复杂和高级的计算机技术。为了通俗易懂，本部分给出一个体育比赛编排环节中的问题，运用 Excel 和 SQL 两种方法进行解决。

1. 问题描述

田径比赛报名的时候一般会要求一个单位的一个项目只能报名两人或多人，但是总会出现一个项目报名超过规定人数的情况，比赛编排人员需要对此进行检查。通常报名比赛的人数较多，组别、性别、项目构成了不同的组合，所以检查工作如果通过人工目测是非常复杂的，而且很容易出现遗漏，运用计算机数据审计的理论，采取计算机手段予以解决可以大大提高工作效率和准确程度。

可以把单位报名人数超过规定作为审计线索，根据报名数据找出这样的单位，构成审计证据。

2. 解决方法

（1）运用 Excel 进行人数检查

根据需要将所有单位的报名信息整理到一张 Excel 中，并调整为便于分析的格式，如图 6-32 所示。图中列示了该问题比较重要的几个字段"编号""单位""姓名""性别""组别""项目"，不同组别、性别、项目视为一个比赛项目，每个单位不能超过规定报名，即每个比赛项目每个单位参加比赛的人数要在规定范围内。

该问题可以通过排序目测的方法予以解决，按照性别、组别、项目、单位的顺序对数据进行排序，将每个比赛的报名人员按单位顺序排列在一起，这样就可以通过目测的方式观察，每个单位是否超过了规定人数报名。例如，规定每项比赛的报名人数为2，易见35厂、39厂的男子甲组100米项目都超过了规定，因为对于这项比赛，这两个单位都报了3个人。

	A	B	C	D	E	F	G
1	编号	单位	姓名	性别	组别	项目	报名成
2	0001	35厂	某晨	男	甲组	100米	
3	0002	35厂	某风	男	甲组	100米	
4	0005	35厂	某蕾	男	甲组	100米	
5	0073	39厂	某屹	男	甲组	100米	
6	0074	39厂	某崇	男	甲组	100米	
7	0075	39厂	某东	男	甲组	100米	
8	0142	工程研发事业部	某凯	男	甲组	100米	
9	0172	机关	某宁	男	甲组	100米	
10	0173	机关	某飞	男	甲组	100米	
11	0224	科技与信息化部	某权	男	甲组	100米	

图 6-32　比赛报名信息汇总

但是当数据量较大时，此方法不可行，因为要一行一行地对数据进行判断是费时费力、效率低下的，而且错误几乎是必然发生的。

数据透视表是 Excel 比较强大的功能之一，是数据汇总分析非常有力的工具，通过简单的单击设置即可设计出非常专业的数据报表，从而简化分析工作。

具体分析方法如下：

第一步：单击 Excel 表数据区域横纵标题栏交叉位置（左上角行列交叉处），选中全部数据，如图 6-33 所示。通过鼠标圈选的方式也可，不过当数据量较大时，鼠标圈选可能需要多次滚动屏幕，可操作性较差，容易遗漏数据。单击 Excel 数据区域横纵标题栏交叉位置，可以直接选中所有行列，后续生成透视表的时候，Excel 会自动截断没有数据的区域，比较简单方便。

获取外部数据　连接　排序和筛选

A1　f_x　编号

	A	B	C	D	E	F
1	编号	单位	姓名	性别	组别	项目
2	0001	35厂	某晨	男	甲组	100米
3	0002	35厂	某风	男	甲组	100米
4	0005	35厂	某蕾	男	甲组	100米
5	0073	39厂	某屹	男	甲组	100米
6	0074	39厂	某崇	男	甲组	100米
7	0075	39厂	某东	男	甲组	100米
8	0142	工程研发事业部	某凯	男	甲组	100米
9	0172	机关	某宁	男	甲组	100米
10	0173	机关	某飞	男	甲组	100米

图 6-33　全选 Excel 中的数据

第二步：单击“插入”标签下的“数据透视表”下拉列表中的“数据透视表（T）”按钮，如图 6-34 所示。

第三步：在弹出的窗口中设置要分析的数据区域和放置数据透视表的位置，单击“确定”按钮，如图 6-35 所示。选择“选择一个表或区域（S）”单选框，“表/区域”选择默认值即可。“选择放置数据透视表的位置”，为了避免原数据和目标数据混杂在一起，一般选择“新工作表（N）”。该操作会在新工作表中生成数据透视表。

第四步：在弹出的窗口中对数据透视表进行设置，主要可以设置的有“报表筛选”“列标签”“行标签”“Σ 数值”。

第六章 经济学中计算机技术的应用：以计算机数据审计为例

图 6-34　插入数据透视表

图 6-35　数据透视表基础设置

报表筛选：可以根据某一个字段对整个汇总结果进行筛选，例如将"性别"字段拖到"报表筛选"栏中，如图 6-36 所示，那么就可以在数据结果区域通过选择"报表"标签选择报表中只包含性别为"女"、性别为"男"的数据或全部性别的数据。如图 6-37 所示。

列标签：可以选择列上出现的字段，从而满足分析要求，例如将"性别"字段拖入"列标签"中，如图 6-38 所示，将出现图 6-39 所示的效果，可以一目了然地了解各单位男女运动员的报项情况。

行标签：行标签的字段将出现在数据结果区域的左侧，以树形结构逐层展开，展示数据汇总的效果。

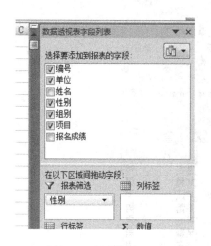

图 6-36 报表筛选选项

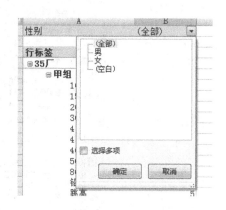

图 6-37 数据结果中的报表标签选项

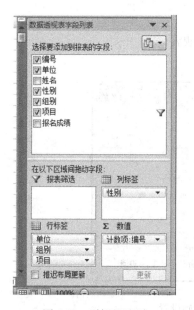

图 6-38 列标签选项

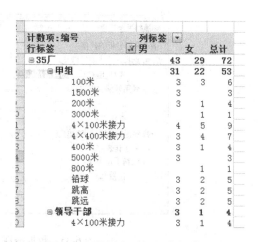

图 6-39 性别在列标签中的效果

这里有两种方式予以展示。

1)将单位、组别、性别、项目字段依次拖到"行标签"栏中,一定要依次拖到"行标签"栏中,或者按单位、组别、性别、项目的顺序在行标签中排列,这样单位会被列在汇总区域的最前面,后面对应不同的项目汇总信息,如图 6-40 所示。该方式可以使人清晰地看出不同单位不同项目的报名人数情况,从而方便检查超人数情况。

2)将性别、组别、项目、单位字段依次拖到"行标签"栏中,一定要依次拖到"行标签"栏中,或者按性别、组别、项目、单位的顺序在行标签中排列,这样性别、组别、项目会被列在汇总区域的前面,后面对应不同单位的汇总信息,如图 6-41 所示。该方式可以使人清晰地看出不同项目不同单位的报名人数情况,从而发现超人数的情况。

第六章 经济学中计算机技术的应用：以计算机数据审计为例

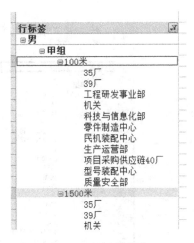

图 6-40　行标签方式 1　　　　　　　图 6-41　行标签方式 2

易见第二种方式更符合题目要求，它从审计人员的角度检查各项目报名人数；第一种方法更适合各单位进行自行检查。两种方法侧重点不同，其实没有孰优孰劣之分，只要符合使用者要求，方便分析即可。

此外，还有其他的组合方式，各有侧重，可以具体问题具体分析，进行相应的设置。

Σ数值：汇总数据的计算方法，可以计数，也可以求和，还可以计算平方差等。根据汇总的要求进行相应设置即可。

将"编号"字段拖到"Σ数值"标签中，如图 6-42 所示，也可将"姓名"字段拖到"Σ数值"标签中，如图 6-43 所示。"Σ数值"标签默认对字段进行计数处理，字段是否有重复对计数结果没有影响。

图 6-42　按编号计数　　　　　　　图 6-43　按姓名计数

设置好数据透视表会对不同单位不同项目的人数进行汇总，从而在左侧计数列中即可看到报名人数情况。计数列也可以选择汇总或者其他计算方法，具体问题具体分析。

图 6-44 为第一种方法的分析结果，从分析结果可以很容易地看出每个单位每个项目的报名人数。

图 6-45 为第二种方法的分析结果，从分析结果可以很容易地看出每个项目每个单位的报名人数。

图 6-44 按单位项目汇总的数据透视表分析结果

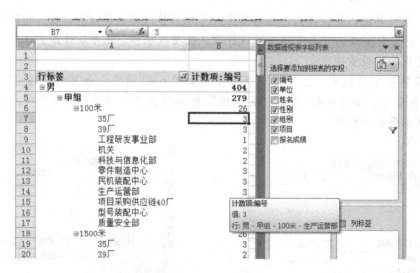

图 6-45 按项目单位汇总的数据透视表分析结果

两种方法都可以得到需要的分析结果,此外还有更多的方法进行分析,每种分析方法都有不同的侧重,需要根据具体情况进行分析处理。

(2)运用 SQL 进行人数检查

任何的信息系统都是以数据库为基础的,数据库中的数据是信息系统的核心内容,信息系统的所有操作都服务于数据库中的数据,也基于数据库中的数据,所以了解数据库结构和内部数据之间的关系是了解被审单位最有效的方式,对数据库中的数据进行直接分析也是效率较高的方式。

数据库对数据格式要求严格,数据规范,SQL 为标准查询语句,几乎所有数据库都能支持,语法大同小异,应用 SQL 语句对数据进行分析,准确而高效。

第六章 经济学中计算机技术的应用：以计算机数据审计为例

根据需要将所有单位的报名信息整理并采集到 SQL Server 2014 数据库 db_test 的 t_sporter 表中，如图 6-46 所示。

图 6-46 数据库中的数据表

分析方法如下：

第一步：打开数据库平台软件登录界面，需安装 SQL Server 软件。服务器名称根据数据库安装到的服务器名称填写，也可以填写"."，"."默认为当前数据库。身份验证有两种方式："Windows 身份验证"，如图 6-47 所示；"SQL Server 身份验证"，如图 6-48 所示。"Windows 身份验证"不需要输入用户名、密码，和系统用户名、密码一致，"SQL Server 身份验证"需要安装数据库时有所配置，并填写配置时设置好的用户名和密码，填写好所有项目后单击"连接"。

图 6-47 SQL Server 2014 登录界面（Windows 身份验证）

第二步：在弹出的界面中，依次单击左侧列表项目，找到对应数据表，右击，再单击"选择前 1000 行（W）"，如图 6-49 所示，可以打开相应数据表，浏览相应数据内容（不可修改）。如果选择"编辑前 200 行（E）"，可以对打开的数据表数据进行编辑。如果选择"设计（G）"，可以对表的结构进行修改。数据分析一般只进行浏览，不进行修改操作。尤其是直接访问被审计单位数据库时，由于数据库一般是被审计单位正在使用的业务数据库，修改数据和修改数据结构的操作是危险的，而浏览数据不会产生影响。

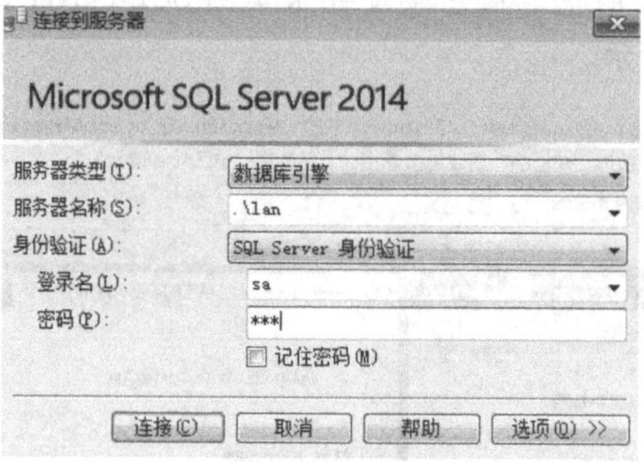

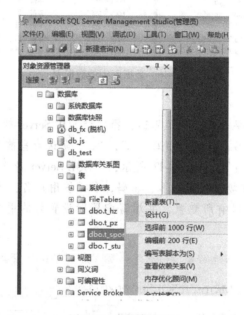

图 6-48　SQL Server 2014 登录界面（SQL Server 身份验证）

图 6-49　打开数据表

第三步：在弹出的窗口中查看数据，如图 6-50 所示。弹出窗口的右侧分为两个区域，上侧为命令窗口，可以书写 SQL 语句，对数据进行分析；下侧为结果输出窗口，可以浏览 SQL 语句执行后的查询结果，通过结果进行数据分析。

单击"选择前 1000 行（W）"后，右侧命令窗口的语句为系统自动生成，加入了完整的表所属的数据库、用户等信息，相对复杂，如图 6-51 所示。可以在窗口左上数据库选择复选框中选择要使用的数据库"db_test"，如图 6-52 所示。选择之后，所有操作都针对当前数据库，命令窗口中 SQL 语句可以不写完整的表名信息（数据库和用户），从而简化语句，如图 6-53 所示，"*"代表全部字段。语句执行后会查询出表 t_sporter 中所有字段的记录。查询结果如图 6-54 所示。其结果和复杂语句的结果是一样的。

第四步：在右侧上部的文本编辑器中，书写分析代码，并查看结果，如图 6-55 所示。

语句解析：

select 单位，性别，组别，项目，count（*）

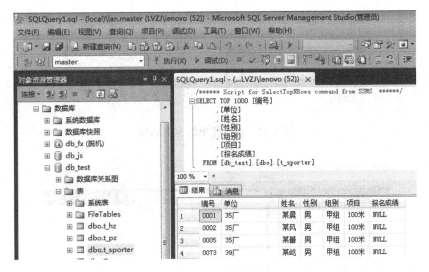

图 6-50　查看数据

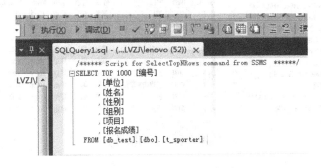

图 6-51　相对复杂的 SQL 语句

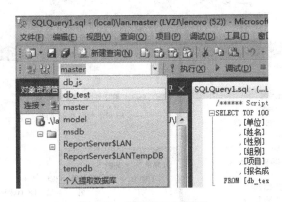

图 6-52　数据库选择界面

from t_sporter
group by 单位，性别，组别，项目
having count（*）>3

这是一条分组查询语句，可以完成分类汇总的功能，group by 是分组依据，count（*）

图 6-53 相对简单的 SQL 语句

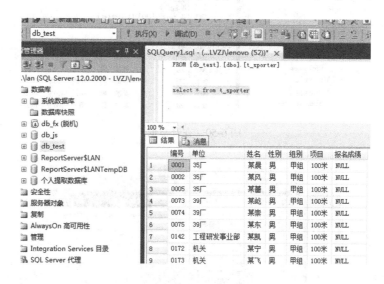

图 6-54 查询结果

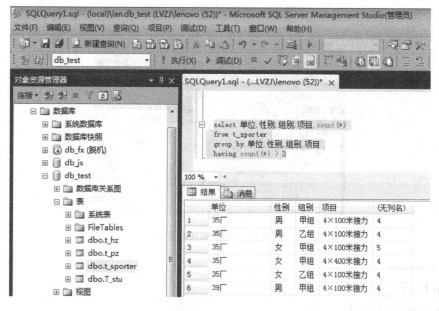

图 6-55 分析语句及结果

是聚合函数,按 group by 后的字段进行汇总,汇总结果聚合函数予以反映。select 后的字段必须是分组依据字段和聚合函数。

下面对每一条详细介绍。

1) select 单位,性别,组别,项目,count(*)。

要查询数据表的字段列表。数据表中可以有很多字段,列示在 select 关键字后的字段会在查询结果中显示,count(*) 是聚合函数(需要配合 group by 语句执行),可以计算出相同单位、性别、组别、项目的记录条数。

2) from t_sporter。

指定要从哪个数据库中查询数据,from 是关键字,t_sporter 是表名。

3) group by 单位,性别,组别,项目。

分组依据,查询会按单位、性别、组别、项目的顺序对数据进行汇总,即把相同单位、性别、组别、项目的所有数据合并成一条。

4) having count(*)>3。

条件语句,对查询结果进行过滤,只保留相同单位、性别、组别、项目中记录条数大于3条的数据。

可见,查询结果中只包含报名人数超过3人的项目,高效快速地完成了分析任务。

SQL 语句是简洁高效的数据库分析语句,语法简单易学,是计算机数据审计的重要工具。其常用功能如下:

1) 标准查询。

select 字段列表 from 表名

select 字段列表 from 表名 where 过滤条件

select 字段列表 from 表名 where 过滤条件 order by 排序依据

2) 分类汇总查询。

select 字段列表(分组依据字段列表),聚合函数[count( )、sum( )、max( )、min( )等] from 表名 group by 分组依据字段列表

select 字段列表(分组依据字段列表),聚合函数[count( )、sum( )、max( )、min( )等] from 表名 group by 分组依据字段列表 having 过滤条件

3) 非相关子查询。

select 父表字段列表 from 父表表名 where 父表某一字段 in(select 子表与父表相关字段 from 子表表名)

查询会在父表中查询所有"父表某一字段"与在子查询中查询到的"子表与父表相关字段"字段值相等的记录。两个字段一般是一个字段,不能是两个以上的字段。

4) 相关子查询。

select 父表字段列表,新字段名=select(子表字段 from 子表表名 where 子表字段名=父表表名.父表字段名)from 父表表名

其中,子查询"select(子表字段 from 子表表名 where 子表字段名=父表表名.父表字段名)"需要根据父表字段名返回唯一记录。

5) 连接。

select 父表表名.父表字段列表,子表表名.子表字段列表 from 父表表名 join 子表表名

on 父表表名.父表字段=子表表名.子表字段

  计算机数据审计技术虽然主要应用解决审计工作中针对电子数据的审计问题，但是其使用的计算机技术是通用的，可以应用于经济学的所有领域和非经济学的其他领域。本章只简单介绍了计算机数据审计的基本步骤和基本逻辑范式，以及一些简单问题的计算机处理方法，还有很多复杂的问题都可以应用计算机数据审计的思路和方法予以解决。随着大数据技术的不断进步与发展，计算机数据审计技术也将不断提升，可解决的问题也会越来越多，其技术方法也会对计算机技术在经济学中的应用起到巨大的推动作用。

参 考 文 献

[1] 魏丽莉. 经济思想史 [M]. 北京：机械工业出版社，2019.
[2] 兰德雷斯，柯南德尔. 经济思想史：第4版 [M]. 周文，译. 北京：人民邮电出版社，2014.
[3] 斯密. 国民财富的性质和原因的研究：上卷 [M]. 郭大力，王亚南，译. 北京：商务印书馆，2008.
[4] 何正斌. 经济学300年 [M]. 长沙：湖南科学技术出版社，2010.
[5] 李嘉图. 政治经济学及赋税原理 [M]. 郭大力，王亚南，译. 北京：商务印书馆，2021.
[6] 邓春玲. 经济学说史 [M]. 大连：东北财经大学出版社，2006.
[7] 陈孟熙. 经济学说史教程 [M]. 3版. 北京：中国人民大学出版社，2012.
[8] 穆勒. 政治经济学原理及其在社会哲学上的若干应用：上卷 [M]. 赵荣潜，桑炳彦，朱泱，等译. 北京：商务印书馆，1991.
[9] 门格尔. 国民经济学原理 [M]. 刘絮敖，译. 上海：上海人民出版社，2013.
[10] 杰文斯. 政治经济学理论 [M]. 郭大力，译. 北京：商务印书馆，1984.
[11] 瓦尔拉斯. 纯粹经济学要义 [M]. 蔡受百，译. 北京：商务印书馆，1989.
[12] 马歇尔. 经济学原理 [M]. 朱志泰，陈良璧，译. 北京：商务印书馆，2019.
[13] 凡勃仑. 有闲阶级论：关于制度的经济研究 [M]. 李华夏，译. 北京：中央编译出版社，2012.
[14] 凯恩斯. 就业、利息和货币通论：重译本 [M]. 高鸿业，译. 北京：商务印书馆，1999.
[15] 姚开建. 经济学说史 [M]. 2版. 北京：中国人民大学出版社，2011.
[16] 布鲁，格兰特. 经济思想史：第8版 [M]. 邸晓燕，等译. 北京：北京大学出版社，2014.
[17] 韩颖，阚双. 西方经济学 [M]. 北京：经济科学出版社，2011.
[18] 曼昆. 经济学原理：宏观经济学分册 第5版 [M]. 梁小民，梁砾，译. 北京：北京大学出版社，2009.
[19] 罗默. 高级宏观经济学 [M]. 王根蓓，译. 上海：上海财经大学出版社，2009.
[20] 萨缪尔森，诺德豪斯. 经济学：第18版 [M]. 萧琛，译. 北京：人民邮电出版社，2008.
[21] 布鲁. 经济思想史：第7版 [M]. 邸晓燕，等译. 北京：北京大学出版社，2008.
[22] 黎诣远. 西方经济学：宏观经济学 [M]. 3版. 北京：高等教育出版社，2008.
[23] 高鸿业. 西方经济学 [M]. 4版. 北京：中国人民大学出版社，2007.
[24] 亨特. 经济思想史：一种批判性的视角 [M]. 颜鹏飞，译. 上海：上海财经大学出版社，2007.
[25] 克鲁格曼，韦尔斯. 宏观经济学 [M]. 赵英军，沈可挺，辜海笑，等译. 北京：中国人民大学出版社，2009.
[26] 凯恩斯. 就业、利息和货币通论 [M]. 宋韵声，译. 北京：华夏出版社，2005.
[27] 贺蕊莉. 新福利经济理论综述 [J]. 哈尔滨商业大学学报（社会科学版），2005，（1）：81-83.
[28]《西方经济学》编写组. 西方经济学 [M]. 2版. 北京：高等教育出版社，2019.
[29] 高希均，林祖嘉. 经济学的世界 [M]. 北京：三联书店，2000.
[30] 吴德庆，王保林，马月才. 管理经济学 [M]. 7版. 北京：中国人民大学出版社，2018.
[31] 斯蒂格利茨. 经济学：上册 第3版 [M]. 张帆，译. 北京：中国人民大学出版社，1997.
[32] 梁小民. 西方经济学 [M]. 北京：中央广播电视大学出版社，2002.
[33] 布兰查德. 宏观经济学：第2版 国际版 [M]. 钟笑寒，王志鹏，戴洁，等译. 北京：清华大学出版社，2003.
[34] 马维野. 全球化时代的国家安全 [M]. 武汉：湖北教育出版社，2003.

[35] 马杰. 经济全球化与国家经济安全 [M]. 北京：经济科学出版社，2000.
[36] 江时学. 金融全球化与发展中国家的经济安全：拉美国家的经验教训 [M]. 北京：社会科学文献出版社，2004.
[37] 巫宁耕. 世界经济格局变动中的发展中国家经济 [M]. 北京：北京大学出版社，2005.
[38] 《发展经济学》编写组. 发展经济学 [M]. 北京：高等教育出版社，2019.
[39] 林毅夫. 新结构经济学：反思经济发展与政策的理论框架 [M]. 北京：北京大学出版社，2012.
[40] 张培刚，张建华. 发展经济学 [M]. 北京：北京大学出版社，2009.
[41] 石良平. 经济大国的贸易安全与贸易监管 [M]. 上海：上海交通大学出版社，2015.
[42] 沈红芳. 经济全球化与经济安全：东亚的经验与教训 [M]. 北京：中国经济出版社，2008.
[43] 李子奈，潘文卿. 计量经济学 [M]. 4版. 北京：高等教育出版社，2015.
[44] 高铁梅. 计量经济学分析方法与建模：EViews 应用及实例 [M]. 3版. 北京：清华大学出版社，2016.
[45] 张晓峒. 计量经济学 [M]. 北京：清华大学出版社，2017.
[46] 陈强. 高级计量经济学及 Stata 应用 [M]. 2版. 北京：高等教育出版社，2014.
[47] 田树喜，夏天洋，杨童舒. 中国 A 股市场三种股指期货价格先导及波动溢出效应的计量检验 [J]. 东北大学学报（社会科学版），2019，21（4）：344-349.
[48] 李玲，刘汝焯. 计算机数据审计 [M]. 北京：清华大学出版社，2010.
[49] 乔鹏，李湘蓉. 会计信息系统与审计 [M]. 北京：清华大学出版社，2013.
[50] 吴笑凡，曹洪泽. 审计数据采集与分析 [M]. 北京：清华大学出版社，2017.
[51] 张莉，李湘蓉，梁力军，等. 会计信息系统、ERP 基础与审计 [M]. 北京：清华大学出版社，2016.
[52] 刘汝焯. 审计分析模型算法 [M]. 北京：清华大学出版社，2006.
[53] 刘汝焯. 审计数据的多维分析技术 [M]. 北京：清华大学出版社，2006.